Verfassung und Verwaltung von Berlin

Herrn Dr. iur. Ernst R. Zivier (1933–2019) gewidmet

Hendrik Wassermann /
Robert Chr. van Ooyen /
Andreas Schmidt–Rögnitz

Verfassung und Verwaltung von Berlin

5. Auflage

Berliner
Wissenschafts-Verlag

Bibliografische Information der Deutschen Nationalbibliothek:
Die Deutsche Nationalbibliothek verzeichnet diese Publikation in der Deutschen
Nationalbibliografie; detaillierte bibliografische Daten sind im Internet über
http://dnb.d-nb.de abrufbar.

© Berliner Wissenschafts-Verlag, 2024
Ein Imprint der Franz Steiner Verlag GmbH, Stuttgart
www.steiner-verlag.de
Layout und Herstellung durch den Verlag
Satz: glyphenwerkstatt, Berlin
Druck: Beltz Grafische Betriebe, Bad Langensalza
Gedruckt auf holzfreiem, chlor- und säurefreiem, alterungsbeständigem Papier.
Printed in Germany.
ISBN Print   978-3-8305-5557-5
ISBN E-Book   978-3-8305-5567-4
DOI   https://doi.org/10.35998/9783830555674

VORWORT

Im Herbst 2023 erscheint der Grundriss „Verfassung und Verwaltung von Berlin" in der 5. Auflage. Es ist dies zugleich die erste Auflage, die nicht mehr von Ernst R. Zivier betreut werden konnte. Ernst Zivier hatte den Grundriss bereits in den 1970er Jahren konzipiert und seitdem über vier Jahrzehnte kontinuierlich aktuell gehalten. Sein Grundriss ist längst Standardwerk zum Berliner Landesrecht geworden. Ernst Zivier war damit zugleich der Erste, der sich wissenschaftlich überhaupt der rechtspolitischen Analyse von Landesrecht zuwandte – damals noch in West-Berlin und im Berlin-Verlag von Arno Spitz, dem er freundschaftlich eng verbunden war und deren (Über-)Leben in der NS-Zeit bedrückende Parallelen aufwiesen.

Die 5. Auflage ist noch gemeinsam mit Ernst Zivier geplant worden und folgt in weiten Teilen bewusst seiner ursprünglichen Konzeption. Zugleich nimmt das Lehrbuch grundlegende neue Entwicklungen auf, die insbesondere mit der Stellung des Verfassungsgerichtshofs und der Stärkung der direkten Demokratie einhergehen. Beide Bereiche waren auch Lieblingsthemen Ernst Ziviers, der schon die Reform der unmittelbaren Demokratie in den 1990er Jahren als Gegengewicht zu der „autoritären" Einführung der neuen, erweiterten Zuständigkeiten des Regierenden Bürgermeisters gegenüber den Senatsmitgliedern begrüßte und sich streitbar gegen die Kommerzialisierung des öffentlichen Lebens durch den damaligen Senat wandte.

Umfangreiche Änderungen hat der Berliner Gesetz- und Verordnungsgeber seit der 4. Auflage vorgenommen. In der Rückschau wurde deutlich, wie sehr die Berliner Verwaltung seit der Wiedervereinigung in die Jahre gekommen war und dringend an die aktuellen, von der Politik getriebenen Herausforderungen angepasst werden musste. Hier ist viel geschehen, beispielsweise durch die Reform des Berliner Datenschutzrechts, durch die Möglichkeit, qua Online-Petition außerhalb der Wahlen Einfluss auf die Verwaltung zu nehmen oder auch schon bloß durch die Überarbeitung der (traditionellen) Hoheitszeichen des Landes.

2023 ist in Berlin neu gewählt worden. Die Wahlen zum 19. Berliner Abgeordnetenhaus und den Bezirksverordnetenversammlungen vom 26. September 2021 wurden vom Berliner Verfassungsgerichtshof mit Urteil vom 16. November 2022 für ungültig erklärt. Das Gericht sieht die Ursache in einem Organisationsverschulden der für die Wahlen zuständigen Behörden des Landes Berlin und ist zu der Überzeugung gelangt, dass verfassungsrechtliche Standards nur durch eine Ungültigkeitserklärung der Berliner Wahlen insgesamt gewährleistet werden können. Alle bis zur Verkündung der Ungültigkeit am 16. November 2022 erlassenen Rechtsakte des Abgeordnetenhauses bleiben wirksam, das Bestandsinteresse eines einmal gewählten Parlaments geht vor. Der Volksentscheid „Beschluss zur Erarbeitung eines Gesetzentwurfs durch den Senat zur Vergesellschaftung der Wohnungsbestände großer Wohnungsunternehmen (Vergesellschaftungsgesetz)", kurz: Deutsche Wohnen enteignen, ist von dem Urteil nicht betroffen.

Ruhe im Bereich der Gesetzgebung tritt selbstverständlich nie ein. Auch bei Abschluss unserer Arbeiten an dem Grundriss sind natürlich schon wieder Gesetzes- oder Verfassungsänderungen geplant, so dass zwischen zeitnaher Veröffentlichung oder weiterer Berücksichtigung neuer Entwicklungen und damit Verzögerung zu wählen ist – ein Dilemma aller Autoren, auf das Ernst Zivier bereits in seinem Vorwort von 2008 hinwies.

Das Jahresende 2022 mit dem genannten zentralen Ereignis der Feststellung der Ungültigkeit der Berliner Wahlen schien uns daher ein passender Abschluss für den Bearbeitungsstand der vorliegenden Auflage.

Noch ein Hinweis in eigener Sache: Der Grundriss verwendet bei Personenbezeichnungen und personenbezogenen Hauptwörtern das generische Maskulinum. Dies ist keine politische Wertung, sondern dient lediglich der sprachlichen Klarheit und Lesbarkeit. Entsprechende Begriffe gelten im Sinne der Gleichstellung selbstverständlich für alle Geschlechter.

Berlin, im Sommer 2023

Hendrik Wassermann   *Andreas Schmidt-Rögnitz*   *Robert Chr. van Ooyen*

INHALTSÜBERSICHT

INHALTSVERZEICHNIS

10. Vorschriften über das Finanzwesen 233

TEIL III Die Berliner Verwaltung 245

1. Aufbau der Berliner Verwaltung 245

2. Zuständigkeitsregelungen 251

TEIL I
HISTORISCHER ÜBERBLICK

1. Von der Steinschen Städteordnung bis zum Ende der nationalsozialistischen Herrschaft

§1 Berlin unter der Steinschen Städteordnung

Die Verwaltungsgeschichte Berlins bis zum Inkrafttreten der Steinschen Städteordnung trägt nicht viel zum Verständnis des heutigen Verfassungs- und Verwaltungsrechts bei. Die Selbstverwaltung der Städte in Brandenburg-Preußen war in der Zeit des Absolutismus zwar nicht ganz zum Erliegen gekommen, aber einer immer weitgehenden Einmischung und Kontrolle durch die Landesherren ausgesetzt. Dies galt im besonderen für die kurfürstliche und später königliche Residenzstadt Berlin. Die Entwicklung hatte dort einen vorläufigen Abschluss durch das königliche „Reskript von Kombinierung der rathäuslichen Kollegien" vom 17. Januar 1709 gefunden. Die „Königlich-preußischen Residenzien" (Berlin, Cölln, Friedrichswerder, Dorotheenstadt und Friedrichstadt) wurden zu einer einheitlichen Stadtgemeinde vereinigt, die Verwaltung im absolutistischen Sinne geordnet.[1] Durch die Steinsche Städteordnung vom 19. November 1808 erhielten die Stadtgemeinden in Preußen, und damit auch Berlin, eine vergleichsweise moderne Selbstverwaltung. Das in der Städteordnung vorgesehene Kommunalverfassungssystem wird als „unechte Magistratsverfassung" bezeichnet – „unecht", weil der Magistrat nur als ausführendes Organ der Stadtverordnetenversammlung fungierte. Das Gesetz wurde allerdings in der folgenden Zeit durch eine Anzahl von Kabinettsordres (sog. Deklarationen zur Städteordnung) und Ministerialreskripte – größtenteils mit reaktionär-autoritärer Tendenz – umgedeutet und ausgelegt[2]. Die Einwohner der Städte waren nach der Städteordnung in Bürger

---

[1]   So auch *Pahlmann*, Anfänge des städtischen Parlamentarismus in Deutschland. Die Wahlen zur Berliner Stadtverordnetenversammlung unter der Preußischen Städteordnung von 1808, Berlin 1997, S. 17, S. a. *Uhlitz*, Kleine Verfassungsgeschichte Berlins, Berliner Forum, 6/69, insb. S. 25 ff.

[2]   *Krebsbach*, Die Preußische Städteordnung von 1808, Stuttgart und Köln, 2., neu bearb. u. erg. Aufl. 1970, Einführung S. 17 und S. 49.

und „Schutzverwandte" eingeteilt. Das Bürgerrecht war auf Antrag jedem (auch „unverheirateten Personen weiblichen Geschlechts" (§ 18)) zu erteilen, der sich in der Stadt häuslich niedergelassen hatte und unbescholten war (§ 17). Es war Voraussetzung, wenn man ein Wohngrundstück erwerben oder bestimmte Gewerbe ausüben wollte (§ 15). Zu den Pflichten der Bürger gehörte u. a. die Übernahme öffentlicher Stadtämter (§ 27).

Das Stimmrecht zur Wahl der Stadtverordnetenversammlung stand zwar grundsätzlich allen männlichen Bürgern zu, es hing jedoch auch davon ab, dass man entweder ein Wohngrundstück in der Stadt besaß (angesessener Bürger war) oder über ein bestimmtes Mindesteinkommen verfügte, das in „großen Städten" (ab 18.000 Einwohner) 200 Reichstaler jährlich betrug (§ 74). Die Stadtverordnetenversammlung wurde auf drei Jahre gewählt; sie hatte in Berlin 102 Mitglieder. Nach § 108 war sie befugt, die Bürger in allen Angelegenheiten des Gemeinwesens der Stadt zu vertreten und sämtliche Angelegenheiten für sie zu besorgen; in dieser Bestimmung sieht man auch die Wurzel für die potentielle Allzuständigkeit der Gemeinden, die für das deutsche Kommunalrecht bis in unsere Zeit maßgeblich ist (vgl. auch Art. 28 Abs. 2 GG). Dem Staat blieb nach § 1 das Aufsichtsrecht über die Gemeinden.

Der Magistrat war das ausführende Organ der Stadtverordnetenversammlung. Er bestand in den großen Städten aus dem (besoldeten) Oberbürgermeister, vier bis fünf besoldeten Stadträten und 15 unbesoldeten Stadträten (§ 144). Der Oberbürgermeister wurde vom König unter drei von der Stadtverordnetenversammlung präsentierten Kandidaten ausgewählt („unqualifizierte Subjekte" konnten zurückgewiesen werden – §§ 153, 154 –). Die anderen Mitglieder wurden von der Stadtverordnetenversammlung gewählt, und zwar die besoldeten auf zwölf Jahre und die unbesoldeten auf sechs Jahre.

Außer Magistrat und Stadtverordnetenversammlung waren Kommissionen und Deputationen vorgesehen, die aus Magistratsmitgliedern, Stadtverordneten und Bürgerdeputierten bestanden.

§2 Die Städteordnung für die sechs östlichen Provinzen

Durch Preußisches Gesetz vom 30. Mai 1853[3] wurde in den östlichen Provinzen und damit auch für Berlin die „echte Magistratsverfassung" eingeführt (durch ein Gesetz von 1838 bereits in anderen Teilen Preußens vorgesehen). Bei dieser Form der Kommunalverfassung war der Magistrat eine Art zweite Kammer der städtischen Verwaltung: Nach §36 bedurften die Beschlüsse der Stadtverordnetenversammlung in Angelegenheiten, die dem Magistrat zur Ausführung überwiesen waren (d. h. praktisch alle wesentlichen Angelegenheiten), der Zustimmung des Magistrats. Bei Meinungsverschiedenheiten konnte eine gemeinsame Kommission eingesetzt werden. Kam es zu keiner Verständigung, so entschied die Regierung (d. h. der Regierungsbezirk). Das Gesetz stellte ausdrücklich fest, dass die Stadtverordnetenversammlung ihre Beschlüsse in keinem Fall selbst zur Ausführung bringen dürfe.

Das Bürgerrecht war jetzt mit dem Recht zur Teilnahme an Wahlen sowie zur Übernahme von Ehrenämtern identisch (§5). Es setzte voraus, dass man seit einem Jahr in der Stadt wohnte und entweder Eigentümer eines Wohnhauses war oder ein Gewerbe (in großen Städten mit mindestens zwei „Gehülfen") betrieb oder in bestimmter Höhe zur Steuer veranlagt war. Außerdem musste man die Gemeindeabgaben bezahlt haben und durfte keine Armenunterstützung beziehen.

Die Stadtverordnetenversammlung wurde nach den Grundsätzen des Dreiklassenwahlrechts gewählt (gleiches Wahlrecht erst ab 1918).

Organe der städtischen Selbstverwaltung waren die Stadtverordnetenversammlung und der Magistrat. Der Magistrat bestand aus einem Bürgermeister, einem beigeordneten oder Zweiten Bürgermeister sowie aus unbesoldeten und – im Bedarfsfall – besoldeten Mitgliedern. Die gewählten Magistratsmitglieder bedurften einer Bestätigung, die bei großen Städten dem König zustand. Wurde auch die zweite Wahl nicht bestätigt, so konnte die Regierung die Stelle auf Kosten der Stadt kommissarisch verwalten lassen (§33).

Deputationen, die nur aus Magistratsmitgliedern bestanden, konnten vom Magistrat eingesetzt werden. Zur Einsetzung einer gemischten Deputation, in die außer Magistratsmitgliedern und Stadtverordneten auch Bürgerdeputierte be-

---

3   Städteordnung für die sechs östlichen Provinzen der Preußischen Monarchie vom 30. Mai 1853, Pr.GS S. 2611, s. http://www.verfassungen.de/preussen/gesetze/staedteordnung53-00-i.htm.

rufen werden konnten, war ein übereinstimmender Beschluss von Stadtverordnetenversammlung und Magistrat erforderlich. Die Deputationen waren in allen
Beziehungen dem Magistrat untergeordnet.

Die Städteordnung für die sechs östlichen Provinzen der Preußischen Monarchie
vom 30. Mai 1853 war für Berlin bis zum Inkrafttreten des Groß-Berlin-Gesetzes
am 1. Oktober 1920 maßgeblich.

§ 3 Stellung Berlins im Preußischen Staatsverband – Gemeindeaufsicht

Bis zum Jahre 1883 war Berlin als kreisfreie Stadt in die allgemeine Verwaltungsstruktur des Staates Preußen einbezogen: Es gehörte zur Provinz Brandenburg
und zum Regierungsbezirk Potsdam. Durch das Gesetz über die allgemeine
Landesverwaltung von 1883[4] wurde für Berlin aber eine Sonderstellung begründet: Die Stadt schied aus der Provinz Brandenburg und dem Regierungsbezirk
Potsdam aus. Die meisten Befugnisse, die in den Regierungsbezirken dem Regierungspräsidenten zustanden, wurden dem Polizeipräsidenten übertragen. Die
Kommunalaufsicht, die bei kreisfreien Städten im allgemeinen vom Regierungspräsidenten ausgeübt wurde, stand aber weiterhin dem Oberpräsidenten der
Provinz Brandenburg zu (§ 42). Verschiedene Kollegialbehörden (z. B. das Pro-
vinzialschulkollegium) waren zugleich für Berlin und die Provinz Brandenburg
zuständig (Organunion).

§ 4 Der Zweckverband Groß-Berlin

Die Bestrebungen, die Gemeindegrenzen der Stadt Berlin auf den tatsächlichen
Berliner Einzugsbereich auszudehnen, scheiterten bis zum Jahre 1920 an politischen Bedenken konservativer Kreise im Preußischen Landtag und am Wi-
derstand der sehr wohlhabenden westlichen Vorstädte (z. B. Wilmersdorf). Als
Kompromiss kam zunächst das Gesetz über den Zweckverband Groß-Berlin vom

---

4   Vgl. § 1: Die Verwaltungseinteilung des Staatsgebiets in Provinzen, Regierungsbezirke und
     Kreise bleibt mit der Maßgabe bestehen, dass die Stadt Berlin aus der Provinz Brandenburg
     ausscheidet und einen Verwaltungsbezirk für sich bildet (Gesetz über die allgemeine Landes-
     verwaltung vom 30. Juli 1883, Pr.GS S. 195 http://www.verfassungen.de/preussen/gesetze/
     landesverwaltungsgesetz1883.htm).

19. Juli 1911[5] zustande. Die Stadtkreise Berlin, Charlottenburg, Schöneberg, Rixdorf, Deutsch-Wilmersdorf, Lichtenberg und Spandau sowie die Landkreise Teltow und Barnim wurden zu einem Zweckverband zusammengeschlossen. Einige größere Gemeinden der beteiligten Landkreise (z. B. Steglitz, Pankow, Reinickendorf) gehörten dem Verband als selbständige Glieder an (vgl. § 1 Abs. 2).

Hauptaufgaben des Verbandes waren Verkehrsplanung, städtebauliche Planung und Bereitstellung von Grünflächen; gesetzliche Organe waren die Verbandsversammlung, der Verbandsausschuss und der Verbandsdirektor (§ 14). Die Verbandsversammlung bestand aus 100 von den Gemeindevertretungen und Kreistagen gewählten Mitgliedern; davon entfielen 40 und der Vorsitzende auf Berlin. Die Stadt Berlin war in der Verbandsversammlung also in der Minderheit (§ 15). Der Verbandsausschuss bestand aus den Ersten Bürgermeistern der sechs größten Gemeinden, den Vorsitzenden der Kreisausschüsse und acht von der Verbandsversammlung gewählten Mitgliedern. Der Verbandsdirektor wurde von der Verbandsversammlung auf mindestens sechs und höchstens zwölf Jahre gewählt; er war vom König zu bestätigen (§ 33).

Aufgrund seiner Aufgabenbegrenzung, der mangelnden Legitimation seiner Mitglieder, die Vertreter der Einzelgemeinden waren, und der Regelung in § 15, die nicht berücksichtigte, dass Berlin bis einschließlich 1919 jeweils mehr als 55 % des Jahressteuersolls des Verbandes zu tragen hatte, war der Zweckverband nicht dazu in der Lage, einen gerechten Interessenausgleich in der Groß-Berlin-Problematik zu schaffen[6].

§ 5 Revolutionszeit 1918

1918 wurde das allgemeine Wahlrecht (einschließlich des Wahlrechts für Frauen) eingeführt. Damit entfielen die in der Städteordnung für die sechs östlichen Provinzen der Preußischen Monarchie vom 30. Mai 1853 vorgesehenen wirtschaftlichen Voraussetzungen für das Wahlrecht und das Dreiklassenwahlsystem.

Die Kommunalaufsicht ging vorübergehend auf vier Volksbeauftragte über, die der Vollzugsrat der Arbeiter- und Soldatenräte aus der Reihe der sozialdemokratischen Stadtverordneten gewählt hatte.

---

5   Zweckverbandsgesetz für Groß-Berlin vom 19. Juli 1911, Pr.GS S. 123, s. http://www.verfassungen.de/preussen/gesetze/zweckverbandsgesetz-berlin11.htm.
6   So auch *Splanemann*, Wie vor 70 Jahren Groß-Berlin entstand, Berliner Forum, 3/90, S. 16 ff.

§6 Das Gesetz über die Bildung einer Stadtgemeinde Berlin ("Groß-Berlin-Gesetz")

Durch das Gesetz vom 27. April 1920[7], das von der verfassungsgebenden preußischen Landesversammlung mit den Stimmen von SPD, USPD und Teilen der DDP angenommen wurde, wurden acht Stadtgemeinden, 59 Landgemeinden und 27 Gutsbezirke zu einer neuen Stadtgemeinde Berlin zusammengefasst. Das Stadtgebiet wurde in 20 Bezirke eingeteilt.[8] Die Städteordnung von 1853 blieb ergänzend anwendbar: Auf der Ebene der Hauptverwaltung blieb es bei der "echten Magistratsverfassung", d. h., dass für wichtige Entscheidungen ein übereinstimmender Beschluss von Stadtverordnetenversammlung und Magistrat erforderlich war.

Die Stadtverordnetenversammlung bestand aus 225 Mitgliedern; sie waren in allgemeinen, freien, gleichen und direkten Wahlen nach den Grundsätzen der Verhältniswahl zu wählen. Der Magistrat bestand aus höchstens 30 Mitgliedern (§11).

Auf Bezirksebene bestand eine Bezirksversammlung, die sich aus den Stadtverordneten des betreffenden Bezirks und – je nach der Größe – aus 15, 30 oder 45 Bezirksverordneten zusammensetzte. Das Bezirksamt hatte sieben Mitglieder. Die Bezirksversammlung hatte ein umfassendes Beschlussrecht; dort bestand also eher eine "unechte Magistratsverfassung" nach dem Muster der Steinschen Städteordnung.

Die Bezirksämter wurden zwar von den Bezirksversammlungen gewählt, sie waren aber ausführende Organe des Magistrats und an die von ihm aufgestellten Grundsätze gebunden. Bei Beanstandung von Bezirksamts- oder Bezirksversammlungsbeschlüssen durch den Magistrat war die Entscheidung einer Schiedsstelle vorgesehen, die sich aus zwei Stadtverordneten, zwei Bezirksverordneten und einem kooptierten Obmann zusammensetzte.

---

7   Gesetz über die Bildung einer neuen Stadtgemeinde Berlin vom 27. April 1920, Pr.GS S. 123, s. http://www.verfassungen.de/be/grossberlin20.htm.

8   Dass die Verwaltung einer "Metropole" von der Größe Berlins – unabhängig von der rechtlichen Konstruktion als Einheitsgemeinde – auch vertikal gegliedert sein muss, ist seit langem allgemein anerkannt, vgl. dazu *Musil/Kirchner*, Das Recht der Berliner Verwaltung, 5. Aufl. 2022, Rn. 1 ff. und 15 sowie die dort zitierte Literatur. Zu beachten ist unter der Geltung des deutschen Verfassungs- und Gemeinderechts auch, dass es sich nicht nur um eine verwaltungstechnische Frage handelt, sondern dass sonst auf gesamtstädtischer Ebene keine ausreichende Möglichkeit für die Bürger besteht, in einem für sie überschaubaren Bereich an der Selbstverwaltung mitzuwirken. Ob die Praxis der Bezirksverwaltung in Berlin diesem Erfordernis entspricht, ist allerdings zweifelhaft.

Nach § 29 des Groß-Berlin-Gesetzes i. V. m. § 60 der Städteordnung von 1853 konnten unterhalb der Bezirke sogenannte Ortsbezirke gebildet werden. Erforderlich war ein übereinstimmender Beschluss der Bezirksversammlung (BV) und des Bezirksamtes sowie eine Genehmigung des Magistrats. Für die Ortsbezirke wurden von der BV ein Ortsbezirksvorsteher und sein Stellvertreter eingesetzt. Weiterhin konnten durch übereinstimmenden Beschluss der BV und des Bezirksamts mit Genehmigung des Magistrats den Ortsbezirksvorstehern Beiräte aus „stimmfähigen" Bürgern des Ortsbezirks (§ 29 Abs. 4) beigegeben werden. Bestimmungen über die Zusammensetzung und die Befugnisse waren in dem betreffenden Beschluss zu treffen. In der Verwaltungspraxis wurde von diesen Möglichkeiten allerdings kaum Gebrauch gemacht.

§ 7 Die Novelle von 1931

Durch Preußisches Gesetz vom 30. März 1931[9] wurde die Gemeindeverfassung Berlins mit obrigkeitsstaatlicher Tendenz reformiert. Das Groß-Berlin-Gesetz und auch die Städteordnung für die sechs östlichen Provinzen von 1853 blieben ergänzend in Kraft.

Auf der Ebene der Hauptverwaltung wurden vier Organe eingerichtet: die Stadtverordnetenversammlung (StVV), der Stadtgemeindeausschuss, Magistrat und Oberbürgermeister (§ 1).

Der Stadtgemeindeausschuss bestand aus 45 von der StVV aus ihrer Mitte gewählten Mitgliedern; er tagte nicht-öffentlich unter Vorsitz des Oberbürgermeisters (§ 5 Abs. 1). Er beschloss in allen Angelegenheiten, die nicht der StVV vorbehalten waren, mit den Befugnissen einer Vertretungskörperschaft (§ 13 Abs. 1). Der Oberbürgermeister hatte als Vorsitzender volles Stimmrecht. Bei Stimmengleichheit gab seine Stimme den Ausschlag (§ 4).

Das Beschlussfassungsrecht der StVV war auf wichtige Angelegenheiten, z. B. die Schaffung von Anstalten und Betrieben, die Feststellung der Haushalts- und Stellenpläne sowie auf die Wahl der Magistratsmitglieder und des Stadtgemeindeausschusses beschränkt. Die Beschlussfassung über Ortssatzungen konnte auf den Stadtgemeindeausschuss übertragen werden (§§ 11, 12).

---

9   Gesetz über die vorläufige Regelung verschiedener Punkte des Gemeindeverfassungsrechts für die Hauptstadt Berlin vom 30. März 1931, Pr.GS 1931, S. 39, s. http://www.verfassungen.de/be/gemeindeverfassung1931.htm.

Der Oberbürgermeister „führte" die Verwaltung; er hatte gegenüber den anderen Magistratsmitgliedern ein Weisungsrecht (§ 17).

In den Bezirken erhielt der Bezirksbürgermeister den Vorsitz der Bezirksversammlung mit vollem Stimmrecht; die Sitzungen der Bezirksversammlungen waren nicht-öffentlich.

§ 8 Die Zeit der nationalsozialistischen Herrschaft

Unter der nationalsozialistischen Herrschaft wurde in Berlin ebenso wie in allen anderen Gemeinden die Selbstverwaltung schrittweise abgebaut, insbesondere soweit sie mit demokratischen Formen verbunden war. Die Volksvertretungsorgane der Gemeinden (in Berlin also die Stadtverordnetenversammlung) wurden zunächst nicht formell abgeschafft, aber durch verschiedene Gesetze aller Kompetenzen beraubt, so dass sie praktisch ausgeschaltet waren. Am Ende wurde die Verwaltung der Städte im Sinne des reinen „Führerprinzips" reorganisiert[10].

Für Berlin waren folgende Gesetze maßgeblich:

I. Preußische Gesetze

Durch Preußisches Gesetz vom 31. Mai 1933[11] wurde ein Staatskommissar als staatliche Aufsichtsperson beim Magistrat eingesetzt (§§ 1, 2).

Durch das Gesetz über die vorläufige Vereinfachung der Verwaltung der Hauptstadt Berlin vom 22. September 1933[12] wurden alle Zuständigkeiten der Stadtverordnetenversammlung auf den Stadtgemeindeausschuss und die Zuständigkeiten der Bezirksversammlungen auf die Bezirksämter übertragen (§ 1). Die Bezirksbürgermeister wurden von nun an vom Oberbürgermeister ernannt (§ 2).

Das Gesetz über die Verfassung der Hauptstadt Berlin vom 29. Juni 1934[13] führte das „Führerprinzip" in der kommunalen Selbstverwaltung Berlins ein. Organe der Stadtgemeinde waren nur noch der Oberbürgermeister für die Zentralverwaltung

---

10   Zur Geschichte Berlin in der NS-Diktatur vgl. insgesamt: Wildt/Kreuzmüller (Hg.), Berlin 1933–1945. Stadt und Gesellschaft im Nationalsozialismus, Berlin 2013.

11   Gesetz über die Einsetzung eines Staatskommissars für die Reichshauptstadt Berlin vom 31. Mai 1933, Pr.GS S. 196.

12   Gesetz über die vorläufige Vereinfachung der Verwaltung der Reichshauptstadt Berlin vom 22. September 1933, Pr.GS S. 356.

13   Gesetz über die Verfassung der Reichshauptstadt Berlin vom 29. Juni 1934, Pr.GS S. 319.

und die Bezirksbürgermeister in den Bezirken. Der Oberbürgermeister erhielt gegenüber den Bezirken weitgehende Weisungsbefugnisse. Zur Unterstützung der Bezirksbürgermeister wurden haupt- und nebenamtliche Bezirksbeigeordnete berufen und Bezirksbeiräte bestellt.

II. Reichsgesetze

Ab Dezember 1936 waren für Berlin zwei Reichsgesetze maßgeblich, nämlich das Gesetz über die Verfassung und Verwaltung der Reichshauptstadt Berlin vom 1. Dezember 1936[14] und die Deutsche Gemeindeordnung vom 30. Januar 1935. Soweit das Gesetz vom 1. Dezember 1936 nichts Abweichendes vorsah, galt für Berlin die Deutsche Gemeindeordnung.[15] Der Oberbürgermeister war jetzt unmittelbarer Landesbeamter, zugleich leitete er die Landesbehörde „Der Stadtpräsident von Berlin", die die Aufsichtsbefugnisse des früheren preußischen Staatskommissars beim Magistrat wahrzunehmen hatte (§2). Diese Personalunion wurde kurz vor Kriegsende aufgelöst; die Funktion des Stadtpräsidenten wurde dem Gauleiter der NSDAP übertragen.

Kommunalaufsichtsbehörde war der Reichsminister des Innern. Zur Beratung des Oberbürgermeisters wurden 45 Ratsherren berufen (§4). Bei Entscheidungen grundsätzlicher Bedeutung auf dem Gebiete des Städtebaus, des Verkehrs, der Kultur, der Kunst, der Presse und der Personalsteuern musste der Gauleiter der NSDAP als Beauftragter der NSDAP für Berlin gehört werden (§3 Abs. 2). Die Bezirksbürgermeister als Bezirksbehörde unterlagen nun einem umfassenden Weisungsrecht des Oberbürgermeisters und waren ihm in jeder Hinsicht nachgeordnet.

Die Gemeindeverwaltung der Reichshauptstadt Berlin gliederte sich danach in die Hauptverwaltung und in die Verwaltung der Bezirke: Die Hauptverwaltung führte der Oberbürgermeister, die Bezirksverwaltung oblag dem Bezirksbürgermeister; der Bezirksbürgermeister ist Leiter einer selbständigen Behörde und dem Oberbürgermeister unterstellt (§5 Abs. 1).

---

14   Gesetz über die Verfassung und Verwaltung der Reichshauptstadt Berlin vom 1. Dezember 1936, RGBl. 1936 I S. 957, s. http://www.verfassungen.de/de33-45/gemeindeordnung35.htm.

15   Deutsche Gemeindeordnung vom 30. Januar 1935, RGBl. 1935 I S. 49, s. http://www.verfassungen.de/de33-45/gemeindeordnung35.htm.

2. Die Entwicklung nach dem Ende der nationalsozialistischen Herrschaft

§ 9 Die Grundlagen des Besatzungsrechts

Bereits vor dem endgültigen militärischen Zusammenbruch schlossen zunächst die Sowjetunion, die Vereinigten Staaten und Großbritannien Abkommen über die Besetzung und Verwaltung Deutschlands nach Kriegsende. Frankreich ist diesen Vereinbarungen später beigetreten. Von grundlegender Bedeutung für den besatzungsrechtlichen Status Berlins war das Londoner Protokoll vom 12. September 1944 (mit Ergänzungsabkommen vom 14. November 1944 und 26. Juli 1945); danach sollte Deutschland in vier Besatzungszonen und ein besonderes Berliner Gebiet aufgeteilt werden. Das Berliner Gebiet sollte die Stadt Berlin umfassen, wie sie in dem Preußischen Gesetz vom 27. April 1920 („Groß-Berlin-Gesetz") beschrieben war, und unter gemeinsamer Besatzung der vier Mächte stehen. Die Grenzen der Besatzungsgebiete und der Sektoren in Berlin waren in dem Protokoll umschrieben. Als Viermächteorgane waren ein Kontrollrat für ganz Deutschland und eine Kommandantura (zumeist als Kommandantur bezeichnet) für Berlin vorgesehen. Die politische und militärische Entwicklung bei Kriegsende führte dazu, dass Berlin allein von Truppen der Roten Armee erobert wurde.

Am 2. Mai 1945 kapitulierten die deutschen Truppen in Berlin. Bereits am 24. April hatte Generaloberst Bersarin durch Befehl Nr. 1 bekanntgegeben, dass er zum Chef der Besatzung und zum Stadtkommandanten Berlins ernannt worden war.

Die endgültige Kapitulation der Wehrmacht folgte am 7. und 8. Mai 1945. Durch Erklärung vom 5. Juni 1945 gaben die vier Hauptsiegermächte bekannt, dass sie die oberste Regierungsgewalt in Deutschland übernommen hatten[16].

Die westlichen Besatzungstruppen rückten nach einigen Meinungsverschiedenheiten mit der Sowjetunion im Juni/Juli 1945 in Berlin ein; zur gleichen Zeit zogen sie sich aus den von ihnen besetzten Teilen der Sowjetischen Besatzungszone

---

16 Erklärung in Anbetracht der Niederlage Deutschlands und der Übernahme der obersten Regierungsgewalt hinsichtlich Deutschlands durch die Regierungen des Vereinigten Königreichs, der Vereinigten Staaten von Amerika und der Union der Sozialistischen Sowjet-Republiken und durch die Provisorische Regierung der Französischen Republik (05.06.1945). In: Amtsblatt des Kontrollrats in Deutschland. Berlin 1945, Ergänzungsblatt Nr. 1, S. 7–9, s. http://www.documentArchiv.de/in/1945/niederlage-deutschlands_erkl.html.

zurück. In Berlin bestand zu diesem Zeitpunkt bereits eine von der sowjetischen Besatzungsmacht eingesetzte deutsche Verwaltung auf Stadt- und Bezirksebene. Am 11. Juli 1945 konstituierte sich die Alliierte Kommandantur, am 30. Juli 1945 der Alliierte Kontrollrat. Die Beschlüsse waren in beiden Organen einstimmig zu fassen. Jedoch lag die Umsetzung im Ermessen der Militärgouverneure, bei unüberbrückbaren Gegensätzen hatte jeder von ihnen das Recht, in seiner Zone auf Weisung seiner Regierung eigene Entscheidungen zu treffen.

Durch Übereinkommen der Hauptsiegermächte wurden die Grenzen des Berliner Besatzungsgebiets im Bereich der Flugplätze Gatow und Staaken geändert, so dass sie nicht mehr vollständig mit den früheren Grenzen der Gebietskörperschaften übereinstimmen.

§ 10 Neubeginn der Berliner Verwaltung

Die sowjetische Besatzungsmacht setzte bereits am 17. Mai 1945 einen in der Mehrzahl mit Kommunisten besetzten provisorischen Magistrat[17] unter dem parteilosen Oberbürgermeister Dr. Arthur Werner ein. In den Bezirken wurden teils von der sowjetischen Besatzungsmacht, teils etwas später von den Westmächten Verwaltungen eingesetzt. Auch in den Ortsteilen wurden zum Teil Bürgermeistereien und „Unterbezirksverwaltungen" gebildet, die aber später wieder aufgelöst wurden.

Mit Datum vom 26. September 1945[18] erließ der provisorische Magistrat ein „Bezirksverfassungsstatut". Es wurde festgestellt, dass die Einteilung Berlins in 20 Bezirke unverändert bleiben solle. In den Bezirken wurden kollegiale Bezirksämter als ausführende Organe des Magistrats gebildet; sie bestanden aus einem Bezirksbürgermeister, zwei stellvertretenden Bezirksbürgermeistern und neun Bezirksräten. Alle Bezirksamtsmitglieder wurden vom Magistrat ernannt.

17   Vgl. *Schwenkner/Wetzlaugk* in: Künzel/Rellecke (Hg.), Geschichte der deutschen Länder, 2. Aufl. 2008, S. 110.
18   Bezirksverfassungsstatut vom 26. September 1945, VOBl. S. 103, s. http://www.kibou.de/gozer/bln/andere/BVS.html.

§11 Die Vorläufige Verfassung von 1946

Am 13. August 1946 erließ die Alliierte Kommandantur ohne Mitwirkung deutscher Stellen die Vorläufige Verfassung von Groß-Berlin[19]. Sie verband Elemente einer Staatsverfassung mit Elementen der Städteordnung von 1853.

Die Stadtverordnetenversammlung (130 Mitglieder) hatte die Magistratsmitglieder zu wählen, eine neue Verfassung auszuarbeiten und alle erforderlichen gesetzlichen Regelungen zu erlassen. Nach Art. 11 Abs. 1 war der Magistrat der Stadtverordnetenversammlung unbeschränkt verantwortlich und unterstand ihren Anweisungen. Die Stadtverordnetenversammlung konnte durch Beschluss mit zwei Drittel Stimmenmehrheit den Rücktritt des Magistrats verlangen. Dieser Beschluss war unter Angabe der Gründe der Alliierten Kommandantura zur Zustimmung zu unterbreiten. Nach Art. 22 hatte der Magistrat allerdings „das Recht, die Ausführung von Beschlüssen der Bezirksverordnetenversammlung und der Bezirksämter zu verhindern, wenn es das Gemeinschaftsinteresse dringend verlangt oder wenn die Bezirksbehörden durch ihre Beschlüsse ihre Befugnisse überschreiten oder die Gesetze verletzen". In dem Beschluss sind die Gründe der Beanstandung anzuführen.

Der Magistrat bestand aus einem Oberbürgermeister, drei Bürgermeistern und bis zu 16 hauptamtlichen besoldeten Mitgliedern.

Auf Bezirksebene wurden Bezirksverordnetenversammlungen (BVV) (30, 40 oder 45 Mitglieder) für jeweils 2 Jahre gewählt und von diesen ein kollegiales Bezirksamt gebildet (1 Bezirksbürgermeister, 1 stellvertretender Bezirksbürgermeister und bis zu 9 Stadträte). Die BVV hatte ein umfassendes Beschlussfassungsrecht; die Bezirksbehörde war das Bezirksamt. Für die Koordinierung der zentralen Aufgaben mit den bezirklichen Angelegenheiten war ein Rat der Bürgermeister vorgesehen.

§12 Das Ende der Viermächte-Verwaltung 1948

Die Organe der Viermächte-Verwaltung setzten ihre Tätigkeit trotz wachsender Meinungsverschiedenheiten unter den Besatzungsmächten bis zum Jahre 1948 fort. Vom Jahre 1947 an wurden sie jedoch durch zunehmende Zerwürfnisse der

---

19   Vorläufige Verfassung von Groß-Berlin vom 13. August 1946, VOBl. S. 295, s. http://www. verfassungen.de/be/verf46-i.htm.

vier Hauptsiegermächte in ihrer Arbeitsfähigkeit beeinträchtigt. Am 20. März 1948 zog die sowjetische Delegation aus dem Alliierten Kontrollrat aus; dieser trat seitdem nicht mehr zusammen.

Am 16. Juni 1948 verließen die sowjetischen Vertreter auch die Alliierte Kommandantur. Am 1. Juli 1948 teilten sie mit, dass sie zukünftig an den Stabssitzungen der Kommandantur nicht mehr teilnehmen würden[20]. In der folgenden Zeit verließen sie die meisten Ausschüsse der Kommandantur, mit Ausnahme der Luftsicherheitszentrale. Anders als im Fall des Kontrollrats entschlossen sich die Westmächte aber, die Arbeit in der Kommandantur auf Dreimächte-Basis fortzusetzen.[21]Zum endgültigen Ende der Viermächte-Verwaltung führte der Konflikt über die Währungsreform.[22] Nachdem der Kontrollrat aktionsunfähig geworden war, entschlossen sich die Westmächte, in ihren Zonen – nicht aber in den Berliner Westsektoren – eine separate Währungsreform durchzuführen. Der sowjetische Militärgouverneur wurde davon durch ein Schreiben des britischen Militärgouverneurs vom 18. Juni 1948 informiert. Am 22. Juni 1948 um 24 Uhr ließ die sowjetische Militärregierung der amtierenden Oberbürgermeisterin Luise Schröder den Befehl Nr. 111 aushändigen, durch den eine Währungsreform für die Sowjetische Besatzungszone und für ganz Berlin angeordnet wurde. Demgegenüber stellten die westlichen Besatzungsmächte durch einen Befehl fest, dass die sowjetischen Anordnungen für die Westsektoren nichtig seien und dort keine Anwendung fänden.

Der Berliner Magistrat verkündete auf der Sitzung der Stadtverordnetenversammlung am 23. Juni 1948 seinen Beschluss, dass der Befehl Nr. 111 nur für den Ostsektor Gültigkeit habe und in den Westsektoren die Befehle der westli-

---

20 Vgl. dazu die sowjetische Verlautbarung vom 1. Juli 1948 über die Einstellung der Mitarbeit der Sowjetunion an der Arbeit der Alliierten Kommandantura der Stadt Berlin seit 16. Juni 1948; Dokumente zur Berlin-Frage 1944–1966, hrsg. vom Forschungsinstitut der Deutschen Gesellschaft für Auswärtige Politik e. V., Bonn, in Zusammenarbeit mit dem Senat von Berlin, 3. Aufl., München 1967, S. 66 f.

21 Erklärung der Kommandanten der Westmächte vom 21. Dezember 1948, Dokumente zur Berlin-Frage 1944–1966, Nr. 78, hrsg. vom Forschungsinstitut der Deutschen Gesellschaft für Auswärtige Politik e. V., Bonn, in Zusammenarbeit mit dem Senat von Berlin, 3. Aufl., München 1967, S. 105.

22 Vgl. *Keiserling*, Die Alliierte Kommandantur Berlin, https://berlingeschichte.de/bms/bmstxt 01/0103prob.htm

chen Stadtkommandanten zu befolgen seien. Die Stadtverordnetenversammlung sprach dem Magistrat gegen die Stimmen der SED das Vertrauen aus.

Die Währungsreform in den Westsektoren wurde zunächst in der Weise durchgeführt, dass hier die westdeutsche und die ostdeutsche Währung als offizielles Zahlungsmittel anerkannt waren. Erst am 20. März 1949 wurde die westdeutsche Währung DM alleiniges Zahlungsmittel in den Westsektoren.[23]

§13 Die administrative Spaltung der Stadt

Die Sitzung der Stadtverordnetenversammlung vom 23. Juni 1948 war von kommunistischen Demonstranten mit Unterstützung der Polizei und der sowjetischen Besatzungsmacht erheblich gestört worden. In den folgenden zwei Monaten konnte die Stadtverordnetenversammlung zwar weiter in dem im Ostsektor gelegenen Stadthaus tagen, jedoch war die Verwaltung ständig Drohungen und einseitigen Einmischungsversuchen der sowjetischen Besatzungsmacht ausgesetzt. Im Stadthaus wurden West-Berliner Journalisten und Ordner der Stadtverordnetenversammlung verhaftet.

Vom 24. Juni 1948 und damit parallel zu diesen Ereignissen unternahm die sowjetische Besatzungsmacht den Versuch, ihre politischen Ziele in Berlin dadurch durchzusetzen, dass sie die Landverbindungen zwischen den Berliner Westsektoren und den Westzonen (also den Straßen-, Schienen- und Binnenschifffahrtsverkehr) unterbrach. Die Westmächte vereitelten diese Berlin-Blockade durch die Luftbrücke[24]. Die Blockade wurde aufgrund des am 4. Mai 1949 zustande gekommenen Jessup-Malik-Abkommens am 12. Mai 1949 aufgehoben.

Am 6. Juli 1948 sah sich die Stadtverordnetenversammlung – mit Ausnahme der SED-Fraktion – nach Störungen durch kommunistische Demonstranten[25] ge-

---

23   Dokumente zur Berlin-Frage 1944–1966, Nr. 79, hrsg. vom Forschungsinstitut der Deutschen Gesellschaft für Auswärtige Politik e. V., Bonn, in Zusammenarbeit mit dem Senat von Berlin, 3. Aufl., München 1967, S. 105.

24   Vgl. zur Blockade und zur Luftbrücke allgemein: *Wetzlaugk*, Berliner Blockade und Luftbrücke 1948/49, Landeszentrale Berlin 1998; Prell/Wilker (Hg.), Berlin-Blockade und Luftbrücke 1948/49. Analyse und Dokumentation, Berlin 1987

25   Vgl. Lebendiges Museum Online, https://www.hdg.de/lemo/kapitel/nachkriegsjahre/doppelte-staatsgruendung/berlin-blockade-1948.html, (Zugriff am 27.10.2022) Vgl. auch *Zawatka-Gerlach*, in: Der Tagesspiegel Online vom 14.01.2019, der von „zunehmenden Pöbeleien und offener Gewalt" spricht

zwungen, ihren Sitz in die Westsektoren zu verlegen. Der Magistrat folgte Anfang Oktober 1948. Auch die Gewerkschaften und die bürgerlichen Parteien CDU und LDP spalteten sich im Laufe des Jahres 1948.

Die SED-Fraktion der Stadtverordnetenversammlung hatte an den Sitzungen in West-Berlin nicht teilgenommen und den Standpunkt vertreten, dass alle Beschlüsse, die außerhalb des Sowjetsektors gefasst wurden, ungültig seien. Der Stadtverordnetenvorsteher wies demgegenüber darauf hin, dass die Stadtverordnetenversammlung weder durch die Verfassung noch durch die Geschäftsordnung an einen bestimmten Ort gebunden sei.

Am 30. November 1948 berief der Stellvertretende Stadtverordnetenvorsteher Geschke (SED) eine als „Außerordentliche Stadtverordnetenversammlung" bezeichnete Versammlung ein, an der sich außer den 23 Mitgliedern der SED-Fraktion 1588 Delegierte beteiligten, die zum Teil von Berliner Betrieben, zum Teil vom „Demokratischen Block" und anderen kommunistisch beherrschten Organisationen entsandt worden waren.

Dieses in der Verfassung nicht vorgesehene Gremium erklärte den Magistrat für abgesetzt und wählte einen „provisorischen demokratischen Magistrat" unter der Leitung von Fritz Ebert (SED). Die Beschlüsse der Versammlung wurden von den Teilnehmern einer bestellten Massendemonstration durch Handaufheben gebilligt. Der „Provisorische demokratische Magistrat"[26] wurde gegen den Protest der westlichen Stadtkommandanten von der sowjetischen Militärregierung als einzige rechtmäßige Stadtverwaltung anerkannt[27].

Fünf Tage später, am 5. Dezember 1948, fanden in den Westsektoren gemäß der Vorläufigen Verfassung und ungeachtet der sich verschärfenden Spannungen allgemeine Wahlen zur Stadtverordnetenversammlung statt, an denen sich trotz des Boykottaufrufs der SED[28] 86,3 % der Wahlberechtigten aus West – Berlin[29] beteiligten.

---

26   Landesarchiv Berlin, C Rep. 101, Deutsche Digitale Bibliothek, https://www.archivportal-d. de/item/73IZKV67LUPRRQMYI27SLSMSDRHRLSAL
27   Provisorischer Magistrat anerkannt. In: Berliner Zeitung, 3. Dezember 1948, S. 2; online
28   S. a. *Flemming*, Berlin im Kalten Krieg, 1998, S. 15
29   *Bethge*, 1237–1987: Berlins Geschichte im Überblick, 1987, S. 146

§14 Die Entstehung der Berliner Verfassung

Nach Art. 35 Abs. 2 der Vorläufigen Verfassung für Groß-Berlin vom 13. August 1946 war die Stadtverordnetenversammlung verpflichtet, eine neue Verfassung auszuarbeiten und den Alliierten bis zum 1. Mai 1948 zur Genehmigung vorzulegen. Von den vier in der damaligen StVV vertretenen Parteien verzichtete nur die LDP darauf, einen eigenen Entwurf vorzulegen. In dem Verfassungsausschuss war man bestrebt, einen Verfassungstext zu entwerfen, der möglichst die Zustimmung aller Fraktionen und auch aller vier Besatzungsmächte erhalten konnte. Im Ergebnis wurde der erarbeitete Text aber am 22. April 1948 gegen die Stimmen der SED (die mit 26 von 130 Mandaten in der StVV vertreten war) verabschiedet.

Die Genehmigung durch die Alliierten scheiterte zunächst daran, dass sich die Sowjetunion im Jahre 1948 aus der Kommandantur und dem Kontrollrat zurückgezogen hatte. Erst nachdem es im Dezember 1948 zur administrativen Spaltung der Stadt gekommen war und im Jahre 1949 mit Aufhebung der Blockade die erste Berlin-Krise beigelegt wurde, wurden im November 1949 die Arbeiten an der Verfassung wieder aufgenommen. Der Verfassungstext wurde mit dem Ziel einer möglichst weitgehenden Einbeziehung Berlins in die Bundesrepublik überarbeitet. Am 4. August 1950 wurde der überarbeitete Verfassungstext von der in die Westsektoren verlegten Stadtverordnetenversammlung im Rathaus Schöneberg verabschiedet. Die nunmehr aus Vertretern der drei Westmächte bestehende Alliierte Kommandantur genehmigte die Verfassung mit Schreiben vom 29. August 1950, machte aber einige Vorbehalte hinsichtlich der Einbeziehung Berlins in den Bund. Die Verfassung trat am 1. Oktober 1950 in Kraft.[30] Sie erhob zwar einen Geltungsanspruch für ganz Berlin, de facto war ihr Geltungsbereich aber auf die drei Westsektoren beschränkt.

---

30 Verfassung von Berlin vom 1. September 1950 (VOBl. 1950 I S. 433), s. http://www.verfassungen.de/be/verf50-i.htm.

§15 Der Status der Berliner Westsektoren von der Spaltung der Stadt bis zur Wiedervereinigung

I. Allgemeines

Der Rechtsstatus der Berliner Westsektoren, der lange im Mittelpunkt aller juristischen Erörterungen über Berlin stand, ist, nachdem die Einheit Deutschlands und Berlins wiederhergestellt worden ist, nur noch von historischer Bedeutung.

Er war im wesentlichen durch zwei Elemente gekennzeichnet, nämlich durch den Fortbestand des Besatzungsrechts und zum anderen dadurch, dass Berlin zwar nach deutschem Recht zur Bundesrepublik Deutschland gehörte, diese Zugehörigkeit aber durch besatzungsrechtliche Vorschriften beschränkt wurde. Durch das Viermächteabkommen vom 3. September 1971 (in Kraft getreten am 3. Juli 1972) hatten sich die Westmächte gegenüber der Sowjetunion zum Teil vertraglich verpflichtet, diese Beschränkungen aufrechtzuerhalten.

II. Der besatzungsrechtliche Status

Während in der Bundesrepublik und der DDR das Besatzungsrecht im Laufe des Jahres 1955 erloschen war, wurde es in Berlin – mindestens den Berliner Westsektoren – bis zum 3. Oktober 1990 aufrechterhalten. Nach westlicher Auffassung bestand wenigstens de jure bis zur Wiedervereinigung Deutschlands ein besatzungsrechtlicher Viermächtestatus für ganz Berlin, obgleich de facto an seine Stelle eine Dreimächteverwaltung der Westsektoren getreten war:

a) Berlin war nach der Besatzung Deutschlands ein besonderes Besatzungsgebiet unter gemeinsamer Besetzung aller vier Mächte geworden.

b) Der besatzungsrechtliche Viermächtestatus für ganz Berlin hätte nur durch einen übereinstimmenden Beschluss aller vier Mächte geändert werden können; er bestand de jure fort, auch nachdem Deutschland und Berlin auf besatzungsrechtlicher und auf verfassungsrechtlicher Ebene gespalten waren.

Allerdings trugen auch die Westmächte der tatsächlichen Lage Rechnung: die Kommandantur nahm etwa drei Monate, nachdem sich die Sowjetunion aus ihr zurückgezogen hatte, ihre Arbeit auf Dreimächtebasis wieder auf. Sie beanspruchte grundsätzlich keine Jurisdiktion über den Berliner Ostsektor.

Nach Auffassung der Sowjetunion und der DDR war Berlin dagegen Teil der sowjetischen Besatzungszone unter Sonderstatus, in dem man den Westmächten nur ein abgeleitetes Besatzungsrecht eingeräumt hatte.[31] Die kommunistischen Staaten vertraten während der sog. Zweiten Berlinkrise (1958) den Standpunkt, dass die Westmächte ihr Recht, in Berlin als Besatzungsmächte anwesend zu sein, durch Vertragsverletzung und wegen veränderter Umstände verwirkt hätten. Später wurde dieser Rechtsstandpunkt stillschweigend aufgegeben. Es wurde eingeräumt, dass den Westmächten in den Westsektoren („West-Berlin") besatzungsrechtliche Befugnisse zustünden. Dagegen wurde jeder Fortbestand eines besatzungsrechtlichen Status für ganz Berlin dezidiert abgelehnt.[32]

III. Besatzungsrecht und deutsche Staatsgewalt

Die Westmächte übten ihre durch die Besetzung Deutschlands erworbene oberste Gewalt jeweils in ihrem Sektor durch den Stadtkommandanten und gemeinsam durch die Kommandantur aus. Ihr Verhältnis zu den Organen der deutschen Staatsgewalt war in der Erklärung vom 5. Mai 1955 (oft als „Kleines Besatzungsstatut" bezeichnet) geregelt. Danach übten sie „normalerweise" ihre Befugnisse nur in bestimmten sog. vorbehaltenen Gebieten aus; sie behielten sich aber für den Notfall unbegrenzte Befugnisse vor.

Anordnungen der alliierten Kommandantur ergingen entweder als „BK/O" (normalerweise im Berliner Gesetz- und Verordnungsblatt zu veröffentlichen) oder als „BK/L" (Brief der Kommandantur, der normalerweise an eine oberste Landesbehörde gerichtet war und zumeist nicht veröffentlicht wurde). Eine Mittelstellung nahmen gelegentlich sog. BKC/L ein.

Deutsche Gerichte durften die Gültigkeit besatzungsrechtlicher Vorschriften nicht in Zweifel ziehen und eine Gerichtsbarkeit über Angehörige der Besatzungsmächte und in Angelegenheiten, die die Interessen der Besatzungsmächte betra-

---

31 *Zivier*, Der Rechtsstatus des Landes Berlin, 4. Auflage, Berlin 1987, Kapitel 4 und die dort zitierte Literatur, insbesondere: *Riklin*, Das Berlin-Problem, Köln 1964; *Schiedermair*, Der völkerrechtliche Status Berlins nach dem Viermächte-Abkommen vom 3. September 1971, Berlin – Heidelberg – New York 1975.

32 Zur sowjetischen Rechtsauffassung vgl. insbes.: *Boldyriew*, Völkerrechtliche Aspekte der Stellung West-Berlins in: Dokumentation der Zeit 1969 I/II S. 3 ff. (Berlin); *Petrenkow*, Über einige völkerrechtliche Aspekte des Status von West-Berlin, Deutsche Außenpolitik II/1969, S. 152 ff. (Berlin); *Wyssozki*, West-Berlin, Moskau 1974; Deutsche Übersetzung: Moskau 1975.

fen, nur mit Zustimmung des zuständigen Sektorenkommandanten ausüben. Im Jahre 1988 wurde eine Beschwerdestelle der Alliierten geschaffen, an die sich alle deutschen Einwohner Berlins in Konfliktfällen wenden konnten. Sie konnte aber keine bindenden Entscheidungen fällen, sondern nur Empfehlungen geben.[33]

IV. Entmilitarisierung

Bis zum Erlöschen des besatzungsrechtlichen Status wurden bestimmte Entmilitarisierungsvorschriften, die fast ausschließlich vom Kontrollrat für ganz Deutschland erlassen worden waren, von den westlichen Besatzungsmächten und damit de facto nur in den Berliner Westsektoren aufrechterhalten. Die deutschen Wehrgesetze durften nicht nach Berlin übernommen werden; jede Aktivität der Bundeswehr in Berlin war untersagt, Deutsche mit dauerndem Aufenthalt in den Berliner Westsektoren durften nicht zum Wehrdienst herangezogen werden.

Gegen militärische Aktivitäten der DDR im Berliner Ostsektor wurde regelmäßig protestiert.[34]

V. Das Verhältnis der Westsektoren zur Bundesrepublik

Berlin war nach seiner eigenen Verfassung (Art. 1 Abs. 2 und 3 VvB) und nach dem Grundgesetz (Art. 23 a. F. GG) ein Land der Bundesrepublik Deutschland. Diese Bestimmungen des deutschen Verfassungsrechts waren durch die Genehmigungsschreiben der Alliierten zu den jeweiligen Verfassungen „suspendiert"; d. h., sie blieben Bestandteil der Verfassungstexte, waren aber nicht anwendbar. Beide Verfassungen enthielten Vorschriften für die Übergangszeit, d. h. für die Zeit bis zur vollen Anwendbarkeit des GG in Berlin: Art. 144 Abs. 2 GG und Art. 87 VvB. Auch diese Vorschriften waren ihrerseits Gegenstand von Vorbehalten in den Genehmigungsschreiben der Alliierten. Trotz der grundsätzlichen besatzungsrechtlichen Vorbehalte gegen eine vollständige Zugehörigkeit Berlins zur Bundesrepublik wurden mit Zustimmung der Westmächte enge rechtliche und politische Bindungen zwischen den Berliner Westsektoren und der Bundesrepublik hergestellt:

a) Das **Grundgesetz** galt mit allen seinen Änderungen ohne besonderes Übernahmeverfahren auch in Berlin; es konnte dort aber aufgrund besatzungsrecht-

---

33 *Zivier*, Fn. 31, S. 79 ff.
34 *Zivier*, Fn. 31, S. 85 ff. Ein Protest verhindert völkerrechtlich die schleichende Anerkennung einer neuen Rechtslage.

licher Vorbehalte nicht in vollem Umfang angewandt werden. Beschränkungen ergaben sich – abgesehen von vielen Detailregelungen z. B. im Bereich der militärischen Sicherheit – vor allem aus der Formulierung im Vorbehaltsschreiben zum Grundgesetz, dass Berlin nicht von der Bundesrepublik regiert werden dürfe. Unbeschränkbar anwendbar waren die Grundrechte und andere Vorschriften mit vorwiegend rechtlicher Bedeutung (z. B. das Rechtsstaatsprinzip und die in Art. 28 Abs. 1 GG verankerten Wahlrechtsgrundsätze). Bei manchen Verfassungsvorschriften war es zweifelhaft, ob sie ein „Regieren" Berlins durch die Bundesrepublik zum Inhalt hatten (z. B. Art. 31 GG).[35]

b) **Einfache Bundesgesetze** galten in Berlin erst, nachdem sie vom Berliner Abgeordnetenhaus übernommen und im Berliner Gesetz- und Verordnungsblatt verkündet worden waren. Dies geschah ab 1951 durch die sog. Mantelgesetzgebung. Durch ein Mantelgesetz konnten mehrere Bundesgesetze übernommen werden.

Die Pflicht zur Übernahme war in dem Dritten Überleitungsgesetz des Bundes geregelt. Berlin musste alle Bundesgesetze, deren Erstreckung auf Berlin in einer sog. Berlinklausel ausdrücklich vorgesehen war, innerhalb eines Monats übernehmen. Das Recht der Westmächte, die Übernahme einzelner Gesetze zu untersagen oder übernommene Gesetze für ungültig zu erklären, wurde dadurch nicht berührt.

Rechtsverordnungen des Bundes, die auf einer nachkonstitutionellen Ermächtigung beruhten, galten nach Paragraphen 13, 14 des Dritten Überleitungsgesetzes in Berlin, sobald die gesetzliche Ermächtigungsnorm in Berlin übernommen war. Sie wurden von der Senatsverwaltung für Justiz im Berliner Gesetz- und Verordnungsblatt veröffentlicht. Rechtsverordnungen des Bundes, die auf einer vorkonstitutionellen Ermächtigungsnorm beruhten, mussten in Berlin durch eine besondere Übernahmeverordnung des Senats in Kraft gesetzt werden.

In der Praxis waren die in Berlin übernommenen Bundesgesetze dem Landesrecht, genauso wie in allen anderen Bundesländern, übergeordnet (Art. 31 GG). Trotzdem blieb die Meinungsverschiedenheit zwischen den Alliierten und der deutschen herrschenden Rechtslehre über die Qualität der in Berlin

---

35 *Zivier*, Fn. 31, S. 102 ff.

übernommenen Bundesgesetze bestehen. Aus diesem Grunde wurde die in der Berliner Verfassung (Art. 49 VvB) vorgesehene Möglichkeit einer Gesetzgebung durch Volksbegehren und Volksentscheid nie verwirklicht und der in Art. 72 vorgesehene Verfassungsgerichtshof nicht gebildet. In beiden Fällen war es nicht möglich, die Zustimmung der Westmächte zu einer Formulierung zu erlangen, durch die die Überordnung der übernommenen Bundesgesetze über das Berliner Landesrecht sichergestellt worden wäre. Art. 49 wurde schließlich gestrichen, Art. 72 durch Art. 87a „suspendiert".[36]

c) Im Bereich der **Rechtsprechung** war Berlin fast lückenlos in das Rechtssystem des Bundes eingegliedert. Eine einzige, allerdings wesentliche Ausnahme bestand darin, dass aufgrund eines Vorbehalts der Westmächte das Bundesverfassungsgerichtsgesetz nicht nach Berlin übernommen werden konnte und die Zuständigkeit das Bundesverfassungsgerichts in „Berliner Sachen" ausgeschlossen war. Über die Definition der „Berliner Sachen" bestand in manchen Einzelfragen keine Klarheit.

Unabhängig von diesen Einschränkungen wurden Entscheidungen, die das Bundesverfassungsgericht in westdeutschen Angelegenheiten gefällt hatte, von den Berliner Landesorganen im gleichen Umfang als verbindlich angesehen, wie es der Rechtslage in den anderen Bundesländern entsprach.

Da ein Berliner Verfassungsgerichtshof nicht gebildet werden konnte und das Bundesverfassungsgericht in „Berliner Sachen" nicht entscheiden konnte, waren die Berliner Gerichte gezwungen, die Vereinbarkeit von Berliner Landesgesetzen mit dem Grundgesetz und der Verfassung von Berlin im Rahmen ihrer jeweiligen Zuständigkeit selbst zu prüfen (sog. Inzidentnormenkontrolle). Bei Bundesgesetzen, die in Berlin übernommen worden waren, vermied man dies dadurch, dass in Zweifelsfällen die Entscheidung des Bundesverfassungsgerichts in einer parallelen westdeutschen Angelegenheit abgewartet wurde.[37]

d) Im Bereich der **Exekutive** galten die in den Art. 84, 85 GG vorgesehenen Kontroll- und Weisungsrechte des Bundes auch für Berlin. Die Zuständigkeiten von Bundesoberbehörden und bundesunmittelbaren juristischen Personen des öffentlichen Rechts erstreckten sich auch auf Berlin, soweit sie nicht im Einzelfall (z. B. in Militär- oder Luftfahrtangelegenheiten) ausgeschlos-

---

36 *Zivier,* Fn. 31, S. 104 ff.
37 *Zivier,* Fn. 31, S. 108 ff.

sen waren. Lediglich bei Bundesbehörden mit eigenem Verwaltungsunterbau waren die Aufgaben, die in den anderen Ländern von Bundesbehörden wahrgenommen wurden, besonderen Berliner Behörden übertragen.[38]

e) Die **auswärtigen Beziehungen** gehörten zwar zu dem vorbehaltenen Bereich der Westmächte, es war aber sichergestellt, dass Berlin weitgehend in die zwischenstaatlichen Verträge und sonstigen auswärtigen Beziehungen der Bundesrepublik einbezogen werden konnte. Zu den wichtigsten auswärtigen Mitgliedschaften der Bundesrepublik, in die Berlin voll einbezogen war, gehörte die Mitgliedschaft in der **Europäischen Gemeinschaft**. Die unmittelbar anwendbaren Rechtsnormen der Europäischen Gemeinschaft galten ohne besonderen Übernahmeakt auch in Berlin.[39]

f) Die **Einbeziehung Berlins in das politische Leben des Bundes** unterlag im wesentlichen zwei Beschränkungen: Berlin konnte nicht an den unmittelbaren Wahlen zum Bundestag teilnehmen, und die Berliner Abgeordneten hatten im Bundestag – ebenso wie seine Vertreter im Bundesrat – kein volles Stimmrecht.

Die Berliner Bundestagsabgeordneten wurden am Tag der Bundestagswahl vom Berliner Abgeordnetenhaus gewählt. Im Bundestag und im Bundesrat konnten die Abgeordneten bzw. die Vertreter Berlins zwar in den Ausschüssen und in parlamentsinternen Angelegenheiten (z. B. Geschäftsordnungsfragen) mit vollem Stimmrecht mitentscheiden; bei Entscheidungen mit Außenwirkung (z. B. Verabschiedung von Gesetzen, Wahl des Bundeskanzlers) stimmten sie zwar mit, ihre Stimmen wurden aber bei der Feststellung des Ergebnisses nicht berücksichtigt.[40]

g) Nach der deutschen herrschenden **Rechtslehre** und der Rechtsprechung des Bundesverfassungsgerichts war Berlin ein Land der Bundesrepublik Deutschland, dessen Mitgliedschaft durch die Vorbehaltsrechte der Westmächte lediglich beschränkt wurde[41]. Nach der Rechtsauffassung der Westmächte war Berlin dagegen trotz der engen Bindungen, die mit ihrer Zustimmung zwischen den Westsektoren und der Bundesrepublik herge-

---

38 *Zivier*, Fn. 31, S. 120 ff.
39 *Zivier*, Fn. 31, S. 126 ff., 130 ff.
40 *Zivier*, Fn. 31, S. 134 ff.
41 Vgl. *Finkelnburg*, Die Rechtsprechung des Bundesverfassungsgerichts in Berliner Sachen, ÄOR 1970, S. 581–595

stellt worden waren, kein Land der Bundesrepublik. Auch in der deutschen Rechtslehre vertrat eine starke Mindermeinung diese Ansicht zumeist in Form der sog. Als-ob-Theorie.

Auf die Einzelheiten dieses Theorienstreites kann hier nicht eingegangen werden. Es soll lediglich darauf hingewiesen werden, dass eine staatsrechtliche Bindung Berlins an die Bundesrepublik – mindestens wenn man von der Rechtsauffassung der Westmächte und der Bundesrepublik ausgeht – auch dadurch hergestellt wurde, dass alle betroffenen Gebietsteile trotz der politischen Spaltung zu dem rechtlich fortbestehenden, wenn auch handlungsunfähigen Völkerrechtssubjekt Deutschland gehörten.[42]

VI. Die Berlin-Regelung / Das Viermächte-Abkommen und innerdeutsche Ausführungsvereinbarungen

Durch die Berlin-Regelung, die durch Unterzeichnung des Viermächteprotokolls am 3. Juni 1972 in Kraft trat, wurde kein neuer Berlin-Status begründet. Das Viermächte-Abkommen selbst begründete zwischen der Sowjetunion und den Westmächten ausschließlich vertragliche Verpflichtungen, die allerdings – im Austausch für praktische Verbesserungen – die Bindungen Berlins an den Bund beschränkten. Ausgeschlossen wurden insbesondere Tagungen der Bundesversammlung und Plenarsitzungen des Bundestages und des Bundesrats in den Berliner Westsektoren.[43] Die praktischen Verbesserungen, die das Vertragswerk für die Berliner Westsektoren brachte, waren zwar in dem Viermächteabkommen selbst und seinen Anlagen verankert; diese verwiesen aber auf die Teilregelungen, die von den zuständigen deutschen Behörden zu vereinbaren waren. Es handelte sich um Abkommen über den Transitverkehr und über die Verbesserung des Post- und Fernmeldeverkehrs (zwischen der Bundesregierung und der Regierung der DDR) sowie um die Vereinbarungen über den Besuchsverkehr[44] und den Gebietstausch (zwischen dem Senat und der Regierung der DDR). Von fortwirkender Bedeutung sind vor allem die Gebietstauschabkommen, weil durch sie die Grenzen der deutschen Gebietskörperschaft Berlin an verschiedenen Punkten geändert wurden.

---

42   *Zivier,* Fn. 31, S. 26 ff.
43   *Zivier,* Fn. 31, Teil III (Das Viermächte-Abkommen).
44   Vgl. *Kunze,* Grenzerfahrungen. Kontakte und Verhandlungen zwischen dem Land Berlin und der DDR 1949–1989, Berlin 2005 (Reprint).

§16 Die rechtliche und politische Entwicklung im Ostteil der Stadt

Nachdem die Viermächte-Verwaltung Berlins bereits im Juni 1948 zum Erliegen gekommen war, wurde die administrative Spaltung der Stadt auf der Ebene der deutschen Staatsorgane am 30. November 1948 vollendet, als eine im Sowjetsektor einberufene Versammlung ohne verfassungsrechtliche Grundlage den Magistrat für abgesetzt erklärte und einen neuen (provisorischen) Magistrat wählte, der von der sowjetischen Besatzungsmacht als einziges rechtmäßiges Organ der Stadtverwaltung anerkannt wurde.[45] Der Ostsektor wurde zunächst nicht voll in die Sowjetische Besatzungszone eingegliedert, er wurde aber schrittweise dem politischen, rechtlichen und wirtschaftlichen System der SBZ und später dem der DDR angeglichen, bis er schließlich als „Hauptstadt der DDR" de facto die Funktion eines DDR-Bezirks wahrnahm.[46] Im Bereich des Besatzungsrechts wurden – anders als in den Westsektoren – die Kompetenzen zwischen der Besatzungsmacht und der deutschen Verwaltung zunächst nicht eindeutig abgegrenzt. Im November 1949 wurde die Sowjetische Militärverwaltung aufgelöst und durch eine Kontrollkommission ersetzt.

Die sowjetische Besatzungsmacht mischte sich noch einmal massiv in die inneren Angelegenheiten des Ostsektors ein, als sie nach Ausbruch des Volksaufstandes vom 17. Juni 1953 den Ausnahmezustand im sowjetischen Sektor von Berlin erklärte.

Mit Abschluss des Moskauer Vertrages vom 20. September 1955 wurde der Hohe Kommissar der UdSSR in Deutschland durch einen Botschafter ersetzt. Kurz darauf wurde die Grenzkontrolle an den Grenzen der DDR sowie an der Demarkationslinie um Berlin und der Sektorengrenze, die bisher von sowjetischen Truppen ausgeübt worden war, von der Grenzpolizei der DDR übernommen. Lediglich die Kontrolle der Alliierten Militärtransporte von und nach Berlin blieb den sowjetischen Besatzungstruppen vorbehalten.

Allerdings blieben im Bereich des Besatzungsrechts einige Besonderheiten bis zur Wiedervereinigung bestehen. Die Angehörigen der Streitkräfte der drei Westmächte konnten den Sowjetsektor in Uniform ohne Kontrolle betreten. Flugzeuge aller

---

45   Vgl. im Einzelnen *Mampel*, Der Sowjetsektor von Berlin, Frankfurt a. M./Berlin 1963; *Zivier*, Fn. 31, Kapitel 6.

46   *Mampel*, Fn. 45, S. 71 ff.

Besatzungsmächte durften sich gemäß den Flugvorschriften vom 22. Oktober 1946 in der Kontrollzone Berlin bewegen und dabei auch den Ostsektor überfliegen.

Auf der Ebene der deutschen Verwaltung wurde die vorläufige Berliner Verfassung vom 13. August 1946 nach der administrativen Spaltung der Stadt im Ostsektor nicht mehr angewandt, obgleich sie nicht formell außer Kraft gesetzt wurde. Eine Volksvertretung bestand zunächst nicht; auch die „außerordentliche Stadtverord-netenversammlung" trat nach dem 30. November 1948 nicht mehr zusammen. Der Magistrat fungierte zunächst auch als Organ der Gesetzgebung.[47] Im Januar 1953 wurden Volksvertretungen für Groß-Berlin (de facto also für den Ostsektor) und für die Stadtbezirke gebildet.

Die Gesetze der DDR wurden im Ostsektor von Berlin zumeist durch einen Rechtssetzungsakt des Magistrats in Kraft gesetzt. Seit Inkrafttreten der DDR-Verfassung vom 6. April 1968 wurden sie im Verordnungsblatt nicht mehr in ihrem Wortlaut wiedergegeben sondern nur noch aufgezählt. Ab September 1968 wurde das Verordnungsblatt für Groß Berlin eingestellt.

Damit und mit der – ab 28. Juni 1976 – unmittelbaren Wahl der auf Berlin (Ost) entfallenden Volkskammerabgeordneten – die bis dahin indirekt (von der Stadt-verordnetenversammlung) gewählt worden waren – waren die letzten Besonder-heiten im verfassungsrechtlichen Bereich entfallen.

In Art. 2 Abs. 1 S. 2 der ersten DDR-Verfassung[48] wurde Berlin zur Hauptstadt der DDR erklärt; eine entsprechende Formulierung enthält Art. 1 Abs. 2 der Ver-fassung vom 6. April 1968. Die Geschäftsordnung des Magistrats vom 29. März 1950 nahm indirekt auf Art. 2 Abs. 2 der ersten DDR-Verfassung Bezug.

Der Ostsektor fungierte auch tatsächlich als Hauptstadt der DDR, d.h. als Sitz der Regierungsorgane und der ausländischen diplomatischen Vertretungen.

Die wichtigsten Schritte zur Eingliederung des Berliner Ostsektors in das verfas-sungs- und verwaltungsrechtliche System der DDR waren im übrigen

- Erlass einer Geschäftsordnung des Magistrats am 29. März 1950 und einer Hauptsatzung vom 8. Juni 1950,

---

47   *Mampel*, Fn. 45, S. 81.
48   Vgl. http://www.verfassungen.de/ddr/verf49.htm

- Weitgehende Übernahme der Verwaltungsstruktur der DDR durch eine Verordnung des Magistrats vom 19. Januar 1953

- die Übernahme des Gesetzes über die Organe der örtlichen Staatsmacht am 28. Januar 1957; die Volksvertretung führte seit diesem Zeitpunkt wieder die Bezeichnung „Stadtverordnetenversammlung",

- Ausdehnung der Befugnisse des Staatsrats der DDR auf Berlin (Ost) nach Abschaffung des Amts des Staatspräsidenten durch Gesetz vom 12. September 1960,

- Erlass einer Ordnung über die Aufgaben und Arbeitsweise der Stadtverordnetenversammlung von Groß-Berlin und ihrer Organe am 7. September 1961; dort wurde ausdrücklich bestimmt, dass die „Hauptstadt der Deutschen Demokratischen Republik" die Funktion eines Bezirks ausübte.

Ein entscheidender Schritt zur Annexion des Ostsektors war es schließlich, dass auf Anordnung des Ministerrats der DDR am 13. August 1961 die Mauer in Berlin gebaut und die Stadt damit endgültig gespalten wurde.

Deutsche, die in der Bundesrepublik oder in den Westsektoren wohnten, und Ausländer konnten den Ostsektor bis September 1960 ohne besondere Formalitäten betreten, während eine Einreise in die DDR seit dem 20. Mai 1952 nur mit Genehmigung möglich war. Ab 8. September 1960 wurde die Einreise in den Ostsektor für Bewohner Westdeutschlands genehmigungspflichtig, jedoch war eine Tagesaufenthaltsgenehmigung für den Ostsektor weiterhin leichter zu erlangen als für die DDR. Für Deutsche mit Wohnsitz in Westdeutschland und Ausländer änderte sich daran auch nach der Spaltung der Stadt im August 1961 nichts. Allerdings trat an die Stelle der Aufenthaltsgenehmigung später ein Visum. Bewohner der Westsektoren konnten ab August 1961 den Ostsektor zunächst nicht betreten; Möglichkeiten dazu wurden vorübergehend im Rahmen der Passierscheinabkommen[49] geschaffen. Später erhielten die Bewohner der Westsektoren im Rahmen des Viermächteabkommens vom 3. September 1971 und der Besuchsvereinbarung die Möglichkeit, den Ostsektor und die DDR zu besuchen.[50]

---

49 Dazu *Kunze*, Fn. 44.
50 *Zivier*, Fn. 31, S. 95.

3. Wiedervereinigung und Verfassungsreformen

§ 17 Entwicklung des Verfassungsrechts in Berlin (West) bis zur Öffnung der Grenze 1989

Die Berliner Verfassung vom 1. September 1950 blieb – zunächst in den Berliner Westsektoren, nach dem 11. Januar 1991 in ganz Berlin – trotz vieler, z. T. erheblicher, Änderungen in ihrer Grundsubstanz erhalten. Auch die Verfassung, die am 22. Oktober 1995 durch Volksabstimmung verabschiedet wurde, lehnt sich, vor allem im Bereich des Staatsorganisationsrechts, eng an den bis dahin geltenden Verfassungstext an.

Im Bereich des Verwaltungsrechts traten im Jahre 1958 drei grundlegende Gesetze in Kraft:

- das Polizeizuständigkeitsgesetz,

- das Allgemeine Zuständigkeitsgesetz und

- das Bezirksverwaltungsgesetz.[51]

Zum Polizeizuständigkeitsgesetz und dem Allgemeinen Zuständigkeitsgesetz ergingen Rechtsverordnungen. Das Polizeizuständigkeitsgesetz und die auf seiner Grundlage erlassenen Rechtsverordnungen wurden 1975 durch das Allgemeine Gesetz über Sicherheit und Ordnung (ASOG) und die Verordnung über die Zuständigkeiten der Ordnungsbehörden abgelöst. Das Allgemeine Zuständigkeitsgesetz (AZG) wurde trotz verschiedener Novellierungen erst durch das Verwaltungsreformgesetz von 1996 grundlegend geändert. Es grenzt die Zuständigkeiten der Hauptverwaltung und der Bezirke voneinander ab, enthält aber auch andere wichtige Zuständigkeitsregelungen, z. B. über die Staats-, Bezirks- und Fachaufsicht, den Erlass von Verwaltungsvorschriften sowie über die staatsrechtliche und rechtsgeschäftliche Vertretung des Landes.

Im Bereich der Bezirksverwaltung wurde durch eine Verfassungsänderung von 1958 die Deputation als drittes Organ der Bezirksverwaltung (neben Bezirksverordnetenversammlung und Bezirksamt) eingeführt.[52] Das Bezirksverwaltungs-

---

51 Bezirksverwaltungsgesetz (BezVG) vom 30. Januar 1958 (GVBl. S. 126); vgl. hierzu *Kreutzer*, DÖV 1959, S. 429 ff.;

52 Verfassungsänderndes Gesetz vom 30. Januar 1958, GVBl. S. 125.

gesetz reformierte die Bezirksverwaltung im Sinne einer „Entpolitisierung". Die Amtszeit der Bezirksamtsmitglieder wurde auf sechs Jahre festgesetzt und damit von der Wahlperiode der Bezirksverordnetenversammlungen und des Abgeordnetenhauses gelöst.

Diese Reform wurde im Jahre 1971 wieder rückgängig gemacht. Die Deputationen wurden abgeschafft; die Amtszeit der Bezirksamtsmitglieder wurde wieder der Wahlperiode der Bezirksverordnetenversammlungen angeglichen. Zugleich wurde die Regelung eingeführt, nach der die BVV-Fraktionen entsprechend ihrer Stärke am Bezirksamt zu beteiligen waren.[53] Im Jahre 1978 wurde das Grundmandat in den Ausschüssen der BVV eingeführt.[54]

§18 Rechtslage Berlins in der Übergangszeit

I. Von der Öffnung der Grenzen bis zu den ersten Kommunalwahlen 1990

Als Beginn der Übergangszeit kann der 9. November 1989 angesehen werden. Zu diesem Zeitpunkt sah sich die Regierung der DDR durch den Druck der Bevölkerung und die Entwicklung in den anderen Ostblockländern gezwungen, die Grenzen zu öffnen und allgemeine Aus- und Einreisefreiheit zu gewähren. Die Rechtslage Berlins änderte sich dadurch zunächst nicht.

Verschiedene besatzungsrechtliche und innerdeutsche Regelungen – insbesondere Vorschriften des Viermächteabkommens und der innerdeutschen Ausführungsvereinbarungen – wurden durch die Öffnung der Grenzen de facto obsolet, traten aber nicht außer Kraft.

Im Machtbereich der DDR setzten die oppositionellen Kräfte durch, dass auf gesamtstaatlicher, regionaler und lokaler Ebene sogenannte Runde Tische gebildet wurden, an denen bis zur Durchführung freier Wahlen alle politisch relevanten Gruppen an den Entscheidungen mitwirkten.

Die verstärkte Zusammenarbeit zwischen der Bundesrepublik und Berlin (West) auf der einen und der DDR und Berlin (Ost) auf der anderen Seite fand für Berlin einen institutionellen Rahmen in dem sogenannten Provisorischen Regionalaus-

---

53   Verfassungsänderndes Gesetz vom 24. Juni 1971, GVBl. S. 1060.
54   Verfassungsänderndes Gesetz vom 5. Dezember 1978, GVBl. S. 2272.

schuss und den von ihm eingesetzten Arbeitsgruppen. Hoheitliche Befugnisse wurden diesen Gremien aber nicht übertragen; die von ihnen erarbeiteten technischen Regelungen mussten auf beiden Seiten von den zuständigen Organen in Kraft gesetzt werden.

Ein wesentlicher Schritt in der politischen Entwicklung waren die freien Wahlen zur Volkskammer der DDR am 18. März 1990. Sie führten zur Bildung einer Koalitionsregierung unter Ausschluss der bisher staatsbeherrschenden SED. Die Verfassung der DDR war zwar durch verschiedene Gesetze – insbesondere das Wahlgesetz und das Parteieingesetz – im Sinne einer pluralistischen Demokratie geändert worden, blieb aber im übrigen in Kraft.

II. Von den Kommunalwahlen bis zum Inkrafttreten des Einigungsvertrages

Wesentliche Änderungen der Rechtslage für Berlin traten erst mit den freien Kommunalwahlen in der DDR am 6. Mai 1990 ein. Die Sonderstellung des Berliner Ostsektors im Verhältnis zu den übrigen Teilen der DDR trat danach deutlich zutage. Die Wahlen hatten auf Kreis-, Gemeinde- und Stadtbezirksebene stattgefunden, nicht aber auf der Ebene der DDR-Bezirke, weil diese durch neu zu bildende Länder ersetzt werden sollten. In Berlin (Ost) wurde dagegen außer den Bezirksversammlungen auch die Stadtverordnetenversammlung neu gewählt, obgleich diese nach dem damals geltenden Recht der DDR die Funktion einer Volksvertretung auf Bezirksebene wahrnahm.

Das Wahlergebnis führte dazu, dass auch in Berlin (Ost) ein Magistrat unter Ausschluss der SED gebildet wurde.

Die Stadtverordnetenversammlung in Berlin (Ost) ging in ihrer Tätigkeit aber noch über die Funktionen hinaus, die ihr als Volksvertretung eines DDR-Bezirks zugestanden hätten. Sie nahm gewissermaßen die Ländergliederung der DDR vorweg und entfaltete eine Gesetzgebungstätigkeit, die in den übrigen neu gebildeten Ländern erst ab 14. Oktober 1990[55] für die Länderparlamente vorgesehen war. Insbesondere erarbeitete sie eine Verfassung[56], die mit Verkündung in einem besonderen für die Ost-Berliner Bezirke geschaffenen Gesetz-, Verordnungs- und Amtsblatt am 25. Juli

---

55   Also mit Inkrafttreten des Ländereinführungsgesetzes vom 22. Juli 1990.
56   Verabschiedet am 11. Juli 1990, ausgefertigt am 22. Juli 1990.

1990 in Kraft trat. Grundlage des Textes war die Verfassung, die am 22. April 1948 von der Gesamtberliner Stadtverordnetenversammlung verabschiedet worden war, aber wegen fehlender Zustimmung der sowjetischen Besatzungsmacht nicht in Kraft gesetzt werden konnte. Die Ostberliner Verfassung enthielt aber auch eigenständige Regelungen. Dazu gehörten u. a. das Ausländerwahlrecht auf Bezirksebene und ein erweiterter Katalog von Grundrechten und Staatszielbestimmungen. Gesetzgebung durch Volksbegehren und Volksentscheid waren vorgesehen. Gesetzgebungs- und Regierungsorgane waren Stadtverordnetenversammlung und Magistrat.

Mit Verabschiedung einer eigenen Verfassung für den Ostsektor durch eine demokratisch legitimierte Volksvertretung war die Möglichkeit entfallen, die in Berlin (West) geltende Verfassung vom 1. September 1950 kurzerhand auch im Ostteil der Stadt in Kraft zu setzen. Die VvB erhob zwar prinzipiell einen Geltungsanspruch für ganz Berlin; dieser konnte aber nach ihrem Selbstverständnis nur verwirklicht werden, wenn sich die Bevölkerung des Ostsektors unmittelbar durch Volksentscheid oder durch eine demokratisch gewählte Volksvertretung dafür entschied.

Art. 88 Abs. 4 der Verfassung für den Ostsektor bestimmte, dass sie außer Kraft treten würde, wenn am Tage der konstituierenden Sitzung des neugewählten Gesamtberliner Parlaments die Gültigkeit einer Gesamtberliner Verfassung auch für die östlichen Bezirke festgestellt würde; Voraussetzung dafür war allerdings, dass diese Gesamtberliner Verfassung – d. h. praktisch ein überarbeiteter Text der in Berlin (West) geltenden Verfassung – den Auftrag enthalten müsste, in der ersten Wahlperiode eine endgültige Verfassung von Berlin zu erarbeiten und durch Volksentscheid in Kraft zu setzen und zwar auf der Grundlage der Verfassung vom 22. April 1948, der ("West-Berliner") Verfassung vom 1. September 1950 und der ("Ost-Berliner") Verfassung vom 11./22. Juli 1990.

Gleichzeitig mit Inkrafttreten der Verfassung wurde – mit gewissen Einschränkungen – das Allgemeine Zuständigkeitsgesetz, das Bezirksverwaltungsgesetz, das Eigenbetriebsgesetz, die Landeshaushaltsordnung und das Personalvertretungsgesetz in den in Berlin (West) geltenden Fassungen übernommen.

Auch in den folgenden Monaten verfolgten die Parlamente und die Regierungen in beiden Teilen der Stadt das Ziel, schon in der Übergangzeit eine möglichst weitgehende Übereinstimmung der Rechtsverhältnisse und der Verwaltungsstrukturen herbeizuführen. Wesentliche gesetzliche Neuregelungen wurden im Wege der Parallelgesetzgebung in Kraft gesetzt. Eine weitgehende Angleichung des in Berlin (Ost) geltenden Rechts an das Recht in Berlin (West) erfolgte durch die beiden Gesetze über die Vereinheitlichung des Berliner Landesrechts.[57] Die gesetzgeberische Tätigkeit der Stadtverordnetenversammlung wurde von den Regierungsorganen der DDR – trotz einiger Bedenken, die vorübergehend von dem zuständigen Ministerium für regionale und kommunale Angelegenheiten geäußert worden waren – zunächst stillschweigend und später durch Rechtsvorschriften anerkannt.

Der Senat und der Magistrat tagten ab Mitte Juni 1990 gemeinsam (erste gemeinsame Sitzung am 12. Juni 1990; von da ab nur noch vereinzelt getrennte Sitzungen).

In den westlichen Bezirken wurden die rechtlichen Voraussetzungen für die Wiedervereinigung der Stadt vor allem durch die Verfassungsänderung vom 3. September 1990 geschaffen.[58] In Art. 88 Abs. 2 VvB wurde eine Bestimmung aufgenommen, nach der die Verfassung während der ersten Wahlperiode des Gesamtberliner Abgeordnetenhauses auf der Grundlage der Verfassungen vom 22. April 1948, 1. September 1950 und 11. Juli 1990 zu überarbeiten und die überarbeitete Verfassung durch Volksabstimmung in Kraft zu setzen war. Damit waren im wesentlichen die in Art. 88 Abs. 4 der Ost-Berliner Verfassung verankerten Voraussetzungen dafür geschaffen, dass das erste Gesamt-Berliner Abgeordnetenhaus die in Berlin (West) geltende Verfassung durch einfachen Beschluss für ganz Berlin in Kraft setzen konnte. Allerdings bestand keine vollständige Übereinstimmung zwischen den beiden Verfassungstexten: Art. 88 Abs. 4 der Ost-Berliner Verfassung sah den Auftrag vor, eine endgültige Verfassung zu e r a r b e i t e n ; in Art. 88 Abs. 2 VvB hieß es dagegen, dass die (geltende) Verfassung zu ü b e r arbeiten sei.[59] Bereits durch das 22. Änderungsgesetz war die Wahlperiode des Ersten Gesamt-Berliner Abgeordnetenhauses auf 5 Jahre verlängert worden. Weitere Verfassungsänderungen enthielten Regelungen über die Wahl des ersten Gesamt-Berliner Abgeordnetenhauses und die Wahlperiode der Bezirksverordnetenversammlungen.[60] In der Umschreibung des Staatsgebiets und der Bezirksgliederung (Art. 4 VvB) durch das 22. Änderungsgesetz wurden die damaligen 23 Bezirke in beiden Teilen Berlins aufgezählt; dadurch wurde die Neubildung

---

57   Gesetz vom 28./29. September 1990, GVBl. S. 2119, GV ABl. S. 240 und vom 10./11. Dezember 1990, GVBl. S. 2889, ABl. S. 534.

58   22. Gesetz zur Änderung der Verfassung von Berlin vom 3. September 1990, GVBl. S. 1877.

59   GVBl. S. 2136.

60   Vgl. Art. 87 a und b VvB.

von drei Bezirken in Berlin (Ost), die bis dahin nicht in Übereinstimmung mit der in Berlin (West) geltenden Verfassung gestanden hatte, sanktioniert.

Maßgebliche Regelungen für die Herstellung der Rechtseinheit wurden zwischen der Bundesrepublik und der DDR sowie zwischen den beiden deutschen Staaten und den vier Hauptsiegermächten vereinbart. Maßgeblich sind Auf der Ebene der deutschen Staaten sind vor allem der Vertrag über die Schaffung einer Währungs-, Wirtschafts- und Sozialunion vom 18. Mai 1990[61], der Vertrag vom 3. August 1990 zur Vorbereitung und Durchführung der ersten gesamtdeutschen Wahl mit Änderungsvertrag vom 20. August 1990[62] sowie der Einigungsvertrag vom 31. August 1990 mit der ergänzenden Vereinbarung vom 18. September 1990[63] zu nennen.

Durch den Vertrag über die abschließende Regelung in Bezug auf Deutschland[64] wurde für eine Übergangszeit auch die Rechtsstellung der bisherigen Besatzungstruppen und Stationierungstruppen in Berlin und im Gebiet der früheren DDR geregelt. Bis zum endgültigen Abzug der sowjetischen Truppen aus Deutschland (Ende 1994) blieben Truppen der Westmächte – nur bis zu ihrer bisherigen Stärke – auf Wunsch der Bundesrepublik als Stationierungstruppen in Berlin (West). Die Westmächte gaben mit Inkrafttreten des Vertrages ihre Rechte in Bezug auf Berlin und Deutschland als Ganzes auf (Art. 7). Ihre besatzungsrechtliche Befugnisse wurden mit der Wiedervereinigung Deutschlands zunächst suspendiert und sind mit dem endgültigen Inkrafttreten des „Zwei-plus-Vier-Vertrages" durch Übergabe der letzten Ratifikationsurkunde am 15. März 1991 erloschen.

III. Vom Inkrafttreten des Einigungsvertrages bis zur tatsächlichen Herstellung der staatlichen Einheit

Mit Inkrafttreten des Einigungsvertrages am 3. Oktober 1990 bildeten die damaligen 23 Bezirke von Berlin das Land Berlin innerhalb der Bundesrepublik Deutschland (Art. 1 Abs. 2 des Vertrages). Während auf Bundesebene sofort einheitliche Regierungs- und Gesetzgebungsorgane gebildet wurden, begann in Berlin zunächst nur eine neue Phase der Übergangszeit.

---

61   BGBl. II S. 518, 537.
62   BGBl. II S. 813.
63   BGBl. II S. 885, 889, 1239.
64   2 + 4-Vertrag (BGBl. II S. 1317).

Gemäß Art. 16 Einigungsvertrag waren die Aufgaben der Gesamt-Berliner Landesregierung zunächst vom Senat gemeinsam mit dem Magistrat wahrzunehmen. Konflikte, die sich aus dieser keineswegs eindeutigen Formulierung ergeben konnten, wurden vermieden; Senat und Magistrat tagten von diesem Zeitpunkt an nur noch gemeinsam. Im übrigen bestanden aber zunächst weiterhin zwei Parlamente (Abgeordnetenhaus und Stadtverordnetenversammlung) mit unterschiedlichen räumlichen Zuständigkeiten und es galten im Ost- und im Westteil der Stadt unterschiedliche Verfassungen. Einheitliche Gesetze wurden im Wege der Parallelgesetzgebung in Kraft gesetzt.

Im Bereich der Hauptverwaltung wurden die Behörden in beiden Teilen Berlins (Senats- und Magistratsversammlungen und nachgeordnete Behörden) zügig zusammengefasst.

Auf der Ebene der Bezirksverwaltung bestanden weiterhin zum Teil unterschiedliche Strukturen, weil das Bezirksverwaltungsgesetz und das Allgemeine Zuständigkeitsgesetz zwar in Berlin (Ost) übernommen worden waren, die nach den Vorschriften der DDR gewählten Bezirksverordnetenversammlungen und Bezirksämter aber im Amt blieben.

Die Wahlen zum ersten Gesamt-Berliner Abgeordnetenhaus – aber nicht die Wahlen zu den Bezirksverordnetenversammlungen – fanden zeitgleich mit den Wahlen zum ersten gesamtdeutschen Bundestag am 2. Dezember 1990 statt. Die Regelungen in den in Berlin (Ost und West) verabschiedeten gleichlautenden Wahlgesetzen lehnten sich weitgehend an den Vertrag über die Wahl des ersten gesamtdeutschen Bundestages und die hierzu ergangenen Entscheidungen des Bundesverfassungsgerichts an.

Auf der konstituierenden Sitzung des ersten Gesamt-Berliner Abgeordnetenhauses am 11. Januar 1991 wurde die durch das 22. und 23. Änderungsgesetz revidierte Verfassung von Berlin für ganz Berlin in Kraft gesetzt; dies geschah durch einen einfachen Parlamentsbeschluss, der allerdings im Gesetz- und Verordnungsblatt bekanntgemacht wurde.[65] Mit der Bildung des ersten Gesamt-Berliner Senats am 24. Januar 1991 war die rechtliche Wiedervereinigung Berlins abgeschlossen.

---

65 GVBl. 1991, S. 35.

§19 Rechtslage nach Herstellung der staatlichen Einheit – Rechtsangleichung

I. Ende der Übergangszeit

Von der Herstellung der Rechtseinheit, die rechtstheoretisch mit Inkrafttreten des Einigungsvertrages am 3. Oktober 1990 und praktisch am 11./24. Januar 1991 vollendet war, ist die Herstellung der Rechtsgleichheit zu unterscheiden.

Schon vor dem 3. Oktober 1990 war in verschiedenen Sachbereichen Rechts*gleichheit* zwischen dem östlichen und dem westlichen Teil Berlins hergestellt worden; für den Bereich des Bundesrechts hauptsächlich durch den Vertrag über die Schaffung einer Währungs-, Wirtschafts- und Sozialunion, für den Bereich des Landesrechts im Wege der Parallelgesetzgebung.

II. Kompetenzbereich der Bundesgesetzgebung

a) Im Kompetenzbereich der Bundesgesetzgebung war das Recht der Bundesrepublik Deutschland auch auf die *Berliner Westsektoren* zu erstrecken, soweit die Gesetze und Rechtsverordnungen des Bundes – infolge besatzungsrechtlicher Vorbehalte – vorher nicht nach Berlin übernommen werden konnten. Dies ist durch das Gesetz zur Überleitung von Bundesrecht nach Berlin (West)[66] geschehen. Die Rechtsangleichung wurde in § 1 ÜblG 6 nach dem Prinzip eines Negativkatalogs hergestellt: Das gesamte Bundesrecht (einschließlich der zwischenstaatlichen Verträge des Bundes) gilt mit Inkrafttreten des Gesetzes[67] grundsätzlich uneingeschränkt in Berlin (West). Nicht anwendbar sind nach § 3 ÜblG 6 die Verträge, die die Stationierung westlicher Truppen in den Altländern der Bundesrepublik betreffen. Weitere Sonder- und Ausnahmeregelungen galten für Übergangsfristen. Vom Zeitpunkt der Wiedervereinigung (3. Oktober 1990) an galten Bundesgesetze unmittelbar in Berlin.[68] Eine besondere Erstreckung von Rechtsvorschriften der EG war nicht notwendig, weil diese schon bisher unmittelbar in Berlin (West) galten.

---

66 Sechstes Überleitungsgesetz vom 25. September 1990 – BGBl. I/1990, S. 2106.

67 D. h. ab 3. Oktober 1990 – vgl. Bekanntmachung des Bundesministers des Auswärtigen – BGBl. I/1990, S. 2153.

68 In einigen Fällen enthielten Gesetze, die nach diesem Zeitpunkt verabschiedet, aber schon vorher formuliert wurden, noch eine Berlin-Klausel.

b) Für den *früheren Ostsektor* wurde die Rechtseinheit im Bereich des Bundesrechts grundsätzlich durch die gleichen Rechtsvorschriften hergestellt wie in den fünf Ländern der ehemaligen DDR. Maßgeblich sind also:

- der Vertrag über die Schaffung einer Währungs-, Wirtschafts- und Sozialunion vom 18. Mai 1990,[69]

- der Vertrag vom 3. August 1990 zur Vorbereitung und Durchführung der ersten gesamtdeutschen Wahl des Deutschen Bundestages sowie der Änderungsvertrag dazu vom 20. August 1990,[70]

- der Einigungsvertrag vom 31. August 1990 mit der ergänzenden Vereinbarung vom 18. September 1990[71]

- und die EG-Recht-Überleitungsverordnung vom 28. September 1990.[72]

III. Kompetenzbereich der Landesgesetzgebung

Im Bereich des Landesrechts konnte bis zur Konstituierung des ersten Gesamtberliner Abgeordnetenhauses am 11. Januar 1991 Rechtsgleichheit nur im Wege der Parallelgesetzgebung hergestellt werden. Im Übrigen ist eine umfassende Rechtsangleichung durch drei Gesetze über die Vereinheitlichung des Berliner Landesrechts erfolgt.[73] Landesrecht, das bei Inkrafttreten des Ersten Vereinheitlichungsgesetzes in Berlin (West) galt oder bis zum 25. September 1990 vom Abgeordnetenhaus verabschiedet war, gilt auch in Berlin (Ost), soweit in den Anlagen zum Gesetz keine Ausnahmen oder Einschränkungen vorgesehen sind. Das von der Stadtverordnetenversammlung zwischen dem 11. Juli und dem 26. September 1990 beschlossene einfache Landesrecht bleibt in seinem Geltungsbereich unberührt. Rechtsvorschriften der DDR, die als Landesrecht weitergelten, traten in Berlin außer Kraft, soweit sich aus dem Einigungsvertrag und aus der Anlage 3 zu dem Ersten Vereinheitlichungsgesetz nichts anderes ergibt.

---

69 BGBl. II S. 518, 537.
70 BGBl. II S. 813; vgl. dazu auch die Änderungsgesetze zum Bundeswahlgesetz vom 8. Oktober 1990, BGBl. I S. 2141 und vom 19. Oktober 1990, BGBl. I S. 2218.
71 BGBl. II S. 885, 889, 1239.
72 BGBl. I S. 2117.
73 Erstes, Zweites und Drittes Gesetz über die Vereinheitlichung des Berliner Landesrechts vom 28./29. September 1990, GVBl. S. 2119, ABl. S. 240, vom 10./11. Dezember 1990, GVBl. S. 2289, ABl. S. 534 und vom 19. Dezember 1991, GVBl. S. 294.

IV. Exekutive

a) Spätestens seit der Wahl des ersten Gesamt-Berliner Senats am 24. Januar 1990 besteht eine einheitliche *Hauptverwaltung* für ganz Berlin.

b) Im Bereich der *Bezirksverwaltungen* lief die Wahlperiode der am 6. Mai 1990 gewählten Bezirksverordnetenversammlungen nicht mit der Wahlperiode des 11. Abgeordnetenhauses sondern erst am 30. Juni 1992 ab. Auch die Bezirksämter, die nach den Kommunalwahlen am 6. Mai 1990 als „Räte der Bezirke" gebildet worden waren, blieben bis zum 24. Mai 1992 im Amt.[74] An diesem Tag fanden in ganz Berlin Wahlen zu den Bezirksverordnetenversammlungen nach Maßgabe des Bezirksverwaltungsgesetzes statt. Damit war die Rechtseinheit auf der Ebene der Bezirksverwaltungen und auch die einheitliche Wahlperiode für das Abgeordnetenhaus und die Bezirksverordnetenversammlungen wieder hergestellt.

V. Gerichtsbarkeit

Die im Einigungsvertrag vorgesehenen Übergangsfristen im Bereich des Gerichtsverfassungs- und Prozessrechts galten für Berlin (Ost) nicht. Die Justizgesetze der Bundesrepublik waren bereits seit dem 3. Oktober 1990 in ganz Berlin anwendbar. Durch ein Gesetz vom 25. September 1990[75] wurde die Zuständigkeit des Kammergerichts, des Landgerichts Berlin und der Amtsgerichte auf den bisherigen Ostsektor erstreckt. §3 enthält entsprechende Bestimmungen für den Bereich der Arbeitsgerichtsbarkeit, der Finanzgerichtsbarkeit, der Sozialgerichtsbarkeit und der Verwaltungsgerichtsbarkeit.

---

74 Die Bezirksverordnetenversammlungen im Ostteil hatten je nach der Einwohnerzahl 51 bis 124 Mitglieder. Für die Bezirksämter sah die im Ostsektor verabschiedete Verfassung einen Bezirksbürgermeister und 6 Stadträte vor, die, anders als im Westteil der Stadt, für bestimmte Ressorts gewählt wurden. Vor Inkrafttreten der Verfassung waren jedoch zum Teil Bezirksämter mit mehr als 7 Mitgliedern gebildet worden, die nach Inkrafttreten ihre ursprüngliche Stärke behielten. Eine proportionale Beteiligung der in der BVV vertretenen Parteien war bei der Bildung der Bezirksämter nicht vorgeschrieben.

75 GVBl. S. 2076, GV ABl. S. 225.

VI. Aufhebung des Besatzungsrechts

Mit der Ratifikation des Vertrages vom 12. September 1990 über die abschließende Regelung in Bezug auf Deutschland[76] wurde der besatzungsrechtliche Status Berlins aufgehoben. Für die besatzungsrechtlichen Befugnisse, die die Westmächte in ihren früheren Sektoren ausübten, ist dies durch das Schreiben der Alliierten Kommandantur Berlin an den Regierenden Bürgermeister vom 2. Oktober 1990[77] ausdrücklich festgestellt worden. Die Alliierte Kommandantur besteht seit diesem Zeitpunkt nicht mehr.

§ 20 Verfassungsänderungen

I. Verfassungsänderungen des Jahres 1990

Durch das 22. und 23. Gesetz zur Änderung der VvB waren die verfassungsmäßigen Voraussetzungen für die Wiedervereinigung Berlins geschaffen worden.

Weitere Verfassungsänderungen betrafen die Aufnahme einer Staatszielbestimmung Umweltschutz, eines Grundrechts auf Datenschutz, die Aufnahme des Petitionsrechts in den Grundrechtskatalog, Bestimmungen über die Unabhängigkeit der Abgeordneten und die Rechte der Opposition, die Herabsetzung des Wahlrechts auf 18 Jahre und eine Bestimmung über die Bildung und Zuständigkeit des Verfassungsgerichtshofs.

II. Weitere Verfassungsänderungen bis zum Inkrafttreten der Verfassung vom 23. November 1995

a) Art. 88 VvB i. d. F. des 22. Änderungsgesetzes sah vor, dass ein überarbeiteter Verfassungstext innerhalb der ersten Wahlperiode vom Abgeordnetenhaus mit Zweidrittelmehrheit zu verabschieden und dann den Wahlberechtigten zur Abstimmung vorzulegen war. Die Möglichkeit punktueller Verfassungsänderungen durch das Abgeordnetenhaus (gemäß § 88 Abs. 1 a. F. mit Zweidrittelmehrheit) war dadurch nicht ausgeschlossen. Tatsächlich sind bis zur Volksabstimmung über die Verfassung von 1995 fünf verfassungsändernde Gesetze ergangen. Zum Teil kam ihnen erhebliche materiellrechtliche Be-

---

76   BGBl. II S. 1317.
77   GVBl. S. 2159.

deutung zu; soweit dies der Fall ist, sind die betreffenden Vorschriften fast ausnahmslos in den neuen Verfassungstext übernommen worden.

– Die bedeutendsten Änderungen im Bereich des Staatsorganisations-rechts enthielt das 28. Änderungsgesetz, das die Voraussetzungen und den verfassungsrechtlichen Rahmen für das Verwaltungsreformgesetz vom 19. Juli 1994 schuf. Außerdem wurde durch diese Verfassungsän-derung die Höchstzahl der Senatsmitglieder von 18 auf 11 (Regierender Bürgermeister und höchstens 10 weitere Mitglieder – Bürgermeister und Senatoren –) reduziert. (Art. 40 Abs. 2 a. F., 55 Abs. 2 nF).[78]

– In diesem Zeitraum musste auch die verfassungsrechtliche Grundlage für eine Fusion der Länder Berlin und Brandenburg und für die Volksabstim-mung über den Fusionsvertrag (gemäß Art. 118a GG) geschaffen werden. Dies geschah durch einen neuen Art. 85a, der durch das 30. Änderungs-gesetz in den alten Verfassungstext eingefügt und als Art. 97 in den aktu-ellen Verfassungstext übernommen wurde.[79]Nach dem negativen Ausgang der Volksabstimmung über die Fusion könnte diese Verfassungsnorm als Rechtsgrundlage für einen neuen Fusionsvertrag dienen.

– Auch das Verwaltungsrecht Berlins wurde noch vor der Volksabstimmung über die neue Verfassung und über die Fusion mit dem Land Brandenburg erheblich geändert. Zu erwähnen ist für diesen Zeitabschnitt vor allem das Eigenbetriebsreformgesetz vom 9. Juli 1993[80], durch das die „klassischen" Eigenbetriebe des Landes (BVG, Berliner Wasserbetriebe, Gasag, Berliner Hafen- und Lagerhaus-Betriebe und Berliner Stadtreinigungsbetriebe), die bis dahin zur Hauptverwaltung und damit zur unmittelbaren Landesver-waltung gehört hatten, zum Teil privatisiert und zum Teil in Anstalten des öffentlichen Rechts umgewandelt wurden.[81]

Der Hauptstadtvertrag zwischen der Bundesrepublik Deutschland und dem Land Berlin wurde auf Seiten des Bundes durch eine Änderung des Baugesetzbuchs und auf Seiten des Landes Berlin durch eine Änderung

---

78 Verfassungsänderndes Gesetz vom 6. Juli 1994, GVBl. S. 217.
79 Verfassungsänderndes Gesetz vom 8. Juni 1995, GVBl. S. 339.
80 GVBl. S. 319.
81 Allerdings besteht ein neues Eigenbetriebsgesetz, das Eigenbetriebe auf Hauptverwaltungs – und Bezirksebene vorsieht.

des Ausführungsgesetzes zum Baugesetzbuch in Bundes- bzw. Landesrecht umgesetzt.

b) Weitere Änderungen des Verwaltungsrechts und der Verwaltungsstruktur beruhen auf den Reformgesetzen des Jahres 1994, die aufgrund von Vereinbarungen der „großen" Senatskoalition zwischen CDU und SPD zustande kamen und die auch die Fusion mit dem Land Brandenburg vorbereiten sollten. Die verfassungsrechtliche Grundlage wurde durch das 28. Änderungsgesetz zur VvB geschaffen; die Einzelregelungen sind größtenteils in dem Gesetz zur Reform der Berliner Verwaltung (Verwaltungsreformgesetz) enthalten.[82] Hauptziel der Reform war es auf der einen Seite, den Verantwortungsbereich der Bezirke zu erweitern, auf der anderen Seite sollte die Verwaltung – auch auf der Ebene der Bezirke – gestrafft werden. Insgesamt wurden sieben Gesetze – z. T. grundlegend – geändert. Als wichtigste sachliche Änderungen sind zu erwähnen:

– Bei der Abgrenzung der Zuständigkeiten von Hauptverwaltung und Bezirksverwaltungen hat sich die Bezeichnung geändert. Es sind jetzt „Aufgaben der Hauptverwaltung" (früher „Vorbehaltsaufgaben") und „Bezirksaufgaben" (früher „Bezirkseigene Angelegenheiten") vorgesehen.

– Die „Bezirksaufgaben unter Fachaufsicht" (früher „Übertragene Vorbehaltsaufgaben"), die in dieser Fassung des AZG noch vorgesehen waren, sind noch durch das zweite Verwaltungsreformgesetz entfallen. Die entscheidende Änderung besteht darin, dass diese Zuständigkeitsbereiche jetzt nicht mehr durch Rechtsverordnung, sondern durch Gesetz voneinander abgegrenzt werden.

Einzelne Aufgaben können durch einen oder mehrere Bezirke für das Landesgebiet wahrgenommen werden.

– Im Bereich des Bauplanungsrechts und der Landschaftsplanung werden die Befugnisse, die in den Flächenstaaten den Gemeinden zustehen, grundsätzlich von den Bezirksorganen wahrgenommen.

– Im finanzpolitischen Bereich sollte die Selbständigkeit und Selbstverantwortung der Bezirke durch die Zuweisung von Globalsummen gestärkt

---

82   Verwaltungsreformgesetz vom 19. Juli 1994, GVBl. S. 241.

werden. Den Bezirken wird ausdrücklich eine – allerdings eng begrenzte – Klagebefugnis vor dem Verfassungsgerichtshof eingeräumt.

– Die Zahl der Bezirksmitglieder wurde zunächst auf fünf herabgesetzt. Ab 1. Januar 2001 sind für die 12 großen Bezirke, die an die Stelle der 23 alten Bezirke getreten sind, Bezirksämter mit sechs Mitgliedern vorgesehen. Außerdem wurde gesetzlich geregelt, dass die Verwaltung der Bezirke sich in fünf Abteilungen gliedert.

Die proportionale Besetzung der Bezirksämter wurde auf die Zeit bis zum Ende der 13. Wahlperiode beschränkt, jedoch ist diese Änderung noch einmal bis zum Jahr 2010 herausgeschoben worden.

§ 21 Die Verfassung vom 23. November 1995

Im Zuge der Wiedervereinigung war eine Bestimmung (Art. 88 Abs. 2 VvB) in den Verfassungstext aufgenommen worden, nach der die VvB während der ersten Wahlperiode des Gesamtberliner Abgeordnetenhauses zu überprüfen war. Die überarbeitete Verfassung sollte nach Annahme durch das Abgeordnetenhaus mit Zweidrittelmehrheit durch Volksabstimmung in Kraft gesetzt werden.

Das Abgeordnetenhaus hatte zu diesem Zweck am 26. September 1991 eine Enquete-Kommission zur Verfassungs- und Parlamentsreform eingesetzt; diese legte ihren Schlussbericht am 9. Juni 1994 vor.[83] In den politisch maßgeblichen Kreisen und auch in der Öffentlichkeit wurde dieser Verfassungsrevision kein allzu großes Gewicht beigemessen und zwar aus zwei Gründen: Erstens war eine Anzahl von Verfassungsänderungen (zum Teil mit erheblicher Bedeutung) in der Zeit zwischen der Wiedervereinigung und dem Ende der ersten Wahlperiode durch Einzelnovellierungen in Kraft gesetzt worden, u. a. die verfassungsrechtlichen Grundlagen für das Verwaltungsreformgesetz. Zweitens ging man davon aus, dass die Fusion mit dem Land Brandenburg zustande kommen, die überarbeitete Berliner Verfassung also nur noch für eine Übergangszeit gelten würde.[84] In dem Verfassungstext, der nach Beratung in den Ausschüssen und im Plenum des Abgeordnetenhauses schließlich verabschiedet wurde, sind nicht alle Änderungsvorschläge der Enquete-Kommission berücksichtigt. Er entspricht im Auf-

83 Abghs. Drs. 12/4376.
84 So die Stellungnahme des Senats zum Schlussbericht der Enquete-Kommission, Abghs. Drs. 12/ 5224 – Einleitung.

bau der Verfassung von 1955. Umfangreiche Neuregelungen enthält er vor allem im Katalog der Grundrechte und Staatszielbestimmungen, im Bereich des Parlamentsrechts, bei den Vorschriften über das Gesetzgebungsverfahren und im Abschnitt über das Finanzwesen. Von größter sachlicher Bedeutung dürften – neben den neuen Grundrechtsvorschriften und Staatszielbestimmungen – die neuen Artikel 61–63 VvB sein, die die Verfahren der unmittelbaren Demokratie (Volksinitiative, Volksbegehren und Volksentscheid) betreffen.

Bei den übrigen neu eingeführten Vorschriften handelt es sich zum Teil um Regelungen von erheblicher sachlicher Bedeutung (z. B. das Informationsrecht des Abgeordnetenhauses und sein Zustimmungsrecht bei Staatsverträgen), teilweise aber auch nur um Klarstellungen und Bereinigungen. Verschiedene Einrichtungen (z. B. die Enquete-Kommissionen und der Datenschutzbeauftragte), die bisher nur einfachgesetzlich geregelt waren, wurden in der Verfassung verankert, einige systematisch oder verfassungsrechtlich problematische Vorschriften gestrichen (z. B. das Recht des Abgeordnetenhauses, Rechtsverordnungen außerhalb des normalen Gesetzgebungsverfahrens zu ändern – Art. 47 Abs. 12 Satz 2 des alten Verfassungstextes).

Der Verfassungstext, der am 22. Juni 1995 vom Abgeordnetenhaus mit der erforderlichen Zweidrittelmehrheit verabschiedet worden war, wurde den Wahlberechtigten am 22. Oktober 1995 – dem Tag der Wahl zum zweiten Gesamt-Berliner Abgeordnetenhaus – zur Abstimmung vorgelegt. Er erhielt die erforderliche Mehrheit[85] und trat mit Verkündung im Gesetz- und Verordnungsblatt in Kraft.[86]

§22 Die gescheiterte Neugliederung im Raum Berlin-Brandenburg

Im Zusammenhang mit der Wiedervereinigung Deutschlands wurde Art. 118a in das Grundgesetz eingeführt, der eine Neugliederung des Bundesgebiets im Raum Berlin-Brandenburg ermöglicht, ohne dass das umständliche – um nicht zu sagen unpraktikable – Verfahren des Art. 29 eingehalten zu werden braucht. Vorgeschrieben ist in Art. 118a GG nur ein Staatsvertrag der beiden Länder unter Beteiligung der Wahlberechtigten. Weitere bundesrechtliche Vorgaben bestehen nicht; es versteht sich von selbst, dass die Beteiligung der Wahlberechtigten in

---

85 Bei einer Teilnahme von 68,6 % der Abstimmungsberechtigten wurden 75,1 % der Stimmen für und 24,9 % der Stimmen gegen die neue Verfassung abgegeben. 4,6 % der abgegebenen Stimmzettel waren ungültig.

86 GVBl. 1995, S. 799. Tag der Ausfertigung: 23. November 1995. Tag der Verkündung im GVBl.: 28. November 1995.

Form einer Volksabstimmung erfolgen muss, für die die in Art. 28, 38 GG verankerten Grundsätze einer demokratischen Wahl gelten müssen, soweit sie auf eine Volksabstimmung übertragbar sind.

Unter Neugliederung ist in erster Linie die Bildung eines gemeinsamen Bundeslandes zu verstehen; die Frage, ob Art. 118a GG auch auf andere Formen der Neugliederung (Grenzänderungen, Bildung mehrerer neuer Bundesländer) angewandt werden könnte, ist höchstens von theoretischer Bedeutung.

Die Länder Berlin und Brandenburg schufen ihrerseits in den Art. 97 VvB[87] und 116 der Brandenburgischen Verfassung die verfassungsrechtlichen Grundlagen für den Zusammenschluss durch einen Staatsvertrag, der in jedem der beiden Länder vom gesetzgebenden Organ mit (verfassungsändernder) 2/3-Mehrheit zu verabschieden und durch Volksentscheid zu bestätigen war.[88] Das Vertragswerk zur Bildung eines gemeinsamen Bundeslandes, das nach intensiven – zum Teil schwierigen – Verhandlungen auf politischer Ebene und auf Expertenebene zustande kam, bestand aus dem eigentlichen Neugliederungsvertrag mit mehreren Anlagen und einem Staatsvertrag zur Regelung der Volksabstimmung in beiden Ländern.[89] Zu den Anlagen des Neugliederungsvertrages gehörten das Wahlgesetz für den ersten gemeinsamen Landtag und ein ‚Organisationsstatut‘. Ein Verfassungsentwurf für das gemeinsame Land sollte in der Übergangszeit von einem paritätisch besetzten Ausschuss der Landesparlamente erarbeitet werden. Er wäre dann am Tag der Wahl des ersten gemeinsamen Landtags Gegenstand einer Volksabstimmung gewesen und bei Annahme im Gesetz- und Verordnungsblatt des neuen Landes als Verfassung verkündet worden (Art. 8 des Vertrages).

Wäre die erforderliche Mehrheit in beiden Landesparlamenten oder bei der Volksabstimmung zustande gekommen, so hätten die Bestimmungen des Neugliederungsvertrages zusammen mit dem Organisationsstatut als vorläufige Verfassung gegolten, bis eine Verfassung für das gemeinsame Land in Kraft getreten wäre. Grundrechte der beiden Landesverfassungen hätten in ihrem jeweiligen Geltungsbereich weiter gegolten (Art. 9 des Vertrages). Die Verfassung des neuen Landes

---

87 Vor Inkrafttreten der Verfassung vom 23. November 1995 Art. 85a.

88 Art. 116 der Brandenburgischen Verfassung bestimmt außerdem ausdrücklich, dass der Landtag frühzeitig an der Gestaltung des Vertrages zu beteiligen ist und dass bei der Volksabstimmung die Mehrheit der Abstimmenden dem Vertrag zustimmen muss.

89 Staatsvertrag zur Regelung der Volksabstimmung in den Ländern Berlin und Brandenburg über die Bildung eines gemeinsamen Landes (Berliner Zustimmungsgesetz vom 29. Juli 1995, GVBl. S. 520).

wäre in diesem Fall vom gemeinsamen Landtag mit 2/3-Mehrheit zu verabschieden[90] und durch Volksentscheid zu bestätigen gewesen (Art. 8 Abs. 4 des Vertrages).

Nach dem Abstimmungsvertrag sollte der Neugliederungsvertrag in Kraft treten, wenn in jedem der beiden Länder die Mehrheit der Abstimmenden, mindestens aber 25 % der Wahlberechtigten, zustimmten (Mehrheits- und Zustimmungsquorum).

Außerdem konnten die Abstimmenden darüber entscheiden, ob der Zusammenschluss der beiden Länder im Jahre 1999 oder im Jahre 2002 wirksam werden sollte.[91] Als gemeinsame Organe für das Abstimmungsverfahren waren ein gemeinsamer Abstimmungsausschuss (mit je 5 Vertretern aus Brandenburg und Berlin) und – für Abstimmungsprüfungen – ein gemeinsames Gericht vorgesehen, das sich aus den Mitgliedern der Staatsgerichtshöfe beider Länder zusammensetzte.[92] Die Abstimmung fand am 5. Mai 1996 statt. Während in Berlin die Mehrheit der Abstimmenden für den Neugliederungsvertrag stimmte und auch das erforderliche Zustimmungsquorum zustande kam, stimmte in Brandenburg die Mehrheit gegen den Vertrag.

Damit war die Vereinigung der beiden Länder zunächst gescheitert. Die Art. 118a GG, 97 VvB und 116 der Brandenburgischen Verfassung sind weiterhin in Kraft und können in Zukunft als Grundlage für weitere Bestrebungen zur Bildung eines gemeinsamen Landes dienen. Die Verträge – sowohl über die Vereinigung selbst, als auch über das Abstimmungsverfahren – müssten jedoch neu erarbeitet und von den Parlamenten verabschiedet werden; der eigentliche Einigungsvertrag bedürfte einer Zweidrittelmehrheit und müsste durch Volksabstimmung bestätigt werden. Dies gilt auch für den rein hypothetischen Fall, dass der am 5. Mai 1996 gescheiterte Fusionsvertrag ohne jede Änderung erneut vorgelegt würde.

Die Notwendigkeit eines erneuten Gesetzgebungsaktes – mit verfassungsändernder Mehrheit – und einer erneuten Volksabstimmung in beiden Ländern folgt u. a. daraus, dass nicht nur die Fusion selbst, sondern auch ihr Zeitpunkt Gegen-

---

90 Der Entwurf des gemeinsamen Ausschusses – bei Nichtzustandekommen die Beratungsunterlagen – wäre dem Landtag zwar vorgelegt worden (Art. 8 Abs. 4), dieser wäre daran aber nicht gebunden gewesen.

91 Eine Stimme zur Zusatzfrage über den Zeitpunkt war auch zulässig, wenn der Abstimmende in der Hauptfrage gegen die Fusion gestimmt hatte. Eine Stimme zur Hauptfrage war auch gültig, wenn der Abstimmende zur Nebenfrage keine Stimme abgab.

92 Dieses Gericht ist in einem Fall (Zurückweisung einer unzulässigen Anfechtung) tätig geworden, vgl. Landes – und Kommunalverwaltung (LKV) 1997, S. 93.

stand der Abstimmung war und auch daraus, dass die gleichzeitige Abstimmung in beiden Ländern zum vorgesehenen Verfahren gehörte.

Dem neuen Vertrag über das Abstimmungsverfahren (nicht über die Fusion selbst) könnte das Abgeordnetenhaus dagegen mit einfacher Mehrheit zustimmen; Art. 97 VvB reicht als verfassungsrechtliche Grundlage insoweit aus.

Ebenfalls formell zunächst in Kraft geblieben ist das Bundesgesetz zur Regelung der finanziellen Voraussetzungen für die Neugliederung der Länder Berlin und Brandenburg.[93]

§ 23 Territorialreform, Verfassungs- und Verwaltungsreform 1998

Schon etwa eineinhalb Jahre nach Inkrafttreten der Verfassung vom 23. November 1995 wurde das Verfassungs- und Verwaltungsrecht Berlins erneut grundlegend geändert. Rechtsgrundlagen der Reformen sind das verfassungsändernde Gesetz vom 3. April 1998[94] sowie das Gesetz zur Änderung wahlrechtlicher und bezirksverwaltungsrechtlicher Vorschriften vom 5. Juni 1998[95], das Gebietsreformgesetz vom 10. Juni 1998[96] und das Zweite Verwaltungsreformgesetz vom 25. Juni 1998[97].

Die wichtigsten Neuregelungen betrafen folgende Bereiche:

- Die Territorialreform: Die Zahl der Bezirke wurde von 23 auf 12 verringert.

- Änderungen, die die politischen Staatsorgane betreffen:
  - Die Mindestzahl der Mandate im Berliner Abgeordnetenhaus wurde von 150 auf 130, die Höchstzahl der Senatoren von 10 auf 8 (darunter zwei Bürgermeister) herabgesetzt.
  - Die Wahlperiode wurde von 4 auf 5 Jahre verlängert.

---

93 Gesetz vom 9. August 1994, BGBl. S. 2066. Allerdings war das Gesetz zeitlich begrenzt und ist im Jahre 2010 ausgelaufen, da bis dahin keine Fusion zustande kam. Es hätte durch eine Neuregelung ersetzt werden können; vgl. dazu *Michalk/Möller*, Die Stadtstaatenwerbung – Ein Hindernis für Länderfusionen?, in: Wirtschaftsdienst, Oktober 2005, S. 653 ff. Der Beitrag betrifft nicht nur den Raum Berlin/Brandenburg, sondern auch eine mögliche Fusion der Stadtstaaten Hamburg und Bremen mit ihren angrenzenden Flächenstaaten.

94 GVBl. S. 82

95 GVBl. S. 122

96 GVBl. S. 131

97 GVBl. S. 177

- Änderungen der Verwaltungsstruktur, die insbesondere das Verhältnis Hauptverwaltung – Bezirksverwaltung betreffen: Die Fachaufsicht der Hauptverwaltung über die Bezirke wurde abgeschafft und durch ein sogenanntes Eingriffsrecht ersetzt. Andere Änderungen betreffen die Befugnis zum Erlass von Verwaltungsvorschriften und Zuständigkeiten im Rahmen des verwaltungsgerichtlichen Vorverfahrens.

- Außerdem wurden die Verwaltungsaufgaben, die der Hauptverwaltung vorbehalten sind, zugunsten der Bezirke eingeschränkt.

Etwa zeitgleich mit diesen Änderungen des Verfassungsrechts, des Verwaltungsrechts und der äußeren Behördenstruktur verfolgten Senat und Parlamentsmehrheiten das Ziel einer „inneren Verwaltungsreform". Damit war gemeint, dass der innere Aufbau und die Arbeitsweise der Behörden flexibler, kostengünstiger und bürgerfreundlicher gestaltet werden sollte und zwar durch eine weitgehende Orientierung des staatlichen Verwaltungsapparats an betriebswirtschaftlichen Arbeitsmethoden.

Auf die schrittweise Erprobung der neuen Arbeitsprinzipien und die Regelungen für die Übergangszeit kann hier nur kursorisch eingegangen werden.[98] Die Pläne wurden von den zuständigen Stellen des Senats in Zusammenarbeit mit drei Beratungsfirmen erarbeitet.[99] Darauf beruhten mehrere Senatsbeschlüsse, Richtlinien und Experimentierklauseln (z. B. im Haushaltsgesetz 1997). Vorläufiges Endergebnis dieser Bemühungen war das Verwaltungsreform-Grundsätze-Gesetz. [100] Es sieht u. a. die Gliederung der Behörden in Behördenleitung, einen Steuerungsdienst, Leistungs- und Verantwortungszentren und Serviceeinheiten vor, ferner den Abschluss von Zielvereinbarungen zwischen der Behördenleitung und den Organisationseinheiten, eine auf 5 Jahre befristete Übertragung von Leitungsfunktionen und einen regelmäßigen Leistungsvergleich unter den Behörden und Organisationseinheiten.

---

98 Wegen der Einzelheiten wird auf die 3. Auflage, vor allem Anhang I verwiesen.
99 KPMG, Price Waterhouse und Arthur D. Little. Kritisch dazu – insbesondere zur Auszahlung der Honorare trotz erheblicher Leistungsmängel – der Bericht des Rechnungshofs 1997, Abghs. Drs. 13/1587
100 Drittes Gesetz zur Reform der Berliner Verwaltung vom 17. Mai 1999 – GVBl. S. 171 – i. d. F. des Gesetzes v. 22. Juli 1999 – GVBl. S. 422.

§ 24 Verfassungsänderung 2006 – Einführung des „Kanzlersystems" – Änderungen im Bereich der direkten Demokratie

Weitere grundlegende Änderungen des Verfassungsrechts traten im Jahre 2006 während der Regierungszeit von Klaus Wowereit (SPD) mit dem verfassungsändernden Gesetz vom 8. Mai 2006 in Kraft.[101] Die verfassungsrechtliche und politische Stellung des Regierenden Bürgermeisters wurde gegenüber dem Abgeordnetenhaus, dem Senatskollegium und den anderen Senatsmitgliedern gestärkt. Sie ähnelt jetzt – mit Einschränkungen – derjenigen, der auf Bundesebene dem Bundeskanzler zusteht, so dass in der politischen Diskussion gelegentlich das Wort „Kanzlersystem" verwendet wird.

Nach der Neuregelung[102] wählt das Abgeordnetenhaus nur noch den Regierenden Bürgermeister. Dieser ernennt und entlässt die übrigen Senatsmitglieder ohne Mitwirkung des Abgeordnetenhauses. Er entscheidet – mindestens bei der Senatsbildung – über die Abgrenzung der Geschäftsbereiche. Das Abgeordnetenhaus kann nur dem Regierenden Bürgermeister das Vertrauen entziehen; mit der Beendigung seines Amtes endet auch die Amtszeit der übrigen Senatsmitglieder. Der Regierende Bürgermeister bestimmt jetzt – ohne dass ein Einvernehmen mit dem Senatskollegium notwendig ist – die Richtlinien der Regierungspolitik[103].

Nach Presseberichten wurden von den Fraktionen des Abgeordnetenhauses weitere – eher technische – Verfassungsänderungen erwogen, die die Wahl und Rechtsstellung des Regierenden Bürgermeisters betreffen. So spricht einiges dafür, dass für die Wahl des Regierungschefs nicht die Mehrheit der abgegebenen

---

101 Verfassungsänderndes Gesetz vom 8. Mai 2006, GVBl. S. 446.

102 Bis zum Inkrafttreten der Neuregelung standen vor allem dem Abgeordnetenhaus weitreichende Befugnisse bei der Senatsbildung und gegenüber dem Senat zu. Das Abgeordnetenhaus wählte den Regierenden Bürgermeister und dann – auf seinen Vorschlag – jedes einzelne der übrigen Senatsmitglieder (Senatoren). Dies galt nicht nur bei der Neubildung des Senats, sondern auch bei Nachbesetzungen. Im Rahmen dieses Wahlakts übte das Abgeordnetenhaus auch ein verfassungsmäßiges Mitbestimmungsrecht über die Zahl und Abgrenzung der Geschäftsbereiche im Senat aus. Es konnte nicht nur dem Senat als ganzem oder dem Regierenden Bürgermeister, sondern auch jedem Senator das Vertrauen entziehen.

103 Auch bei den Richtlinien der Regierungspolitik hat das Abgeordnetenhaus sein früheres Zustimmungsrecht verloren. Ein Zustimmungsrecht des Abgeordnetenhauses besteht nur noch bei Staatsverträgen vgl. *Korbmacher* in Driehaus, Die Verfassung von Berlin, Taschenkommentar, 4. Aufl., Art. 50, Rn. 6.

Stimmen, sondern die Mehrheit der Mitglieder des Abgeordnetenhauses erforderlich sein sollte.[104] Ebenfalls diskutiert wurde die Einführung eines „konstruktiven Misstrauensvotums" (Abwahl des Regierenden Bürgermeisters und des Senats nur durch Neuwahl eines neuen Regierenden Bürgermeisters) an Stelle der jetzigen Regelung, nach der das Misstrauensvotum seine Wirkung verliert, wenn nicht innerhalb von 21 Tagen ein neuer Regierungschef gewählt worden ist.

Durch die Reform wurden somit zwar neue Kontrollbefugnisse des Abgeordnetenhauses gegenüber Exekutive und insbesondere gegenüber juristischen Personen, die unter maßgeblichem Einfluss des Landes stehen, entwickelt, die aber keinen Ausgleich für den Machtverlust gegenüber der Regierung und dem Regierungschef darstellen können.

Wesentliche Neuregelungen brachte die Reform bei den unmittelbar-demokratischen Verfahren:

– Die Unterschriftenquoren, die für das Zustandekommen eines Volksbegehrens (sowohl für eine Sachabstimmung wie für eine vorzeitige Beendigung der Wahlperiode) notwendig sind, wurden herabgesetzt.

– Das – bisher nur im Durchführungsgesetz vorgesehene – Erfordernis von Unterstützungsunterschriften für einen Antrag auf Durchführung eines Volksbegehrens wurde in der Verfassung verankert.

– Für die Volksinitiative – die nur eine Befassungspflicht des Abgeordnetenhauses begründet – wurde die Zahl der erforderlichen Unterschriften gesenkt. Unterschriftsberechtigt sind jetzt alle Einwohner, die das 16. Lebensjahr vollendet haben, das Erfordernis der Volljährigkeit ist entfallen.

– Für die verschiedenen Varianten des Volksentscheids als Konsequenz eines Volksbegehrens wurden die erforderlichen Mehrheiten sowie die Teilnahme- bzw. Zustimmungsquoren neu geregelt.

Ein Volksbegehren und ein Volksentscheid über Sachfragen sind seitdem nicht nur in Form einer Gesetzesvorlage möglich, sondern grundsätzlich auch zu sonstigen Beschlüssen im Rahmen der Entscheidungszuständigkeit des Abgeordnetenhauses zu Gegenständen der politischen Willensbildung, die Berlin betreffen.

---

104 Diese Regelung würde das Auszählungsverfahren vereinfachen; der geltende Verfassungstext hat in einem Fall zu Komplikationen bei der Auszählung geführt.

Gegenstand eines Volksbegehrens und eines Volksentscheides kann jetzt auch ein verfassungsänderndes Gesetz sein. Außerdem wurde der so genannte Haushaltsvorbehalt, der in einer Entscheidung des Berliner Verfassungsgerichtshofs sehr weit ausgelegt worden war, eingeschränkt; Volksbegehren und Volksentscheid sind jetzt nur „zum Haushaltsgesetz" und nicht mehr „in Haushaltsangelegenheiten" unzulässig.

4. Berlin und die Bundesrepublik Deutschland

§25 Berlin als Hauptstadt Deutschlands

I. Rechtsstellung Berlins als Bundeshauptstadt

Berlin ist nach Art. 22 Abs. 1 GG die Hauptstadt Deutschlands[105]. Die Repräsentation des Gesamtstaates in der Hauptstadt ist Aufgabe des Bundes (Satz 2). Das Nähere wird durch Bundesgesetz geregelt (Satz 3).

Diese Grundgesetzänderung bringt für das Verhältnis Berlins zum Bund (und zu den anderen Ländern) wenig Neues. Aus der Sicht Berlins ist es sicher positiv, dass seine Hauptstadtstellung im Text der Bundesverfassung (und nicht nur in Art. 2 Abs. 1 Einigungsvertrag) konstatiert wird und daher auch nur durch eine Änderung des Grundgesetzes wieder entzogen werden könnte. Die Hauptstadtklausel ist aber i. w. deklaratorisch, da die Stellung Berlins als Bundeshauptstadt nirgends in Zweifel gezogen wird. Eine praktische Bedeutung hat der Gesetzesvorbehalt in Satz 3 somit bislang nicht entwickeln können[106]. Insbesondere würde Satz 3 keine verfassungsrechtliche Pflicht zur finanziellen Unterstützung Berlins durch den Bund begründen. Der Bund wird auch weiterhin auf die Instrumente eines Vertrags oder Vereinbarung zurückgreifen, die erheblich flexibler sind.

Bundestag und Bundesregierung haben im Jahre 1999 ihren Sitz aus Bonn nach Berlin verlegt. Bonn soll als „Bundesstadt" ein politisches Zentrum bleiben. Eine Anzahl von Bundesministerien hat den Hauptsitz in Bonn beibehalten und in Berlin lediglich Kopfstellen eingerichtet. Einzelheiten regelt das sogenannte Berlin-Bonn-Gesetz.[107] Dort sind auch umfangreiche Ausgleichsmaßnahmen zu Gunsten der Region Bonn verankert (§§ 6, 7 Berlin/BonnG). Maßnahmen des Bundes für Berlin als Bundeshauptstadt sind in § 5 Berlin/BonnG vorgesehen, jedoch bleibt die Ausgestaltung insoweit den vertraglichen Vereinbarungen des Bundes mit den Ländern Berlin und Brandenburg vorbehalten.

---

105 Mit Gesetz zur Änderung des Grundgesetzes vom 28. August 2006 (BGBl. I, S. 2034) wurde im Rahmen der Föderalismusreform I die sog. Hauptstadtklausel als neuer Absatz 1 in Art. 22 GG eingefügt.

106 So im Ergebnis auch *Sannwald* in Schmidt-Bleibtreu/Hofmann/Hofauf, GG, 12. Aufl., Art. 22, Rn. 22.

107 Gesetz vom 26. April 1994, BGBl. I, S. 918. Die Zahl der in Bonn verbliebenen Bundesministerien betrug ursprünglich acht; sie hat sich durch Fortfall einzelner Ministerien (z. B. für Post und Fernmeldewesen) und andere Organisationsakte der Bundesregierung geändert.

II. Der Hauptstadtvertrag

Unter Bezugnahme auf die Umzugsentscheidungen des Bundestages und der Bundesregierung[108] schlossen die Bundesrepublik Deutschland und das Land Berlin am 25. August 1992 den „Hauptstadtvertrag".[109] Wie schon die Überschrift (Vertrag über die Zusammenarbeit der Bundesregierung und des Senats von Berlin) zeigt, handelt es sich um einen Vertrag auf Regierungsebene, also keinen Staatsvertrag.[110] Artikel 1 Abs. 1 regelte die Zusammenarbeit der Vertragsparteien, „um die Funktionsfähigkeit der Hauptstadt Berlin als Sitz des Deutschen Bundestages und der Bundesregierung sicherzustellen." Weiter verpflichteten sich die Vertragsparteien, zu diesem Zweck in ihrem Zuständigkeitsbereich alle sachlichen und personellen Voraussetzungen zu schaffen, damit die hauptstadtbedingten Aufgaben dauerhaft und sachgerecht erfüllt werden können. Abs. 2 stellte die Zusammenarbeit unter die Zielsetzung, „die wirtschaftlichen, sozialen, kulturellen und ökologischen Belange Berlins angemessen zu berücksichtigen".

Rechtlich bedeutsam waren die Änderungen des Baugesetzbuches und des entsprechenden Berliner Ausführungsgesetzes. Sie enthielten empfindliche Eingriffe in die Planungshoheit der Gebietskörperschaft Berlin und wirkten sich innerhalb der Berliner Verwaltung, aber auch auf die Zuständigkeitsverteilung zwischen Be-

---

108 Da der Bundesrat ein Verfassungsorgan ist, gelten der Vertrag und die dort vorgesehenen Bestimmungen des Baugesetzbuchs auch für ihn, obgleich er seinen Umzug erst nach Zustandekommen des Vertrages beschlossen hat und infolgedessen in der Eingangsklausel nicht erwähnt wird.

109 „Vertrag über die Zusammenarbeit der Bundesregierung und des Senats von Berlin zum Ausbau Berlins als Hauptstadt der Bundesrepublik Deutschland und zur Erfüllung seiner Funktion als Sitz des Deutschen Bundestages und der Bundesregierung vom 25. August 1992" – BR Drs. 6/93.

110 Da der Umzug der Bundesorgane nach Berlin als politische Angelegenheit angesehen werden kann und der Vertrag auch den Kompetenzbereich der Gesetzgebung betrifft, stellt sich die Frage, ob es sich nicht um einen Staatsvertrag handelt, der nach Art. 50 Abs. 1 Satz 4 VvB der Zustimmung des Abgeordnetenhauses bedürfte. Soweit es um den Eingriff in die Zuständigkeit der Gesetzgebung geht, hat man das Problem dadurch umgangen, dass die im Vertrag vorgesehenen Gesetzesänderungen – ohne ausdrückliche Zustimmung zum Vertrag – verabschiedet worden sind. Die übrigen Regelungen betreffen nicht die Grundsatzentscheidung, dass der Umzug überhaupt stattfindet, sondern die Zusammenarbeit der Regierungs- und Verwaltungsorgane bei dem Vollzug dieser Entscheidung. Sie können daher bei großzügiger Auslegung und unter Berücksichtigung des Interesses, das Berlin am Umzug der Bundesorgane hat, als Vereinbarung angesehen werden, zu dessen Abschluss der Regierende Bürgermeister nach § 20 Abs. 2 AZG aus eigenem Recht befugt war.

zirken und Hauptverwaltung aus.[111] Jedoch war in der Praxis das politische Interesse Berlins an einem Umzug der Bundesorgane so groß, dass Rechtsfragen kaum Bedeutung erlangen konnten.

Die wichtigsten Neuregelungen im Zuständigkeitsbereich des Landes Berlin betrafen das Ausführungsgesetz des Baugesetzbuchs. § 4a AGBauBG sah zunächst vor, dass in Angelegenheiten, die die Belange Berlins als Hauptstadt betrafen, die Bezirke der Fachaufsicht unterlagen; die zuständige Behörde konnte im Rahmen dieser Aufsichtsbefugnis auch die Aufstellung von Bebauungsplänen an sich ziehen.[112] Nachdem die Fachaufsicht über die Bezirke durch das zweite Verwaltungsreformgesetz vom 25. Juni 1998 abgeschafft worden war, sah § 4a AGBauBG ein „verschärftes Eingriffsrecht" der Hauptverwaltung vor, wenn die Aufstellung eines Bebauungsplans dringende Gesamtinteressen Berlins beeinträchtigt oder im dringenden Gesamtinteresse Berlins ein Bebauungsplan erforderlich war. Die Hauptstadtfunktion brauchte an dieser Stelle im Gesetz nicht mehr ausdrücklich erwähnt zu werden, weil bei Belangen Berlins als Bundeshauptstadt ein dringendes Gesamtinteresse Berlins nach § 13a Abs. 1 Satz 2 Nr. AZG immer gegeben war. Das Eingriffsrecht nach § 4a AGBauBG kam in seinen Auswirkungen einer Fachaufsicht nahe, weshalb es als verfassungsrechtlich problematisch gilt.

Dient die Aufstellung des Bebauungsplans der Verwirklichung von Erfordernissen der Verfassungsorgane des Bundes, so sind die Aufgaben von vornherein der zuständigen Senatsverwaltung übertragen (§ 4b). Soweit die Senatsverwaltung den Bebauungsplan aufstellt, tritt die Zustimmung des Abgeordnetenhauses an die Stelle der Zustimmung der Bezirksverordnetenversammlung. An dieser Regelung hat die Verwaltungsreform von 1998 nichts geändert.

III. Die Hauptstadtfinanzierung

Grundlage der Hauptstadtfinanzierung sind Art. 22 und 106 GG und der Hauptstadtvertrag. In Art. 22 GG heißt es: „Die Repräsentation des Gesamtstaates in der Hauptstadt ist Aufgabe des Bundes." In Art. 6 Abs. 2 des Hauptstadtvertrages ist vorgesehen, dass die Vertragsparteien die Abgeltung der aus den Verpflichtungen Berlins gegenüber dem Bund zur Wahrnehmung gesamtstaatlicher Repräsentation sich ergebenden Aufwendung regeln.

---

111 Vgl. dazu die 2. Auflage.
112 I. d. F. vom 9. November 1995, vgl. Fn. 11.

Insgesamt gibt es drei Hauptstadtfinanzierungsverträge. Mit dem Hauptstadtfinanzierungsvertrag vom 30. Juni 1994[113] stellte die Bundesregierung dem Land Berlin einen Gesamtbetrag von 1,3 Mrd. DM für hauptstadtbedingte Aufgaben als Bundeshauptstadt zur Verfügung (1 Mrd. DM für drei große Verkehrsprojekte, 240 Mio. DM für Kulturfinanzierung sowie 60 Mio. DM für Sonderbelastungen).

Im Jahr 2001 konnten Folgevereinbarungen mit dem Vertrag zur Kulturfinanzierung in der Bundeshauptstadt sowie mit dem Vertrag zur Abgeltung hauptstadtbedingter Sicherheitsmaßnahmen getroffen werden. Am 9. Dezember 2003 wurde eine weitere Vereinbarung zur Kulturfinanzierung geschlossen, die die Regelung von 2001 ersetzte. Für den darin vorgesehenen Hauptstadtkulturfonds stellte der Bund jährlich 10,2 Mio. € zur Verfügung.

Am 30. November 2007 einigten sich beide Parteien auf einern neuen (2.) Hauptstadtfinanzierungsvertrag[114]. Damit wurde der vom Land Berlin und dem Bund 1999 im Rahmen des „Hauptstadtkulturvertrages" erstmals eingerichtete „Hauptstadtkulturfonds", aus dem für die Bundeshauptstadt Berlin bedeutsame Einzelprojekte und Veranstaltungen gefördert werden, verstetigt. Seit Januar 2008 stehen aus Mitteln des Beauftragten der Bundesregierung für Kultur und Medien jährlich bis zu 15 Mio. € zur Verfügung.

Am 8. Mai 2017 schlossen Berlin und der Bund den (3.) Hauptstadtfinanzierungsvertrag[115] über „Gesamtstaatliche Repräsentation und Kulturfinanzierung" mit einem Volumen von rund 2 Mrd. €. Der Vertrag trat zum 1. Januar 2018 in Kraft und gilt bis zum 31. Dezember 2027.

Für hauptstadtbedingte Ausgaben stehen Berlin von 2018 an 50 Millionen € pro Jahr mehr als bisher zur Verfügung. Für „hauptstadtbedingte Sicherheitsausgaben" wird Berlin während der Vertragslaufzeit weitere rund 1,1 Milliarden € erhalten. Dies ist nach Angaben des Bundesfinanzministeriums eine Steigerung um 85 % ggü. dem Zeitraum von 2007–2017. Im Kulturbereich unterstützt der Bund die Berliner Philharmoniker mit 7,5 Millionen € und die Opernstiftung

113   https://www.berlin.de/rbmskzl/politik/hauptstadtvertraege/

114   https://hauptstadtkulturfonds.berlin.de/Downloads/de/hauptstadtfinanzierungsvertrag-2017.pdf (Letzter Zugriff am 11.11.2022)

115   bundesregierung.de/breg-de/bundesregierung/bundeskanzleramt/staatsministerin-fuer-kultur-und-medien/aktuelles/bund-und-berlin-unterzeichnen-neuen-hauptstadtfinanzierungsvertrag-320340

mit 10 Millionen € im Jahr. Zudem wird die Stiftung Preußischer Kulturbesitz im Humboldt-Forum entlastet und der Hauptstadtkulturfonds auf 15 Millionen € aufgestockt. Weiter werden bisher offene Grundstücksfragen durch Grundstückstausch (mit Wertausgleich) geklärt. U.a. erhielt Berlin vom Bund Flächen am Flughafen Tegel zur städtebaulichen Neuplanung.

IV. Hauptstadtkulturvertrag und Hauptstadtkulturfonds

Mit dem Hauptstadtkulturvertrag vom 9. Dezember 2003 wurde die Kulturfinanzierung in Berlin neu geregelt und der bisherige Vertrag vom 7. Juli 2001[116] ersetzt.

Der Hauptstadtkulturvertrag umfasst ein Gesamtvolumen von rund 100 Millionen €. Folgende Institutionen und Projekte werden vom Bund unterstützt: die Stiftung Jüdisches Museum; Kulturveranstaltungen des Bundes in Berlin mit dem Haus der Kulturen der Welt, dem Martin-Gropius-Bau und den Berliner Festspielen; die Finanzierung der Bauinvestitionen der Stiftung Preußischer Kulturbesitz; die Akademie der Künste; die Stiftung Deutsche Kinemathek und der Hamburger Bahnhof. Auch die Förderung besonders innovativer Kulturprojekte über den Hauptstadtkulturfonds wurde fortgesetzt, diese wurden mit 10,226 Millionen € unterstützt.

Der Vertrag wurde für den Bund von der Bundesbeauftragten für Kultur und Medien und für das Land von dem Senator für Wissenschaft, Forschung, Kultur unterzeichnet. Eine parlamentarische Zustimmung ist (ebenso wie bei den Vorgängerverträgen) nicht vorgesehen und auch nicht herbeigeführt worden[117], obgleich viel für die Annahme spricht, dass man ihn als Staatsvertrag ansehen kann. Die Geschäftsstelle ist der Senatsverwaltung für Kultur angegliedert.

Aus dem Hauptstadtkulturfonds werden Einzelprojekte und Veranstaltungen gefördert, die für Berlin als deutscher Hauptstadt bedeutsam sind, mindestens nationale Ausstrahlung haben oder besonders innovativ sind. Die Projekte müssen in Berlin realisiert oder präsentiert werden. Die Förderung kann gewährt werden für Architektur, Design, Ausstellungen, Bildende Kunst, Filmreihen, Litera-

116 Vertrag zur Kulturfinanzierung der Bundeshauptstadt 2001–2004.
117 Allerdings sind auf Grund des Vertrages vom Bund und vom Land Gesetze verabschiedet worden: Vom Bund und von Berlin – sowie vom Land Brandenburg – zur Überleitung der Akademie der Künste auf den Bund, von Berlin auch zur Opernreform).

tur, Musik, Musiktheater, Performance, Tanz, Theater, für spartenübergreifende, interdisziplinäre Vorhaben und Projekte, die dem Kulturaustausch dienen.

Das Verfahren bei der Vergabe der Mittel ist zwischen dem Bund und dem Land in einer – nicht veröffentlichten – Geschäftsordnung unterhalb der Ebene eines formellen Vertragsschlusses vereinbart worden. Der Ausschuss entscheidet über die Zuwendungen auf Grund der Vorschläge einer Jury, deren fünf Mitglieder auf Empfehlung der Akademie der Künste für zwei Jahre bestellt werden. Der/Die Kurator/Kuratorin leitet die Sitzungen der Jury, hat aber nur eine beratende Stimme. Der/Die Kurator/Kuratorin legt die Empfehlungen der Jury dem Ausschuss zur Entscheidung vor und kann dabei ein abweichendes Votum abgeben.

Zur Kuratorin vom 1. April 2022 bis 31. März 2024 wurde Leonie Baumann[118] berufen.

---

118 Vgl. https://hauptstadtkulturfonds.berlin.de/ueber-uns/kurator

TEIL II
DIE VERFASSUNG VON BERLIN

1. Vorspruch und Grundlagenteil

§26 Vorspruch

Ähnlich wie das Grundgesetz beginnt der Text der Berliner Verfassung mit einem „Vorspruch":

> *In dem Willen, Freiheit und Recht jedes einzelnen zu schützen, Gemeinschaft und Wirtschaft demokratisch zu ordnen und dem Geist des sozialen Fortschritts und des Friedens zu dienen, hat sich Berlin, die Hauptstadt des vereinten Deutschlands, diese Verfassung gegeben.*

Diesen Aussagen und Zielbestimmungen kommt im Rahmen des Landesverfassungsrechts in etwa der gleiche Stellenwert zu, den das Bundesverfassungsgericht der Präambel des Grundgesetzes zugebilligt hat.[1] Damit hat der Vorspruch in erster Linie politische, kaum rechtliche Bedeutung[2]. Die Staatsorgane sind verpflichtet, die darin enthaltenen Verfassungsaufträge mit allen Kräften anzustreben und alles zu unterlassen, was ihre Verwirklichung rechtlich oder faktisch unmöglich machen würde. Es steht aber weitgehend im Ermessen der politischen Staatsorgane, mit welchen Mitteln sie diese Ziele verwirklichen oder ihrer Verwirklichung näherkommen wollen. Insbesondere kann niemand einen Anspruch auf ein bestimmtes Tun oder Unterlassen der Verfassungsorgane aus dem Vorspruch herleiten[3].

Außerdem kommt ihm eine rechtliche Bedeutung als Interpretationsvorschrift für die operativen Bestimmungen der Verfassung zu.

Konkrete Bedeutung hat vor allem der Hinweis auf die Stellung Berlins als „Hauptstadt des vereinten Deutschlands". Obgleich der Text an dieser Stelle „nur" als

---

1   BVerfG, Urteil vom 17. August 1956 – 1 BvB 2/51 – BVerfGE 5, S. 85 (127 f.).
2   Das ist aber sehr fraglich: BVerfGE 5, 85 datiert von 1956 und hat v. a. in der BVerfGE „DDR-Gesetzgebung" eine Rolle gespielt.
3   Vgl. *Driehaus*, Verfassung von Berlin, 4. Aufl. 2020, Vorspruch, Rn. 2.

affirmative Aussage formuliert ist, dürfte es sich gerade hier um eine Staatsziel-bestimmung oder einen Verfassungsauftrag handeln. Das Wort „Hauptstadt" be-zeichnet – anders als im Einigungsvertrag – auch die Funktion als Sitz des Bun-destages, der Bundesregierung und anderer Organe des Bundes. Damit bietet die Präambel u. a. eine verfassungsmäßige Rechtfertigung für Eingriffe in die Pla-nungshoheit des Landes Berlin, soweit diese für den Parlaments- und Regierungs-sitz Berlin notwendig sind.

Der operative Teil des Verfassungstextes beginnt mit dem Abschnitt über die Sta-tus von Berlin (Art. 1 VvB), den Träger der öffentl. Gewalt (Art. 2 VvB), das Ge-waltenteilungsprinzip (Art. 3 VvB)[4], das Gebiet Berlins (Art. 4 VvB) sowie Flagge, Wappen und Siegel (Art. 5 VvB).

§27 Grundlagen der öffentlichen Gewalt

I. Berlin als deutsches Land und Gemeinde

Die Verfassung von Berlin stellt in Art. 1 den Status Berlins klar:

(1) Berlin ist ein deutsches Land und zugleich eine Stadt.

(2) Berlin ist ein Land der Bundesrepublik Deutschland und als solches Teil der Euro-päischen Union. Berlin bekennt sich zu einem geeinten Europa, das demokratischen, rechtsstaatlichen, sozialen und föderativen Grundsätzen sowie dem Grundsatz der Subsidiarität verpflichtet ist, die Eigenständigkeit der Städte und Regionen wahrt und deren Mitwirkung an europäischen Entscheidungen sichert. Berlin arbeitet mit anderen europäischen Städten und Regionen zusammen.

(3) Grundgesetz und Gesetze der Bundesrepublik Deutschland sind für Berlin bindend.

1) Rechtsidentität der Gebietskörperschaft Berlin

Die Gebietskörperschaft Berlin ist mit der durch das Preußische Gesetz vom 27. April 1920 geschaffenen Stadtgemeinde Berlin rechtsidentisch. Seit dem In-krafttreten der Vorläufigen Verfassung vom 13. August 1946, spätestens aber mit der Auflösung des Landes Preußen durch das Kontrollratsgesetz Nr. 46 vom 25. Februar 1947 hat sie den Status eines deutschen Landes erworben; sie ist

---

4 Vgl. hierzu *Pfennig* in Pfennig/Neumann, Verfassung von Berlin, Kommentar, 3. Aufl. 2000, Art. 3 Rn. 1 und 5.

seitdem, wie in Art. 1 Abs. 1 VvB ausdrücklich festgelegt, ein deutsches Land und zugleich eine Stadt. Aufgrund dieser Rechtsidentität (nicht aufgrund einer Rechtsnachfolge) sind die Rechte und Pflichten der Gebietskörperschaft auf die Stadtgemeinde Berlin übergegangen, die dadurch den Status eines Landes erwarb[5].

Ob im Verhältnis zu der Selbstverwaltungskörperschaft „Berlin – Hauptstadt der DDR", die von der Gründung der DDR bis zur Wiedervereinigung im Ostsektor der Stadt bestand, Rechtsidentität oder Rechtsnachfolge besteht, ist heute nur noch eine theoretische Frage. Einerseits hat die Verfassung vom 1. September 1955 stets an der rechtlichen Einheit der Stadt festgehalten und Geltungsanspruch für ganz Berlin erhoben. Andererseits war während der Spaltung der Stadt der Ostsektor de facto eine selbständige Verwaltungskörperschaft, deren Organe nicht an die Verfassung von Berlin gebunden waren. Festzuhalten ist jedenfalls, dass mit Wiederherstellung des einheitlichen Landes Berlin mit Inkrafttreten des Einigungsvertrags am 3. Oktober 1990 auch die Rechte und Pflichten der Körperschaft „Berlin – Hauptstadt der DDR" auf das Land Berlin übergegangen sind (soweit der Einigungsvertrag oder andere bundesrechtliche Vorschriften nichts anderes bestimmten).

2) Einheitliche Gebietskörperschaft

Nach Art. 1 Abs. 1 VvB ist Berlin ein deutsches Land und zugleich eine Stadt. Aus dieser Vorschrift in Verbindung mit Art. 3 Abs. 2 VvB ergibt sich, dass es sich um eine einheitliche Gebietskörperschaft handelt, die die Aufgaben als Land ebenso wahrnimmt wie als Gemeinde bzw. Gemeindeverband. In § 1 des Allgemeinen Zuständigkeitsgesetzes (AZG) wird außerdem klargestellt, dass staatliche und gemeindliche Aufgaben nicht getrennt werden.

Auch in Berlin bestehen landesunmittelbare juristische Personen des öffentlichen Rechts (Körperschaften, rechtsfähige Anstalten und Stiftungen des öffentlichen Rechts – mittelbare Staatsverwaltung –), aber keine Gebietskörperschaften unterhalb der Landesebene.[6]

---

5   *Driehaus*, (Fn. 2), Art. 1 Rn. 2; *Zivier*, Verfassung und Verwaltung von Berlin, 4. Aufl. 2017, S. 79
6   Am klarsten war die Rechtslage in der Vorläufigen Verfassung vom 13. August 1946 umschrieben. In Art. 1 Abs. 1 VvB hieß es, dass Groß-Berlin die für das Gebiet der Stadtgemeinde Berlin alleinige berufene Gebietskörperschaft sei.

3) Zugehörigkeit zur Bundesrepublik Deutschland

Nach Art. 1 Abs. 2 und 3 VvB ist Berlin ein Land der Bundesrepublik Deutschland. Diesen Bestimmungen kommt seit dem Fortfall der besatzungsrechtlich begründeten Sonderstellung Berlins nur noch affirmative Bedeutung zu.

4) Bekenntnis zu Europa

Das Bekenntnis zur Europäischen Union bzw. zu einem geeinten Europa ist am 5. Mai 2021 in die Verfassung aufgenommen worden. Ob dieses Bekenntnis vor allem symbolisch ist oder einen konkreten Arbeitsauftrag begründen kann, ist strittig. Jedenfalls folgt Berlin als Hauptstadt Deutschlands mit dieser Klarstellung den anderen Landesverfassungen (mit Ausnahme Hamburgs).

II. Träger der öffentlichen Gewalt – Staatsvolk und Mitwirkungsbefugnisse anderer Einwohner

Träger der öffentlichen Gewalt ist nach Art. 2 S. 1 VvB die Gesamtheit der Deutschen, die in Berlin ihren Wohnsitz haben. Sie bilden das Staatsvolk Berlins, obgleich diese Bezeichnung im Verfassungstext vermieden wird.

Der Begriff des „Deutschen" ist in Art. 116 Abs. 1 GG definiert[7]. Deutscher ist vorbehaltlich anderweitiger gesetzlicher Regelung, wer die deutsche Staatsangehörigkeit besitzt oder als Flüchtling oder Vertriebener deutscher Volkszugehörigkeit oder als dessen Ehegatte oder Abkömmling in dem Gebiete des Deutschen Reiches nach dem Stande vom 31. Dezember 1937 Aufnahme gefunden hat[8]. Die Berliner Verfassung verweist insoweit auf Bundesrecht.

Die Zugehörigkeit zum Staatsvolk Berlins setzt ferner voraus, dass man seinen Wohnsitz in Berlin hat. Für das Wahlrecht ist nach § 1 Abs. 2 Landeswahlgesetz (WahlG BE) grundsätzlich die angemeldete Wohnung maßgeblich, bei mehreren Wohnungen die im Melderegister verzeichnete Hauptwohnung. Damit kommt dem Melderecht rechtsbegründende Bedeutung zu[9].

---

7   Vgl. dazu auch *Kokott* in: Schmidt-Bleibtreu/Hofmann/Henneke, GG, 12. Aufl. 2017, Art. 116, Rn. 6 m. w. N.

8   Eine solche Regelung trifft das Kriegsfolgenbereinigungsgesetz vom 1. Januar 1993 (BGBl. 1992 I, S. 2094), das sich auf die Gruppe der Spätaussiedler beschränkt.

9   Vgl. Bundesmeldegesetz vom 3. Mai 2013 (BGBl. I S. 1084) i. d. F. vom 28. März 2021 (BGBl. I S. 591)

Nach Art. 2 S. 2 VvB üben die Deutschen in Berlin ihren Willen unmittelbar durch Wahl zur Volksvertretung und durch Abstimmung sowie mittelbar durch die Volksvertretung aus.

Unter Abstimmung ist eine Mehrheitsentscheidung der Wahlberechtigten über Sachfragen zu verstehen. Sie ist in der Berliner Verfassung vor allem bei einem Volksentscheid über Gesetzentwürfe und über die vorzeitige Beendigung der Wahlperiode vorgesehen (Art. 63 VvB) sowie bei einer Vereinigung mit dem Land Brandenburg (Art. 97 VvB) und bei einer Verfassungsänderung, die die Art. 62, 63 VvB betrifft (Art. 100 S. 2 VvB). Seit 2005 sind auch auf Bezirksebene unmittelbar-demokratische Verfahren vorgesehen, die nicht nur eine Befassungspflicht der Bezirksverordnetenversammlung begründen, sondern u. U. ihre Beschlüsse auch ersetzen[10].

Auch die Beteiligung an einem Volksbegehren, das Voraussetzung für einen Volksentscheid ist (Art. 62 Abs. 1 VvB) oder an einem Bürgerbegehren und Bürgerentscheid auf Bezirksebene (§§ 45, 46 BezVG) ist unmittelbare Ausübung von Staatsgewalt durch die Gesamtheit der Unterzeichner und daher den Wahlberechtigten vorbehalten. Das Gleiche gilt für die Abgabe von Unterschriften, durch die ein Wahlvorschlag oder ein Antrag auf Volksbegehren unterstützt wird. Dagegen ist Beteiligung an einer Volksinitiative oder einem Einwohnerantrag, die nur eine Befassungspflicht des Abgeordnetenhauses bzw. der Bezirksverordnetenversammlung auslösen, nicht an das Wahlrecht gebunden.[11]

Nach Art. 2 S. 3 VvB kann die Verfassung auch *anderen* Einwohnern Berlins eine Beteiligung an der staatlichen Willensbildung einräumen; diese Möglichkeit wird vor allem durch Art. 70 Abs. 1 S. 2 VvB konkretisiert, der das Wahlrecht zu den Bezirksverordnetenversammlungen gemäß Art. 28 Abs. 1 S. 4 GG auf die ortsansässigen Unionsbürger ausdehnt (d. h. auf Personen, die, ohne Deutsche zu sein, Staatsangehörige eines Mitgliedstaates der Europäischen Union sind). Mit dieser Regelung erfüllt die Landesverfassung eine bundesrechtliche und europarechtliche Verpflichtung.[12] Die übrigen Fälle, in denen Nicht-Wahlberechtigten Mitwir-

---

10 Vgl. hierzu § 48 6..
11 Eine Initiative kann, ähnlich wie der Einmwohnerantrag auf Bezirksebene, somit als eine formalisierte Massenpetition, nicht aber als Ausübung von Staatsgewalt angesehen werden.
12 Art. 28 Abs. 1 S. 4 GG i. V. m. Art. 8b Abs. 1 EG-Vertrag i. d. F. des Vertrages vom 7.2.1992 – BGBl. II, S. 1253, 1256 und der Richtlinie 94/80/EG Amtsbl. EG L 368/38. In der Anlage zur Richtlinie ist klargestellt, dass sich das Kommunalwahlrecht der Unionsbürger in Berlin auf die BVV, nicht aber auf das Abgeordnetenhaus erstreckt.

kungsbefugnisse eingeräumt werden (Teilnahme an Volksinitiativen, Mitwirkung als Bürgerdeputierte in Ausschüssen der BVV) sind mit Art. 28 GG vereinbar, weil sie keine Entscheidungsbefugnisse umfassen[13].

Volksvertretung im Sinne von Art. 2 Abs. 2 VvB ist das Abgeordnetenhaus. Die Bezirksverordnetenversammlungen können nicht als kommunale Volksvertretungen angesehen werden, obgleich sie von der Bevölkerung im Bezirk gewählt werden und in ihrer Funktion einem kommunalen Vertretungsorgan ähneln.[14] Aus diesem Grund kann als Staatsvolk und damit als Träger der öffentlichen Gewalt nur die Gesamtheit der in Berlin ansässigen Deutschen angesehen werden.

III. Zusammenarbeit mit anderen Bundesländern und dem Bund (kooperativer Föderalismus)

1) Organisationsformen

Es versteht sich von selbst, dass die Staatsgewalt des Landes Berlin von Berliner Staatsorganen und Behörden wahrgenommen wird. Dem steht auch nicht entgegen, dass Landesaufgaben durch Verträge oder sonstige Vereinbarungen auf Dienststellen des Bundes, anderer Länder oder gemeinsame Dienststellen übertragen werden. Verfassungsrechtliche Bedenken bestünden nur, falls die im Grundgesetz vorgesehene Kompetenzverteilung gezielt unterlaufen würde.[15]

Im Geltungsbereich des Grundgesetzes haben sich unterschiedliche Organisations- und Rechtsformen für einen derartigen „kooperativen Föderalismus" entwickelt. Ein Überblick[16] findet sich in der Grundsatzentscheidung des Berliner Verfassungsgerichtshofs vom 19. Dezember 2006, die die gemeinsamen Fachobergerichte der Länder Berlin und Brandenburg betrifft. Das Gericht unter-

---

13 Zur staatsrechtlichen Kontroverse vgl. *van Ooyen*, Ausländerwahlrecht, 3. Aufl. 2021.

14 Dass „Volksvertretung" in Berlin nur das Abgeordnetenhaus ist, ergibt sich aus Art. 3 und 38 Abs. 1 und 4 (das Wort Volksvertretung erscheint nur im Singular). Vgl. auch *Magen* in Pfennig/Neumann, (Fn. 3), Art. 2, Rn. 6 und 7.

15 Zur Verfassungsmäßigkeit solcher Vereinbarungen vgl. *Gubelt* in: von Münch/Kunig, GG-Kommentar, 7. Aufl. 2021, Art. 30, Rn. 16, BayVerfGH, Urteil vom 1. August 1975 – Vf 11.VII-73 – NJW 1975, 1733.

16 Beschluss vom 19. Dezember 2006, VerfGH 45/06, Rn. 31 unter Einbeziehung der einschlägigen Literatur, z.B *Pietzcker*, in: Starck (Hrsg.), Zusammenarbeit der Gliedstaaten im Bundesstaat, S. 17 (52 ff.); *Hempel*, Der demokratische Bundesstaat, 1969, S. 31 ff., *Bleckmann*, Staatsrecht I – Staatsorganisationsrecht, 1993, S. 526.

scheidet zunächst zwischen der Organleihe und ähnlichen Fällen, in denen eine Behörde oder ein Gericht des Bundes oder eines Landes für ein anderes Land tätig wird und Gemeinschaftseinrichtungen (länderübergreifenden Institutionen). Diese werden in drei Haupttypen eingeteilt, nämlich in

Fälle der institutionellen Beteiligungsverwaltung, in denen ein Land für andere Länder tätig wird, aber im Außenverhältnis allein verantwortlich ist[17],

Mehrländereinrichtungen, bei denen die Gemeinsamkeit durch einen einheitlichen Bestand von sächlichen und persönlichen Mitteln hergestellt wird, bei denen sich die Aufsicht und das anzuwendende Recht danach bestimmt, für welches Land die Behörde oder das Gericht handelt; diesem Land sind die Hoheitsakte zuzurechnen und

sogenannte echte Gemeinschaftseinrichtungen, deren nach außen wirkenden Hoheitsakte nicht einem Land sondern der – in der Regel rechtsfähigen – Einrichtung zugerechnet werden.

Verfassungsrechtlich problematisch sind die „echten Gemeinschaftseinrichtungen", weil sie neben den im Grundgesetz vorgesehenen Zuständigkeitsbereichen des Bundes und der Länder eine „dritte Ebene" bilden.[18] Bedenklich ist weiter, dass durch die Delegation von Zuständigkeitsbereichen auf derartige selbständige Rechtsträger die Ausübung der Landeskompetenzen dem Verfassungsrecht eines Landes und einer Kontrolle durch sein Verfassungsgericht weitgehend entzogen werden kann[19].

---

17   Diese Konstruktion ist dem Fall der Organleihe nah verwandt. Der Hauptunterschied dürfte darin bestehen, dass die betreffende Institution von vornherein die Aufgabe hat, für alle oder mehrere Länder tätig zu werden, während bei der Organleihe die Tätigkeit für ein anderes Land eher eine „Nebenbeschäftigung" ist.

18   Außerdem können derartigen Rechtsträgern auch Zuständigkeiten übertragen werden, die nach Art. 28 Abs. 2 GG den Gemeinden zugewiesen sind – z. B. im Fall der länderübergreifenden Planungsverbände gemäß § 205 Abs. 2 S. 4 BauGB.

19   Der Berliner Verfassungsgerichtshof sieht es jedenfalls für die gemeinsamen Fachobergerichte nicht als zulässig an, dass das Land seine verfassungsrechtliche Verantwortung gegenüber seinen Bürgern preisgibt. Er bezeichnet diese Gerichte als eine Art Mischform zwischen einer echten Gemeinschaftseinrichtung und einer Mehrländereinrichtung und bejaht eine Zuständigkeit der Landesverfassungsgerichte, je nachdem für welches Land das Obergericht tätig geworden ist, vgl. § 54 V. 5, Fn. 64.

Auch die anderen Formen der Kooperation sind nicht unproblematisch.[20] Die „nach außen wirkenden Hoheitsakte" der betreffenden Institutionen können zwar im Allgemeinen einem der beteiligten Länder zugeordnet werden, in Einzelfällen kann aber sogar dies schwierig sein. Außerdem müssen die Aufsicht über die Einrichtungen, das Haushaltsrecht, das Dienstrecht der Mitarbeiter und ähnliche Fragen in den zugrunde liegenden Verträgen oder Vereinbarungen geregelt werden.

2) Grundlagen im Berliner Verfassungsrecht

Die Möglichkeit, dass gemeinsame Einrichtungen mit anderen Ländern geschaffen und Hoheitsbefugnisse des Landes Berlin auf länderübergreifende Behörden übertragen werden, ist in Art. 96 VvB ausdrücklich vorgesehen. Danach kann Berlin durch Vereinbarung mit Zustimmung des Abgeordnetenhauses mit anderen Ländern gemeinsame Behörden, Gerichte, Körperschaften, Anstalten und Stiftungen des öffentlichen Rechts bilden.

Eine Vereinbarung, durch die hoheitliche Befugnisse des Landes auf selbständige Rechtsträger oder länderübergreifende Einrichtungen übertragen werden, muss – insbesondere, wenn die Übertragung nicht „rückholbar" ist – als Staatsvertrag[21] angesehen werden und bedarf schon deshalb einer Zustimmung des Abgeordnetenhauses nach Art. 50 Abs. 1 S. 3 VvB. Die ausdrückliche Normierung einer Zustimmungspflicht in Art. 96 S. 2 VvB kann allenfalls als deklaratorisch angesehen werden. Dass bei der Bildung solcher Verbände und bei der Ausübung der Mitgliedschaftsrechte die betroffenen Berliner Bezirke in angemessener Weise zu beteiligen sind, ergibt sich aus Art. 65 Abs. 2, 68 Abs. 1 VvB.

Gemeinsame Einrichtungen und eine Übertragung von Hoheitsbefugnissen kommen auch im Verhältnis zwischen Berlin und dem Bund in Betracht. Auf die entsprechenden Verträge sind die Bestimmungen des Art. 96 VvB (mindestens analog) anwendbar, obgleich in der Vorschrift nur von „Ländern" die Rede ist. Gleiches gilt, wenn Dienststellen des Landes Berlin Aufgaben für den Bund und

---

20 Unproblematisch dürften nur gemeinsame Einrichtungen, ständige Konferenzen oder Arbeitskreise sein, die nur koordinierende Funktionen haben und denen keine hoheitlichen Befugnisse übertragen werden (z. B. die Kultusministerkonferenz). Ihre Entscheidungen müssen allerdings oft einstimmig gefällt werden und können im Konfliktfall nicht rechtlich, sondern höchstens politisch durchgesetzt werden.

21 So auch *Driehaus*, (Fn. 2), Art. 96, Rn. 2

andere Länder wahrnehmen. Als Beispiel sei das Institut für Bautechnik genannt (landesunmittelbare Anstalt des öffentlichen Rechts mit Sitz in Berlin, dessen Tätigkeit durch ein Abkommen der Länder und des Bundes geregelt wird)[22].

Ein Beispiel für eine Zuständigkeitsübertragung auf die Behörde eines anderen Landes ist der Staatsvertrag mit dem Land Brandenburg vom 13./17. August 1996[23], durch den die Funktion der Bergbehörden für Berlin auf das Oberbergamt Cottbus übertragen worden sind.

Zur Raumplanung und Flächennutzungsplanung mit dem Land Brandenburg oder mit einzelnen seiner Gebietskörperschaften können gemeinsame Behörden oder Gremien geschaffen werden, denen das Land Berlin einzelne Befugnisse übertragen kann. Die Bestimmungen des Baugesetzbuches und des Raumordnungsgesetzes bleiben dabei unberührt; dies ergibt sich unmittelbar aus dem Vorrang des Bundesrechts (Art. 31 GG) und wird in Art. 96 S. 3 VvB ausdrücklich bestätigt. Denkbar wäre es demnach, dass das Land Berlin mit Gemeinden des Landes Brandenburg gemäß § 205 Abs. 2 S. 3 BauGB zu einem länderübergreifenden Planungsverband zusammengefasst wird. Eine solche Möglichkeit könnte sich auf einen Teil des Berliner Landesgebietes beschränken; das Land könnte auch mit verschiedenen Teilen seines Gebiets an mehreren Planungsverbänden beteiligt sein. Bei der Bildung eines derartigen Planungsverbandes würde Berlin gleichzeitig als Land und Gemeinde, bei der Ausübung der Mitgliedschaftsrechte dagegen wegen der Kompetenzzuweisung des Baugesetzbuchs nur als Gemeinde auftreten.

Bei der Bildung gemeinsamer Gerichte kann von den Bestimmungen über die Wahl und Ernennung der Berliner Richter und Gerichtspräsidenten abgewichen werden (Art. 82 Abs. 3 VvB).

---

22 Aufgaben und Struktur des Deutschen Instituts für Bautechnik ergeben sich aus dem Abkommen über das Deutsche Institut für Bautechnik (DIBt-Abkommen). Dieses wurde mit dem Gesetz über das Deutsche Institut für Bautechnik vom 22. April 1993 erlassen und zuletzt 2012 geändert.

23 Staatsvertrag zwischen dem Land Berlin und dem Land Brandenburg über die Bergbehörden vom 17. August 1996 (GVBl. S. 367) geändert durch Staatsvertrag (Gesetz vom 19.12.2000) vom 15. November 2000 (GVBl. S. 195)

IV. Gewaltenteilung

Nach Art. 3 Abs. 1 VvB wird die gesetzgebende Gewalt durch Volksabstimmungen, Volksentscheide[24] und durch die Volksvertretung ausgeübt, die vollziehende Gewalt durch die Regierung, die Verwaltung sowie in den Bezirken im Wege von Bürgerentscheiden. Die Unabhängigkeit der Gerichte wird in Art. 3 Abs. 2 und 79 Abs. 1 VvB garantiert.

Die Gewaltenteilung und die Unabhängigkeit der Gerichte sind auch im Grundgesetz (Art. 20 Abs. 2, 92 GG) verankert und gehören zu den Grundprinzipien der parlamentarisch-rechtsstaatlichen Demokratie. Auch wenn sie nicht in der Verfassung von Berlin erwähnt wären, wären sie daher Bestandteil der verfassungsmäßigen Ordnung von Berlin (Art. 28 GG).[25]

§ 28 Staatsgebiet von Berlin; Einteilung in Bezirke

I. Geltende Rechtsvorschriften

Nach Art. 4 Abs. 1 VvB umfasst Berlin die dort aufgezählten Bezirke. Ihre Anzahl betrug bis zum 1. Januar 2001 23, seit der Gebietsreform von 2001 gibt es 12 Bezirke. Eine vergleichbare Vorschrift findet sich in § 1 Bezirksverwaltungsgesetz.

Beide Vorschriften enthalten allerdings keine detaillierte Umschreibung des Staatsgebiets. Anhaltspunkte dafür finden sich in dem Protokoll zum Einigungsvertrag. Es heißt dort zu Artikel 1:

„(1) Die Grenzen des Landes Berlin werden durch das Gesetz über die Bildung einer Stadtgemeinde Berlin vom 27. April 1920 (Pr.GS 1920 S. 123) bestimmt mit der Maßgabe

– daß der Protokollvermerk zu Art. 1 der ‚Vereinbarung zwischen dem Senat und der Regierung der Deutschen Demokratischen Republik vom 31. März 1988 über die Einbeziehung von weiteren Enklaven und anderen kleinen Gebieten in die Vereinbarung vom 20. Dezember 1971 über die Regelung der Fragen von En-

---

24 Unter Volksentscheid ist eine Volksabstimmung zu verstehen, die auf Grund eines Volksbegehrens gemäß Art. 62, 63 VvB stattfindet. Das Wort „Volksabstimmung" betrifft Gesetzgebungsakte des Staatsvolks ohne vorangehendes Volksbegehren z. B. nach Art. 97 II VvB oder 100 S. 2 VvB. Vgl. insgesamt §§ 45,46.

25 Vgl. *Stühr* in Pfennig/Neumann, (Fn. 3), Art. 3, Rn. 2 und 8; *Henneke* in Schmidt-Bleibtreu/ Hofmann/Hopfauf, (Fn. 6), Art. 28 GG, Rn. 5, 6, 9.

klaven durch Gebietsaustausch' als auf alle Bezirke erstreckt gilt und im Verhältnis zwischen den Ländern Berlin und Brandenburg fortwirkt;

– *daß alle Gebiete, in denen nach dem 7. Oktober 1949 eine Wahl zum Abgeordnetenhaus oder zur Stadtverordnetenversammlung von Berlin stattgefunden hat, Bestandteile der Bezirke von Berlin sind.*

(2) Die Länder Berlin und Brandenburg überprüfen und dokumentieren innerhalb eines Jahres den sich nach Abs. 1 ergebenden Grenzverlauf."

Die Bundesrepublik und die DDR waren bei Abschluss des Einigungsvertrages souveräne Staaten und daher befugt, Grenzfragen und Fragen der territorialen Gliederung zu regeln. Allerdings konnte die Bundesrepublik bei Vertragsschluss über die Grenzen des Landes Berlin wegen des fortbestehenden Besatzungsrechts keine Regelung treffen. Die besatzungsrechtlichen Vorbehalte sind aber bei Inkrafttreten des Vertrages zunächst suspendiert worden und später entfallen, so dass der Vertrag auch hinsichtlich des Grenzverlaufs in Berlin voll wirksam werden konnte.

Für die Staatsorgane der Bundesrepublik ergab sich die Kompetenz zu dieser Regelung aus den Art. 32 und 59 GG sowie aus Art. 23 S. 2 GG. Sie waren nicht an die Bestimmungen des Art. 29 GG gebunden, weil bei Abschluss und Ratifikation des Vertrages nach Art. 23 S. 1 aF GG zwar das Land Berlin, nicht aber das angrenzende Territorium der DDR zum Geltungsbereich des Grundgesetzes gehörte.

Im einzelnen ergibt sich für den Gebietsstand des Landes Berlin aus diesen Vorschriften folgendes:

II. Gebietsstand bis 1945

Bis zu der Verfassungsänderung vom 3. September 1990 hieß es in Art. 4 Abs. 1 VvB, dass Berlin das Gebiet der bisherigen Gebietskörperschaft Groß-Berlin umfasse. Damit verwies der alte Verfassungstext auf die vorläufige Verfassung vom 13. August 1946 und vor allem auf das Groß-Berlin-Gesetz von 1920. Maßgeblich waren nicht die Grenzen, die durch das Gesetz von 1920 festgelegt wurden, sondern die Grenzen, die bei Inkrafttreten der Verfassung bestanden. Zu Berlin gehörten daher auch die Gebietsteile im Raum von Düppel, die die Gebietskörperschaft Berlin zwischen den Jahren 1920 und 1945 erworben hatte.

III. Gebietsänderungen zwischen 1945 und 1990

Durch die Regelungen unter a) und b) in dem Protokoll zu Art. 1 des Einigungsvertrages sind aber auch einige Gebietsänderungen gebilligt worden, die zwischen den Jahren 1945 und 1990 *ohne* die nach Art. 4 VvB (alte und neue Fassung) an sich notwendige Zustimmung des Abgeordnetenhauses eingetreten waren. Außerdem stellt das Protokoll zum Einigungsvertrag im Raum von Staaken den ursprünglichen Gebietsstand wieder her, der durch einseitige Maßnahmen der sowjetischen Besatzungsmacht und später der DDR geändert worden war.

Zu Berlin gehören daher auch folgende Gebietsteile:

a) Ehemalige britische Interessengebiete im Bereich des Flugplatzes Gatow (Groß-Glienicke West und Weinmeisterhöhe), die ab 1958 in die Gesetzgebung, Rechtsprechung und Verwaltung Berlins (Bezirk Spandau) eingegliedert worden waren. Sie waren ab 1958 an den Wahlen zum Berliner Abgeordnetenhaus beteiligt.

b) Der westliche Teil des Spandauer Ortsteils Staaken, der nach 1945 sowjetisches Interessengebiet geworden war. Er wurde am 1. Februar 1951 gegenüber den Westsektoren abgeriegelt und der Verwaltung des Berliner Ostsektors, später der Verwaltung des Bezirks Potsdam (Kreis und Gemeinde Nauen), unterstellt.

Da dieser Ortsteil im Jahre 1950 an den Wahlen zum Berliner Abgeordnetenhaus teilnahm, gehört er nach lit. b) des Protokolls zu Art. 1 des Einigungsvertrages zum Land Berlin. Die Kommunalverfassungsbeschwerden, die die angrenzenden brandenburgischen Gemeinden gegen die Regelungen im Raum Gatow und Staaken erhoben haben, sind vom Bundesverfassungsgericht nicht zur Entscheidung angenommen worden.[26]

c) Kleinere Gebietsteile, z. B. im Gebiet von Steinstücken und Eiskeller, die das Land Berlin nach Abschluss des Viermächte-Abkommens durch Gebietstauschvereinbarungen mit der DDR erworben hat. Umgekehrt gehören Gebietsteile, die das Land Berlin im Rahmen der Gebietstauschvereinbarungen an die ehemalige DDR abgegeben hat, nach wie vor nicht zu Berlin.

---

26   BVerfG, Beschluss vom 18. Oktober 1994 (Kammerentscheidung) – BvR 611/91, abgedruckt in Landes- und Kommunalverwaltung 1995, S. 187.

d) Gebietsteile, die in Neubauprojekte an der Grenze des ehemaligen Berliner Ostsektors einbezogen worden waren. Sie wurden durch geheimgehaltene Vereinbarungen zwischen den betroffenen Gebietskörperschaften der DDR in die Verwaltung des Berliner Ostsektors einbezogen. Eine offizielle Umgemeindung fand aus statusrechtlichen Gründen nicht statt. Da diese Gebiete im Mai 1990 an den Wahlen zur Ostberliner Stadtverordnetenversammlung teilnahmen, gehören sie nach lit. b) des Protokolls ebenfalls zum Land Berlin.

e) Nicht zum Berliner Staatsgebiet gehören Grundstücke außerhalb der Landesgrenzen, die privatrechtlich Eigentum des Landes Berlin sind. Dies trifft in erheblichem Umfang für die Berliner Stadtgüter und Forsten auf dem Territorium des Landes Brandenburg zu.

IV. Überprüfung und Dokumentation

Das Protokoll zu Art. 1 des Einigungsvertrages bestimmt in seinem zweiten Absatz, dass die Länder Berlin und Brandenburg den Grenzverlauf innerhalb eines Jahres überprüfen und dokumentieren. Diese Dokumentation ist – mit erheblicher Verspätung – im Jahre 1996 abgeschlossen worden.[27] Sie hat nur klarstellenden Charakter. Dies gilt auch für die damit verbundene Überprüfung, die mit der Klärung des Grenzverlaufs an einigen streitigen Punkten und mit Markierungsberichtigungen verbunden war.[28]

V. Voraussetzungen einer Gebietsänderung

Der Grenzverlauf zwischen Berlin und Brandenburg ist durch den Einigungsvertrag und Abs. 1 des Protokolls zu Art. 1 des Vertrages definiert. Soweit die in Art. 5 Einigungsvertrag empfohlene Grundgesetzänderung zur Neugliederung des Raumes Berlin-Brandenburg nichts anderes bestimmt, unterliegt jede zukünftige Gebietsänderung den Bestimmungen der Art. 29 GG und Art. 4 Abs. 2 VvB. Art. 118a GG kommt – trotz des nicht ganz eindeutigen Wortlauts – als Grundlage für eine Grenzänderung nicht in Betracht. Unter „Neugliederung" kann insofern nur eine Fusion verstanden werden.

---

27   Vgl. Bekanntmachung vom 15. März 1996, ABl. S. 1090.
28   Da bloße Markierungsberichtigungen die faktische Lage mit der Rechtslage in Einklang bringen, vgl. *Kunig* in: von Münch/Kunig, (Fn. 12), Art. 29, Rn. 51.

Für Grenzänderungen, von denen weniger als 50000 Einwohner betroffen sind, käme die vergleichsweise einfache Regelung in Betracht, die bei „sonstigen Gebietsänderungen" in Art. 29 Abs. 7 GG in Verbindung mit dem Bundesgesetz vom 30. Juli 1979 (BGBl. 1 S. 1325 – AusfG –) vorgesehen ist. Danach reicht ein Staatsvertrag aus; dieser ist auch erforderlich, wenn es sich nur um minimale Grenzberichtigungen handelt.

Ob ein solcher Staatsvertrag der parlamentarischen Zustimmung bedarf, ergibt sich aus dem Verfassungsrecht der beteiligten Länder. Für Berlin gilt insoweit Art. 4 Abs. 2 S. 1 VvB, wonach jede (also auch eine geringfügige) Änderung des Staatsgebietes einer Zustimmung der Volksvertretung bedarf. Art. 29 Abs. 7 GG und das dazu ergangene Bundesgesetz sehen außerdem vor, dass die betroffenen Kreise und Gemeinden anzuhören sind. Eine entsprechende Anhörung der auf Berliner Seite betroffenen Bezirke ist weder im Grundgesetz und dem Ausführungsgesetz des Bundes noch in der Berliner Verfassung ausdrücklich vorgeschrieben, dürfte aber nach Art. 66 Abs. 2 VvB geboten sein. Außerdem muss nach Art. 68 VvB dem Rat der Bürgermeister Gelegenheit zur Stellungnahme gegeben werden.

Kommt ein Staatsvertrag nicht zustande, käme eine Grenzberichtigung durch Bundesgesetz in Frage; dabei ist den beteiligten Ländern spätestens vor der 2. Lesung Gelegenheit zur Stellungnahme zu geben.

VI. Einteilung in Bezirke

Die Gliederung Berlins in zwölf Bezirke ist in Art. 4 Abs. 1 VvB verankert. Die Änderung dieser Anzahl ist nur durch ein verfassungsänderndes Gesetz möglich.

Die aktuelle Verfassung folgt hier den Texten vom 1. September 1950 und 23. November 1995, wonach eine Änderung der Zahl und der Grenzen der Bezirke nur durch Gesetz möglich war. Die Formulierung in den früheren Verfassungstexten gab Anlass zu Zweifeln, ob ein einfaches Gesetz ausreichte oder eine Verfassungsänderung notwendig war. Der Verfassungstext vom 3. April 1998 stellt nunmehr klar, dass die Anzahl der Bezirke nur durch verfassungsänderndes Gesetz geändert werden kann, Grenzänderungen aber durch einfaches Gesetz (u. U. auch durch Rechtsverordnung) möglich sind. Von einer Grenzänderung wäre allerdings eine vollständige Neugliederung zu unterscheiden, für die – auch wenn die Anzahl von zwölf Bezirken erhalten bleibt – eine Verfassungsänderung notwendig wäre.

In Art. 4 Abs. 2 S. 3 VvB, § 1 Abs. 2 BezVG ist vorgesehen, dass eine Grenzänderung von geringerer Bedeutung durch Gesetz ein anderes Verfahren vorgesehen
werden kann, wenn die beteiligten Bezirke zustimmen. Geringfügige Grenzänderungen zwischen den Bezirken können mit Zustimmung der betroffenen Bezirksverordnetenversammlungen durch eine Rechtsverordnung des Senats vorgenommen werden.

§ 29 Ortsteile – sonstige Einteilungen des Staatsgebiets

Nach der Bildung der neuen Stadtgemeinde Berlin im Jahre 1920 bestand in den
sogenannten äußeren Bezirken eine räumliche Untergliederung, die sich weitgehend an die Grenzen der ehemaligen Städte, Landgemeinden und Gutsbezirke
anlehnte. Diese Einteilung ist seit Außerkrafttreten des Groß-Berlin-Gesetzes
weder in der Verfassung noch sonst gesetzlich vorgeschrieben. Sie hat vor allem
die Bedeutung, dass bestimmte Ortsnamen, die im Bewusstsein der Bevölkerung
fortleben, als Grundlage für die geographische Einteilung des Staatsgebiets erhalten bleiben. In dieser Funktion haben sie in bestimmten Bereichen der Verwaltung (z. B. Statistik und Einwohnererfassung) noch heute praktische Bedeutung.
Außerdem werden sie in den Landeskartenwerken nachgewiesen. Das Grund-
buchwesen geht zum Teil von anderen Bereichen aus.

Nach Inkrafttreten der Gebietsreform 2001 sind neue Ortsteile im Innenstadtge-
biet (Halensee) und im Außenbereich (Borsigwalde) ausgewiesen worden. Erscheint die Änderung von Ortsteilsgrenzen angebracht, so werden sie von den zuständigen Stellen der Hauptverwaltung im Einvernehmen mit dem zuständigen
Bezirksamt geändert. Kommt keine Einigung zustande, dürfte die Entscheidung
über die Einteilung den Bezirksorganen zustehen, weil die Bezeichnung und Abgrenzung der Ortsteile – die in den Flächenstaaten zum Kernbereich der kommunalen Selbstverwaltung gehört – nicht unter den Aufgaben der Hauptverwaltung
aufgeführt ist.[29] Unzweckmäßige Entscheidungen können, wenn alle Voraussetzungen vorliegen, im Wege des Eingriffsrechts korrigiert werden, Rechtsverstöße

---

29 Die Einteilung und Abgrenzung der Ortsteile fällt nicht unter die Zuständigkeiten der Hauptverwaltung nach Nr. 7 und 8 der Anlage zum Allg. Zuständigkeitsgesetz (Raumordnung
etc.). Soweit derartige Informationsmittel auf die Ortsteile Bezug nehmen, haben sie dekla-
ratorischen und keinen konstitutiven Charakter. Andererseits ist die Hauptverwaltung bei der
Abgrenzung örtlicher Zuständigkeiten ihrer Behörden oder Behördenteile (z. B. Polizeiabschnitte) oder bei Abgrenzungen im Rahmen ihrer Zuständigkeit (bei Maßnahmen nach dem
Baugesetzbuch) nicht an die Ortsteilgrenzen gebunden.

durch Maßnahmen der Bezirksaufsicht. Ein Gesetz oder eine Rechtsverordnung ist für die Bildung, Abgrenzung und Bezeichnung der Ortsteile nicht notwendig. Die Forderung, Ortsteile oder andere Untergliederungen der Bezirke mit Selbstverwaltungsrechten auszustatten, ist zwar gelegentlich erhoben worden, hat sich aber bis jetzt nicht durchgesetzt.

Unabhängig von den Ortsteilen und oft auch von den Bezirksgrenzen bestehen unterschiedliche Gliederungen des Staatsgebiets für unterschiedliche Verwaltungen (z. B. Polizei, Finanzverwaltung) und für die Justiz (Amtsgerichtsbezirke).

§ 30 Hoheitszeichen

Nach Art. 5 VvB führt Berlin Flagge, Wappen und Siegel mit dem Bären, die Flagge mit den Farben Weiß-Rot. Einzelheiten hierzu sind in dem Gesetz über die Hoheitszeichen des Landes Berlin[30], in der Landessiegelverordnung[31] und in der Beflaggungsverordnung vom 24. Februar 2003[32] geregelt. Außerdem bestehen Verwaltungsvorschriften, z. B. die Ausführungsvorschriften zum Gesetz über die Hoheitszeichen.[33]

Die Beflaggung von Gebäuden, die von Einrichtungen und Dienststellen des Landes und der seiner Aufsicht unterstehenden juristischen Personen des öffentlichen Rechts genutzt werden, ist in der Beflaggungsverordnung geregelt. Gezeigt wird – von außen auf das Gebäude gesehen – links die Europaflagge, in der Mitte die Bundesflagge und rechts die Landesflagge – ggf. die Landesdienstflagge – (§ 4)[34]. Die Tage, an denen regelmäßig geflaggt wird, sind in § 1 aufgezählt[35]; im Übrigen erfolgt die Beflaggung – ggfs. auch Trauerbeflaggung – auf Anordnung der Senatsverwaltung für Inneres. Bei besonderen bezirksbezogenen Anlässen

---

30 Vom 22. Oktober 2007, GVBl. S. 549 – HohZG –.

31 Vom 28. Oktober 1954, GVBl. S. 622 i. d. F. vom 5. November 1979.

32 GVBl. S. 121, zuletzt geändert durch Art. I 5. ÄndVO vom 16. April 2020 (GVBl. S. 326).

33 Vom 12. Juni 1997, ABl. S. 3393.

34 Am Europatag (9. Mai) wird, sofern nur zwei Flaggenmasten vorhanden sind, an beiden Flaggenmasten die Europaflagge gesetzt (§ 4 Abs. 4 HohZG).

35 Gemäß § 5 Abs. 2 HohZG gilt die Zustimmung nach Absatz 1 zum Setzen der Regenbogenflagge für den Tag des öffentlichen Begehens des Christopher Street Days in Berlin für alle Dienststellen und sonstigen Einrichtungen des Landes Berlin und den seiner Aufsicht unterstehenden Körperschaften, Anstalten und Stiftungen des öffentlichen Rechts als erteilt, soweit keine Beflaggung nach § 1 oder § 3 HohZG zu erfolgen hat.

kann das Bezirksamt „Bezirksbeflaggung" anordnen; in diesem Fall kann neben der Bundes- und der Landesflagge die Bezirksflagge gezeigt werden.

Das Landeswappen zeigt in silbernem Schilde einen aufgerichteten schwarzen Bären mit roter Zunge und roten Krallen. Auf dem Schild ruht eine goldene, fünfblättrige Laubkrone, deren Stirnreif aus Mauerwerk mit einem Tor in der Mitte ausgestattet ist. Das Landeswappen wird vom Abgeordnetenhaus, vom Berliner Rechnungshof, vom Berliner Beauftragten für Datenschutz und Informationsfreiheit, von den Berliner Gerichten und von der Berliner Verwaltung geführt.

In der Verordnung über Landessiegel ist ein großes Landessiegel und ein kleines Landessiegel vorgesehen. Das große Landessiegel kommt ausschließlich als Prägesiegel (Oblate und Prägung), das kleine Landessiegel als Prägesiegel, als Siegelmarke oder als Farbdruckstempel zur Verwendung.

Den Bezirken sind gemäß § 1 Abs. 2 HohZG Bezirkswappen verliehen worden, die bei besonderen Anlässen neben dem Landeswappen geführt werden können.

Sanktionen gegen einen Missbrauch der Wappen lassen sich auf § 124 OWiG stützen; sie sind vor allem angezeigt, wenn das Landeswappen zu kommerziellen Zwecken verwendet wird. Die Abbildung des Landeswappens zu künstlerischen, heraldischen und wissenschaftlichen Zwecken sowie zu Zwecken des Unterrichts und der staatsbürgerlichen Bildung ist jedermann erlaubt, sofern dies nicht in einer Weise oder unter Umständen geschieht, die dem Ansehen oder der Würde des Hoheitszeichens abträglich sind. Jede andere Verwendung bedarf der Genehmigung der Senatsverwaltung für Inneres und Sport.

2. Grundrechte und Staatszielbestimmungen

§ 31 Inhalt und Bedeutung des II. Abschnitts

I. Überschrift und Inhalt

Die Berliner Verfassung vom 1. September 1950 enthielt – ähnlich wie das Grundgesetz und die meisten Länderverfassungen – einen Grundrechtskatalog[36] (Abschnitt II) und außerdem – trotz der Überschrift dieses Abschnitts – mehrere Bestimmungen ohne Grundrechtscharakter, z. B. Verbote und objektive Rechtsnormen.[37] Bei einem Teil der Grundrechtsvorschriften – insbesondere, soweit sie den wirtschaftlichen und sozialen Bereich betrafen – stellte sich außerdem die Frage, ob sie bei richtigem Verständnis nicht eher als Staatszielbestimmungen interpretiert werden sollten.

Mit Inkrafttreten der Verfassung vom 23. November 1995 hat sich der Inhalt des II. Abschnitts erheblich geändert. Bereits in der Überschrift werden außer den Grundrechten auch die Staatsziele erwähnt. Der Katalog der Individualrechte wurde erheblich erweitert. Insbesondere wurden mehrere Grundrechte aufgenommen, die bisher im Grundgesetz, aber nicht in der VvB garantiert waren; in anderen Fällen wurden die Grundrechtsnormen der VvB dem Grundgesetz angeglichen.[38] Außer den Grundrechten und einigen weiteren Normen enthält der II. Abschnitt der Verfassung von Berlin jetzt Vorschriften, die eindeutig als Staatszielbestimmungen formuliert sind.

Schließlich finden sich dort weiterhin noch einige Verbotsnormen und objektive Rechtsvorschriften, die wörtlich oder mit geringfügigen Änderungen aus dem alten Verfassungstext übernommen wurden.

---

36 Auch der – nicht in Kraft getretene – Verfassungstext vom 22. April 1948 enthielt einen Grundrechtsteil. Die Ost-Berliner Verfassung vom 23. Juni 1990 enthielt bereits einen Abschnitt über Grundrechte und Staatszielbestimmungen; sie hatte insoweit eine Vorbildfunktion für den jetzt geltenden Verfassungstext.

37 Andererseits enthielt diese Verfassung im VII. Abschnitt (Rechtswesen) einige Grundrechte.

38 Vgl. hierzu § 32.

II. Bedeutung des II. Abschnitts – Stellenwert der Grundrechte in Landesverfassungen

Soweit früher die Ansicht vertreten werden konnte, dass den Grundrechten in Landesverfassungen nur geringe rechtspraktische Bedeutung zukommt, da sie weitgehend von Bundesrecht außer Kraft gesetzt oder überlagert werden, kann dies nicht zuletzt wegen der Rechtsprechung des Berliner Verfassungsgerichtshofs und auch des Bundesverfassungsgerichts so nicht mehr aufrechterhalten werden.

Nach wie vor ist allerdings davon auszugehen, dass der Vorrang des Bundesrechts (Art. 31 GG) unbeschadet des Art. 142 GG auch gegenüber Landesgrundrechten gilt.[39] Die Grundrechte und sonstigen Rechtsnormen im II. Abschnitt der VvB haben vor allem für die Organe des Landes Bedeutung, soweit sie Landesrecht setzen oder anwenden. Umstritten ist, ob sie auch bei der Anwendung von Bundesrecht einer zusätzlichen Kontrolle durch die Landesverfassung unterliegen.[40]

Nach Art. 142 GG bleiben Bestimmungen der Landesverfassungen „ungeachtet der Vorschrift des Art. 31 auch insoweit in Kraft, als sie in Übereinstimmung mit den Art. 1 bis 18 dieses Grundgesetzes Grundrechte gewährleisten". Man kann folgende Feststellungen als gesichert ansehen:

Das Wort „bleiben" bedeutet nicht, dass Art. 142 GG nur für Landesverfassungen gilt, die schon vor dem Grundgesetz in Kraft getreten waren. Die Vorschrift betrifft also auch den Grundrechtsteil der Berliner Verfassung und lässt den verfassunggebenden Organen der Länder die Möglichkeit, die Grundrechtskataloge zu ändern oder zu ergänzen.[41]

Die Worte „in Übereinstimmung mit den Art. 1 bis 18 dieses Grundgesetzes" werden fast einhellig so verstanden, dass die Regelung zugunsten aller Ländergrundrechte gilt, die nicht im Widerspruch zu den Bestimmungen des Grundgesetzes stehen. Damit scheint Art. 142 allerdings eine Selbstverständlichkeit zu

---

39   *Korioth*, in: Dürig/Herzog/Scholz, GG, Art. 142 Rn. 8. Es braucht hier nicht erörtert zu werden, ob die Unterordnung der Landesverfassungen unter das einfache Bundesrecht auf Art. 31 GG oder auf den Kompetenzvorschriften des Art. 71 ff. GG beruht. Das Ergebnis ist in beiden Fällen das Gleiche.

40   Vgl. auch die umfassende Untersuchung dieser Frage von *Dietlein*, in: JA 1994, S. 57. Wegen der Einzelheiten siehe unten 3.

41   *Korioth*, in: Dürig/Herzog/Scholz. GG, Art. 142 Rn. 8.

normieren, denn auch andere Vorschriften in Landesverfassungen werden durch das Grundgesetz nicht außer Kraft gesetzt, wenn sie ihm nicht widersprechen.[42]

Die Vorschrift hat also weitgehend klarstellenden Charakter. Sie bedeutet im Ergebnis, dass die Grundrechtsbestimmungen der Länder in Kraft bleiben, soweit sie inhaltlich den Art. 1 bis 18 des Grundgesetzes entsprechen oder weitergehende Rechte gewährleisten. Soweit sie dagegen hinter den Grundrechtsgarantien der Art. 1 bis 18 GG zurückbleiben oder weitergehende Einschränkungen vorsehen, hat das Grundgesetz als höherrangige Norm den Vorrang.[43]

Bei Ländergrundrechten, die mit den entsprechenden Bundesgrundrechten übereinstimmen, besteht die Bedeutung des Art. 142 darin, dass ihre Verletzung nicht nur vor dem Bundesverfassungsgericht, sondern auch vor dem Verfassungsgerichtshof des Landes geltend gemacht werden kann.[44]

Die Formulierung, dass die Ländergrundrechte „ungeachtet des Art. 31 GG in Kraft bleiben" bedeutet jedoch nicht, dass sie dem Grundgesetz oder dem einfachen Bundesrecht übergeordnet oder gleichgeordnet sind. Dies ist vor allem von Bedeutung, wenn die Landesverfassungen weitergehende oder andersartige Grundrechte gewähren als das Grundgesetz. Die einschlägigen Bestimmungen bleiben zwar bestehen und sind gegenüber dem Landesgesetzgeber und der Landesverwaltung verbindlich; Soweit die Gesetzgebungskompetenz dem Bund zusteht, können sie aber durch einfaches Bundesrecht (Gesetze, Rechtsverordnungen des Bundes) außer Kraft gesetzt oder überlagert werden.

III. Landesverfassungsgerichtliche Überprüfung bundesrechtlich determinierter Entscheidungen

Es war lange umstritten, ob und inwieweit die Behörden und Gerichte eines Landes bei der Anwendung von Bundesrecht einer zusätzlichen Kontrolle durch den Verfassungsgerichtshof des Landes anhand der Landesverfassung – insbesondere der

---

42   *Korioth*, in: Dürig/Herzog/Scholz, GG, Art. 142 Rn. 8.
43   *Korioth*, in: Dürig/Herzog/Scholz, GG, Art. 142 Rn. 14.
44   Für den Fall der konkreten Normenkontrolle vgl. Art. 100 GG. Zur Zulässigkeit einer Verfassungsbeschwerde vor dem Berliner Verfassungsgerichtshofs vgl. die Entscheidung vom 17. Juni 1996 – VerfGH 4/96 Landes- und Kommunalverwaltung 1997, S. 93 – mit Sondervoten der Richter Driehaus, Töpfer und Kunig insbes. zu der Frage, welche Voraussetzungen erfüllt sein müssen, wenn bei gleichlautenden Bundes- und Landesrechten die Verletzung eines (Berliner) Landesgrundrechts geltend gemacht wird.

Landesgrundrechte – unterliegen. Der Berliner Verfassungsgerichtshof hat zunächst in ständiger Rechtsprechung den Standpunkt vertreten, dass er befugt sei, auf Bundesrecht beruhende Entscheidungen der Berliner Gerichte am Maßstab der in der Landesverfassung verankerten Verfahrensgrundrechte und Individualgrundrechte zu überprüfen.

Dies erregte vor allem im Zusammenhang mit der sogenannten „Honecker-Entscheidung" Aufsehen, mit der der Gerichtshof einen Haftbefehl gegen den früheren Generalsekretär der SED unter Berufung auf den Verfassungssatz der Menschenwürde aufgehoben hatte. Im Anschluss daran wurde die Frage unter rechtlichen und politischen Gesichtspunkten lebhaft diskutiert. Inzwischen ist sie durch den Beschluss des Bundesverfassungsgerichts vom 15. Oktober 1997 verbindlich entschieden worden.[45] Danach sind die Grundrechte der Landesverfassungen für die Gerichte eines Landes auch bei der Anwendung von Bundesrecht anwendbar, soweit die Landesgrundrechte mit den entsprechenden Vorschriften des Grundgesetzes inhaltsgleich sind. In diesem Fall kann auch eine Beschwerde zum Verfassungsgericht des Landes zulässig sein, allerdings nicht, wenn die Entscheidung des Landesgerichts von einem Bundesgericht bestätigt wurde. Ob das Grundrecht der Landes- und der Bundesverfassung inhaltsgleich sind, hängt davon ab, ob sie zum gleichen Ergebnis führen – also nicht unbedingt vom Wortlaut der beiden Normen. Bei der Prüfung ist das Landesverfassungsgericht an die Rechtsprechung des Bundesverfassungsgerichts gebunden und unterliegt gegebenenfalls der Vorlagepflicht nach Art. 100 Abs. 3 GG.

§ 32 Einzelne Bestimmungen

I. Klassische Grundrechte

Der II. Abschnitt der Berliner Verfassung ist in seiner geltenden Fassung in vielen Vorschriften dem Grundgesetz angeglichen worden. Dies gilt vor allem für die klassischen Grundrechte (Freiheitsrechte, Gleichheitsgrundsatz, Abwehrrechte gegen den Staat). Die Grundrechtsgarantie in der Landesverfassung hat in diesen Fällen nur eine prozessuale Bedeutung; das Grundrecht kann vor dem Landesverfassungsgericht geltend gemacht werden. Aber auch im Bereich der klassischen Grundrechte enthält die VvB eine Reihe von Vorschriften, die in der

---

45   BVerfG, Beschluss vom 5. Juni 1998, 2 BvL 2/97, BVerfGE 96 S. 345.

Formulierung und ihrem materiell-rechtlichen Gehalt vom Grundgesetz abweichen, sowie einige zusätzliche Grundrechtsgarantien.

Außerdem enthält sie einige vom Grundgesetz abweichende Formulierungen, die die Einschränkung und den Bestandsschutz der Grundrechte betreffen (Art. 36 und 37 VvB). Soweit sie weitergehende Einschränkungsmöglichkeiten enthalten, sind sie mit höherrangigem Bundesrecht unvereinbar. Dies gilt vor allem für die Vorschrift des Art. 37 VvB (Verwirkung von Grundrechten), nach der sich auf die Grundrechte der Meinungsfreiheit, des Versammlungsrechts und der Koalitionsfreiheit nicht berufen kann, wer diese Rechte benutzt, um bestimmte verfassungsfeindliche Ziele zu verfolgen.[46]

Soweit die Berliner Verfassung einen weitergehenden Schutz der Grundrechte gewährleistet als das Grundgesetz, könnten die Vorschriften für die Gesetzgebung und die rechtsanwendenden Organe im Bereich des Landesrechts verbindlich sein.

Problematisch ist vor allem das Widerstandsrecht bei offensichtlicher Verletzung der Grundrechte (Art. 36 Abs. 3 VvB). Die Vorschrift kann nicht herangezogen werden, um Verstöße gegen Bundesgesetze, insbesondere gegen strafrechtliche Vorschriften zu rechtfertigen. Ob ihr im Bereich des Landesrechts eine Bedeutung bleibt, ist aus Gründen der Rechtssicherheit zweifelhaft.

1) Zum Grundgesetz identische Vorschriften

Folgende Vorschriften aus dem Bereich der klassischen Grundrechte sind mit den entsprechenden Bestimmungen des Grundgesetzes identisch[47]:

- Schutz der Menschenwürde (Art. 6 VvB, Art. 1 Abs. 1 GG),

- freie Entfaltung der Persönlichkeit (Art. 7 VvB, Art. 2 GG),

---

46   Der Vorschrift könnte die Bedeutung bleiben, dass man sich unter bestimmten Voraussetzungen vor dem Landesverfassungsgericht nicht auf die betreffenden Grundrechte berufen kann.

47   Soweit die Vorschriften der VvB mit denen des GG identisch sind, wird auf eigene Erörterungen verzichtet und auf die allgemeine verfassungsrechtliche Literatur verwiesen. Allerdings können sich aus der unterschiedlichen Systematik (z. B. Zusammenfassung der Rechtsweggarantie und der justizbezogenen Grundrechte – Art. 19 Abs. 4 und Art 103 GG in einem Artikel – Art. 15 VvB) und aus dem Zusammenhang mit anderen Verfassungsvorschriften Unterschiede ergeben.

- Recht auf Leben und körperliche Unversehrtheit
  (Art. 8 Abs. 1 VvB, Art. 1 Abs. 2 GG),

- allgemeiner Gleichheitsgrundsatz
  (Art. 10 Abs. 1 und 2 VvB, Art. 3 Abs. 1 und 3 GG),

- Post-, Brief- und Fernmeldegeheimnis (Art. 16 VvB, Art. 10 Abs. 1 GG);
  die in Art. 10 Abs. 2 GG enthaltenen Einschränkungsmöglichkeiten sind
  in der VvB nicht erwähnt[48],

- Freiheit von Kunst und Wissenschaft, Lehre und Forschung
  (Art. 21 VvB, Art. 5 Abs. 3 GG),

- Glaubens- und Gewissensfreiheit, Garantie der ungestörten Religionsausübung
  (Art. 29 VvB, Art. 4 Abs. 1 und 2 GG),

- aus dem Bereich der justizbezogenen Grundrechte: Der Anspruch auf
  rechtliches Gehör, das Verbot rückwirkender Strafnormen, das Verbot der
  Doppelbestrafung sowie die Garantie der gerichtlichen Überprüfung bei
  Rechtsverletzungen durch die öffentliche Gewalt
  (Art. 15 VvB, Art. 103 und 10 Abs. 4 GG).

2) Vom Grundgesetz abweichende Vorschriften

Verschiedene Vorschriften im II. Abschnitt der VvB betreffen die – auch im
Grundgesetz garantierten – klassischen Grundrechte, weichen aber in Wortlaut
und Systematik mehr oder weniger von den entsprechenden Artikeln des Grundgesetzes ab.

- In Art. 10 Abs. 2 VvB (Gleichstellung von Frauen und Männern) entspricht der
  erste Satz dem Art. 3 Abs. 2 S. 1 GG.[49] Dagegen geht der Auftrag zur materiellen
  Gleichstellung der Geschlechter im Satz 2 und 3 über die vergleichbare Formulierung in Art. 3 Abs. 2 S. 2 GG hinaus. Dies gilt insbesondere für die Bestimmung in Art. 10 Abs. 3 S. 3 VvB, dass zum Ausgleich bestehender Ungleichheiten Maßnahmen zur Förderung zulässig sind. Anders als das Grundgesetz,
  das diese Frage offenlässt, bietet dieser Satz der VvB mindestens einen Anhalts-

---

48 Eine solche Vorschrift in der Landesverfassung würde leerlaufen. Die zulässigen Eingriffe in
dieses Grundrecht sind abschließend durch Bundesrecht geregelt.

49 Die Voranstellung des weiblichen Geschlechts (Frauen und Männer) in der VvB dürfte auf gesell-
schaftlicher Konvention beruhen und nicht als rechtspolitisches Programm zu werten sein.

punkt dafür, dass bei Förderungsmaßnahmen Ausnahmen von der formellen Gleichbehandlung zulässig sind, wenn dies dem Ausgleich (tatsächlich) bestehender Ungleichheiten dient. Die entscheidende Frage, bis zu welcher Grenze dieses Ziel eine Ungleichbehandlung im Einzelfall rechtfertigt, wird allerdings nicht auf Landesebene, sondern anhand von Bundesrecht (Art. 3 GG) und von Europarecht (Diskriminierungsverbot) zu beantworten sein.

– Die Vorschrift über Ehe und Familie (Institutionsgarantie und Schutzvorschrift), die Garantie des Erziehungsrechts und die Erziehungspflicht der Eltern sowie die Schutz- und Fürsorgegarantie für Mütter (Art. 12 Abs. 1, 2 und 6 VvB) entsprechen den Vorschriften des Grundgesetzes (Art. 6 Abs. 1, 2 und 4 GG). Eine Vorschrift, nach der die staatliche Gemeinschaft über die Betätigung dieser Rechte wacht (Art. 6 Abs. 2 S. 2 GG) fehlt in der VvB. Die Voraussetzungen für eine Entziehung des Erziehungs- und Pflegerechts sind in der VvB Art. 12 Abs. 4 anders formuliert als Art. 6 Abs. 3 GG. Angesichts der umfassenden bundesrechtlichen Regelungen im Bereich des Familien- und Jugendfürsorgerechts dürfte dem keine Bedeutung zukommen.

– In Art. 12 Abs. 2 VvB gewährleistet die Verfassung von Berlin anderen auf Dauer angelegten Lebensgemeinschaften Schutz vor Diskriminierung. Es handelt sich um eine zusätzliche Grundrechtsgarantie, die nach Art. 31, 142 GG als geltendes Landesrecht in Kraft bleibt und anwendbar ist, soweit der Schutz der bundesrechtlich garantierten Institutionen Ehe und Familie dadurch nicht beeinträchtigt wird. Für den Landesgesetzgeber dürfte die rechtspraktische Bedeutung der Vorschrift angesichts umfassender bundesrechtlicher Regelungen zwar gering sein; ihr könnte aber eine vergleichsweise große Bedeutung in den Fällen zukommen, in denen das Bundesrecht der Exekutive und Rechtsprechung einen Ermessens- oder Gestaltungsspielraum zubilligt.[50] Allerdings führen Wortlaut und Zweck der Vorschrift zu Interpretationsproblemen, die hier nur angedeutet werden können. Zweifel können schon darüber bestehen, welche Voraussetzungen erfüllt sein müssen, damit angenommen werden kann, dass eine Lebensgemeinschaft auf Dauer ange-

---

50 Auch wenn man davon ausgeht, dass die Maßstäbe für die Ermessensausübung in erster Linie den betreffenden Bundesgesetzen zu entnehmen sind. Art. 12 Abs. 2 VvB könnte in den unterschiedlichsten Rechtsbereichen als Leitlinie herangezogen werden, z. B. bei Einbürgerungen, bei der Gewährung von Aufenthaltserlaubnissen für Ausländer oder bei der Auswahl des Betreuers für hilfsbedürftige Personen.

legt ist. Aber auch zum Tatbestandsmerkmal der Lebensgemeinschaft selbst sind die unterschiedlichsten Interpretationen denkbar, angefangen von einer Beschränkung auf heterosexuelle Zweierbeziehungen, die sich von einer herkömmlichen Ehe nur durch den fehlenden Trauschein unterscheiden, über eine Einbeziehung homosexueller Paare bis zu einer Zulassung von Dreiecks- oder polygonalen Verhältnissen und von Lebensgemeinschaften, die nur auf politischer, religiöser oder weltanschaulicher Übereinstimmung beruhen. Aber auch der Inhalt des Diskriminierungsverbots ist problematisch. Es bedeutet sicher nicht, dass man nichtehelichen Lebensgemeinschaften die Rechtsfolgen einer Ehe schematisch oktroyiert. Andererseits kann man weder vom Gesetzgeber noch von den rechtsanwendenden Staatsorganen verlangen, dass sie für jede denkbare Form einer Lebensgemeinschaft oder gar für jeden Einzelfall sachgerechte Regelungen entwickeln.

– Die Bestimmungen über Personen, die Kinder erziehen oder Pflegetätigkeiten ausüben (Art. 12 Abs. 5 und 7 VvB) sowie der Gesetzgebungsauftrag zur Gleichstellung nichtehelicher Kinder werden als Grundrechte oder Staatszielbestimmungen, die den wirtschaftlichen und sozialen Bereich betreffen, unten unter 2 behandelt werden.

– Art. 17 VvB betrifft das Recht der Freizügigkeit, die freie Wahl des Wohnsitzes, des Berufs und des Arbeitsplatzes. Sowohl die Grundrechtsgarantien wie der Einschränkungsvorbehalt weichen z. T. von den entsprechenden Grundgesetzartikeln ab. Soweit der Einschränkungsvorbehalt über das GG hinausgeht, verstößt er gegen höherrangiges Recht. Aber auch im Übrigen dürfte der Vorschrift angesichts umfassender bundes- und europarechtlicher Regelungen keine relevante Bedeutung zukommen.

– Die Garantie des Versammlungsrechts in Art. 26 VvB weicht im ersten Satz vom Wortlaut des Art. 8 Abs. 1 GG ab. Einerseits enthält die Grundrechtsnorm der VvB den (selbstverständlichen) Gewährleistungsvorbehalt, dass die Versammlung zu einem gesetzlich zulässigen Zweck stattfinden muss; es fehlt der Zusatz, dass das Versammlungsrecht (grundsätzlich) nicht von einer Genehmigung oder Anmeldung abhängt. Auf der anderen Seite ist das Grundrecht in der VvB als Menschenrecht („alle Männer und Frauen") und nicht wie im GG als Deutschenrecht formuliert. Die Berliner Verfassung stimmt insoweit aber mit der einfachgesetzlichen Regelung des Bundes im Versammlungsgesetz überein. Sie bleibt als weitergehende landesrechtliche

Grundrechtsgarantie anwendbar, könnte aber durch ein einfaches Bundesgesetz außer Kraft gesetzt werden. Ein Ausländer kann einen unzulässigen Eingriff in das Versammlungsrecht zwar nach dem Versammlungsgesetz vor den Verwaltungsgerichten, jedoch nicht als Verstoß gegen Art. 8 GG vor dem Bundesverfassungsgericht rügen. Im Geltungsbereich der VvB hat er aber die Möglichkeit eines Verfahrens vor dem Berliner Verfassungsgerichtshof.

- Ähnlich ist die Rechtslage bei der Vereinigungsfreiheit (Art. 27 VvB, 9 Abs. 1 und 2 GG). Allerdings enthält das Vereinsgesetz des Bundes einige Sondervorschriften für Ausländervereine und ausländische Vereine, die die landesrechtliche Grundrechtsgarantie einschränken.

- Der gegenüber Art. 14 GG stark verkürzten Formulierung der Eigentumsgarantie in Art. 23 VvB dürfte keine eigenständige materiell-rechtliche Bedeutung zukommen. So fehlt Art. 23 VvB zunächst die in Art. 14 GG enthaltene Garantie des Erbrechts und enthält auch nicht den in Art. 14 Abs. 2 GG normierten Grundsatz der Sozialbindung, in dessen Sinne die Norm jedoch auszulegen ist. Ferner sieht Art. 23 VvB – anders als Art. 14 Abs. 3 GG – auch nicht die Möglichkeit einer Legalenteignung vor und beschränkt sich insoweit auf die Administrativenteignung, für die jedoch keine zwingende Entschädigung angeordnet wird, die sich dann allerdings aus den Festlegungen des Art 14 GG ergibt.

- Das gleiche gilt für die von Art. 5 Abs. 1 und 2 GG abweichenden Formulierungen zur Garantie der Meinungsfreiheit in Art. 14 VvB. Eine über das GG hinausgehende Grundrechtsgarantie findet sich allenfalls in dem ausdrücklichen Hinweis, dass sich das (passive) Informationsrecht auch auf die Meinungen anderer Völker erstreckt.

- Das Recht auf diskriminierungsfreien Zugang zu öffentlichen Ämtern (Art. 19 Abs. 2 VvB) deckt sich weitgehend mit Art. 33 Abs. 2 GG. Die Vorschrift wird von Bundesrecht überlagert.

- Das Grundrecht auf ungehinderte Ausübung der staatsbürgerlichen Rechte und Wahrnehmung von Ehrenämtern hat keine Parallele im Grundgesetz[51] und wird im Anschluss an diese Übersicht behandelt.

---

51 Art. 33 Abs. 1 GG betrifft – auch wenn er subjektive Rechte begründet – in erster Linie den föderalistischen Aufbau der Bundesrepublik (gleiche staatsbürgerliche Rechte für alle Deutschen in allen Ländern).

- Unter den justizbezogenen Grundrechten weichen die Bestimmungen für den Fall der Freiheitsentziehung (Art. 8 Abs. 2 und 3 VvB) und über die Rechte des Beschuldigten im Strafverfahren (Art. 9 VvB) von den entsprechenden Grundrechtsnormen (Art. 104 GG) ab. Soweit die VvB hinter den bundesrechtlichen Garantien zurückbleibt, kann sich der Betroffene unmittelbar auf die Grundrechte des GG berufen.[52]

Soweit die VvB weitergehende Rechte gewährleistet als das Grundgesetz, ist sie jedenfalls in den Fällen zu beachten, in denen die Freiheitsentziehung auf Landesrecht (z. B. dem ASOG oder dem PsychKG) beruht. Ob sie auch in einem bundesrechtlich geregelten Verfahren – insbesondere in einem Strafverfahren – geltend gemacht werden kann, ist zweifelhaft (vgl. § 32 2.). Hier wird an der Auffassung festgehalten, dass die Rechte der Beschuldigten, Verhafteten und Festgenommenen jedenfalls im Strafverfahren umfassend durch Bundesgesetze geregelt sind, so dass für eine zusätzliche Anwendung von Landesrecht im Interesse einheitlicher Rechtsanwendung kein Raum bleibt.

Als weitergehende Grundrechtsgarantie in der VvB ist vor allem die Vorschrift in Art. 8 Abs. 2 S. 1 VvB anzusehen, nach der jeder Verhaftete oder Festgenommene innerhalb von 24 Stunden darüber in Kenntnis zu setzen ist, von welcher Stelle und aus welchem Grunde die Entziehung der Freiheit angeordnet wurde.[53] Die Vorschriften des Art. 9 VvB betreffen ausschließlich das Strafverfahren und werden daher von Bundesrecht überlagert.

- Für die Unverletzlichkeit der Wohnung (Art. 28 Abs. 2 VvB, Art. 13 GG) gilt sinngemäß das gleiche wie für die Rechte bei Freiheitsentziehung. Das Recht auf angemessenen Wohnraum gehört zum Bereich der wirtschaftlichen und sozialen Grundrechte und wird in diesem Zusammenhang behandelt.

- Das Petitionsrecht (Art. 34 VvB) entspricht trotz eines Unterschieds in der Formulierung (nicht abschließende Aufzählung der zuständigen Stellen) in seinem materiellen Gehalt dem Grundrecht aus Art. 17 GG.

---

52   Gegebenenfalls allerdings nicht vor dem Berliner Verfassungsgerichtshof.
53   Art. 104 GG sieht eine vergleichbare Informationspflicht erst für den Zeitpunkt der ersten Vorführung vor einem Richter vor, die – je nach der Uhrzeit der Festnahme – u. U. erst nach fast 48 Stunden stattfinden muss.

– Dem Recht, Kriegsdienste zu verweigern, dürfte angesichts umfassender und abschließender bundesrechtlicher Regelungen keine eigenständige Bedeutung zukommen.

3) Grundrechte ohne engeren Bezug zum Grundgesetz

Schließlich enthält der II. Abschnitt der VvB – auch im Bereich der klassischen Grundrechte – einige Grundrechtsgarantien, die im Grundgesetz nicht ausdrücklich erwähnt werden.

Dazu gehört in erster Linie das informationelle Selbstbestimmungsrecht (Art. 33 VvB). Die Garantie betrifft nicht nur das Datenschutzrecht im engeren Sinne, sondern fast alle Bereiche des öffentlichen Rechts, weil praktisch jede Behördentätigkeit mit der Erhebung, Verarbeitung und Weitergabe von persönlichen Daten verbunden ist. Das Grundrecht gilt für viele Bereiche, die durch Landesrecht geregelt sind (z. B. ASOG, LandesstatistikG, Wahlrecht). Trotzdem dürfte ihm keine große materiell-rechtliche Bedeutung zukommen, weil es von den Grundsätzen überlagert wird, die das Bundesverfassungsgericht zunächst im Volkszählungsurteil[54] und dann in ständig fortentwickelter Rechtsprechung aus den Art. 1 und 2 GG hergeleitet hat.

Ebenfalls zum Bereich der klassischen Grundrechte gehört die Vorschrift des Art. 19 Abs. 1 VvB, nach der „im Rahmen der geltenden Gesetze"[55] niemand an der Wahrnehmung staatsbürgerlicher Rechte oder öffentlicher Ehrenämter gehindert werden darf, insbesondere nicht durch sein Arbeitsverhältnis.

Gerade dieser Hinweis ist aus zwei Gründen problematisch: Arbeitsverhältnisse (außerhalb des öffentlichen Dienstes) unterliegen dem Privatrecht; Grundrechte können in diesem Bereich nur beschränkt geltend gemacht werden (Frage der mittelbaren Drittwirkung). Außerdem ist das Recht der Arbeitsverhältnisse als Teil des Zivilrechts im Wesentlichen durch Bundesrecht geregelt. Das Grundrecht hat daher für Beschäftigte, die zum öffentlichen Dienst des Landes Berlin gehören[56] eine wesentlich stärkere Wirkung als für andere Arbeitnehmer.

---

54 BVerfG, Urteil vom 15.12.1983 – 1 BvR 269/83, BVerfGE 65, S. 1.

55 Dieses Attribut steht grammatisch an der falschen Stelle. Besser wäre gewesen: „... darf gehindert werden, staatsbürgerliche Rechte und Ehrenämter im Rahmen der geltenden Gesetze wahrzunehmen."

56 Das gilt nicht nur für Beamte, die in einem öffentlich-rechtlichen Dienstverhältnis stehen. Das Land ist kraft der Verfassungsvorschrift gehalten, auch seinen Arbeitern und Angestellten die Ausübung dieser Rechte zu ermöglichen.

Staatsbürgerliche Rechte sind alle Mitwirkungsbefugnisse in öffentlichen Angelegenheiten auf staatlicher oder kommunaler Ebene und im Rahmen anderer juristischer Personen des öffentlichen Rechts. Es umfasst insbesondere das aktive und passive Wahlrecht, das Recht, sich an Abstimmungen, Bürgerinitiativen u. ä. zu beteiligen und öffentliche Funktionen wahrzunehmen. Das Grundrecht gilt nicht nur für Deutsche, sondern auch für Unionsbürger und andere Ausländer, soweit die Verfassung oder andere Rechtsvorschriften ihnen derartige Rechte einräumen.[57]

Ein Beispiel für eine einfach-gesetzliche Regelung, die in private Arbeitsverhältnisse eingreift, um die Ausübung staatsbürgerlicher Rechte zu ermöglichen, ist der im Abgeordnetengesetz verankerte Urlaubsanspruch von Kandidaten bei Parlamentswahlen (vgl. dazu § 35 IV). Problematisch ist, dass dies auch für privatrechtlich Beschäftigte in Unternehmen gilt, die nicht zum Eigentum des Landes gehören.

Die Wahrnehmung von Ehrenämtern ist ein Unterfall der staatsbürgerlichen Rechte. Der Begriff umfasst alle öffentlichen Funktionen, die weder zu einer beruflichen Tätigkeit im öffentlichen Dienst noch zu den typischen Aktivitäten eines Karrierepolitikers gehören. Über die Abgrenzung können in manchen Fällen Zweifel bestehen.[58] Praktisch hat die Frage keine große Bedeutung, weil öffentliche Aktivitäten, die keine Ehrenämter sind, fast immer als Ausübung (sonstiger) staatsbürgerlicher Rechte angesehen werden können. Auf private Ehrenämter – z. B. Tätigkeiten als Vereinsvorstand – erstreckt sich der Schutz des Art. 19 dagegen nicht.

Der Schutz des Art. 19 Abs. 1 VvB umfasst Ehrenämter und sonstige staatsbürgerliche Rechte, die auf Berliner Landesrecht, Bundesrecht oder auch auf dem Recht anderer deutscher Länder beruhen. Sie können die Exekutive (z. B. Ausschüsse der Verwaltung, Wahlvorstände), die richterliche Gewalt (z. B. Schöffen, Geschworene) und den Bereich der Legislative (Satzungsorgane öffentlich-rechtlicher Körperschaften) betreffen.

---

57 Z. B. das Wahlrecht der Unionsbürger zu den Bezirksverordnetenversammlungen oder das Recht aller ausländischen Einwohner, als Bürgerdeputierte tätig zu werden oder sich an Bürgerinitiativen (Art. 61 VvB) zu beteiligen.

58 Z. B. bei einer Tätigkeit als Bezirksverordneter. Ein wichtiges Merkmal einer ehrenamtlichen Tätigkeit besteht darin, dass sie – abgesehen von einer Aufwandsentschädigung – ohne nennenswertes Entgelt geleistet wird.

II. Wirtschaftliche und soziale Grundrechte – Staatszielbestimmungen

1) Staatszielbestimmungen

Der II. Abschnitt der Berliner Verfassung enthält – was auch in der Überschrift zum Ausdruck kommt – weiterhin Vorschriften, die eindeutig als Staatszielbestimmungen formuliert sind. Andere verbinden in ihrem Text Elemente von Grundrechten mit Verfassungsaufträgen oder – wie im Fall des Art. 25 VvB – mit einer institutionellen Garantie. Aber auch bei verschiedenen Bestimmungen, deren Wortlaut auf eine Grundrechtsnorm hindeutet, erscheint die Frage angebracht, ob sie nicht im Interesse einer normenerhaltenden Interpretation ganz oder teilweise als Staatszielbestimmungen gedeutet werden sollten.

Das gilt vor allem für die Grundrechte, die den wirtschaftlichen und sozialen Bereich betreffen, weil die einschlägigen Gesetzgebungsmaterien (bürgerliches Recht, Arbeitsrecht, Kartellrecht, Sozialversicherungsrecht, Recht der Sozialhilfe) weitgehend durch (einfaches) Bundesrecht – und zunehmend auch durch Europarecht – geregelt sind. Für die Anwendung dieser landesrechtlichen Normen als Grundrechte besteht praktisch kein Raum. Dagegen bleibt ihnen als Staatszielbestimmungen immer die Bedeutung, dass die politischen Landesorgane im Rahmen ihrer rechtlichen und tatsächlichen Möglichkeiten verpflichtet sind, auf Erfüllung der darin verankerten Verfassungsaufträge hinzuwirken.

Allerdings gewährleisten Staatszielbestimmungen grundsätzlich keine subjektiven Rechte. Im Rahmen einer Verfassungsbeschwerde können sie höchstens indirekt – etwa als Auslegungsregel für andere Verfassungsvorschriften – geltend gemacht werden. Sie können aber Gegenstand einer Organklage sein, in der geltend gemacht wird, dass ein Staatsorgan diese Normen nicht berücksichtigt und damit gegen seine verfassungsmäßigen Pflichten verstößt. Die Erfolgsaussichten eines solchen Verfahrens werden zwar dadurch eingeschränkt, dass die Mittel, mit denen die Verwirklichung der Staatsziele angestrebt wird, grundsätzlich im Ermessen der politischen Staatsorgane stehen.[59] Eine gerichtliche Kontrolle ist aber möglich, wenn das Handeln der Staatsorgane dem Wortlaut oder dem Sinn der Rechtsnorm eindeutig zuwiderläuft oder die Verwirklichung der Staatsziele unmöglich macht.

---

59   Auch die Frage, wie begrenzte finanzielle und sonstige Ressourcen auf die verschiedenen Staatsziele zu verteilen sind, unterliegt weitgehend dem politischen Ermessen, solange nicht der eine oder andere Verfassungsauftrag in unerträglicher Weise bevorzugt oder vernachlässigt wird.

2) Wirtschaftliche und soziale Rechte

Im Bereich der wirtschaftlichen und sozialen Rechte ist nur das Streikrecht (Art. 27 Abs. 2 VvB) als Grundrecht – ohne ergänzende Staatszielbestimmung – formuliert. Es ist in der VvB weder auf die Wahrnehmung bestimmter legitimer Interessen noch auf bestimmte Personengruppen beschränkt. Nach dem Wortlaut geht es daher nicht nur erheblich über die Rechtsgarantien des Art. 9 Abs. 3 GG hinaus, sondern auch über die Grenzen, die sich aus der Rechtsprechung des Bundesverfassungsgerichts und des Bundesarbeitsgerichts für einen legalen Streik ergeben. Da diese Beschränkungen auf Bundesrecht (Grundgesetz und bürgerlichem Recht) beruhen, muss man das Landesgrundrecht – wenn ihm überhaupt noch eine Bedeutung bleiben soll – bundesrechtskonform auslegen. Es begründet insbesondere kein Streikrecht der Beamten und – von dem Extremfall des Art. 20 Abs. 4 GG abgesehen – kein politisches Streikrecht.

3) Übergreifende Vorschriften

Vorschriften, in denen Elemente wirtschaftlicher oder sozialer Grundrechte mit Elementen von Staatszielbestimmungen verbunden werden, finden sich in Art. 18 VvB (Recht auf Arbeit, Anspruch auf Unterstützung, wenn Arbeit nicht nachgewiesen werden kann), Art. 20 Abs. 1 VvB (Recht auf Bildung) und Art. 28 VvB (Recht auf angemessenen Wohnraum). Die Struktur dieser drei Vorschriften ist ähnlich: Einem als Grundrecht formulierten ersten Satz folgen Verfassungsaufträge an das Land, diese Rechte zu schützen und/oder zu fördern; zum Teil wird dies durch eine (nicht abschließende) Aufzählung möglicher Förderungsmaßnahmen konkretisiert (z. B. Schaffung und Erhaltung von Arbeitsplätzen, Sicherung eines hohen Beschäftigungsstandes, Schaffung und Erhaltung von angemessenem Wohnraum insbesondere für Menschen mit geringem Einkommen usw.)

Diese Formulierungen haben nicht den Sinn, den Grundrechtscharakter der ersten Sätze vollständig zu widerrufen und die ganze Vorschrift auf eine reine Staatszielbestimmung zu reduzieren. Sie enthalten aber – soweit sie außer dem Verfassungsauftrag auch als Grundrechte anzusehen sind – außerdem Gewährleistungsschranken, durch die einklagbare subjektive Rechte der Grundrechtsträger weitgehend ausgehöhlt werden.

Diese Interpretation führt zu dem – scheinbar paradoxen – Ergebnis, dass eine Verfassungsbeschwerde auf diese Grundrechte gestützt werden kann, aber praktisch kaum Aussicht auf Erfolg hat. Insbesondere lässt sich aus ihnen kein Anspruch etwa auf Zuweisung einer Arbeitsstelle einer Wohnung oder auf Zugang zu einer Bildungseinrichtung herleiten. Denkbar wäre eine Appellentscheidung des Verfassungsgerichts, die – anders als bei einer reinen Staatszielbestimmung – auch von einzelnen Grundrechtsträgern herbeigeführt werden kann.

Zur Reichweite der genannten Grundrechts- und Staatszielbestimmungen gilt:

Arbeit im Sinne von Art. 18 VvB ist in erster Linie bezahlte Arbeit; es ist aber nicht ausgeschlossen, dass die Vorschrift den Staat auch zur Bereitstellung oder Vermittlung unbezahlter Arbeit verpflichten kann, z. B. für Sozialhilfeempfänger, die daran interessiert sind.

Die Sicherung eines hohen Beschäftigungsstandes im Rahmen des gesamtwirtschaftlichen Gleichgewichts ist nicht auf Landesebene, sondern nur durch den Bund und in absehbarer Zukunft nur auf europäischer Ebene möglich.[60] Dagegen ist eine (direkte oder indirekte) Bereitstellung von Arbeitsplätzen durch das Land nicht ausgeschlossen. Die Möglichkeiten dazu sind allerdings (gerade in den Zeiten, in denen derartige Maßnahmen notwendig wären) durch die finanziellen Ressourcen des Landes begrenzt.

Bildung (Art. 20 Abs. 1 VvB) setzt auf der Seite des Grundrechtsträgers Bildungsfähigkeit und Bildungsbereitschaft voraus. Der Zugang zu Bildungseinrichtungen wird „nach Maßgabe der Gesetze", d. h. im Rahmen der gesetzlichen Zulassungskriterien garantiert; die Grenzen, denen der Gesetzgeber bei der Bestimmung dieser Kriterien unterliegt, ergeben sich im Wesentlichen aus der verfassungsgerichtlichen Rechtsprechung zu Art. 12 GG. Von dem dort normierten Grundrecht auf freie Wahl der Ausbildungsstätte unterscheidet sich das Grundrecht aus Art. 20 Abs. 1 VvB in drei Punkten: Es ist als Menschenrecht formuliert, also nicht auf Deutsche (auch nicht auf Unionsbürger) beschränkt.

Durch die Worte „jeder Mensch" wird bereits im Verfassungstext stärker betont, dass der Zugang zur Bildung nicht von sachfremden Kriterien, vor allem nicht von der wirtschaftlichen Leistungsfähigkeit oder der Herkunft abhängig gemacht werden darf.

---

60 Durch die Formulierung wird indirekt auch das gesamtwirtschaftliche Gleichgewicht zum Staatsziel erklärt. Daran zeigt sich besonders deutlich, dass eine Verwirklichung dieser Verfassungsaufträge aus rechtlichen und tatsächlichen Gründen nur auf der Ebene des Bundes oder der EU möglich ist.

Das Wort „Bildung" und der systematische Zusammenhang mit der Förderung der Kultur in Abs. 2 zeigt, dass die Bildung nicht nur als Element der Berufsausbildung, sondern als eigenständiger (kultureller) Wert anerkannt wird. Allerdings wird diese Entscheidung dadurch relativiert, dass als Schwerpunkt der staatlichen Förderungsmaßnahmen die berufliche Erstausbildung hervorgehoben wird.

Art. 20 VvB gewährt keinen Anspruch auf Zugang zu bestimmten Bildungseinrichtungen oder die Bereitstellung bestimmter Bildungseinrichtungen; als Staatszielbestimmung verbietet er aber, dass sich das Angebot öffentlicher Bildungseinrichtungen unter Missachtung kultureller Gesichtspunkte ausschließlich an den Bedürfnissen der Wirtschaft orientiert.

Für die in Abs. 1 S. 2 vorgesehenen Förderungsmaßnahmen ist weitgehend das Land zuständig.[61] Die Einschränkungen ergeben sich auch hier weniger aus rechtlichen Gesichtspunkten als aus der Begrenzung der finanziellen Mittel.

Unter angemessenem Wohnraum im Sinne von Art. 28 VvB ist eigener Wohnraum (gemietet oder im Eigentum des Nutzers) und keine Notunterbringung zu verstehen. Die Reichweite der Vorschrift – als Grundrecht und als Staatszielbestimmung – ist problematisch. Die Einwirkungsmöglichkeit des Landes auf private Hauseigentümer ist durch Bundesrecht stark begrenzt; Art. 28 VvB begründet aber eine verfassungsmäßige Pflicht der Landesorgane, alle Möglichkeiten, die ihnen das Bundesrecht einräumt, voll auszunutzen, damit Wohnraum „insbesondere für Menschen mit geringem Einkommen" bereitgestellt wird.[62] Ebenso ist die Bildung von Wohnungseigentum zu fördern, und zwar – wie sich aus S. 1 und S. 2 ergibt – als Eigentum der Nutzer und nicht als Kapitalanlage.

Bei der Verwaltung landeseigenen Wohnraums ist eine Abwägung zwischen der Wahrnehmung fiskalischer Interessen und dem Verfassungsauftrag aus Art. 28 Abs. 1 VvB geboten. Der im Rahmen der Haushaltskonsolidierung erfolge massenweise Verkauf landeseigenen Wohnraums (bzw. der Anteile an gemeinnützi-

---

61 Es handelt sich um staatliche Aktivitäten im kulturellen Bereich, bei denen sowohl die Rechtsetzung wie die Tätigkeit der Exekutive Sache der Länder ist.

62 Vor allem ist das Land verpflichtet, alle gesetzlichen Möglichkeiten auszuschöpfen, um einen Leerstand von Wohnungen zu bekämpfen. Die Verfassung verbietet es auch, die Umwandlung von Wohnraum in Gewerberaum zuzulassen, solange ein Mangel an Wohnungen für Personen mit geringem Einkommen besteht.

gen Wohnungsbaugesellschaften) zur Sanierung des laufenden Haushalts ist unter diesem Gesichtspunkt mindestens problematisch.

Im Bereich der sozialen Sicherung enthält die VvB ebenfalls Verfassungsaufträge und Grundrechtsbestimmungen. Diese sind aber im Text voneinander getrennt: Art. 22 VvB verpflichtet das Land in Abs. 1 „im Rahmen seiner Kräfte" zur allgemeinen sozialen Sicherung und in Abs. 2 zur Errichtung und Unterhaltung karitativer Einrichtungen „unabhängig von ihrer Trägerschaft". Art. 18 S. 4 VvB begründet einen Anspruch auf Unterhalt aus öffentlichen Mitteln, wenn Arbeit nicht nachgewiesen werden kann.

Das Grundrecht aus Art. 18 S. 4 VvB wird durch Bundesrecht (Vorschriften über Arbeitslosengeld, Sozialgeld und Grundsicherung) überlagert. Angesichts der umfassenden bundesrechtlichen Regelungen dürfte ein darüber hinausgehender Leistungsanspruch gegen das Land aus Art. 18 S. 4 VvB nicht in Betracht kommen. Der Vorschrift kommt allenfalls eine richtungweisende Bedeutung zu, soweit das Bundesrecht dem Land einen Gestaltungsspielraum einräumt (z. B. bei dem Erlass von Verwaltungsvorschriften im Bereich der Sozialhilfe).

Dagegen sind die Verfassungsaufträge aus Art. 22 VvB anwendbares Recht. Die Aufzählung der förderungswürdigen Aufgaben (Beratung, Betreuung und Pflege im Alter, bei Krankheit, Behinderung, Invalidität und Pflegebedürftigkeit) ist ausdrücklich nicht abschließend („und andere karitative Zwecke"). Die Pflicht des Landes zur Errichtung und Unterhaltung entsprechender Einrichtungen besteht unabhängig von der Trägerschaft; d. h., dass nichtstaatliche Träger bei der Errichtung und dem laufenden Betrieb wie entsprechende staatliche Einrichtungen zu unterstützen und zu fördern sind.[63]

Die Vorschrift des Art. 11 VvB, die auf die Herstellung gleichwertiger Lebensbedingungen für behinderte Menschen gerichtet ist, kann in ihrem ersten Satz als Grundrecht oder als Staatszielbestimmung interpretiert werden. Der zweite Satz enthält eindeutig einen Verfassungsauftrag.

Soweit die Vorschrift als Staatszielbestimmung zu interpretieren ist, kommt ihr eine größere Bedeutung zu als einem (möglichen) Grundrecht aus S. 1. Dem

---

[63] Zweifelhaft ist, ob die staatliche Unterstützung verweigert werden kann, wenn der Verdacht besteht, dass der Träger der Einrichtung – ohne deshalb verboten zu sein – verfassungsfeindliche Ziele verfolgt.

Land steht ein erheblicher Gestaltungsspielraum zu, um diesem Auftrag gerecht zu werden, bei der Gesetzgebung, vor allem aber im Bereich der Exekutive: Z. B. in der Verkehrspolitik (bei den öffentlichen Verkehrsmitteln und im Bereich des Individualverkehrs), bei der Stadtplanung, der Gestaltung der Straßen und öffentlicher Gebäude, der Einstellungspolitik im öffentlichen Dienst, im Bereich der Schulverwaltung und nicht zuletzt bei der Bereitstellung spezieller Dienste (z. B. Transportmittel) für Behinderte. Auch hier können die Pflichten des Landes durch die Einschränkung der finanziellen Mittel begrenzt werden; der pauschale Hinweis auf die schlechte Finanzlage und notwendige Sparmaßnahmen reicht aber nicht aus, um Leistungsverweigerungen oder den Abbau bestehender Leistungen zu rechtfertigen.

4) Staatszielbestimmungen zu unterschiedlichen Bereichen

Kein Grundrecht, sondern nur eine Staatszielbestimmung enthält der Gesetzgebungsauftrag zur Gleichstellung unehelicher Kinder. Die Vorschrift wird durch Art. 6 Abs. 5 GG und einfaches Bundesrecht überlagert.

Staatszielbestimmungen aus unterschiedlichen Bereichen enthält die Verfassung in Art. 20 Abs. 2 VvB (Schutz und Förderung des kulturellen Lebens), Art. 31 Abs. 1 VvB (Schutz der Umwelt und der natürlichen Lebensgrundlagen)[64] und Art. 32 VvB (Förderung des Sports, Teilnahmemöglichkeit für Angehörige aller Bevölkerungsgruppen).[65] Grundsätzliche rechtliche Probleme sind mit diesen Verfassungsaufträgen nicht verbunden. Eine Darstellung und Bewertung der möglichen Förderungsmaßnahmen, deren Auswahl weitgehend im Ermessen der politischen Staatsorgane steht, ist hier nicht möglich. Die Bedeutung der Verfassungsvorschriften besteht vor allem darin, dass sie ein Gegengewicht gegen die rein wirtschaftlichen und fiskalischen Gesichtspunkte bilden, die in der Politik – und oft auch in der Rechtsprechung – vor allem bei schlechter Finanzlage immer mehr in den Vordergrund treten. Allerdings unterliegt die Entscheidung, welchem dieser Ziele bei begrenzten Mitteln der Vorrang eingeräumt wird, dem

---

64   Die Verpflichtung zum Tierschutz in Art. 31 Abs. 2 VvB wird nicht als Staatszielbestimmung, sondern als objektive Rechtsnorm angesehen und unten unter 3 behandelt.

65   Die Vorschrift, dass die Teilnahme am Sport allen Bevölkerungsgruppen zu ermöglichen ist, enthält ebenfalls eine Staatszielbestimmung, kann aber möglicherweise auch subjektive Rechte begründen. Sie verbietet es, ausschließlich Leistungssport und den Verbandssport zu fördern. Außerdem begründet sie ein Diskriminierungsverbot für private Sportvereinigungen, die mit öffentlichen Mitteln gefördert werden.

politischen Ermessen. Sie ist nur im Extremfall nachprüfbar, wenn ein Staatsziel in unerträglicher Weise benachteiligt oder vernachlässigt wird.

III. Institutionelle Garantien, Verbotsnormen und objektive Rechtsnormen

1) Mitbestimmungsrechte von Arbeitnehmern

Das Mitbestimmungsrecht der Arbeiter und Angestellten (Art. 25 VvB) enthält weder eine Grundrechts- noch eine Staatszielbestimmung, sondern eine institutionelle Garantie.[66] Für den Bereich der Privatwirtschaft ist diese Vorschrift durch Bundesrecht (insbesondere das Betriebsverfassungsgesetz) überlagert. Dagegen ist sie für den öffentlichen Dienst des Landes Berlin voll anwendbar.

Sie gilt dort nicht nur für Arbeiter und Angestellte, sondern aufgrund des Gleichbehandlungsprinzips auch für Beamte. Als die Berliner Verfassungen von 1948 und 1950 formuliert und beraten wurden, gab es in Berlin noch keine Beamten, sondern nur Arbeiter und Angestellte im öffentlichen Dienst; das Berufsbeamtentum wurde erst später aufgrund bundesrechtlicher Vorschriften (Art. 33 Abs. 5 GG) wieder hergestellt. Der Wortlaut des Art. 5 ist ungeändert aus den früheren Verfassungstexten übernommen worden.

Die Einzelheiten sind in dem Berliner Personalvertretungsgesetz[67] geregelt. Es gilt für die Verwaltung, die Gerichte und Betriebe des Landes Berlin sowie die landesunmittelbaren juristischen Personen des öffentlichen Rechts. Vorgesehen ist ein Personalrat für jede Dienststelle, ein Gesamtpersonalrat für bestimmte Bereiche der öffentlichen Verwaltung (Polizei, Justiz, Finanzverwaltung, kulturelle Angelegenheiten, Wissenschaft und Forschung sowie jede Universität bzw. Hochschule, die Berliner Stadtreinigungsbetriebe, die Berliner Verkehrsbetriebe, die Berliner Wasserbetriebe und die Dienstkräfte im Bereich des Landesschulamts) und ein Hauptpersonalrat für den gesamten Bereich der unmittelbaren Landesverwaltung (§ 55 PersVG). Die Dienststellen, für die jeweils ein Personalrat zu wählen ist, sind in einer Anlage, die Bestandteil des Gesetzes ist, aufgeführt.

---

66 Soweit sich aus der Vorschrift subjektive Rechte herleiten lassen (z. B. das aktive und passive Wahlrecht zu Personalräten) treten diese hinter der institutionellen Bedeutung zurück.
67 Gesetz vom 26. Juli 1974, i. d. F. v. 14. Juli 1994, GVBl. S. 337, zuletzt geändert durch Artikel 8 des Gesetzes vom 27.09.2021 (GVBl. S. 1117).

Für die Zwecke der Personalvertretung sind die Bediensteten in drei Gruppen (Angestellte, Arbeiter und Beamte) eingeteilt, die ihre Vertreter getrennt wählen (§ 3 PersVG). Die Mitgliederzahl des Personalrats ergibt sich aus § 14 PersVG, die Stärke der jeweiligen Gruppenvertretung aus § 15 PersVG.

Die Mitglieder werden aufgrund eines Verhältniswahlsystems anhand von Listen gewählt. Je nach Anzahl der vertretenen Dienstkräfte ist ein Teil der Personalratsmitglieder auf Antrag von seiner dienstlichen Tätigkeit freizustellen.

Das Gesetz sieht in §§ 70 bis 90 PersVG eine Beteiligung der Personalvertretungen in Form der Mitbestimmung und der Mitwirkung vor. Kommt in Mitbestimmungsangelegenheiten keine Einigung zustande, so entscheidet nach § 80 PersVG zwar grundsätzlich die Dienstbehörde mit Zustimmung der obersten Dienstbehörde, jedoch kann der Hauptpersonalrat oder der zuständige Gesamtpersonalrat die Entscheidung einer Einigungsstelle herbeiführen. Diese besteht aus einem unparteiischen Vorsitzenden und sechs Beisitzern, von denen die Hälfte von den Dienstbehörden und die Hälfte von den Personalräten vorgeschlagen wird.

2) Verankerung des Tierschutzes

Die verfassungsmäßige Verankerung des Tierschutzes (Art. 31 Abs. 2 VvB) ist als objektive Rechtsnorm anzusehen. Sie begründet zwar keine subjektiven öffentlichen Rechte[68]; anders als bei einer Staatszielbestimmung stehen die Mittel zu ihrer Verwirklichung aber nicht im Ermessen der politischen Staatsorgane. Ihre Einhaltung oder Verletzung unterliegt also einer weitergehenden rechtlichen Kontrolle.

Von Bedeutung ist die Verfassungsnorm vor allem im Bereich des Landesrechts, und zwar sowohl bei der Rechtssetzung (z. B. Veterinärwesen) als auch bei der Rechtsanwendung. Bei bundesrechtlich geregelten Aktivitäten kann sie richtungweisend herangezogen werden, soweit das Bundesrecht den Landesorganen und -behörden Gestaltungsspielräume einräumt.

Eine weitere objektive Rechtsnorm enthält die Garantie der gesetzlichen Feiertage als Tage der Arbeitsruhe und des 1. Mai als gesetzlichen Feiertages. Die Frage, welche Tage als Feiertage zu schützen sind, ist – mit Ausnahme des 1. Mai – durch einfaches Gesetz zu regeln. Die Kompetenz des Landesgesetzgebers wird durch

---

68 Sie könnte bei entsprechenden einfach-gesetzlichen Regelungen aber Grundlage einer Verbandsklage sein.

den Schutz des Sonntags und der gesetzlichen Feiertage als „Tage der Arbeitsruhe und der seelischen Erhebung" beschränkt (Art. 140 GG Art. 139 der Weimarer Reichsverfassung).

3) Verbotsnormen

Schließlich enthält der II. Abschnitt der Berliner Verfassung drei Verbotsnormen. Sie betreffen den Missbrauch wirtschaftlicher Macht (Art. 24 VvB), Rassenhetze und die Bekundung religiösen Hasses (Art. 29 Abs. 2 VvB) sowie Handlungen, die geeignet sind, das friedliche Zusammenleben der Völker zu stören (Art. 30 VvB). Die Vorschriften werden als anwendbare Normen von Bundesrecht und Europarecht überlagert. Eine gewisse Bedeutung kann ihnen als Richtlinien für das Handeln der politischen Staatsorgane zukommen.

3. Das Abgeordnetenhaus (Die Volksvertretung)

§33 Rechtsstellung des Abgeordnetenhauses

Nach Art. 38 I VvB ist das Abgeordnetenhaus „die von den wahlberechtigten Deutschen gewählte Volksvertretung". Damit betont die Berliner Verfassung die übergeordnete Stellung des Parlaments stärker als das Grundgesetz und die meisten anderen Landesverfassungen. Die für ein deutsches Landesparlament untypischen Befugnisse, die ihm nach den ursprünglichen Verfassungstexten – insbesondere gegenüber der Exekutive – zustanden, sind zum größten Teil entfallen.

In der Verfassung vom 23. November 1995 waren einige der früheren Funktionen des Abgeordnetenhauses nicht mehr vorgesehen, wie z. B. die Wahl des Polizeipräsidenten und der Generalstaatsanwälte. Entscheidend wurde seine Rechtsstellung gegenüber dem Senat und dem Regierenden Bürgermeister aber durch die Verfassungsänderung vom 8. Mai 2006[69] geschwächt. Entfallen sind seitdem die Wahl der einzelnen Senatoren bei der Senatsbildung, die Mitbestimmung über die Anzahl der Geschäftsbereiche und ihre Abgrenzung sowie sein Recht, einzelnen Senatoren das Vertrauen zu entziehen. Als einzige atypische Befugnis des Parlaments ist das Erfordernis erhalten geblieben, dass die Richtlinien der Regierungspolitik dem Abgeordnetenhaus zur Billigung vorgelegt werden müssen.

Auf der anderen Seite sind mit der Verfassung vom 23. November 1995 einige neue Informationsansprüche und Kontrollfunktionen eingeführt worden. Das Parlament ist vom Senat über Gesetzentwürfe, Verhandlungen über Staatsverträge und andere Angelegenheiten von grundsätzlicher Bedeutung frühzeitig zu informieren (Art. 50 und 59 Abs. 3 S. 2 VvB). Seine Kontrollbefugnisse gegenüber der Exekutive und gegenüber juristischen Personen, die unter maßgeblichem Einfluss des Landes stehen, wurden erweitert.

§34 Rechtsstellung der Opposition

Nach Art. 38 Abs. 3 VvB ist die Opposition „notwendiger Bestandteil der parlamentarischen Demokratie" (Satz 1); sie hat das Recht auf politische Chancengleichheit (Satz 2).

---

69   GVBl. S. 446.

Die systematische Stellung im Abschnitt über die Volksvertretung zeigt, dass die Vorschrift die parlamentarische und nicht die außerparlamentarische Opposition betrifft. Auch der Terminus „parlamentarische Demokratie" im ersten Satz deutet darauf hin. Ob politische Parteien, die (noch) nicht im Abgeordnetenhaus vertreten sind, aber sich ernsthaft an Parlamentswahlen beteiligen oder beteiligen wollen, aus Art. 38 Abs. 3 VvB Rechte herleiten können, ist zweifelhaft. Die Regeln, die die Rechtsprechung und die die Praxis der Wahlorgane) aus dem Grundsatz der Wahlrechtsgleichheit (Art. 21 Abs. 1 S. 2 GG, 39 Abs. 1 VvB) und aus § 5 Parteiengesetz hergeleitet haben, dürften ausreichen, um für diese Parteien eine ausreichende Chancengleichheit zu gewährleisten.

Der Singular in Art. 38 Abs. 3 S. 1 VvB („die Opposition") bedeutet nicht, dass sich nur eine Oppositionsgruppe (oder alle Oppositionsgruppen gemeinsam) auf diese Vorschrift berufen könnten. Begünstigt werden alle Parteien, die aufgrund der jeweils letzten Wahl im Abgeordnetenhaus vertreten sind und die von ihnen gebildeten Fraktionen oder parlamentarischen Gruppen, soweit sie nicht an der Senatsbildung beteiligt sind. Das gleiche dürfte – mit gewissen Einschränkungen, z. B. bei der Zuerkennung des Fraktionsstatus – auch für Parteien gelten, die aufgrund einer Abspaltung nach der letzten Wahl im Abgeordnetenhaus vertreten sind, obgleich sie sich möglicherweise nur auf eine unvollkommene demokratische Legitimation berufen können. Auf partei- und fraktionslose Abgeordnete dürfte Art. 38 Abs. 3 VvB dagegen nicht anwendbar sein, weil das Merkmal eines organisierten Zusammenschlusses fehlt.

Parteien und Fraktionen, die keine Senatsmitglieder stellen, aber einen Senat, der über keine ausreichende parlamentarische Mehrheit verfügt, „tolerieren", dürften ebenfalls von der Vorschrift erfasst werden. „Opposition" ist jede im Parlament vertretene Partei, die sich nicht an der Regierung beteiligt und daher keinen unmittelbaren Zugriff auf die Hilfsmittel der Exekutive hat.

Der erste Satz der Vorschrift könnte, isoliert betrachtet, als Institutionsgarantie verstanden werden. Bei dieser Interpretation wäre es zweifelhaft, ob die Bildung einer großen Koalition mit der Verfassung vereinbar wäre, wenn danach keine Oppositionsfraktion im Abgeordnetenhaus mehr vorhanden sind oder wenn die an der Senatsbildung nicht beteiligten Fraktionen oder Gruppen zu klein sind, um die Aufgaben der Opposition wirksam wahrzunehmen.

Diese Frage stellt sich dann nicht, wenn man die beiden Sätze für die Interpretation als Einheit betrachtet. Der erste Satz hat eher erklärenden oder begründenden Charakter; der operative Teil des Wortlauts ist im zweiten Satz zu suchen. Der Opposition wird hier von der Verfassung ein (organschaftliches) Recht zugebilligt, das gemäß § 14 Nr. 1 des Gesetzes über den Verfassungsgerichtshof (VerfGH) im Wege einer Organklage vor dem Gericht geltend gemacht werden kann. Allerdings handelt es sich um eine Generalklausel; der Anspruch auf „politische Chancengleichheit" für die Opposition kann im übrigen auch aus anderen Rechtsvorschriften und aus der Rechtsprechung des Bundesverfassungsgerichts hergeleitet werden.[70] Auf jeden Fall dürfte zur Gleichbehandlung eine angemessene Beteiligung an den Parlamentsausschüssen und anderen Organen des Parlaments gehören sowie Bestimmungen über die Fraktionsstärke, die die Opposition nicht diskriminieren. Zweifelhaft ist, ob und wie weit der Vorteil ausgeglichen werden muss, über den die Regierungsparteien dadurch verfügen, dass der Senat und die Senatsmitglieder z. B. bei der Formulierung von Gesetzesvorlagen auf die Hilfe der Verwaltung zurückgreifen können.

Es dürfte schwierig sein, insoweit eine vollständige Chancengleichheit herzustellen. Aus praktischen Gründen ist es zum Beispiel unvermeidlich, dass die Formulierungshilfe der Behörden nicht nur für Gesetzesvorlagen des Senats in Anspruch genommen wird, sondern auch für solche, die formal als Initiativanträge der Regierungsparteien eingebracht werden. Einen gewissen Ausgleich schafft insoweit der in § 8 FraktG vorgesehene Oppositionszuschlag bei der Berechnung der Zuschüsse.

§35 Die Rechtsstellung der Abgeordneten

I. Unabhängigkeit

Art. 38 Abs. 4 VvB bestimmt in Anlehnung an Art. 38 Abs. 1 S. 2 GG, dass die Abgeordneten als Vertreter aller Berliner an Aufträge und Weisungen nicht gebunden und nur ihrem Gewissen unterworfen sind. Die Vorschrift wurde durch eine Verfassungsänderung vom 3. September 1990 aufgenommen; bis zu diesem Zeitpunkt konnten Zweifel bestehen, ob beispielsweise die Einführung eines imperativen Mandats in Berlin zulässig gewesen wäre.

---

70 Vgl. die Rechtsprechung des Bundesverfassungsgerichts zum Anspruch von parlamentarischen Gruppen und einzelnen Abgeordneten auf Mitwirkung in den Ausschüssen und zum Anspruch der im Parlament vertretenen Parteien auf Mitwirkung bei der Kontrolle der Geheimdienste.

Eine Rechtsvorschrift, nach der die Abgeordneten an Weisungen gebunden sind oder gebunden werden können, wäre jedenfalls unzulässig und nichtig.[71] Bei entsprechenden Vorschriften in Parteisatzungen, Parteitagsbeschlüssen, Koalitionsabsprachen usw. ist es zweifelhaft, ob sie mit Art. 38 Abs. 4 S. 2 GG und 38 Abs. 1 S. 3 VvB vereinbar sind. Sie sind auf jeden Fall rechtlich nicht einklagbar und könnten nur mit (zulässigen) politischen Mitteln durchgesetzt werden, vor allem dadurch, dass Abgeordnete, die den Parteibeschlüssen zuwiderhandeln, bei der Aufstellung neuer Wahlvorschläge nicht mehr berücksichtigt werden.[72] Dies gilt nicht nur, wenn die Abgeordneten zu einem bestimmten Abstimmungsverhalten gezwungen werden sollen, sondern auch in anderen politischen Fragen, wie der lange umstrittenen Rotation von Abgeordneten.[73]

II. Schutz der Mandatsausübung, Indemnität und Immunität

Art. 51 VvB und § 2 LAbgG[74] dienen der ungestörten Mandatsausübung. Art. 51 VvB garantiert die Indemnität der Abgeordneten (Abs. 1), die Immunität (Abs. 3 und 4) sowie das Recht der Abgeordneten, Angaben über Informanten und die Herausgabe von Schriftstücken zu verweigern, wenn sie die Informationen oder Schriftstücke in ihrer Eigenschaft als Abgeordneter erhalten haben.

Die Indemnität, d.h. die Straffreiheit der Abgeordneten für Äußerungen, die sie im Plenum, in Ausschüssen oder in Fraktionssitzungen des Parlaments gemacht haben, ist in Art. 51 Abs. 1 S. 2 VvB für den Fall verleumderischer Beleidigungen ausgeschlos-

---

71 Das gleiche gilt auch für ein „programmgebundenes Mandat", nach dem die Abgeordneten nur an die Parteibeschlüsse gebunden sind, die offiziell Bestandteil des Wahlprogramms der betreffenden Partei waren.

72 Mit dieser Möglichkeit müssen Abgeordnete ohnehin rechnen, wenn sie das politische Vertrauen der zuständigen Parteigremien verlieren. Unzulässig und rechtlich unwirksam sind dagegen alle Vorkehrungen, die den Zweck haben, einen anderen als einen rein politischen Druck auf die gewählten Abgeordneten auszuüben, z. B. die Vereinbarung von Vertragsstrafen, die Hinterlegung von Blankounterschriften, von vordatierten oder undatierten Rücktrittserklärungen usw.

73 Das sogenannte Rotationsprinzip, nach dem die Abgeordneten der Grünen (in Berlin damals AL) parteiintern zeitweise verpflichtet waren, zur Mitte der Wahlperiode zurückzutreten und Nachrückern Platz zu machen, wurde 1991 endgültig abgeschafft. Das Rotationsprinzip war verfassungsrechtlich bedenklich, da nach dem GG eine Verkürzung der Amtsperiode nur aus zwingenden Gründen möglich ist.

74 Gesetz über die Rechtsverhältnisse der Mitglieder des Abgeordnetenhauses von Berlin (Landesabgeordnetengesetz) vom 9. Oktober 2019 (GVBl. S. 674), zuletzt geändert durch Gesetz vom 9. Februar 2021 (GVBl. S. 158).

sen. Grundsätzlich ist daran festzuhalten, dass diese Materie zum Parlamentsrecht und nicht zum Straf- oder Strafprozessrecht gehört; im Fall einer Abweichung hätte daher das Verfassungsrecht des Landes Vorrang vor dem StGB und der StPO.[75] Dies gilt auch für die Straffreiheit für wahrheitsgetreue Parlamentsberichte (Art. 52 VvB) und für das Zeugnisverweigerungsrecht der Abgeordneten (Art. 51 Abs. 2 VvB).

Von der Indemnität (Straffreiheit) ist die Immunität (Verfolgungsfreiheit) zu unterscheiden. Sie dient der Arbeitsfähigkeit des Parlaments und kann daher vom Abgeordnetenhaus selbst aufgehoben werden (das Abgeordnetenhaus muss die Genehmigung dazu erteilen, dass ein Abgeordneter zur Untersuchung herangezogen oder verhaftet wird – Art. 51 Abs. 3 VvB).

Von praktischer Bedeutung sind in diesem Zusammenhang vor allem die Richtlinien in Immunitätsangelegenheiten. Sie sind Anlage[76] und damit Bestandteil der Geschäftsordnung des Abgeordnetenhauses, haben also nicht den Rang eines Gesetzes im materiellen Sinne. Da sie das Verfahren bei einer beantragten Immunitätsaufhebung regeln, entfalten sie gegenüber den Antragsberechtigten (Staatsanwaltschaften und Gerichte, oberste Dienstbehörden, Privatkläger und Nebenkläger, Gläubiger in Vollstreckungsverfahren, soweit das Gericht nicht auch ohne deren Antrag tätig werden kann) aber eine faktische Außenwirkung. Die Richtlinien enthalten auch eine Aufstellung der Maßnahmen gegenüber Abgeordneten – insbesondere im Ermittlungsverfahren –, die ohne Aufhebung der Immunität zulässig sind. Ferner hat das Abgeordnetenhaus die Möglichkeit, durch Beschluss die Durchführung von Ermittlungsverfahren wegen bestimmter Straftaten generell zu genehmigen. Notwendig ist eine Aufhebung der Immunität in jedem Fall bei jeder Art von Haft (innerhalb und außerhalb eines Strafverfahrens), vor Erhebung der öffentlichen Klage oder einer Privatklage im Strafverfahren und vor Erlass eines Strafbefehls.[77]

---

75 Zur Abgrenzung der Zuständigkeiten bei Überschneidung verschiedener Gesetzgebungsmaterien vgl. BVerfG, Beschluss vom 14. Januar 1976, 1 BvL 4/72, 1 BvL 5/72, BVerfGE 41, S. 205 und ständige Rechtsprechung.

76 Anlage 2 zur Geschäftsordnung des Abgeordnetenhauses von Berlin (GO Abghs) vom 4. November 2021.

77 Vgl. § 152a StPO: „Landesgesetzliche Vorschriften über die Voraussetzungen, unter denen gegen Mitglieder eines Organs der Gesetzgebung eine Strafverfolgung eingeleitet oder fortgesetzt werden kann, sind auch für die anderen Länder der Bundesrepublik Deutschland und den Bund wirksam."

III. Garantie der parlamentarischen Mitarbeit

Nach Art. 45 VvB darf das Recht des Abgeordneten, sich im Parlament und in den Ausschüssen durch Rede, Anfragen und Anträge an der Willensbildung und Entscheidungsfindung zu beteiligen, nicht ausgeschlossen werden. Die Rechte des einzelnen Abgeordneten können nur insoweit beschränkt werden, wie es für die gemeinschaftliche Ausübung der Mitgliedschaft im Parlament notwendig ist. Das Nähere regelt nach Satz 5 die Geschäftsordnung.

Die Vorschrift steht in einem Spannungsverhältnis zu Art. 40 VvB, der den Fraktionen ausdrücklich die Aufgabe zuweist, an der Arbeit der Volksvertretung mitzuwirken und die parlamentarische Willensbildung zu unterstützen.

Die Garantie des Art. 45 VvB betrifft zwei Fälle:

In erster Linie wird das Recht der *fraktionslosen* Abgeordneten gesichert, sich aktiv an der Parlamentsarbeit in den Ausschüssen und im Plenum zu beteiligen. Für die Ausschüsse gilt zusätzlich die Bestimmung des Art. 44 Abs. 2 S. 3 VvB, nach der sie das Recht haben, ohne Stimmrecht „in den", d.h. in allen Ausschüssen mitzuarbeiten. Die Mitarbeit ohne Stimmrecht umfasst das Rede- und Antragsrecht.

Auch im Plenum darf das Rederecht nicht auf die Angehörigen der Fraktionen und parlamentarischen Gruppen beschränkt werden. Das Anfragerecht ist gewahrt, wenn dem einzelnen Abgeordneten (wenigstens) die Möglichkeit der kleinen Anfrage zusteht (§ 50 GOAbghs). Große Anfragen (§ 47 GOAbghs) und Anträge (§ 39 GOAbghs) können von einer Fraktion oder – fraktionsunabhängig – von zehn Abgeordneten eingebracht werden, so dass auch insoweit eine – in der politischen Praxis allerdings unbedeutende – Mitwirkungsmöglichkeit der fraktionslosen Abgeordneten besteht.

Art. 45 VvB schützt aber auch das Recht der *fraktionsangehörigen* Abgeordneten, sich an der Parlamentsarbeit und der politischen Willensbildung zu beteiligen. Unzulässige Beschränkungen dieser Rechte können auf der Geschäftsordnung, auf der Fraktionssatzung oder auf einzelnen Maßnahmen der Fraktionsmehrheit oder des Fraktionsvorstandes beruhen. Allerdings ist die Abgrenzung zulässiger und unzulässiger Beschränkungen nicht einfach. Eine gewisse Fraktionsdisziplin ist notwendig, wenn die Fraktionen ihre – in Art. 40 Abs. 2 VvB ausdrücklich anerkannten – verfassungsrechtlichen Funktionen wahrnehmen sollen. Mit Art. 45 VvB unvereinbar wäre es, einem Abgeordneten ein generelles Redeverbot im Plenum aufzuerlegen oder ihn auf Dauer von der Mitarbeit in Ausschüssen auszuschließen, selbst wenn diese Beschränkung mit zulässigen Mitteln durchgesetzt würde.[78] Ebenfalls unzulässig sind alle Maßnahmen, die darauf gerichtet sind, dem Abgeordneten Informationen vorzuenthalten, die er für die Mitwirkung an der parlamentarischen Willensbildung braucht.

IV. Sonstige Vorschriften zum Schutz der freien Mandatsausübung

Die §§ 2 bis 4 LAbgG enthalten zusätzliche Vorschriften zum Schutz der freien Mandatsausübung insbesondere gegen Nachteile im Rahmen von Arbeitsverhältnissen und über einen Wahlvorbereitungsurlaub für Parlamentskandidaten. Diese Bestimmungen gelten nach § 5 LAbgG auch zugunsten von Mitgliedern anderer gesetzgebender Körperschaften im Geltungsbereich des Grundgesetzes. Darunter sind das Europaparlamenmt, der Bundestag und die Landesparlamente zu verstehen.

Nach § 2 LAbgG darf niemand gehindert werden, sich um ein Parlamentsmandat zu bewerben, es zu übernehmen und auszuüben. Benachteiligungen am Arbeitsplatz (insbesondere Kündigung oder Entlassung) wegen der Annahme oder Ausübung des Mandats sind unzulässig, Kandidaten und Abgeordneten darf aber aus wichtigem Grund gekündigt werden. Den Abgeordneten ist für die Dauer ihrer Mandatszeit Teilzeitarbeit oder Sonderurlaub ohne Bezahlung zu gewähren (Abs. 4). Außerdem ist ihnen nach Beendigung der Mandatszeit ein gleichwertiger Arbeitsplatz zur Verfügung zu stellen. Der Antrag auf Teilzeitarbeit oder unbezahlten Urlaub kann von dem Arbeitgeber abgelehnt werden, wenn zwingende betriebliche Belange der Gewährung entgegenstehen. Da die Rechtsstellung von Angehörigen des öffentlichen Dienstes, die in das Abgeordnetenhaus gewählt sind, in §§ 27 bis 34b LAbghG geregelt ist, betrifft diese Vorschrift private Arbeitsverhältnisse.

---

78 Insbesondere wäre es unzulässig, dem Abgeordneten zu diesem Zweck mit Ausschluss aus der Fraktion zu drohen. Auch, wenn Art. 45 VvB und die entsprechenden Geschäftsordnungsvorschriften ein gewisses Mitarbeitsrecht der fraktionslosen Abgeordneten garantieren, wird durch den Verlust der Fraktionsangehörigkeit der Einfluss des einzelnen Abgeordneten auf die parlamentarische Willensbildung empfindlich beschränkt. Dass dem Abgeordneten, solange er Mitglied der Fraktion ist, die Teilnahme an der innerfraktionellen Willensbildung nicht verwehrt werden kann, folgt schon aus § 4 FraktG.

Die Bewerber um einen Parlamentssitz haben während der letzten zwei Monate vor dem Wahltag einen Anspruch auf unbezahlten Urlaub zur Wahlvorbereitung (§ 3 LAbgG). Die Zeiten der Parlamentsmitgliedschaft sind (z. B. bei der Altersversorgung) auf die Betriebszugehörigkeit anzurechnen (§ 4 LAbgG). Diese Bestimmungen greifen auch in privatrechtliche Arbeitsverhältnisse ein. Auch hier handelt es sich – wie bei der Regelung der Immunität und Indemnität – um eine Materie, die in der deutschen Gesetzgebungspraxis herkömmlicherweise dem Landesverfassungsrecht und dem Parlamentsrecht zugerechnet wird und daher der Gesetzgebungskompetenz der Länder unterliegt. Die Sonderregelungen des Abgeordnetengesetzes haben im Fall eines Konflikts Vorrang vor zivilrechtlichen Vorschriften, auch wenn es sich um Bundesrecht handelt.[79]

Der Anspruch auf Teilzeitarbeit oder unbezahlten Urlaub während der Mandatsausübung ist allerdings mit einem Eingriff in die Grundrechte des Arbeitgebers (Art. 12, 14 GG) verbunden; dieser Eingriff wird aber durch die Härteregelung des § 2 Abs. 4 LAbgG erheblich gemildert.

V. Die finanzielle Entschädigung der Abgeordneten

Die finanzielle Entschädigung der Abgeordneten und ihre Versorgung ist im Dritten Teil des Landesabgeordnetengesetzes geregelt. Die Bestimmungen entsprechen der Forderung des Bundesverfassungsgerichts, dass den Abgeordneten mindestens die Möglichkeit gegeben werden muss, ihr Mandat als Ganztagsberuf ohne andere Einkünfte auszuüben.[80] Die gesetzliche Regelung in Berlin geht aber zugleich von der Annahme aus, dass die Parlamentarier jedenfalls in einem Stadtstaat von dieser Möglichkeit nicht in jedem Fall Gebrauch machen. Dies zeigt sich vor allem bei den Abgeordneten, die im öffentlichen Dienst tätig sind. Soweit ihre Stellung (als Beamter oder Angestellter im öffentlichen Dienst) mit der Ausübung des Abgeordnetenmandats vereinbar ist, bestimmt der 4. Teil des Gesetzes (insbesondere § 34b LAbgG), dass sie zwischen zwei Möglichkeiten wählen können:

- sie können Urlaub ohne Besoldung erhalten;

- ihre Arbeitszeit und damit ihre Bezüge können auf Antrag bis auf 50 % ermäßigt werden.

79 Vgl. Fn. 7.
80 Vgl. BVerfG, Urteil vom 5.11.1975, 2 BvR 193/74, BVerfGE 40, S. 296 (315 ff.).

Die Frage, welche öffentlichen Ämter mit der Ausübung des Abgeordnetenmandats vereinbar sind, ist im Wahlrecht geregelt.

§36 Organisation und Arbeitsweise des Abgeordnetenhauses

Die Verfassung vom 23. November 1995[81] enthält im Vergleich zum früheren Verfassungstext eine größere Anzahl von Vorschriften, die von den entsprechenden Regelungen des Grundgesetzes und anderer Länderverfassungen abweichen. Trotzdem kann, soweit es um die Organisation und Arbeitsweise des Parlaments geht, weitgehend auf die allgemeine Literatur zum Parlamentsrecht verwiesen werden.

I. Die Geschäftsordnung

Nach Art. 41 VvB gibt sich das Abgeordnetenhaus eine Geschäftsordnung[82]. Diese wird üblicherweise im Gesetz- und Verordnungsblatt veröffentlicht, obgleich es in der Verfassung nicht vorgeschrieben ist. Trotzdem handelt es sich jedenfalls nicht um ein Gesetz im formellen Sinne. Im übrigen ist die Rechtsnatur der parlamentarischen Geschäftsordnungen umstritten. Sie sind für das Parlament selbst und für seine Organe verbindlich; ein Geschäftsordnungsverstoß steht der materiellen Wirksamkeit eines Parlamentsbeschlusses (z. B. Verabschiedung eines Gesetzes, Wahl des Regierenden Bürgermeisters usw.) aber nicht entgegen.

Die Geschäftsordnung des Abgeordnetenhauses gilt jeweils für eine Wahlperiode. Üblicherweise beschließt das neugewählte Abgeordnetenhaus aber in der ersten Sitzung die Fortgeltung der alten Geschäftsordnung; etwaige Änderungen werden später beschlossen.[83]

Anlage und damit Bestandteil der Geschäftsordnung sind die Verhaltensregeln für Abgeordnete, die Richtlinien in Immunitätsangelegenheiten und die Grundsätze zur Stellung der Ausschussvorsitzenden. Nach den Verhaltensregeln sind die Abgeordneten verpflichtet, die gegenwärtig ausgeübten Berufe zur Aufnahme in das Handbuch des Abgeordnetenhauses anzugeben. Das gleiche gilt unter be-

---

81 Zuletzt geändert durch das 13. Gesetz zur Änderung der Verfassung von Berlin vom 22. März 2016, (GVBl. 114).

82 Aktuell Geschäftsordnung des Abgeordnetenhauses von Berlin (GOAbghs) i. d. F. der Bekanntmachung vom 9. November 2016 (GVBl. S. 841), zuletzt geändert durch Beschluss vom 10. Dezember 2020 (GVBl. S. 1501).

83 *Lemmer* in Pfennig/Neumann (Fn. 1), Art. 41, Rn. 5 m. w. N..

stimmten Voraussetzungen für früher ausgeübte Berufe, vergütete und ehrenamtliche Tätigkeiten als Mitglied eines Vorstandes, Aufsichtsrats usw. und für vergütete und ehrenamtliche Funktionen sowie Mitgliedschaften in Berufsverbänden, Wirtschaftsvereinigungen, Interessenverbänden oder ähnlichen Organisationen. Bestimmte andere bezahlte Tätigkeiten sind dem Präsidenten anzuzeigen[84].

II. Beschlussfähigkeit

Eine Regelung, die vom Grundgesetz abweicht, findet sich in Art. 43 Abs. 1 VvB: Die Beschlussfähigkeit hängt davon ab, dass die Hälfte der gewählten Abgeordneten anwesend ist. Eine Zählung der Abgeordneten ist in der Geschäftsordnung aber nur vorgesehen, wenn sie unmittelbar vor Eröffnung der Abstimmung gefordert wird; sie unterbleibt, wenn das Präsidium über die Beschlussfähigkeit einig ist. Eine nachträgliche Feststellung der Beschlussunfähigkeit ist vorgesehen, wenn sich bei namentlicher Abstimmung herausstellt, dass die erforderliche Zahl von Abgeordneten nicht anwesend war. Auch wenn die Bestimmungen der Geschäftsordnung eingehalten worden sind, lässt sich bei dem eindeutigen Wortlaut des Art. 43 I VvB aber der spätere Nachweis nicht ausschließen, dass bei einer Abstimmung die erforderliche Anzahl von Abgeordneten nicht anwesend war und deshalb z. B. ein Gesetz nicht wirksam zustande gekommen ist.[85]

III. Mehrheiten

Das Abgeordnetenhaus beschließt mit einfacher Mehrheit, soweit die Verfassung nichts anderes bestimmt; Stimmengleichheit bedeutet Ablehnung (Art. 43 Abs. 2 S. 2 VvB). Für Wahlen kann durch Gesetz oder durch Geschäftsordnung eine andere Mehrheit vorgeschrieben werden.

---

84 Die Frage einer Anzeigepflicht und einer Veröffentlichung bezahlter Nebentätigkeiten und sonstiger Einkünfte der Abgeordneten sowie etwaiger Verbote und einer Einziehung unzulässiger Einnahmen wird seit einiger Zeit lebhaft diskutiert. Die Verhaltensregeln in den Geschäftsordnungen des Bundestages und einiger Länderparlamente wurden überarbeitet. Vgl. dazu *Zivier*, Der gläserne Abgeordnete, RuP 2005, 152 ff.; derselbe, Das Bild des Abgeordneten, RuP 2007, 194; BVerfG 2 BvE 1/06.

85 Es wäre erwägenswert gewesen, die Vorschrift – im Interesse der Rechtssicherheit – bei der Überarbeitung des Verfassungstextes zu streichen oder wenigstens – in Anlehnung an § 8 Abs. 2 S. 2 BezVG – durch eine Bestimmung zu ergänzen, nach der die Beschlussfähigkeit als gegeben gilt, bis das Gegenteil auf Antrag festgestellt wird.

Der Begriff der (einfachen) Mehrheit ist in § 69 GOAbghs definiert: Bei Abstimmungen zählen Stimmenthaltungen und ungültige Stimmen zur Feststellung der Beschlussfähigkeit mit; bei der Ermittlung der Mehrheit bleiben sie außer Betracht. Diese Vorschrift findet nach § 74, 75 GOAbghs auch auf Wahlen, die das Abgeordnetenhaus vorzunehmen hat, entsprechende Anwendung. Bei der Wahl des Regierenden Bürgermeisters zählen die Stimmenthaltungen und ungültigen Stimmen bei der Ermittlung der Mehrheit nach Art. 56 VvB und den entsprechenden Vorschriften der Geschäftsordnung jedoch mit.

§ 37 Organe des Parlaments

I. Rechtsgrundlagen

Außer dem Plenum sind in der VvB als Organe des Parlaments ausdrücklich vorgesehen: der Präsident, die Vizepräsidenten und das Präsidium (Art. 41 Abs. 2 VvB), die Ausschüsse (Art. 44 Abs. 1 VvB) unter denen der Petitionsausschuss (Art. 46 VvB), die Untersuchungsausschüsse Art. 48 VvB) und der der Ausschuss für Verfassungsschutz Art. 46 a VvB) eine Sonderstellung einnehmen, sowie die Enquete-Kommissionen (Art. 44 Abs. 3, 4 VvB).

Auch die Fraktionen (Art. 40 VvB) sind als Organe des Parlaments anzusehen, das gleiche gilt für einzelne Abgeordnete, deren Recht, sich an der Parlamentsarbeit zu beteiligen, jetzt ausdrücklich in Art. 45 VvB verankert ist. Dagegen ist der Datenschutzbeauftragte, der – systematisch unglücklich – in Art. 47 VvB erwähnt wird, nicht Organ des Parlaments, sondern selbständiges Kontrollorgan.

Die Einsetzung und die Arbeitsweise von Enquete-Kommissionen war bis zum Inkrafttreten der überarbeiteten Verfassung nur in einfachem Gesetz vorgesehen, das zur Regelung der Einzelheiten fortgilt. Auch für den Petitionsausschuss, die Untersuchungsausschüsse und die Fraktionen bestehen – zusätzlich zu den Vorschriften der Verfassung und der Geschäftsordnung – gesetzliche Regelungen.

Weitere Organe des Parlaments können – ohne besondere verfassungsrechtliche Grundlage – aufgrund eines einfachen Gesetzes oder aufgrund der Geschäftsordnung gebildet werden. Diese Möglichkeit betrifft vor allem den Ältestenrat.

II. Der Präsident

Der Präsident wird nach Art. 11 VvB – ebenso wie die beiden Vizepräsidenten und die übrigen Mitglieder des Präsidiums – für die Dauer der Wahlperiode gewählt. Der Präsident kann ebenso wie die Vizepräsidenten und die übrigen Mitglieder des Präsidiums mit einer Mehrheit von zwei Dritteln der Mitglieder des Abgeordnetenhauses abberufen werden. Erforderlich dafür ist ein Antrag, der von der Mehrheit der Mitglieder des Hauses gestellt werden muss (Art. 41 Abs. 3 VvB).[86]

Der Präsident beruft das Abgeordnetenhaus ein (Art. 42 Abs. 1 VvB); er ist dazu verpflichtet, es unverzüglich einzuberufen, wenn ein Fünftel der Mitglieder des Abgeordnetenhauses oder der Senat es verlangen. Er führt den Vorsitz in den Sitzungen des Plenums, des Präsidiums und des Ältestenrates und kann mit beratender Stimme an den Sitzungen aller übrigen Ausschüsse teilnehmen (§ 14 GOAbghs). Die Vizepräsidenten unterstützen den Präsidenten in seiner Amtsführung; sie vertreten ihn bei Abwesenheit oder Behinderung in allen Rechten und Pflichten (§ 15 GOAbghs). Den Vertretungsplan vereinbart nach den Vorschriften der Geschäftsordnung der Präsident mit seinen Stellvertretern.

Nach Art. 41 Abs. 2 S. 2 VvB haben die Fraktionen für die Wahl des Präsidenten und der Vizepräsidenten (ebenso wie für die Wahl der übrigen Mitglieder des Präsidiums) das Vorschlagsrecht in der Reihe ihrer Stärke. Damit ist die Regelung, nach der das Amt des Parlamentspräsidenten der stärksten Fraktion zusteht, nicht nur – wie bspw. bei der Wahl des Bundestagspräsidenten und früher auch beim Berliner Abgeordnetenhaus – in einer parlamentarischen Tradition, sondern in der Verfassung verankert.

Der Vorschlag durch die stärkste Fraktion ersetzt nicht die Wahl durch die Parlamentsmehrheit. Gegenvorschläge sind aber unzulässig. Weigert sich die stärkste Fraktion – nachdem der von ihr zunächst vorgeschlagene Bewerber abgelehnt worden ist – einen anderen Vorschlag zu machen oder präsentiert sie immer wieder (mehr als zweimal) denselben Kandidaten, so dürfte es dem Sinn der Regelung entsprechen, dass sie ihr Vorschlagsrecht verwirkt und dass dieses dann auf die zweitstärkste Fraktion übergeht. Kann das Amt des Parlamentspräsidenten

---

86 Das Amt des Präsidenten erlischt im Übrigen, wenn er (z. B. durch Rücktritt oder Verlust der Wählbarkeit) aus dem Parlament ausscheidet. Er kann auch unter Beibehaltung des Mandats von dem Amt des Präsidenten zurücktreten.

nicht besetzt werden, weil die von der stärksten Fraktion vorgeschlagenen Bewerber immer wieder abgelehnt werden, so ist dies als Verfassungsverstoß der dafür verantwortlichen Fraktionen oder Parlamentarier zu bewerten, die Gegenstand eines Organstreits vor dem Verfassungsgerichtshof sein könnte. Voraussetzung dafür wäre allerdings, dass die Blockade einer bestimmten Fraktion oder parlamentarischen Gruppe zur Last gelegt werden könnte. Bloße Abstimmungsmehrheiten sind in einem solchen Verfahren nicht parteifähig. Der Verfassungsgerichtshof könnte zunächst in einer Appellentscheidung die Verfassungswidrigkeit feststellen und eine Frist setzen. Bliebe dies erfolglos, so könnte das Gericht die Pattsituation durch einen Akt der richterlichen Rechtsschöpfung auflösen, durch den es sich in der einen oder in der anderen Richtung über den Verfassungstext hinwegsetzen müsste.[87]

III. Hausrecht und Polizeigewalt des Präsidenten

Der Präsident des Abgeordnetenhauses übt nach Art. 41 Abs. 4 VvB im Abgeordnetenhaus das Hausrecht und die Polizeigewalt aus. Ohne seine Zustimmung darf im Sitzungsgebäude keine Durchsuchung oder Beschlagnahme stattfinden. Im Rahmen des Hausrechts hat er die Befugnis, das Betreten der betreffenden Räume und das Verhalten in diesen Räumen zu regeln. Im Rahmen der Polizeigewalt ist er Polizeibehörde; die ihm zur Verfügung gestellten Polizeibeamten unterstehen ausschließlich seiner Weisungsbefugnis. Die Polizeigewalt des Präsidenten umfasst nicht den sogenannten verwaltungspolizeilichen und kriminalpolizeilichen Bereich.

Das Haus- und Polizeirecht des Präsidenten des Abgeordnetenhauses erstreckt sich nur auf die Räume, in denen das Parlament oder seine Organe (z. B. Präsidium, Ausschüsse, Fraktionen) tagen und in denen seine Verwaltung arbeitet, also nicht notwendig auf das gesamte Gebäude, in dem auch andere Organe des Landes ihren Sitz haben können.[88]

---

87 Diese Überlegungen gelten sinngemäß auch für die Wahl der Vizepräsidenten und übrigen Präsidiumsmitglieder, für die den Fraktionen ebenfalls ein Vorschlagsrecht nach ihrem Stärkeverhältnis zusteht.

88 Dies war während der Spaltung Berlins der Fall, als das Rathaus Schöneberg gleichzeitig Sitz und Tagungsort des Abgeordnetenhauses, Amtssitz des Regierenden Bürgermeisters und der Verwaltung des Bezirks Schöneberg war. Seit dem Umzug des Abgeordnetenhauses in das ehemalige preußische Parlamentsgebäude erstreckten sich Hausrecht und Polizeigewalt des Präsidenten auf das gesamte Gebäude.

§ 15 VersFG weist für den Tagungsort des Abgeordnetenhauses einen „befriedeten Bezirk" aus. Innerhalb des befriedeten Bezirks können von der Präsidentin oder dem Präsidenten des Abgeordnetenhauses Versammlungen unter freiem Himmel zu Sitzungszeiten des Abgeordnetenhauses, seiner Ausschüsse oder Organe verboten oder beschränkt werden, wenn eine Beeinträchtigung von deren Tätigkeiten oder eine Behinderung des freien Zugangs zum Abgeordnetenhaus zu besorgen ist.

IV. Sonstige Befugnisse des Präsidenten

Nach Art. 41 Abs. 5 VvB stehen dem Präsidenten einige weitere Befugnisse zu. Er verwaltet die wirtschaftlichen Angelegenheiten des Abgeordnetenhauses, wobei die Verfassung klarstellt, dass er an das Haushaltsgesetz gebunden ist. Er vertritt das Abgeordnetenhaus in allen Angelegenheiten, also in zivilrechtlichen (rechtsgeschäftlichen), verwaltungsrechtlichen und staatsrechtlichen Sachen. Im Rahmen der staatsrechtlichen Vertretung ist der Präsident befugt und verpflichtet, die Rechte des Abgeordnetenhauses gegenüber anderen Staatsorganen – insbesondere gegenüber der Exekutive – zu wahren. Im Rahmen der zivilrechtlichen und verwaltungsrechtlichen Vertretung vertritt er das Land Berlin in Sachen des Parlaments. Außerdem steht ihm die Einstellung, Ernennung und Entlassung der Beamten (des Parlaments) zu; er ist damit Dienstbehörde und oberste Dienstbehörde.

Art. 41 VvB sagt nichts darüber aus, inwieweit der Präsident bei der Ausübung seiner Befugnisse an Beschlüsse des Plenums oder des Präsidiums gebunden ist; dies ergibt sich zum Teil aus anderen Verfassungsvorschriften und aus der Geschäftsordnung. Grundsätzlich ist davon auszugehen, dass das Plenum das Parlament ist; seine Beschlüsse sind also, soweit sich aus der Verfassung, aus anderen Gesetzen oder aus der Geschäftsordnung nichts anderes ergibt, für alle anderen Organe des Parlaments verbindlich. Keine Weisungsbefugnis gegenüber dem Präsidenten dürfte u. a. bei der Ausübung seiner dienstrechtlichen Befugnisse gegenüber den Bediensteten der Parlamentsverwaltung und seiner Befugnisse im Rahmen des Gesetzgebungsverfahrens bestehen.

Abgesehen von den parlamentsbezogenen Aufgaben stehen dem Präsidenten weitere – eigenständige – Befugnisse im Rahmen des Gesetzgebungsverfahrens zu, insbesondere die Ausfertigung von Gesetzen, gleichgültig ob sie vom Abgeordnetenhaus beschlossen oder durch Volksentscheid zustande gekommen sind (Art. 60 Abs. 2 VvB).

V. Das Präsidium

Das Präsidium des Parlaments besteht nach Art. 41 Abs. 2 VvB aus dem Präsidenten, zwei Vizepräsidenten und den übrigen Mitgliedern. Bei der Wahl des Präsidenten und der Vizepräsidenten haben die Fraktionen ein Vorschlagsrecht in der Reihenfolge ihrer Stärke.[89] Zur Wahl ist eine Mehrheit im Plenum notwendig; Gegenvorschläge sind aber unzulässig.

Das Präsidium beschließt in allen inneren Angelegenheiten des Abgeordnetenhauses, soweit sie nicht dem Präsidenten vorbehalten sind, entwirft den Haushaltsplan des Abgeordnetenhauses und verfügt nach der Geschäftsordnung über die dem Abgeordnetenhaus vorbehaltenen Räume.

Die Mitglieder des Präsidiums können nach Art. 41 Abs. 3 VvB auf Grund eines Antrags, der von der Mehrheit der Abgeordneten gestellt werden muss, während der Wahlperiode mit einer Mehrheit von zwei Dritteln der Mitglieder des Abgeordnetenhauses abberufen werden.

VI. Ausschüsse

Nach Art. 44 Abs. 1 VvB wählt das Abgeordnetenhaus nach Bedarf Ausschüsse aus seiner Mitte; sie bereiten die Beschlussfassung des Plenums vor. Gesetzesvorlagen sollen zwischen der ersten und der zweiten Lesung im allgemeinen in dem zuständigen Ausschuss vorberaten werden. (Art. 59 Abs. 4 S. 2 VvB).

Nach Art. 44 Abs. 2 VvB gelten für die Zusammensetzung der Ausschüsse und die Besetzung der Vorsitze die Grundsätze der Verhältniswahl; die Wahl erfolgt entsprechend § 12 Abs. 1 S. 4 GOAbghs nach dem die großen Fraktionen tendenziell begünstigenden d'Hondtschen Höchstzählverfahren.[90] Eine ausdrückliche Bestimmung, nach der den Fraktionen bei der Besetzung der Ausschüsse ein Grundmandat zusteht, besteht nicht. Aufgrund des Demokratieprinzips und wegen der Rechtsstellung der Fraktionen, wie sie in Art. 40 VvB und im Fraktionsgesetz (insbes. § 2 Abs. 1 und 2 FraktG) ausdrücklich anerkannt ist, muss ihnen jedenfalls grundsätzlich die Möglichkeit gegeben werden, in allen Ausschüssen mit Stimmrecht vertreten zu sein. Da die Besetzung der Ausschüsse nach dem

---

89   Für die Wahl der übrigen Mitglieder hat jede Fraktion ein Vorschlagsrecht für ein Mitglied und so viele weitere Mitglieder, wie es ihrer Stärke entspricht. Die Berechnung richtet sich für das gesamte Präsidium nach dem d'Hondtschen Höchstzählverfahren.

90   So auch *Driehaus*, Verfassung von Berlin, Taschenkommentar, 4. Aufl. 2020, Art. 44, Rn. 44.

d'Hondtschen Höchstzählverfahren vorgeschrieben ist, muss die Mitgliederzahl entsprechend hoch festgesetzt werden. Nur in Ausnahmefällen und aus übergeordneten Gründen – etwa zur Wahrung von Staatsgeheimnissen – können Fraktionen von der Mitarbeit in einzelnen Ausschüssen ausgeschlossen werden.[91]

Parlamentarische Gruppen ohne Fraktionsstatus haben das Recht, Vertreter mit Antrags- und Rederecht aber ohne Stimmrecht in Ausschüsse zu entsenden. Fraktionslose Abgeordnete, die keiner parlamentarischen Gruppe angehören, können ebenfalls ohne Stimmrecht in Ausschüssen mitwirken.

Die Mitglieder der Ausschüsse werden von den Fraktionen bestimmt und dem Präsidenten benannt. Vertretung ist in der Geschäftsordnung vorgesehen; Neubenennung während der Wahlperiode gilt als zulässig. Dieses Verfahren entspricht der Praxis im Bundestag und den meisten anderen deutschen Landesparlamenten.

Für die Sitzungen der Ausschüsse gilt die Geschäftsordnung des Abgeordnetenhauses sinngemäß (Art. 32 Abs. 3 VvB). Einzelheiten sind in § 26 GOAbghs und in den Grundsätzen zur Stellung der Ausschussvorsitzenden (Anlage 3 zur GO-Abghs) geregelt. Nach Art. 44 Abs. 1 S. 2 VvB tagen die Ausschüsse grundsätzlich öffentlich; eine Ausnahme bilden die für Rechnungsprüfung und für Vermögensverwaltung zuständigen Ausschüsse sowie der Petitionsausschuss. Der Ausschuss für Verfassungsschutz ist durch Gesetz u. U. zum Ausschluss der Öffentlichkeit verpflichtet. In den anderen Ausschüssen kann die Öffentlichkeit auf Antrag für eine Sitzung oder einen Teil einer Sitzung ausgeschlossen werden.

VII. Der Ältestenrat

Der Ältestenrat wird in der Verfassung von Berlin nicht erwähnt, er ist aber in der Geschäftsordnung des Abgeordnetenhauses (§§ 17–19 GOAbghs) vorgesehen. Er wird vom Präsidenten, der auch die Sitzungen leitet, einberufen und berät den Präsidenten bei der Führung der Geschäfte, insbesondere bei der Aufstellung des Arbeitsplans. Er verteilt auf die Fraktionen nach Maßgabe ihrer Stärke die Stellen der Ausschussvorsitzenden, der Schriftführer und ihrer Stellvertreter.

Mitglieder sind der Präsident des Abgeordnetenhauses, seine beiden Stellvertreter und eine vom Plenum festzusetzende Anzahl von Abgeordneten, die von den Fraktionen entsprechend ihrer Stärke entsandt werden. Parlamentarische Grup-

---

91   BVerfG, Urteil vom 14. Januar 1986, 2 BvE 14/83, 2 BvE 4/84, BVerfGE 70, S. 324.

pen ohne Fraktionsstatus entsenden einen Vertreter mit Rederecht aber ohne Stimmrecht in den Ältestenrat.

VIII. Untersuchungsausschüsse

Untersuchungsausschüsse sind in Art. 48 VvB vorgesehen und nehmen gegenüber anderen Ausschüssen eine Sonderstellung ein. Während das Recht der Untersuchungsausschüsse im Bund nur in Art. 44 GG verankert ist,[92] besteht in Berlin ein Gesetz, das die Befugnisse und das Verfahren der Untersuchungsausschüsse sowie die Bestimmung ihrer Mitglieder näher regelt.[93]

Danach müssen Untersuchungsausschüsse vom Parlament eingesetzt werden, wenn ein Viertel der Mitglieder dies verlangt. Es muss ein bestimmter Untersuchungsauftrag erteilt werden; dieser kann von der Mehrheit gegen den Willen der Antragsteller erweitert werden, wenn dadurch keine wesentliche Verzögerung des Untersuchungsverfahrens zu erwarten ist (§ 2 UntAG).

Der Ausschuss besteht in der Regel aus höchstens zehn Mitgliedern und der gleichen Zahl von Stellvertretern, wobei die Fraktionen nach den Grundsätzen der Verhältniswahl beteiligt werden. Jede Fraktion muss durch mindestens ein Mitglied vertreten sein (Grundmandat); eine Überschreitung der Zahl von 10 Mitgliedern und Stellvertretern ist nur zulässig, „soweit sie zur Beteiligung aller Fraktionen notwendig ist" (§ 3 Abs. 3 S. 3 UntAG). Diese Formulierung ist nicht ganz eindeutig; dem Zweck der Vorschrift entspricht nur eine Interpretation, nach der die Zahl der Ausschussmitglieder soweit erhöht wird, dass auch auf die kleinste Fraktion eine Höchstzahl und damit ein Sitz im Ausschuss entfällt. Der Vorsitzende und sein Vertreter werden vom Abgeordnetenhaus gewählt; sie sollen verschiedenen Fraktionen angehören (§ 3 Abs. 1 und 2 UntAG). Die Beweisaufnahme, nicht aber die Beratungssitzungen sind grundsätzlich öffentlich (§§ 8, 9 UntAG). Die Öffentlichkeit oder einzelne Personen können unter bestimmten Voraussetzungen ausgeschlossen werden; der Ausschluss der gesamten Öffentlichkeit bedarf der Zweidrittelmehrheit (§ 7 UntAG).

---

92 *Hilf*, Untersuchungsausschüsse vor den Gerichten – Zur neueren Rechtsprechung zum Recht der Untersuchungsausschüsse, NVwZ 1987, 537.

93 Gesetz über die Untersuchungsausschüsse des Abgeordnetenhauses von Berlin (Untersuchungsausschussgesetz – UntAG) vom 13. Juli 2011 (GVBl. S. 330), geändert durch Art. 2 Nr. 2 des Gesetzes vom 4. April 2016 (GVBl. S. 150).

In Art. 48 Abs. 2 VvB ist klargestellt, dass Untersuchungsausschüsse nicht nur Beweise erheben dürfen, sondern dass sie auch auf Antrag von den Antragstellern oder eine Fünftel ihrer Mitglieder dazu verpflichtet sind. Die Beweiserhebung ist unzulässig, wenn sie nicht im Rahmen des Untersuchungsauftrags liegt.

Nach Art. 48 Abs. 3 VvB, § 17 UntAG ist jedermann verpflichtet, den Aufforderungen des Ausschusses zum Zwecke der Beweiserhebung Folge zu leisten. Gerichte und Behörden haben Rechts- bzw. Amtshilfe zu leisten; sie haben auf Verlangen Akten vorzulegen und ihren Dienstkräften Aussagegenehmigungen zu erteilen, soweit nicht Gründe der Staatssicherheit entgegenstehen. Die Einzelheiten der Beweiserhebung durch den Ausschuss sind in den §§ 16–18 UntAG sowie für den Zeugenbeweis in §§ 22 ff. UntAG geregelt; das Gesetz verweist in vielen Punkten auf die Strafprozessordnung. Die grundsätzliche Pflicht der Behörden zur Vorlage von Akten an parlamentarische Untersuchungsausschüsse ist vom Bundesverfassungsgericht bestätigt worden.[94] In dieser Entscheidung werden aber auch die Grenzen definiert, die sich aus dem öffentlichen Interesse und den berechtigten Interessen einzelner ergeben können. Zweifelhaft ist, ob die Behörden des Bundes und anderer Länder verpflichtet sind, dem Untersuchungsausschuss eines Landesparlamentes im Wege der Amtshilfe Auskünfte zu erteilen.

Der Untersuchungsausschuss erstattet dem Abgeordnetenhaus einen schriftlichen Bericht; jedes Mitglied hat das Recht, einen abweichenden Bericht vorzulegen (§§ 33, 19 UntAG). Die Berichte der Untersuchungsausschüsse sind der richterlichen Nachprüfung entzogen (Art. 48 Abs. 4 VvB). Dagegen können einzelne Maßnahmen der Untersuchungsausschüsse, insbesondere im Rahmen der Beweiserhebung, Gegenstand eines Rechtsstreits sein, wobei die Zuständigkeiten zum Teil umstritten sind.[95]

Der Untersuchungsausschuss kann seine Tätigkeit aussetzen, wenn anderweitige Aufklärung zu erwarten ist oder ein Gerichts- oder Ermittlungsverfahren gestört werden könnte. In diesem Fall kann das Verfahren durch Beschluss des Abgeordnetenhauses jederzeit wiederaufgenommen werden. Das Abgeordnetenhaus kann mit Zustimmung der Antragsteller das Verfahren einstellen und den Untersuchungsausschuss auflösen, es sei denn, dass mindestens ein Viertel der Mitglieder des Abgeordnetenhauses widerspricht (§ 32 UntAG).

---

94 BVerfG, Urteil vom 17. Juli 1984, 2 BvE 15/83, BVerfGE 67, S. 100 ff.
95 *Hilf*, Fn. 24, S. 543.

IX. Der Petitionsausschuss

Seine Rechtsstellung ist in Art. 46 VvB verankert. Die Einzelheiten sind durch Gesetz geregelt.[96] Nach § 4 PetG entscheidet er nach pflichtgemäßem Ermessen über die dem Abgeordnetenhaus zugeleiteten Petitionen einzelner Personen[97]. Eine Vorlage an das Plenum ist nur vorgesehen, wenn der Ausschuss selbst dies beschließt oder eine Fraktion des Abgeordnetenhauses oder 10 seiner Mitglieder einen entsprechenden Antrag stellen. Im übrigen wird dem Abgeordnetenhaus ein mindestens halbjährlicher Bericht über die Arbeit des Ausschusses vorgelegt. Nach § 4a PetG – Zusammenarbeit mit dem oder der Berliner Bürgerbeauftragten – können Petitionen dem oder der Bürgerbeauftragten zu Erstbearbeitung weitergeleitet werden. Dies gilt nicht für Petitionen,

1. die auf den Erlass oder die Änderung von Gesetzen und Rechtsverordnungen gerichtet sind,

2. die die Tätigkeit des oder der Bürger- und Polizeibeauftragten betreffen,

3. zu Themenbereichen, deren Bearbeitung durch den Petitionsausschuss mit der Mehrheit seiner Mitglieder beschlossen wird oder

4. in denen der Petent oder die Petentin der Zuleitung an den Bürgerbeauftragten oder die Bürgerbeauftragte ausdrücklich widerspricht. Auf das Widerspruchsrecht ist der Petent oder die Petentin in der Eingangsbestätigung hinzuweisen. Ihm oder ihr ist eine Frist für die Widerspruchseinlegung mitzuteilen. Der Petitionsausschuss klärt den Sachverhalt auf; anschließend hat er folgende Entscheidungsmöglichkeiten:[98]

   – Überweisung der Petition an den Senat
     • zur Kenntnisnahme,
     • zur Überprüfung,
     • mit der Empfehlung, bestimmte näher bezeichnete Maßnahmen zu veranlassen,

---

96 Gesetz über die Behandlung von Petitionen an das Abgeordnetenhaus von Berlin (Petitionsgesetz) vom 25. November 1969 (GVBl. S. 2511), zuletzt geändert durch Gesetz vom 2. Dezember 2020 (GVBl. S. 1435).
97 Eine Petition kann seit dem 6. September 2011 auch online eingelegt werden, vgl. https://www.parlament-berlin.de/Ausschuesse/19-petitionsausschuss.
98 § 7 PetG.

- dem Petenten wird anheimgegeben, zunächst den Rechtsweg auszuschöpfen,

- die Petition wird für erledigt erklärt,

- die Petition wird, ohne auf die Sache einzugehen, zurückgewiesen oder an eine andere zuständige Stelle weitergegeben,

- die Petition wird nach Beratung im Ausschuss für ungeeignet zur weiteren Behandlung erklärt.

Die Überweisung an den Senat, insbesondere zur Überprüfung oder mit der Empfehlung, bestimmte näher bezeichnete Maßnahmen zu veranlassen, ist rechtlich für die Exekutive nicht verbindlich (Gewaltenteilung); sie hat jedoch ein nicht zu unterschätzendes politisches Gewicht.

Der Petitionsausschuss kann sich auch mit Verwaltungsentscheidungen befassen, die bestandskräftig geworden oder durch rechtskräftige Gerichtsentscheidungen bestätigt worden sind. In anhängige Gerichtsverfahren darf er nicht eingreifen, jedoch kann er Empfehlungen an die Verwaltung richten, die ihr Verhalten in einem solchen Verfahren betreffen.[99]

X. Die Kontrolle des Verfassungsschutzes

Der Verfassungsschutz Berlin unterliegt der parlamentarischen Kontrolle durch den Ausschuss für Verfassungsschutz des Abgeordnetenhauses von Berlin, vgl. § 33 VSG Bln. Der Ausschuss für Verfassungsschutz besteht in der Regel aus höchstens zehn Mitgliedern. Er erhält durch Beschluss des Abgeordnetenhauses im Rahmen seiner Kontrolle auch die Rechte eines Untersuchungsausschusses; er beschließt eigenständig über Untersuchungsgegenstand und -auftrag. Seine Kontrollbefugnisse sind im Vergleich zur Parlamentarischen Kontrollkommission erweitert worden; die Rechte des Abgeordnetenhauses und seiner anderen Ausschüsse bleiben unberührt.

Nach § 34 VSG Bln sind die Sitzungen grundsätzlich öffentlich, die Öffentlichkeit wird nur dann ausgeschlossen, wenn das öffentliche Interesse oder berechtigte Interessen eines Einzelnen dies gebieten. Der Ausschluss der Öffentlichkeit beruht also auf einer Entscheidung des Ausschusses; dieser ist dabei aber an das – aller-

---

99   §§ 9, 10 PetG.

dings auslegungsbedürftige – Gesetz gebunden. Ob die Entscheidung gerichtlich überprüfbar wäre, ist zweifelhaft.

Wenn die Öffentlichkeit ausgeschlossen wird, sind die Mitglieder des Ausschusses zur Verschwiegenheit über den betreffenden Fall verpflichtet.

Seit der Verfassungsänderung vom 3. April 1998 ist der Ausschuss für Verfassungsschutz ausdrücklich in der Verfassung verankert (Art. 46a VvB).

XI. Enquete-Kommissionen

Nach Art. 44 Abs. 3 VvB, § 24 GOAbghs kann das Abgeordnetenhaus zur Vorbereitung von Entscheidungen über umfangreiche oder bedeutsame Sachverhalte Enquete-Kommissionen einsetzen, denen außer Abgeordneten auch andere – sachverständige – Personen angehören. Eine Enquete-Kommission muss eingesetzt werden, wenn ein Viertel der Mitglieder des Abgeordnetenhauses dies verlangt.[100]

Im Unterschied zu Untersuchungsausschüssen, die einzelne Vorgänge untersuchen, haben sie die Aufgabe, zur Vorbereitung gesetzlicher Regelungen und anderer vom Parlament zu fassender Entscheidungen umfassende Sachverhalte in einem Lebensbereich durch Sammlung und Auswertung von Material aufzubereiten. Sie sind Hilfsorgane des Abgeordnetenhauses, aber keine Ausschüsse. Im Gegensatz zu den Ausschüssen tagen sie grundsätzlich nicht öffentlich.

Über die Einsetzung entscheidet das Abgeordnetenhaus durch Beschluss; sie muss erfolgen, wenn ein Viertel der Mitglieder des Abgeordnetenhauses dies verlangt (§ 24 Abs. 1 GOAbghs).

Mitglieder der Kommission können außer Abgeordneten auch Sachverständige sein, die nicht dem Abgeordnetenhaus angehören. Die Mitglieder werden aufgrund einer Vereinbarung von den Fraktionen benannt und vom Präsidenten des Abgeordnetenhauses berufen. Kommt keine Einigung zustande, so benennen die Fraktionen entsprechend ihrer Stärke die Mitglieder, jede Fraktion jedoch mindestens ein Mitglied (§ 2 Abs. 1 GOAbghs).

---

100 Bis zum Inkrafttreten der Verfassung vom 23. November 1995 bestand für die Enquete-Kommissionen keine verfassungsrechtliche, sondern (seit 1970) mit dem Gesetz über Enquete-Kommssionen des Abgeordnetenhauses von Berlin (GVBl. S. 1974) nur eine einfach-gesetzliche Grundlage.

Für den Untersuchungsauftrag, den Bericht und die Auflösung der Kommission sieht das Gesetz ähnliche Regelungen vor wie das Untersuchungsausschussgesetz. Das Recht zur Beweiserhebung ist zum Teil abweichend geregelt.

XII. Fraktionen

Die Verfassung regelt in Art. 40 VvB Zusammensetzung und Rechtsstellung der Fraktionen im Abgeordnetenhaus. Art. 40 VvB entspricht im wesentlichen dem Text des Art. 27 GG a. F. Hinzugetreten ist die Bestimmung, dass die Fraktionen Anspruch auf angemessene Ausstattung haben (Art. 40 Abs. 2 S. 2 VvB).

In der Verfassung werden nur die Rechtsstellung der Fraktionen, ihre Mitwirkung an der parlamentarischen Willensbildung und ihr Anspruch auf angemessene Ausstattung geregelt; das Nähere bleibt der Geschäftsordnung des Abgeordnetenhauses überlassen.

Ihre Rechtsstellung und Organisation sowie ihre Rechte und Pflichten sind nach Art. 40 Abs. 2 S. 3 VvB durch Gesetz zu regeln. Das Fraktionsgesetz regelt die Rechtsstellung der Fraktionen; es setzt die Forderung der Verfassung von Berlin um[101].

Die tatsächlichen Regelungen unterhalb der Verfassungsebene entsprechen nicht ganz dem Wortlaut des Art. 40 VvB, dürften aber mit dem Sinn der Verfassungsvorschrift vereinbar sein: Durch das Gesetz werden die Rechte und Pflichten der Fraktionen nur insoweit festgelegt, als es um ihre innere Organisation, ihre finanziellen Rechte und Verpflichtungen, um Sachleistungen usw. geht. Die Geschäftsordnung regelt nicht nur ihre Bildung, sondern auch ihre Rechte und Pflichten im Rahmen der Parlamentsarbeit (Beteiligung an Ausschüssen, Antragsrechte usw.).

Die Fraktionen nehmen unmittelbar Verfassungsaufgaben wahr, indem sie mit eigenen Rechten und Pflichten als selbständige unabhängige Gliederungen der Volksvertretung an deren Arbeit mitwirken (Art. 40 Abs. 2 S. 1 VvB). Weitere Bestimmungen über die Rechte und Aufgaben der Fraktionen – z. T. mit eher politisch-deklamatorischem Charakter – sind in § 2 FraktG enthalten. Wichtig sind die Regelungen des § 2 Abs. 4 FraktG: Die Fraktionen sind, soweit sie am allgemeinen Rechtsverkehr teilnehmen, juristische Personen des Parlamentsrechts mit originärem Rechtscharakter, die unter ihrem Namen klagen und verklagt

---

101 Gesetz über die Rechtsstellung der Fraktionen des Abgeordnetenhauses von Berlin (Fraktionsgesetz – FraktG) vom 8. Dezember 1993 (GVBl. S. 591), zuletzt geändert durch Artikel 1 des Gesetzes vom 12. Oktober 2020 (GVBl. S. 807).

werden können. Damit steht zunächst fest, dass sie juristische Personen sind. Die Formulierung, dass sie dies (nur) sind, soweit sie am Rechtsverkehr teilnehmen, erscheint redundant. Die Beschränkung auf das Parlamentsrecht dürfte vor allem den Sinn haben, dass die Fraktionen außerhalb ihres verfassungsmäßigen Aufgabenbereichs nicht am Rechtsverkehr teilnehmen, also beispielsweise kein kaufmännisches Unternehmen eröffnen dürfen. Praktisch ist das Parlamentsrecht aber – jedenfalls soweit es um die Stellung als juristische Person geht – schwer von anderen Rechtsgebieten abzugrenzen. Auch, wenn die Fraktionen ihren Aufgabenbereich überschreiten, sollten sie mindestens insoweit als juristische Personen behandelt werden, als es die Rechtssicherheit und der Vertrauensschutz erfordern[102].

In § 2 Abs. 4 S. 2 FraktG ist außerdem klargestellt, dass die Fraktionen kein Teil der öffentlichen Verwaltung sind und keine öffentliche Gewalt ausüben. Ihre parlamentarischen Rechte und Pflichten sowie die verfassungsrechtliche Stellung ihrer Mitglieder werden dadurch nicht berührt.

Eine Vereinigung von mindestens fünf von Hundert der verfassungsmäßigen Mindestzahl der Parlamentsmitglieder bildet eine Fraktion (Art. 40 Abs. 1 VvB). Nach § 1 Abs. 1 FraktG handelt es sich um eine Vereinigung von Mitgliedern des Abgeordnetenhauses, die sich zur Erreichung gemeinsamer politischer Ziele zusammengeschlossen haben. Weder die Verfassung noch das Gesetz sagen etwas darüber aus, ob die Mitglieder derselben Partei angehören müssen. Dagegen verlangt die geltende parlamentarische Geschäftsordnung grundsätzlich, dass die Mitglieder derselben Partei angehören oder aufgrund von Wahlvorschlägen derselben Partei in das Abgeordnetenhaus gewählt worden sind (§ 7 Abs. 2 GOAbghs). Spätere Zusammenschlüsse oder abgespaltete Gruppen von Abgeordneten erlangen nach § 7 Abs. 3 GOAbghs den Fraktionsstatus nur mit Zustimmung des Parlaments (d. h. des Plenums). Diese Einschränkung ist problematisch. Zwar ist die Bildung der Fraktionen nach Art. 40 Abs. 1 S. 2 VvB durch die Geschäftsordnung zu regeln; es ist aber zweifelhaft, ob damit nur die technischen Einzelheiten gemeint sind oder ob durch die Geschäftsordnung zusätzliche Erfordernisse begründet werden können, die in der Verfassung und im Gesetz nicht erwähnt sind.

Jedes Mitglied des Abgeordnetenhauses kann nur Mitglied einer Fraktion sein. § 1 Abs. 3 FraktG eröffnet aber die Möglichkeit, dass (fraktionslose) Mitglieder

---

102   Also mindestens gegenüber gutgläubigen Geschäftspartnern.

des Abgeordnetenhauses, ohne Mitglied einer Fraktion zu sein, als ständige Gäste (Hospitanten) an den Sitzungen der Fraktionen teilnehmen können. Sie sind bei der Berechnung der Stärkeverhältnisse der Fraktionen und der davon abhängigen Rechte (nicht aber bei der Berechnung der Mindeststärke für die Fraktionsbildung) mitzuzählen.

Die Fraktion gibt sich nach § 6 FraktG eine Satzung, die bestimmte in Abs. 2 aufgezählte Regelungen enthalten muss; weitere in Absatz 3 aufgezählte Regelungen sind freigestellt. Als Organe der Fraktion sind die Fraktionsversammlung, der Fraktionsvorstand – nach Maßgabe der Satzung auch der geschäftsführende Fraktionsvorstand – und der Fraktionsvorsitzende vorgesehen (§ 3 FraktG). Die Fraktionsversammlung besteht aus den Mitgliedern und Hospitanten (§ 4 i. V. m. § 1 Abs. 1 und 3 FraktG). Sie ist nach Maßgabe der Satzung das Beschlussorgan der Fraktion, beschließt die Fraktionssatzung und wählt die übrigen Organe. Fraktionsvorstand – ggf. auch der geschäftsführende Fraktionsvorstand – sind nach Maßgabe der Satzung die Leitungsgremien der Fraktion. Der Fraktionsvorsitzende vertritt die Fraktion nach außen soweit die Satzung nichts anderes bestimmt (§ 5 FraktG). Obgleich eine ausdrückliche Bestimmung im Gesetz fehlt, müssen der Vorsitzende und die Vorstandsmitglieder dem Parlament und auch der Fraktion (mindestens als Hospitanten) angehören. Angestellten der Fraktion, die keine Mitglieder sind, können im Rahmen ihres Aufgabenbereichs Vertretungsbefugnisse übertragen werden, sie sind aber kein Organ der Fraktion.

Die Geld- und Sachleistungen an die Fraktionen sind in §§ 8 ff. FraktG geregelt. Sie bestehen aus einem für alle Fraktionen gleichen Grundbetrag, einem nach der Mitgliederzahl gestaffelten Zuschlag und einem nach Mitgliederzahl oder pauschal zu berechnenden Oppositionszuschlag für alle Fraktionen, die nicht an der Regierung beteiligt sind.[103] Die Höhe der Beträge wird im Rahmen des Haushaltsplans festgesetzt.[104]

Bei der Verwendung der nach § 8 FraktG zur Verfügung gestellten Mittel unterliegen die Fraktionen der Prüfung durch den Rechnungshof nach Maßgabe des § 9 FraktG . Diese Kontrolle erstreckt sich nicht auf die sonstigen Einnahmen der Fraktionen (z. B. aus Beiträgen ihrer Mitglieder und Spenden), jedoch müssen die

---

103 Also auch Fraktionen, die die Regierung unterstützen („dulden").
104 Die Parlamentsmehrheit ist dabei, abgesehen von den Bestimmungen des Fraktionsgesetzes, an den allgemeinen Gleichheitsgrundsatz und – da die Fraktionen eng mit den Parteien verbunden sind – auch an das spezielle Gleichbehandlungsgebot des Parteiengesetzes gebunden.

Fraktionen über ihre Einnahmen und Ausgaben insgesamt jährlich einen Bericht vorlegen, der veröffentlicht wird (§ 8 Abs. 10 FraktG). Im übrigen finden die Vorschriften über das öffentliche Haushalts-, Rechnungs- und Kassenwesen auf sie keine Anwendung (§ 8 Abs. 8 FraktG).

Die Rechtsstellung der Fraktion entfällt beim Erlöschen des Fraktionsstatus, bei Auflösung der Fraktion und mit dem Ende der Wahlperiode (§ 11 FraktG). In diesem Fall findet eine Liquidation statt; nach dem Ende der Wahlperiode unterbleibt sie, wenn sich innerhalb von 30 Tagen eine Fraktion konstituiert, deren Mitglieder sich zur Nachfolgefraktion erklären (§§ 12, 13 FraktG).[105]

Im Fall der Liquidation werden nach Befriedigung der Gläubiger die öffentlichen Mittel einschließlich der Surrogate an das Land zurückgeführt. Das restliche Vermögen wird nach Maßgabe der Satzung dem Anfallberechtigten überlassen; wenn die Satzung hierüber keine Bestimmungen enthält, der betreffenden Partei. Über das Aktenmaterial und Schriftgut wird – soweit die Satzung darüber keine Bestimmung enthält – durch Beschluss der Fraktionsversammlung verfügt (§ 17 FraktG).

XIII. Parlamentarische Gruppen

Wenn Zusammenschlüssen von Parlamentariern der Fraktionsstatus vorenthalten wird – entweder, weil sie nicht die erforderliche Mitgliederzahl erreichen, oder weil die Mitglieder nicht derselben Partei angehören und das Abgeordnetenhaus die Anerkennung als Fraktion verweigert – können sie nach § 9a GOAbghs als parlamentarische Gruppen tätig werden. Ihnen steht nach §§ 17 Abs. 2, 20 Abs. 4 GOAbghs das Recht zu, Vertreter mit Rede- und Antragsrecht aber ohne Stimmrecht in die Ausschüsse ihrer Wahl und in den Ältestenrat zu entsenden.

Im Fraktionsgesetz werden die parlamentarischen Gruppen – zusammen mit den fraktionslosen Abgeordneten – nur in einer Verweisungsvorschrift (§ 10 FraktG) erwähnt. Die finanziellen Leistungen, die sie erhalten, richten sich nach dem Abgeordnetengesetz. Dieses verweist insoweit wieder auf das Fraktionsgesetz (§ 8

---

105 Allerdings dürfte es erforderlich sein, dass eine parteipolitische Identität besteht, wobei Namensänderungen nicht schädlich sind und bloße Namensgleichheit nicht unbedingt ausreicht. Es ginge nicht, dass sich irgendeine (neue) Fraktion nach dem Prinzip des schnellsten Zugriffs das Vermögen einer erloschenen Fraktion aneignet, zu der sie politisch keine Verbindungen hat. Grundsätzlich kann sich auch jede Fraktion nur zum Nachfolger einer alten Fraktion erklären. Etwas anderes gilt nur, wenn sich auch die betreffenden Parteien zu einer neuen Partei zusammengeschlossen haben.

Abs. 1–4, Abs. 5 S. 1 und 3, Abs. 7 bis 12, §§ 9 und 10). Danach entsprechen die Geldleistungen an Gruppen weitgehend denen, die die Fraktionen erhalten, jedoch wird der Grundbetrag durch die Sachleistungen abgegolten.

XIV. Einzelne Abgeordnete

Einzelne Abgeordnete können ebenfalls als Organ des Parlaments auftreten. Wenn sie Kleine oder Mündliche Anfragen einbringen, machen sie kein individuelles Informationsrecht, sondern das Informationsrecht des Parlaments geltend. Daraus folgt u. a., dass solche Anfragen auch zu beantworten sind, wenn der Abgeordnete aus dem Parlament ausgeschieden ist.[106]

§ 38 Wahlrecht

I. Wahlperiode

a) Nach Art. 54 Abs. 1 VvB wird das Abgeordnetenhaus – unbeschadet von Absatz 5 – für fünf Jahre gewählt.[107] Die Formulierung zeigt, dass es sich nicht um eine exakte Zeitangabe handelt. Die Detailregelung findet sich in Art. 54 Abs. 1 S. 2 und 3, Abs. 5 VvB. Die Neuwahl findet frühestens 56 Monate und spätestens 59 Monate nach dem Beginn der Wahlperiode statt. Innerhalb der Zeitspanne, die für die Wahl in Betracht kommt, setzt der Senat den Wahltag fest; die Wahlen finden an einem Sonntag oder einem gesetzlichen Feiertag statt (§ 31 WahlG Berlin).

Das Abgeordnetenhaus tritt spätestens sechs Wochen nach der Wahl unter dem Vorsitz des ältesten Abgeordneten zusammen. Die Wahlperiode des alten Abgeordnetenhauses endet mit dem Zusammentritt des neugewählten, das sich spätestens sechs Wochen nach der Wahl konstituieren muss. Auf diese Weise wird eine parlamentslose Zeit vermieden.[108]

---

106 Die Geschäftsordnung des Abgeordnetenhauses sieht Große, Kleine und Mündliche Anfragen vor. Große Anfragen können nur von einer Fraktion oder mindestens zehn Abgeordneten eingebracht werden.

107 Die fünfjährige Wahlperiode galt aufgrund einer Sonderregelung schon für das erste Gesamtberliner Abgeordnetenhaus. Die folgende Wahlperiode betrug – wie in West-Berlin vor der Wiedervereinigung – vier Jahre; seit der 14. Wahlperiode (1999–2001) gilt der fünfjährige Turnus.

108 Die Formulierung, dass die Wahlperiode mit dem Zusammentritt des neugewählten Abgeordnetenhauses beginnt, geht auf eine Verfassungsänderung vom 22. November 1974 (GVBl. S. 2741) zurück.

b) Das Abgeordnetenhaus kann mit einer Zweidrittelmehrheit seiner Mitglieder beschließen, die Wahlperiode vorzeitig zu beenden (Art. 54 Abs. 2 VvB).

Nach Art. 54 Abs. 3 VvB kann die Wahlperiode auch durch Volksentscheid vorzeitig beendet werden. Die Einzelheiten sind in den Art. 62 Abs. 6, 63 VvB sowie im Gesetz über Volksinitiative, Volksbegehren und Volksentscheid[109] geregelt.

Auch bei einer vorzeitigen Beendigung der Wahlperiode durch eigenen Beschluss oder durch Volksentscheid handelt es sich nicht um eine „Auflösung" des Abgeordnetenhauses; das alte Abgeordnetenhaus bleibt bis zum Zusammentritt des neu gewählten im Amt.

Im Falle einer vorzeitigen Beendigung der Wahlperiode (durch eigenen Beschluss oder durch Volksentscheid) finden die Neuwahlen spätestens acht Wochen nach dem Beschluss des Abgeordnetenhauses oder der Bekanntgabe des Ergebnisses des Volksentscheids statt.

II. Wahlrecht / Wahlsystem

Die Anzahl der Abgeordneten beträgt nach Art. 38 Abs. 2 VvB mindestens 130.[110]

Das aktive und passive Wahlrecht für die Wahlen zum Abgeordnetenhaus steht allen Deutschen (im Sinne von Art. 116 Abs. 1 GG) zu, die am Tage der Wahl das 18. Lebensjahr vollendet und seit mindestens drei Monaten in Berlin ihren Wohnsitz haben[111]. Der in Art. 26 Abs. 3 VvB enthaltene Ausdruck „Wohnsitz" wird in § 1 Abs. 2 WahlG BE als Hauptwohnung definiert.[112] Änderungen des

---

109 Abstimmungsgesetz (AbstG) vom 11. Juni 1997 (GVBl. S. 304) und die dazu ergangene Durchführungsverordnung (Verordnung zur Durchführung des Gesetzes über Volksinitiative, Volksbegehren und Volksentscheid (Abstimmungsordnung) vom 3. November 1997

110 Bis zur Wiedervereinigung Berlins wurde die Zahl der im Geltungsbereich der Verfassung zu wählenden Abgeordneten zunächst von Wahl zu Wahl durch einen Vergleich der Bevölkerungszahlen zwischen den Westsektoren und dem Ostsektor ermittelt, später durch eine Vorschrift im Landeswahlgesetz auf 119 festgesetzt. Für das Gesamtberliner Abgeordnetenhaus betrug sie bis zur 14. Wahlperiode 150.

111 Für die Wahlen zu den Bezirksverordnetenversammlungen ist das Wahlrecht durch ein verfassungsänderndes Gesetz vom 27. September 2005 (GVBl. S. 494) und ein Änderungsgesetz zum Wahlgesetz vom 11. Oktober 2005 (GVBl. S. 534) auf 16 Jahre herabgesetzt worden.

112 Für wahlberechtigte Strafgefangene, die weder in der Haftanstalt noch unter einer anderen Adresse gemeldet sind, muss ein besonderes Wahlverzeichnis geführt werden.

Melderechts haben daher auch eine Auswirkung auf das aktive und passive Wahl-recht und damit auf den staatsbürgerlichen Status der Bewohner.

Von den drei Ausschlussgründen im deutschen Wahlrecht sind zwei aufgehoben worden: Personen, für die ein Betreuer zur Besorgung aller seiner Angelegenhei-ten dauerhaft bestellt worden war oder Personen, die sich auf Grund einer Anord-nung nach § 63 i. V. m. § 20 StGB in einem psychiatrischen Krankenhaus befinden, sind nunmehr wahlberechtigt. Diese vormaligen Ausschlussgründe wurden seit Frühjahr 2019 zunächst für die Europa- und seit Mitte 2019 für Bundestagswah-len aufgehoben. Die meisten Bundesländer und damit auch Berlin haben diesen Wahlrechtsausschluss ebenfalls aufgehoben. Bestehen geblieben ist nur noch der Verlust der Wählbarkeit wegen strafrechtlicher Verurteilung (§ 45 Abs. 1 und 2 StGB), der wesentlich häufiger ausgesprochen wird als beim aktiven Wahlrecht.[113]

Das Wahlsystem ist in der Berliner Verfassung ebensowenig wie im Grundgesetz festgelegt. Es steht zur Disposition des einfachen Gesetzgebers, der allerdings an die in Art. 28 Abs. 1 S. 2 GG und Art. 39 Abs. 1 VvB niedergelegten Wahlrechts-grundsätze gebunden ist.

Eine zusätzliche Beschränkung des Berliner Gesetzgebers folgt aus Art. 39 Abs. 2 VvB. Danach erhalten Parteien, für die im Wahlgebiet weniger als 5 von Hun-dert der Stimmen abgegeben werden, keine Sitze, es sei denn, dass ein Bewerber der Partei einen Sitz in einem Wahlkreis errungen hat. Damit ist nicht nur die 5 %-Sperrklausel in der VvB verankert, die Verfassung setzt auch den Bestand ei-nes personalisierten Verhältniswahlsystems voraus, bei dem die Sitze, die einer Partei zustehen, auf Landesebene berechnet werden, aber wenigstens ein Teil der Bewerber in Wahlkreisen gewählt wird.

Bei der 19. Wahl zum Abgeordnetenhaus von Berlin am 26. September 2021 wurden von den 130 Abgeordneten 52 über Landeslisten (Zweitstimme) und 78 über Wahlkreise gewählt. Die 78 Wahlkreise werden proportional zur Anzahl der Wahlberechtigten auf die zwölf Bezirke verteilt. Dies wird anhand der aktuellen Bevölkerungszahlen vor jeder Wahl zum Berliner Abgeordnetenhaus neu festge-legt. Die Abgrenzung der Wahlkreise wird eigenverantwortlich von den Bezirken vorgenommen. In den Wahlkreisen ist der Bewerber gewählt, der die meisten Erststimmen erhalten hat (relatives Mehrheitswahlrecht). Bei Stimmgleichheit

---

113   Vgl. § 108c StGB.

entscheidet das Los, das der Bezirkswahlleiter zieht. Das Landeswahlgesetz sieht Ausgleichsmandate vor, wenn eine Partei mehr Wahlkreisabgeordnete stellt, als ihr nach der Zweitstimme zustehen würden (Überhangmandate). Es ist also immer sichergestellt, dass die Stärke der Fraktionen dem Zweitstimmenergebnis entspricht, vgl. § 19 Abs. 2 WahlG Berlin.

Bereits in der 16. Wahlperiode hatten die Koalitionsparteien im Koalitionsvertrag beabsichtigt, das Abgeordnetenhaus dadurch zu verkleinern, dass die Zahl der Wahlkreise verringert. Zu den angestrebten Änderungen ist es bis zum Abschluss dieses Manuskripts nicht gekommen.

III. Inkompatibilität und andere Regelungen für Angehörige des öffentlichen Dienstes

Nach Art. 137 GG kann die Wählbarkeit von Beamten, Angestellten des öffentlichen Dienstes und anderen Personengruppen gesetzlich beschränkt, aber nicht vollkommen ausgeschlossen werden. Eine „Ineligibilität" (d. h. eine Regelung, nach der diese Personengruppen von vornherein nicht wählbar sind) ist demnach nicht zulässig.[114] Die Frage der Inkompatibilität ist im Berliner Wahlgesetz geregelt. Nach § 26 dürfen Beamte und Angestellte in der Hauptverwaltung nicht gleichzeitig Mitglieder des Abgeordnetenhauses sein; die gleiche Regelung gilt für Beamte und Angestellte des Rechnungshofs, den Berliner Datenschutzbeauftragten und seine Beamten und Angestellten, Mitglieder der Bezirksämter und Berufsrichter im Dienste des Landes Berlin.[115]

Bei den Bezirksverordnetenversammlungen besteht nach § 26 Abs. 3 WahlG Berlin eine Inkompatibilität für Beamte und Angestellte desselben Bezirks. Ebenfalls ausgeschlossen ist die Mitgliedschaft in den Bezirksverordnetenversammlungen für die anderen dort genannten Personengruppen (Berliner Datenschutzbeauftragter und seine Beamten und Angestellten, Mitglieder des Rechnungshofs, Be-

---

114 BVerfG, Beschluss des 1. Senats vom 2. Mai 1961, 1 BvR 203/53, BVerfGE 12, S. 3 ff. (77).

115 Vgl. § 28 Gesetz über die Rechtsverhältnisse der Mitglieder des Abgeordnetenhauses von Berlin (Landesabgeordnetengesetz – LAbgG) vom 9. Oktober 2019 (GVBl. S. 674) i. d. F. vom 9. Februar 2021 (GVBl. S. 158). Nach § 26 Abs. 2 Landeswahlgesetz Berlin gilt die Inkompatibilität auch für Mitglieder des zur Geschäftsordnung berufenen Organs einer der Aufsicht des Landes Berlin unterstehenden Körperschaft, Anstalt oder Stiftung des öffentlichen Rechts oder eines privatrechtlichen Unternehmens, an dem das Land Berlin oder eine seiner Aufsicht unterstehende Körperschaft, Anstalt oder Stiftung des öffentlichen Rechts mit mehr als 50 v. H. beteiligt ist, sowie für die ständigen Stellvertreter dieser Personen.

rufsrichter im Dienste des Landes Berlin). Für Bezirksamtsmitglieder enthält das Gesetz eine Übergangsregelung bis zur Wiederwahl.

Die Folgen der Inkompatibilität sind für das Abgeordnetenhaus und die Bezirksverordnetenversammlungen unterschiedlich geregelt. Ein Beamter oder Angestellter, der unter die Unvereinbarkeitsregel fällt und ein Mandat im Abgeordnetenhaus annimmt, scheidet aus seinem Amt aus. Die Rechte und Pflichten aus dem Dienstverhältnis (mit Ausnahme der Pflicht zur Amtsverschwiegenheit und dem Verbot der Annahme von Vorteilen) ruhen (§ 28 LAbgG).[116]

Nach Beendigung der Mitgliedschaft im Abgeordnetenhaus hat er einen Anspruch auf Wiedereinstellung in der gleichen oder einer gleichwertigen Laufbahn und in derselben Besoldungsgruppe wie vor seinem Ausscheiden. Die Wiedereinstellung ist innerhalb von drei Monaten zu beantragen. Geschieht dies nicht, so ruhen die Rechte und Pflichten aus dem Dienstverhältnis bis zum Eintritt des Ruhestandes; d.h., dass der Betroffene bis zum Eintritt in den Ruhestand keine Bezüge erhält. Sofern er dem Abgeordnetenhaus weniger als zwei Legislaturperioden angehört oder das 55. Lebensjahr nicht vollendet hat, kann er jedoch in sein früheres Dienstverhältnis zurückgeführt werden. Lehnt er dies ab, so ist er zu entlassen (§ 29 LAbgG).

Für Bezirksverordnete ist dagegen im Landeswahlgesetz die wahlrechtliche Variante der Inkompatibilität vorgesehen. Scheidet ein gewählter Bewerber nicht innerhalb der Annahmefrist aus dem Amt oder der Tätigkeit aus, die seine Inkompatibilität begründet, so verliert er das Mandat.

IV. Die Durchführung der Wahlen (Wahlorgane)

Die Durchführung der Wahlen ist zum Teil Aufgabe der Hauptverwaltung, zum Teil Bezirksaufgabe. Federführend im Bereich der Hauptverwaltung ist die Senatsverwaltung für Inneres, unter deren Aufsicht das gesamte Wahlverfahren steht (§ 1 WahlG)[117]. Zu den Aufgaben der Bezirke gehört vor allem die techni-

116 Bis zum Jahre 1978 bestand auch für das Abgeordnetenhaus eine „wahlrechtliche" Inkompatibilität. Das heißt, dass ein gewählter Kandidat sein Mandat verlor, wenn er nicht spätestens bis zum Ende der Annahmefrist nachweisen konnte, dass er aus allen mit dem Abgeordnetenmandat unvereinbaren Ämtern ausgeschieden war. Die jetzt geltende Regelung wird als dienstrechtliche Inkompatibilität bezeichnet.

117 Art. 66 Abs. 2, 67 VvB stehen dieser Regelung nicht entgegen, weil es sich bei der Durchführung der Wahlen nicht um Verwaltung, sondern um öffentlich-rechtliche Tätigkeit im Bereich des Verfassungsrechts handelt.

sche Durchführung des Verfahrens in den Stimmbezirken (z. B. Einrichtung von Wahllokalen), aber auch die Abgrenzung der Wahlkreise im Bezirk.

Neben der regulären Verwaltung sind unabhängige, nur dem Gesetz unterworfene Wahlorgane an der Durchführung der Wahl beteiligt. Dies sind der Landeswahlleiter und sein Stellvertreter, die Bezirkswahlleiter und ihre Stellvertreter, der Landeswahlausschuss, die Bezirkswahlausschüsse und die Wahlvorstände.

Die Wahlvorstände werden vom Bezirksamt (Bezirkswahlamt) berufen. Sie bestehen aus dem Wahlvorsteher und dessen Stellvertreter, drei bis fünf Mitgliedern, einem Protokollführer und seinem Stellvertreter. Ihre Aufgabe ist die Durchführung der Wahl und das Auszählen der Stimmen im Stimmbezirk.

Die Bezirkswahlausschüsse bestehen aus dem Bezirkswahlleiter und wahlberechtigten Mitgliedern aus dem Bezirk. Ihre Aufgabe ist vor allem die Zulassung von Wahlvorschlägen – mit Ausnahme der Landeslisten – und der einzelnen Kandidaten sowie die Feststellung des endgültigen Wahlergebnisses auf Bezirksebene.

Der Landeswahlausschuss setzt sich aus dem Landeswahlleiter und sechs wahlberechtigten Mitgliedern zusammen. Er stellt fest, welche Organisationen als Parteien anzuerkennen sind und sich an der Wahl zum Abgeordnetenhaus (mit Bezirks- oder Landeslisten) beteiligen können; außerdem ist er zuständig für die Zulassung von Landeslisten. Nach der Wahl stellt er das endgültige Wahlergebnis für die Wahlen zum Abgeordnetenhaus fest. Außerdem entscheidet er über Beschwerden gegen Beschlüsse der Bezirkswahlausschüsse.

Der Landeswahlleiter und sein Stellvertreter werden vom Senat, die Bezirkswahlleiter und ihre Stellvertreter vom Bezirksamt ernannt. Sie berufen ihrerseits die übrigen Mitglieder der Wahlausschüsse. Dabei werden die Vorschläge politischer Parteien unter Berücksichtigung ihrer Stärkeverhältnisses berücksichtigt.

Bei der Ausübung ihrer Funktion unterliegen die Wahlorgane keiner Weisungsbefugnis, sie sind aber strikt an die gesetzlichen Vorschriften gebunden. Ein politisches Ermessen steht ihnen nicht zu. Die Tätigkeit in den Wahlorganen ist ehrenamtlich; jeder Bürger kann dazu verpflichtet werden. Zur Tätigkeit in den Wahlorganen müssen jedoch regelmäßig in großem Umfang Angehörige des öffentlichen Dienstes herangezogen werden.

V. Wahlprüfung

Zuständig für Einsprüche gegen die Gültigkeit der Wahlen zum Abgeordnetenhaus und zu den Bezirksverordnetenversammlungen ist der Verfassungsgerichtshof Berlin[118]. Eine Einschaltung des Parlaments selbst oder eines Parlamentsausschusses ist nicht vorgesehen.

Im Rahmen des Wahlprüfungsverfahrens muss das Gericht auch die Vereinbarkeit des Landeswahlgesetzes, der Landeswahlordnung und anderer Rechtsvorschriften mit höherrangigem Recht, insbesondere mit der Verfassung von Berlin, prüfen. Dies gilt auch, soweit die Verfassung von Berlin und das Grundgesetz gleichlautende Vorschriften enthalten, insbesondere also bei den Wahlrechtsgrundsätzen (Art. 28 Abs. 1 GG, Art. 2 S. 2 VvB). Allerdings muss der Berliner Verfassungsgerichtshof die Vorlagepflicht nach Art. 100 Abs. 3 GG beachten, wenn er dabei von der Entscheidung eines anderen Landesverfassungsgerichts oder des Bundesverfassungsgerichts abweichen will.

Soweit ausschließlich die Vereinbarkeit eines Berliner Gesetzes oder der Verfassung von Berlin mit dem Grundgesetz in Frage steht, ist dagegen das Bundesverfassungsgericht zuständig.

Einspruch gegen die Wahlen kann nur auf bestimmte Gründe gestützt werden, die in § 40 des Gesetzes über den Verfassungsgerichtshof aufgezählt sind. Wenn geltend gemacht wird, dass Wahlberechtigte zu Unrecht nicht im Wahlverzeichnis eingetragen worden sind, ist außerdem Voraussetzung für die Zulässigkeit, dass durch den Fehler die Verteilung der Sitze beeinflusst sein kann (Mandatsrelevanz).

Zum Einspruch legitimiert sind nur die jeweils betroffenen Parteien, Kandidaten und Wahlberechtigten sowie bestimmte Amtsträger (Senator für Inneres, Landeswahlleiter, Bezirkswahlleiter usw.).

VI. Staatliche Mittel für Träger von Wahlvorschlägen

Aufgrund einer Entscheidung des Bundesverfassungsgerichts aus dem Jahre 1992[119] ist das (Bundes-)Gesetz über die politischen Parteien (Parteiengesetz)

118 Vgl. auch § 55 V 2.
119 BVerfG, Urteil des 2. Senats vom 26. Oktober 2004 – 2 BvE 1/02, – 2 BvE 2/02, BVerfGE 85, S. 264.

novelliert worden. Die staatlichen Zuwendungen an politische Parteien sind jetzt abschließend im Bundesgesetz geregelt. Der Landesgesetzgebung obliegt nur noch die Zuständigkeitsregelung für das Auszahlungsverfahren nach Landeswahlen und die Regelung etwaiger Zuwendungen an parteifreie Bewerber für das Abgeordnetenhaus und an Wählergemeinschaften, die auf lokaler Ebene tätig werden.

Damit wurde das frühere Berliner Wahlkampfkostengesetz weitgehend unanwendbar. Es ist – soweit noch eine landesrechtliche Zuständigkeit besteht – durch die §§ 32 und 32 a WahlG ersetzt worden. Zuständig für die Auszahlung staatlicher Mittel nach Landeswahlen ist der Präsident des Abgeordnetenhauses (§ 32). Parteifreie Einzelbewerber, die in ihrem Wahlkreis mindestens 10 % der Erststimmen erhalten haben, erhalten 2,56 € für jede gültige Stimme.

§ 39 Besondere Befugnisse und Informationsrechte des Abgeordnetenhauses

I. Allgemeines

Von den atypischen Befugnissen, die dem Berliner Abgeordnetenhaus nach den ursprünglichen Verfassungstexten zustanden, ist ein großer Teil in der Verfassung vom 23. November 1995 und vor allem auf Grund der Verfassungsänderung vom 25. Mai 2006 entfallen. Die beamtenrechtlich problematische, aber natürlich demokratischere Parlamentswahl des Polizeipräsidenten und der Generalstaatsanwälte war bereits in der Verfassung von 1995 nicht mehr vorgesehen. Durch die Verfassungsänderung von 2006 wurde die Wahl und Abwahl der einzelnen Senatoren abgeschafft. Andererseits sind in Art. 50 und 59 VvB wichtige Informationsrechte hinzugetreten.

II. Wahlbefugnisse

Erhalten geblieben ist das Recht des Abgeordnetenhauses, die Präsidenten der obersten Landesgerichte zu wählen (Art. 82 Abs. 2 VvB). Seit der Bildung der gemeinsamen Fachobergerichte mit dem Land Brandenburg beschränkt sich dieses Recht praktisch auf die Wahl des Kammergerichtspräsidenten.

III. Informationsrechte

Art. 50 Abs. 1 S. 1 VvB begründet eine allgemeine Pflicht des Senats, das Abgeordnetenhaus frühzeitig über alle in seine Zuständigkeit fallenden Vorhaben von grundsätzlicher Bedeutung zu unterrichten. Die Zuordnung („seine Zuständigkeit") könnte grammatisch so verstanden werden, als ob eine Zuständigkeit des Abgeordnetenhauses bestehen müsste; da „Vorhaben" des Abgeordnetenhauses dem Abgeordnetenhaus selbst aber ohnehin bekannt sind, kann es sich nur um Angelegenheiten handeln, die in die Zuständigkeit des Senats fallen und auf die das Abgeordnetenhaus nicht unbedingt rechtlich, wohl aber mit politischen Mitteln einwirken kann. Dies folgt auch aus den klarstellenden Formulierungen in Satz 2 und aus Absatz 2, nach denen sich die Informationspflicht auch auf Angelegenheiten der Europäischen Union bezieht, soweit das Land Berlin daran mitwirkt, sowie auf Gesetzesvorlagen des Bundes und der Europäischen Union, soweit er (der Senat) an ihnen mitwirkt.

Die Ausdrücke „grundsätzliche Bedeutung" und „frühzeitig" sind unbestimmte Rechtsbegriffe, die extensiv ausgelegt werden sollten[120]. Der Sinn der Vorschrift besteht darin, dass das Abgeordnetenhaus nicht vor vollendete Tatsachen gestellt werden darf und dass ihm, soweit seine Zustimmung erforderlich ist, auch die Möglichkeit gegeben werden soll, auf den Inhalt der Entscheidungen Einfluss zu nehmen.

Konkretisiert wird die Informationspflicht in Art. 50 Abs. 1 S. 3 und 59 Abs. 3 S. 2 VvB. Staatsverträge sind dem Abgeordnetenhaus vor Unterzeichnung zur Kenntnis zu geben, Gesetzentwürfe des Senats spätestens zu dem Zeitpunkt, zu dem betroffene Kreise (z. B. Wirtschaftsverbände, Gewerkschaften, kulturelle Vereinigungen oder Sportverbände) unterrichtet werden.

Das Informationsrecht steht dem Abgeordnetenhaus als Verfassungsorgan und nicht etwa den Fraktionen oder einzelnen Abgeordneten zu. Die betreffenden Mitteilungen des Senats sind dem Präsidenten offiziell zuzuleiten und (als Drucksache) allen Mitgliedern des Parlaments zugänglich zu machen.

---

120 Vgl. *Driehaus*, (Fn. 22), Art. 50 Rn. 3, 5, der allerdings den Begriff „Vorhaben" weit auslegen will.

IV. Sonstige Befugnisse

Von den atypischen Befugnissen, die dem Abgeordnetenhaus bei der Senatsbildung zustanden, ist die Bestimmung des Art. 58 Abs. 2 S. 2 VvB erhalten geblieben, nach der ihm die Richtlinien der Regierungspolitik zur Billigung zugeleitet werden müssen.

4. Die Gesetzgebung

§ 40 Stellung des Abschnitts V der VvB

Es entspricht der deutschen Verfassungstradition, dass die Gesetzgebung – wie auch im Grundgesetz – in einem besonderen Abschnitt der VvB behandelt wird. Während sich der III. Abschnitt der VvB mit dem Parlament als Institution befasst, betrifft der V. Abschnitt die Legislative als Funktion der Staatsgewalt. Diese Trennung wird aber nicht strikt eingehalten. Verfahrensregelungen, die – auch – für die Gesetzgebung maßgeblich sind, finden sich sowohl im III. Abschnitt (z. B. Art. 42, 43 VvB) als auch im V. Abschnitt (z. B. Art. 59, 60 VvB). Außerdem fehlen im Verfassungsrecht der Länder verschiedene Regelungsbereiche, die für das Verfassungsrecht des Bundes von Bedeutung sind (z. B. Kompetenzverteilung zwischen Bund und Ländern, Mitwirkung des Bundesrats), so dass man durchaus diskutieren kann, ob im Rahmen der Berliner Verfassung ein besonderer Abschnitt über die Gesetzgebung gerechtfertigt ist.

§ 41 Vorbehalt des Gesetzes / Vorrang des Gesetzes

Der Vorbehalt des Gesetzes ist in der Verfassung von Berlin ausdrücklich verankert; nach Art. 59 Abs. 1 VvB müssen die für alle verbindlichen Gebote und Verbote auf Gesetz beruhen. Eine entsprechende allgemeine Vorschrift fehlt im Grundgesetz; dort bestehen nur Einzelregelungen z. B. die Gesetzesvorbehalte in den verschiedenen Grundrechtsvorschriften. Andererseits ist in Art. 20 Abs. 3 GG der Vorrang des Gesetzes ausdrücklich normiert; insoweit fehlt eine entsprechende Vorschrift in der Berliner Verfassung.

Praktisch wird Art. 59 Abs. 1 VvB aber von Bundesrecht überlagert. Die Vorbehalte des Gesetzes (oft auch als Parlamentsvorbehalt bezeichnet) werden vom Bundesverfassungsgericht aus dem Demokratie- und Rechtsstaatsprinzip (Art. 20 Abs. 3, 28 GG) hergeleitet und sind für die Verfassungsordnung der Länder unmittelbar verbindlich.[121] Das gleiche gilt für den Vorrang des Gesetzes (Art. 20 Abs. 3 GG).

---

121 Vgl. BVerfG, Beschluss vom 28. Oktober 1975, 2 BvR 883/73 und 379, 497, 526/74, BVerfGE 40, S. 237 (248 f.), BVerfG, Beschluss vom 19. April 1978, 2 BvL 2/75, BVerGE 48, S. 210 (221), BVerfG, Beschluss vom 08. August 1978, 2 BvL 8/77, BVerfGE 49, S. 89 (126) (Rechtsstaatsprinzip) und BVerfG, Beschluss vom 09. Mai 1972, 1 BvR 308/64, BVerfGE 33, S. 125 (159) (Demokratieprinzip).

Maßgeblich für die Frage, ob und in welchem Umfang staatliches Handeln auf Gesetz beruhen muss, sind also die Grundsätze, die das Bundesverfassungsgericht aus dem Grundgesetz hergeleitet hat, vor allem der Parlamentsvorbehalt in der Form der sogenannten Wesentlichkeitstheorie.[122]

Ob Art. 59 Abs. 1 VvB daneben noch eigenständige Bedeutung zukommt, ist zweifelhaft, was um so mehr gilt, als die Vorschrift unglücklich gefasst ist. Zunächst sind die Worte „für alle verbindlich" missverständlich; richtiger wäre der Terminus „allgemeinverbindlich". Die Formulierung kann aber vor allem zu dem Irrtum verleiten, dass es der Exekutive und der Rechtsprechung freisteht, im Einzelfall Gebote und Verbote ohne gesetzliche Grundlage zu erlassen. Gerade dies soll durch den Gesetzesvorbehalt grundsätzlich ausgeschlossen werden. Gebote und Verbote müssen auf einer allgemeinverbindlichen Norm beruhen; offen ist lediglich die Frage, in welchem Umfang der Gesetzgeber die Regelung der Einzelheiten selbst vornehmen muss oder der Exekutive und der Rechtsprechung überlassen kann. Nach dem Wesentlichkeitsprinzip bedürfen im Übrigen nicht nur Gebote und Verbote einer gesetzlichen Grundlage, sondern auch andere wichtige Regelungen, z. B. das Lehrangebot und die Bewertungsmaßstäbe im Schulbereich.

Keine eindeutige Antwort geben die Verfassungstexte auf die Frage, wie weit es den Parlamenten freisteht, auch solche Bereiche gesetzlich zu regeln, die nicht dem Vorbehalt des Gesetzes unterliegen („Zugriffsrecht des Gesetzgebers"). Grundsätzlich können Gesetze in allen Bereichen erlassen werden, die einer staatlichen Regelung überhaupt zugänglich sind. Dies gilt vor allem auch für Fragen der inneren und äußeren Behördenorganisation, die traditionell dem Selbstorganisationsrecht der Exekutive überlassen werden. Ein verfassungsmäßig garantierter Vorbehaltsbereich der Exekutive wird in der Rechtslehre gelegentlich angenommen, lässt sich aber aus den Verfassungstexten nicht herleiten.[123] Begrenzt wird das Zugriffsrecht des Gesetzgebers durch das Gewaltenteilungsprinzip, dessen genaue Bedeutung in Rechtslehre und Rechtsprechung freilich noch

---

122 Z. B. BVerfG, Urteil vom 02. März 1977, 2 BvE 1/76, BVerfGE 44, S. 125 (138), BVerfG, Beschluss vom 15. Februar 1978, 2 BvR 268/76, BVerfGE 47, S. 253 (271). Vgl. u. a. auch *v. Arnim*, Zur Wesentlichkeitstheorie des Bundesverfassungsgerichts, DVBl. 1987 S. 1241 ff. und die dort zitierte Rechtsprechung und Literatur.

123 *Grzeszick*, in: Dürig/Herzog/Scholz, GG, Art. 20 Rn. 44 und Rn. 90 ff. – Stichwort „Gewaltenteilung".

immer intensiv diskutiert wird. Verboten sind dem Gesetzgeber jedenfalls Gesetze, die auf bestimmte Einzelfälle oder einzelne Personen zugeschnitten sind; zu beachten ist ferner, dass er zwar Entscheidungen fällen, diese aber nicht selbst vollziehen darf.

§ 42 Verfahren der parlamentarischen Gesetzgebung

Das parlamentarische Gesetzgebungsverfahren mit seinen verschiedenen Abschnitten (Initiative, Beratung, Verabschiedung, Ausfertigung und Verkündung) ist nach der Berliner Verfassung im Wesentlichen das gleiche wie nach dem Grundgesetz und den anderen deutschen Landesverfassungen.

Eine Abweichung vom Grundgesetz ergibt sich daraus, dass die Voraussetzungen für die Beschlussfähigkeit des Abgeordnetenhauses in der Verfassung (Art. 43 Abs. 1 VvB) und nicht nur in der Parlamentarischen Geschäftsordnung niedergelegt sind. Gesetzesvorlagen können von dem Senat (nicht von einzelnen Senatsmitgliedern), aus der Mitte des Abgeordnetenhauses und durch Volksbegehren eingebracht werden.

Bei einer Vorlage des Senats ist der Rat der Bürgermeister nach Art. 68 VvB, §§ 14 ff. AZG zu beteiligen.

Anträge aus der Mitte des Abgeordnetenhauses können nach der Geschäftsordnung nur von einer Fraktion oder von einer Gruppe von mindestens zehn Abgeordneten eingebracht werden.

Ist ein Volksbegehren über einen Gesetzentwurf zustande gekommen, so ist innerhalb von vier Monaten ein Volksentscheid herbeizuführen, wenn das Abgeordnetenhaus den Entwurf nicht inhaltlich in seinem wesentlichen Bestand unverändert annimmt (Art. 63 Abs. 1 VvB). Die Verfassung verlangt aber nicht, dass das Abgeordnetenhaus überhaupt über den Entwurf abstimmt[124].

Eine Einwohnerinitiative nach Art. 61 begründet zwar eine Befassungspflicht des Abgeordnetenhauses, jedoch kann ein Gesetzentwurf auf diesem Wege nicht unmittelbar eingebracht werden.[125]

---

124   Zur Gesetzgebung durch Volksbegehren und Volksentscheid vgl. im Einzelnen das 5. Kapitel.
125   Selbstverständlich besteht die Möglichkeit, dass z. B. eine Fraktion des Abgeordnetenhauses die vorgeschlagenen Gesetzesänderungen als Antrag einbringt.

Anders als das Grundgesetz und die meisten Landesverfassungen (außer Hamburg), die diese Frage der parlamentarischen Geschäftsordnung überlassen, verlangt die VvB (Art. 59 Abs. 4 VvB) ausdrücklich mindestens zwei Lesungen. Zwischen beiden Lesungen soll „im Allgemeinen" eine Vorberatung in dem zuständigen Ausschuss erfolgen. Diese Bestimmungen gelten trotz des etwas unklaren Wortlauts nur für die Annahme von Gesetzen. Eine sofortige Ablehnung ohne Beratung in den Ausschüssen dürfte zulässig sein, wird aber in der Praxis vermieden.

Eine dritte Lesung findet nur auf Verlangen des Präsidenten des Abgeordnetenhauses oder des Senats statt (Art. 59 Abs. 5 VvB).

Nach Art. 59 Abs. 3 S. 1 VvB ist die Öffentlichkeit über Gesetzesvorhaben zu informieren. Diese Pflicht trifft die Fraktionen des Abgeordnetenhauses (und andere Gruppen von Abgeordneten, die eine Gesetzesvorlage einbringen wollen) genauso wie den Senat. Die Vorschrift enthält aber keine Aussage darüber, in welchem Stadium oder zu welchem Zeitpunkt die Informationspflicht eintritt. Auf jeden Fall muss die Chance bestehen, dass ein Entwurf in der Öffentlichkeit diskutiert wird, bevor er auf die (ohnehin öffentliche) Tagesordnung des Abgeordnetenhauses gesetzt wird.

Wesentlich konkreter ist die in Art. 59 Abs. 3 S. 2 VvB verankerte Pflicht des Senats umschrieben, den Abgeordneten seine Gesetzentwürfe bereits im Vorbereitungsstadium zuzuleiten. Dies muss spätestens zu dem Zeitpunkt geschehen, zu dem die betroffenen Kreise (z. B. Wirtschaftsverbände, Gewerkschaften, Sportverbände, ADAC, Naturschutzverbände) unterrichtet werden. Die Informationspflichten aus Art. 59 Abs. 3 VvB können während des Gesetzgebungsverfahrens – ggf. auch durch Einschaltung des Verfassungsgerichtshofs – durchgesetzt werden. Es dürfte aber nicht dem Sinn der Verfassungsschrift entsprechen, dass ein Verstoß zur Nichtigkeit eines im übrigen verfassungsmäßig zustande gekommenen Gesetzes führt.[126]

Gesetze werden grundsätzlich mit einfacher Mehrheit beschlossen (Art. 60 Abs. 1 VvB); für Verfassungsänderungen ist eine Zweidrittelmehrheit erforderlich (Art. 100 VvB).[127] Die Ausfertigung der Gesetze, d. h. die authentische Feststel-

---

126 Dies wäre nur der Fall, wenn das Gesetz unter Verstoß gegen eine Anordnung verabschiedet wurde, die der Verfassungsgerichtshof zur Durchsetzung der Informationspflicht erlassen hat.
127 Vgl. oben § 43.

lung des zustande gekommenen Gesetzestextes in einer Urkunde, weist die Verfassung von Berlin dem Präsidenten des Abgeordnetenhauses zu (Art. 60 Abs. 2 VvB). Er handelt dabei aufgrund einer selbständigen verfassungsrechtlichen Kompetenz und nicht als bloßes Hilfsorgan des Abgeordnetenhauses. Unstreitig ist, dass er – genauso wie der Bundespräsident bei der Ausfertigung von Bundesgesetzen – die formelle Verfassungsmäßigkeit (d. h. das verfassungsmäßige Zustandekommen des Gesetzes) prüfen muss und dass er nicht befugt ist, die Ausfertigung aus politischen Gründen zu verweigern. Umstritten ist, ob die ausfertigenden Organe berechtigt und verpflichtet sind, die materielle Verfassungsmäßigkeit eines Gesetzes im Rahmen des Ausfertigungsverfahrens zu überprüfen. Für den Bundespräsidenten nimmt die herrschende Lehre in Anlehnung an die neuere Verfassungspraxis an, dass ein solches Prüfungsrecht sich auf offenkundige und zweifelsfreie Verfassungsverstöße beschränkt.[128] Durch diese Formulierung wird das Problem allerdings nicht gelöst, sondern nur verlagert; die Frage, ob ein Verfassungsverstoß offenkundig und zweifelsfrei ist, muss letzten Endes der Bundespräsident selbst entscheiden.

Für Berlin wird überwiegend angenommen, dass der Präsident des Abgeordnetenhauses eine dritte Lesung herbeiführen muss, wenn er Zweifel an der materiellen Verfassungsmäßigkeit eines Gesetzes hat. Bleibt das Abgeordnetenhaus auch im dritten Durchgang bei seinem Gesetz, so muss er nach dieser Rechtsauffassung das Gesetz ausfertigen.[129] Allerdings dürften sich auf diesem Wege nur unbeabsichtigte Verfassungsverstöße beheben lassen; die dritte Lesung ist kaum ein geeignetes Mittel, um offene Verfassungskonflikte zwischen der Parlamentsmehrheit und dem Parlamentspräsidenten zu entscheiden. Solange die Gesetze des Berliner Abgeordnetenhauses aus statusrechtlichen Gründen weder von einem Berliner Verfassungsgerichtshof noch vom Bundesverfassungsgericht auf ihre materielle Verfassungsmäßigkeit überprüft werden konnten, war diese Frage von größter Bedeutung; sie hat jetzt einen großen Teil ihrer Brisanz verloren.

Die ausgefertigten Gesetze werden vom Regierenden Bürgermeister im Gesetz- und Verordnungsblatt verkündet (Art. 60 Abs. 2 VvB). Redaktionell wird das Gesetz- und Verordnungsblatt allerdings von der Senatsverwaltung für Justiz bearbeitet.

---

128 Vgl. *v. Lewinski* in: Bonner Kommentar zum GG, Art. 82, Rn. 80 ff..

129 *Härth*, Die Befugnis des Präsidenten des Abgeordnetenhauses zur Prüfung verabschiedeter Gesetze auf ihre Verfassungsmäßigkeit, JR 1978, S. 492, und in *Pfennig/Neumann*, Verfassung von Berlin, Art 46, Rn. 3.

§43 Verfassungsänderungen

Die Vorschrift über Verfassungsänderungen gehört zu den Übergangs- und Schlussvorschriften. Für verfassungsändernde Gesetze ist nach Art. 100 grundsätzlich eine Mehrheit von zwei Dritteln der gewählten Mitglieder des Abgeordnetenhauses erforderlich. Im übrigen gelten die Vorschriften über das parlamentarische Gesetzgebungsverfahren (Art. 59, 60 VvB).

Obgleich die Berliner Verfassung kein ausdrückliches Verbot enthält, das dem Art. 79 Abs. 1 GG entspricht, muss der Verfassungstext geändert werden. Verfassungsdurchbrechende Gesetze sind unzulässig.[130] Ist die Vorlage auf eine Änderung der Vorschriften über Volksbegehren und Volksentscheid (Art. 62, 63 VvB) gerichtet, so ist – zusätzlich – eine Volksabstimmung notwendig (Art. 100 S. 2 VvB). Abstimmungsverfahren und die erforderlichen Mehrheiten sind weder in der Verfassung selbst noch in dem Gesetz über Volksbegehren und Volksentscheid[131] geregelt. Dies müsste also entweder in dem verfassungsändernden Gesetz selbst oder in einem besonderen Abstimmungsgesetz geschehen.[132] Seit der Verfassungsänderung vom 25. Mai 2006 kann ein verfassungsänderndes Gesetz auch durch Volksbegehren und Volksentscheid zustande kommen. Dafür ist erforderlich, dass bei dem Volksentscheid mindestens zwei Drittel der Abstimmenden und zugleich mindestens die Hälfte der Wahlberechtigten zustimmt (Art. 63 Abs. 2 S. 3 VvB). Auch für das Zustandekommen des Volksbegehrens und die notwendigen Unterstützungsunterschriften für den Antrag auf Volksbegehren gelten erhöhte Anforderungen.[133]

§44 Rechtsverordnungen / Bebauungspläne

I. Erlass von Rechtsverordnungen – Allgemeine Vorschriften

Die Vorschrift über den Erlass von Rechtsverordnungen (Art. 64 VvB) lehnt sich seit der Verfassungsänderung vom 6. Juli 1994 eng an den Wortlaut des Art. 80 GG an. Damit sind einige systematisch unglückliche und verfassungsrechtlich bedenkliche Formulierungen des alten Art. 47 VvB entfallen. Eine Sonderrege-

---

130 *Driehaus* in Driehaus, Verfassung von Berlin, 4. Aufl., Art. 100, Rn. 2.
131 Vgl. hierzu § 46 II 1.
132 Wegen der Einzelheiten wird auf das 7. Kapitel verwiesen.
133 Vgl. hierzu im Einzelnen § 46 I 1.

lung für den Erlass von Bebauungsplänen, Landschaftsplänen u. ä. enthält Art. 64 Abs. 2 VvB.

Rechtsverordnungen können nur auf Grund einer gesetzlichen Ermächtigung ergehen, die Inhalt, Zweck und Ausmaß bestimmen muss. Adressat der Ermächtigung kann – abgesehen von der Sonderregelung des Abs. 2 – nur der Senat oder ein Senatsmitglied sein (Art. 64 Abs. 1 VvB). Die Möglichkeit einer Subdelegation ist in der VvB (anders als in Art. 80 Abs. 1 Satz 4 GG) nicht vorgesehen und besteht daher – jedenfalls, wenn die Verordnung auf einer landesrechtlichen Ermächtigung beruht – nicht.[134] Verordnungen, die nach Art. 64 Abs. 1 VvB vom Senat oder einem Senatsmitglied erlassen worden sind, sind unverzüglich dem Abgeordnetenhaus zur Kenntnisnahme vorzulegen.[135]

Die Verordnungsermächtigung kann auch auf einem Bundesgesetz beruhen. Auch in diesem Fall handelt es sich bei der Verordnung um Landesrecht; sie unterliegt also den Bestimmungen der Landesverfassung. In Berlin bedeutet dies vor allem, dass sie gemäß Art. 64 Abs. 1 Satz 2 VvB dem Abgeordnetenhaus vorgelegt werden muss.

Für die Ausfertigung und Verkündung ist bei Verordnungen, die der Senat erlassen hat, der Regierende Bürgermeister und bei Hausverordnungen das erlassende Senatsmitglied zuständig.

---

134 Im übrigen kann bei dem jetzigen Wortlaut des Art. 64 Abs. 1 VvB weitgehend auf die Literatur und verfassungsgerichtliche Rechtsprechung zu Art. 80 GG verwiesen werden. Dies gilt auch für die Frage, ob ein Senatsmitglied geschäftsordnungsmäßig verpflichtet werden kann, eine Verordnung, zu deren Erlass er ermächtigt ist, im Voraus dem Senat vorzulegen. Entgegen der wohl herrschenden Lehre wird daran festgehalten, dass eine Verordnung, zu der ein einzelnes Senatsmitglied ermächtigt ist, auch vom Senat als Kollegium erlassen werden kann. Dies muss allerdings aufgrund einer Vorlage des ermächtigten Senatsmitglieds geschehen, die ohne seine Zustimmung nicht geändert werden kann. Lehnt man dies ab, so bleibt dem Senatsmitglied die Möglichkeit – möglicherweise auch die geschäftsordnungsmäßige Pflicht – die Verordnung vor Erlass dem Senat vorzulegen, um sich „politisch" abzusichern.

135 Die verfassungsrechtlich problematische Bestimmung des alten Art. 47 Abs. 1 Satz 2 VvB, nach der das Abgeordnetenhaus Rechtsverordnungen durch Beschluss aufheben oder abändern konnte, ist damit entfallen. Dem Abgeordnetenhaus bleibt die Möglichkeit, den Senat durch eine rechtlich unverbindliche aber möglicherweise politisch wirksame Resolution zur Änderung oder Aufhebung aufzufordern oder eine abweichende gesetzliche Regelung zu erlassen. Betrifft die Verordnung einen Bebauungsplan – gleichgültig, ob von einem Bezirksamt oder dem Senat erlassen – so würde eine Änderung oder Aufhebung allerdings voraussetzen, dass das Abgeordnetenhaus das im Baugesetzbuch vorgeschriebene Verfahren einhält.

II. Bebauungs- und Landschaftspläne[136]

Abweichende Zuständigkeiten und Verfahren sieht Art. 64 Abs. 2 VvB für den Bereich des Planungsrechts vor, insbesondere bei Bebauungs- und Landschaftsplänen, die in den Flächenstaaten durch Satzungen der Gemeinden oder Planungsverbände festgesetzt werden. Die Verfassung eröffnet hier die Möglichkeit, die Bezirksorgane – d. h. das Bezirksamt, zumeist im Zusammenwirken mit der Bezirksverordnetenversammlung – zum Erlass von Rechtsverordnungen zu ermächtigen.

Für das Bauplanungsrecht sind die Einzelheiten im „Berliner Ausführungsgesetz des Baugesetzbuchs" (AGBauGB)[137] geregelt. Angelegenheiten, für die nach dem Baugesetzbuch die Gemeinden zuständig sind, werden grundsätzlich von den Bezirken wahrgenommen (§ 1 AGBauGB), jedoch sieht das Gesetz eine Reihe von z. T. wesentlichen Ausnahmen vor.

Die vorbereitende Bauleitplanung (insbesondere die Aufstellung des Flächennutzungsplans) erfolgt zentral (§ 2 AGBauGB).[138] Der Entwurf des Flächennutzungsplans wird vom zuständigen Senatsmitglied unter Beteiligung der anderen Senatsmitglieder und Bezirksämter aufgestellt. Nach Abschluss des bundesrechtlichen Verfahrens (Beteiligung der Träger öffentlicher Interessen, Bürgerbeteiligung, Auslegung) wird er vom Senat beschlossen und dem Abgeordnetenhaus zur Zustimmung vorgelegt. Er ist kein Gesetz im materiellen Sinne, also auch keine Rechtsverordnung, jedoch sind die Bezirke und andere Träger der Bauplanung gehalten, die Bebauungspläne aus ihm zu entwickeln (§ 8 Abs. 2 BauGB).

Die Aufstellung der rechtsverbindlichen Bebauungspläne ist grundsätzlich Sache der Bezirke, jedoch ist die zuständige Senatsverwaltung in zwei Stadien des Verfahrens eingeschaltet. Nach § 5 AGBauGB teilen die Bezirke die Absicht, einen

---

136 Zu den Bindungen, die sich für das Land Berlin im Bereich des Bauplanungsrechts aus dem Hauptstadtvertrag mit der Bundesrepublik Deutschland und im Bereich des Landes- und Regionalplanung aus dem Planungsvertrag mit dem Land Brandenburg ergeben.

137 In der Fassung vom 7. November 1999 (GVBl. S. 578).

138 Das AGBauGB sieht in § 3 vor, dass außerdem Stadtentwicklungs- und Bereichsentwicklungspläne erarbeitet werden. Für die Aufstellung derartiger städtebaulicher Rahmenpläne bestehen keine Verfahrensvorschriften. Das Maß ihrer Verbindlichkeit ist im AGBauGB in allgemeinen, z. T. widersprüchlichen Formulierungen umschrieben (§§ 3, 5). Ihre Bedeutung dürfte im Wesentlichen darin bestehen, dass sie bei den weiteren Maßnahmen der Bauleitplanung im Rahmen der Abwägung zu berücksichtigen sind.

Bebauungsplan aufzustellen, unter allgemeiner Angabe der Planungsabsicht der Senatsverwaltung und dem gemeinsamen Planungsbüro mit. Erheben diese innerhalb eines Monats keine Einwendungen oder äußern sich diese nicht, so entwirft das Bezirksamt den Bebauungsplan, führt das in §§ 3, 4 BauGB vorgesehene Verfahren durch und legt den Entwurf der Bezirksverordnetenversammlung zur Beschlussfassung vor. Die BVV kann den Entwurf annehmen oder ablehnen, aber nicht eigenmächtig ändern. Eine Änderung wäre als Ablehnung zu interpretieren – verbunden mit der Empfehlung (§ 13 BezVG), einen geänderten Entwurf vorzulegen.[139]

Nach dem Beschluss der BVV ist der Bebauungsplan erneut der zuständigen Senatsverwaltung vorzulegen, wenn der Entwurf des Bebauungsplans dringende Gesamtinteressen Berlins im Sinne des § 7 Abs. 1 AGBauBG berührt. Stimmt diese zu oder erhebt sie innerhalb von zwei Monaten keine Einwendungen, so ist er vom Bezirksamt durch Rechtsverordnung festzusetzen.[140]

Einwendungen der Senatsverwaltung können nach § 6 Abs. 4 AGBauBG grundsätzlich nur darauf gestützt werden, dass der beschlossene Bebauungsplan nicht ordnungsgemäß zustande gekommen ist oder gegen Rechtsvorschriften verstößt. Die §§ 7 ff. des Gesetzes enthalten jedoch eine Anzahl von Sonderregelungen, durch die die Bezirke einem Weisungsrecht der Hauptverwaltung unterworfen werden können oder die Befugnis zum Erlass der Bebauungspläne u. U. ganz auf die zentralen Landesorgane verlagert werden kann:

---

139 An dieser Auffassung wird festgehalten, auch wenn sie nicht unumstritten ist und die entgegengesetzte Meinung vertreten werden kann. Da ein geänderter Entwurf kaum von einem „Gegenentwurf" abgegrenzt werden kann – und eine solche Abgrenzung im Gesetz auch nicht vorgesehen ist – könnte die BVV sonst einen Bebauungsplan beschließen, der dem vom Bezirksamt vorgelegten Entwurf – dem die Senatsverwaltung zugestimmt hat – diametral entgegengesetzt wäre. Das Bezirksamt müsste diesen Entwurf der Senatsverwaltung vorlegen und diese könnte ihn nur ablehnen, wenn er gegen ein Gesetz verstößt oder nicht ordnungsgemäß zustande gekommen ist. Damit würde das vom AGBauBG gewollte Zusammenwirken von BVV, Bezirksamt und Senatsverwaltung faktisch durch ein Satzungsrecht der BVV ersetzt werden. Dies wäre auch verfassungsrechtlich problematisch, denn die BVV ist keine Volksvertretung im Sinne von Art. 28 Abs. 1 Satz 2 GG. Im Übrigen hat die BVV genügend Möglichkeiten, auf den Inhalt des Bebauungsplans Einfluss zu nehmen, z. B. in den Ausschussberatungen.

140 Der Bebauungsplan ist Bestandteil der Rechtsverordnung, wird aber nicht im GVBl. verkündet; dort ist nur anzugeben, wo er – mit der Begründung – eingesehen werden kann.

Die Fachaufsicht, die das AGBauBG bis zum Inkrafttreten des zweiten Verwaltungsreformgesetzes vom 25. Juni 1998 in Angelegenheiten von gesamtstädtischer Bedeutung vorsah, ist entfallen. An ihrer Stelle ist jetzt in allen Fällen, in denen der Entwurf eines Bebauungsplans dringende Gesamtinteressen Berlins beeinträchtigt oder ein dringendes Gesamtinteresse Berlins einen Bebauungsplan erfordert, ein „verschärftes Eingriffsrecht" der zuständigen Senatsverwaltung vorgesehen, das in seinen Auswirkungen der Fachaufsicht sehr nahekommt.

In einer anderen Gruppe von Fällen obliegt die Aufstellung des Bebauungsplans von vornherein der zuständigen Senatsverwaltung, nämlich wenn er „der Verwirklichung von Erfordernissen der Verfassungsorgane des Bundes zur Wahrnehmung ihrer Aufgaben" (§ 8 AGBauGB) dient oder wenn in dem in § 6 AGBauGB vorgesehenen Verfahren festgesetzt wurde, dass das betroffene Gebiet von außergewöhnlicher stadtpolitischer Bedeutung ist.[141]

In allen Fällen, in denen die Aufstellung des Bebauungsplans Sache der zuständigen Senatsverwaltung ist oder auf sie übergeht, entscheidet anstelle der Bezirksverordnetenversammlung das Abgeordnetenhaus (§§ 7 Abs. 2, 8 Abs. 1, 9 Abs. 1 AGBauGB). Dadurch wird der Bebauungsplan aber nicht zu einem Gesetz im formellen Sinne, ebenso wenig, wie die Bezirksverordnetenversammlungen, die einem Bebauungsplan zustimmen, damit ein Satzungsrecht ausüben. Es handelt sich in beiden Fällen um Rechtsverordnungen, für deren Erlass die Zustimmung eines parlamentarischen Organs erforderlich ist („verengte Verordnungsermächtigung").[142]

Außer diesen Regelungen enthält das AGBauGB eine Anzahl von Vorschriften, durch die das Bezirksamt, der Senat oder die zuständige Senatsverwaltung zum

---

141 Die „außergewöhnliche stadtpolitische Bedeutung" wird vom Senat im Benehmen mit dem Rat der Bürgermeister festgestellt. Widerspricht der R. d. B. mit einer Mehrheit von drei Vierteln, so entscheidet das Abgeordnetenhaus. Liegt dieses Merkmal vor, so ist eine Ermächtigung der Bezirke zum Erlass der Bebauungspläne durch Art. 64 Abs. 2 Satz 3 VvB ausgeschlossen. Die Verfassung enthält allerdings keinen Anknüpfungspunkt für das im AGBauGB vorgesehene Feststellungsverfahren.
Bei der Feststellung ihrer „Erfordernisse" sind die Verfassungsorgane des Bundes autonom. Maßgeblich sind § 247 BauGB und der Hauptstadtvertrag. Dort ist zwar ein „Konsensmodell" vorgesehen; kommt in dem gemeinsamen Ausschuss aber keine Einigung zustande, so entscheidet letztlich das jeweilige Bundesorgan.
142 *Remmert* in, Dürig/Herzog/Scholz, GG, Art. 80 GG Rn. 60.

Erlass von Rechtsverordnungen ermächtigt werden, ohne dass die Zustimmung der BVV bzw. des Abgeordnetenhauses notwendig ist. Im einzelnen gilt folgendes:

Das Bezirksamt erlässt:

- Veränderungssperren nach § 16 Abs. 1 BauGB, soweit die zuständige Senatsverwaltung nicht zuständig ist oder das Verfahren an sich zieht (§ 13 AGBauGB),

- Regelungen für bebaute Bereiche im Außenbereich (§ 18 AGBauGB),

- Regelungen zur Erhaltung baulicher Anlagen (§ 172 Abs. 1 BauGB); im Einvernehmen mit der zuständigen Senatsverwaltung (§ 30 AGBauGB).

Die zuständige Senatsverwaltung erlässt durch Rechtsverordnung:

- Entwicklungskonzept im Rahmen der sozialen Stadt nach § 171e Abs. 5 BauGB (§ 29b Abs. 2 AGBauGB).

Der Senat erlässt durch Rechtsverordnungen:

- Regelungen zur Sicherung von Gebieten mit Fremdenverkehrsfunktion nach § 22 Abs. 2 BauGB (§ 15 AGBauGB),

- Regelungen zum Vorkaufsrecht nach § 25 BauBG (§ 16 AGBauGB),

- Regelungen zur Festlegung von Sanierungsgebieten (§ 24 AGBauGB) sowie von städtebaulichen Entwicklungsbereichen (§ 27 AGBauGB).

Bei der Festsetzung von Erschließungsbeiträgen tritt an die Stelle der in § 132 BauGB vorgesehenen Satzung ein Landesgesetz (§ 22 Abs. 1 AGBauGB).

Für den Bereich der Landschaftsplanung gelten die Bestimmungen des Berliner Naturschutzgesetzes.[143] Das Verfahren entspricht in seinen Grundzügen weitgehend dem Verfahren bei der Bauplanung, jedoch entfallen einige komplizierte Sonderregelungen, die sich bei der Bauplanung vor allem aus der Gemengelage von Hauptstadtvertrag, Bundesrecht (BauGB), Landesgesetz und Rechtsverordnungen ergeben.

---

143 Gesetz vom 29. Mai 2013, GVBl. S. 140, zuletzt geändert durch Gesetz vom 25. September 2019, GVBl. S. 612.

Ein Landschaftsprogramm ist von der zuständigen Senatsverwaltung vorzubereiten, nach Abwägung von Einwendungen vom Senat zu beschließen und dem Abgeordnetenhaus zur Zustimmung vorzulegen. Es ist nicht rechtsverbindlich, aber verwaltungsintern zu beachten (§ 7 NatSchG Bln).

Die – rechtsverbindlichen – Landschaftspläne werden wie die Bebauungspläne grundsätzlich vom Bezirksamt nach Zustimmung der BVV erlassen; auch hier ist die zuständige Senatsverwaltung in zwei Stadien einzuschalten (Mitteilung der Planungsabsicht und Vorlage des Landschaftsplans nach Beschluss der BVV, § 12 NatSchG Bln). Bei Angelegenheiten von gesamtstädtischer Bedeutung übt die zuständige Senatsverwaltung die Fachaufsicht aus und kann das Verfahren an sich ziehen (§ 13 NatSchG Bln); ist gemäß § 13 NatSchG Bln festgesetzt worden, dass ein Gebiet von außergewöhnlicher stadtpolitischer Bedeutung ist, so steht die Planungsbefugnis von vornherein der zuständigen Senatsverwaltung zu. Wird die Verordnung von der Senatsverwaltung erlassen, so tritt an die Stelle einer Beschlussfassung der BVV die Zustimmung des Abgeordnetenhauses.

5. Elemente der direkten Demokratie (Plebiszite)

§ 45 Entwicklung, Formen und Stimmberechtigung

I. Restriktive Regelungen in (West-)Berlin bis zur Verfassungsänderung 2006

Die Verfassung vom September 1950 sah zwei unmittelbar-demokratische Verfahren vor: Gesetzgebung und vorzeitige Beendigung der Wahlperiode[144] jeweils durch Volksbegehren und Volksentscheid (Art. 39 und 49). Die für die Anwendung dieser Verfassungsartikel notwendigen Ausführungsgesetze ergingen aber zunächst aus statusrechtlichen Gründen nicht.[145] Art. 49 wurde 1974 schließlich aufgehoben;[146] zugleich wurden die einfachgesetzlichen Regelungen erlassen, die für die Anwendung des Art. 39 VvB notwendig waren. Eine vorzeitige Beendigung der Wahlperiode durch Volksbegehren und Volksentscheid war damit unter der Bedingung der Teilung die einzige Möglichkeit der Stimmberechtigten, ihren politischen Willen unmittelbar umzusetzen. Daneben bestand seit 1978 die – im Bezirksverwaltungsgesetz und nicht in der Verfassung begründete – Möglichkeit eines Bürgerbegehrens auf Bezirksebene, das aber nur eine Beschlussfassungspflicht der BVV begründete und nicht zu einem verbindlichen Volksentscheid führte.

Seit der Wiedervereinigung können Volksbegehren und Volksentscheid auf eine vorzeitige Beendigung der Wahlperiode und auf die Verabschiedung eines Gesetzes gerichtet sein. Die Ostberliner Verfassung vom Juli 1990 sah ebenfalls sowohl eine vorzeitige Beendigung der Wahlperiode als auch ein Gesetzgebungsverfahren durch Volksbegehren und Volksentscheid vor. Durch Änderung der Art. 3 und 72 VvB sowie des Bezirksverwaltungsgesetzes ist im Jahr 2005 die Möglichkeit eines Bürgerbegehrens und eines Bürgerentscheides auf Bezirksebene eröffnet worden.[147] Der Bürgerentscheid kann einen Beschluss der BVV ersetzen. Außerdem ist – jetzt unter der Bezeichnung „Einwohnerantrag" – eine Initiative der Bezirkseinwohner, also nicht nur der wahlberechtigten Bürger, vorgesehen.

144 Bis 1974 „Auflösung des Abgeordnetenhauses".
145 Da die Bestandskraft der in Berlin übernommenen Bundesgesetze im Falle eines Volksentscheids nicht sichergestellt werden konnte.
146 Verfassungsänderndes Gesetz vom 22. November 1974 (GVBl, S. 2741).
147 85. Gesetz zur Änderung der VvB vom 28. Juni 2005 (GVBl, S. 346); 7. Gesetz zur Änderung des BezVG vom 7. Juli 2005 (GVBl, S. 390).

Trotzdem wurde seitens Kritiker eine „plebiszit-feindliche" Politik der staatlichen Institutionen moniert:

> *„1998/99 wurden in Berlin drei Versuche direkter Demokratie unternommen: die Volksinitiative gegen den Bau des Transrapids Berlin-Hamburg, das Volksbegehren ‚Mehr Demokratie in Berlin' und das Volksbegehren ‚Schluß mit der Rechtschreibreform!'. Alle drei schlugen... fehl. Gewiss spielten dabei auch objektive Schwierigkeiten in der Millionenstadt beziehungsweise Fehler und Schwächen der Initiatoren eine Rolle. Aber eine tiefere Ursache liegt darin, wie die politische Elite Berlins das ‚ungeliebte Modell' direkte Demokratie ausgestaltet hat: Kennzeichnend hierfür ist das einzigartige Verbot verfassungsändernder Volksgesetzgebung, womit die politische Führung der Stadt ‚ihrem' Volk ganz unverhohlen Misstrauen entgegenbringt. Hinderlich wirkt insbesondere das in Berlin vorgeschriebene beziehungsweise praktizierte Verfahren, das entsprechende Projekte bereits im Vorfeld restringiert, ja hintertreibt..., sodass es zu Abstimmungen überhaupt nicht kommt".*[148]

Durch das verfassungsändernde Gesetz vom 25. Mai 2006[149] wurden dann die Möglichkeiten direkt demokratischer Entscheidungen erweitert und die Verfahren überwiegend erleichtert. Volksbegehren und Volksentscheid können seitdem auch mit dem Ziel einer Verfassungsänderung eingeleitet werden. Der so genannte Haushaltsvorbehalt wurde eingeschränkt. Das Erfordernis von Unterstützungsunterschriften für einen Antrag auf Volksbegehren, das sich bisher nicht aus der Verfassung, sondern nur aus dem Ausführungsgesetz ergab, wurde in der Verfassung verankert (s. u.). Die Anzahl der notwendigen Unterstützungsunterschriften wurde für das Zustandekommen eines Volksbegehrens, das auf eine – nicht verfassungsändernde – Gesetzesvorlage gerichtet ist, von 10 % auf 7 % herabgesetzt, das Zustimmungsquorum, das in diesem Fall für die Wirksamkeit eines Volksentscheids notwendig ist, von einem Drittel der Wahlberechtigten auf ein Viertel. Dafür ist die Alternative eines Teilnahmequorums an Stelle des Zustimmungsquorums entfallen.[150] Die Unterstützungsquoren und Mehrheitserforder-

---

148 *Jung,* Dreimal Fehlschlag. Die schwierigen Anfänge der direkten Demokratie in Berlin, ZParl 1/2001, S. 33 ff. (Abstract).
149 GVBl, S. 446.
150 Art. 63 Abs. 2 (aF) VvB sah vor, dass sich mindestens die Hälfte der Stimmberechtigten an dem Volksentscheid beteiligten o d e r bei geringerer Beteiligung mindestens ein Drittel der Stimmberechtigten zustimmte.

nisse für eine vorzeitige Beendigung der Wahlperiode haben sich nicht geändert (s. u.). Bei einem Antrag auf Volksbegehren, der eine Gesetzesvorlage oder einen sonstigen Beschluss des Abgeordnetenhauses zum Gegenstand hat, ist eine zusätzliche Frist von vier Monaten eingeführt worden, in der das Abgeordnetenhaus den Antrag „in seinem wesentlichen Bestand unverändert" annehmen und damit dem Volksbegehren und einem möglichen Volksentscheid zuvorkommen kann. Für die Teilnahme an einer Volksinitiative wird auf das Erfordernis der Volljährigkeit verzichtet; teilnahmeberechtigt sind jetzt alle Einwohner, die 16 Jahre alt sind. Die Anzahl der für das Zustandekommen erforderlichen Unterstützungsunterschriften wurde von 90.000 auf 20.000 herabgesetzt.

II. Plebiszite

1) Formen in der Verfassung

Auf Landesebene enthält die VvB Vorschriften über die plebiszitären Elemente der Volksinitiative, des Volksbegehrens und des Volksentscheids (insb. Art. 61– 63) bzw. der Volksabstimmung.[151] Für Streitigkeiten bei Verfahren direkter Demokratie gibt es eine besondere Zuständigkeit des VerfGH.[152] Es ist umstritten, ob außerhalb der in den Verfassungstexten ausdrücklich vorgesehenen Fälle Raum für weitere unmittelbar-demokratische Verfahren besteht. Dabei wird argumentiert, dass sich eine einfach-gesetzliche Regelung, die eine Volksabstimmung oder ein ähnliches Verfahren vorsieht, auf die allgemeinen Verfassungsvorschriften stützen könnte, nach denen das Volk die Staatsgewalt unmittelbar in Wahlen und Abstimmungen ausübt (Art. 20 Abs. 2 S. 2 GG; Art. 2 S. 2 VvB). Für den Anwendungsbereich des Grundgesetzes wird das überwiegend abgelehnt. Im Anwendungsbereich der VvB wäre es erst recht bedenklich, derartige Verfahren unter unmittelbarer Berufung auf Art. 2 S. 2 VvB ohne spezielle verfassungsrechtliche Grundlage durchzuführen. Schließlich hat der Berliner Verfassungsgeber die differenziert vorgesehenen Möglichkeiten von Plebisziten ausdrücklich und ausführlich im Verfassungstext geregelt.[153]

---

151 Art. 97 und 100 VvB; hier „Volksabstimmung" genannt, da ohne Volksbegehren als obligatorischer Entscheid vorgesehen (vgl. im Buch § 46 II.).

152 Vgl. im Buch § 55 V.6.

153 Im Unterschied zur Bundesverfassung mit Ausnahme des Sonderfalls der Neugliederung des Bundesgebiets (Art. 29 bzw. 118a GG).

Darüber hinaus eröffnet Art. 72 Abs. 2 VvB die Möglichkeit, dass auf der Bezirksebene an die Stelle von Beschlüssen der BVV Bürgerentscheide treten können (s. u.).

2) Keine Volksbefragung

Die Beteiligung der Bürger in Form einer Volksbefragung auf Veranlassung von
Abgeordnetenhaus oder Senat ist dagegen in der VvB nicht vorgesehen. Diskutiert wurde eine Volksbefragung bei der Olympia-Bewerbung 2015 und bei der
Einführung eines weiteren Feiertags 2018.[154] Im Falle der Olympia-Bewerbung
legte der Senat sogar einen Gesetzesentwurf zur Volksbefragung vor, bei dem er
auf die Änderung der VvB verzichtete.[155] Solche konsultativen Volksabstimmungen, durch die der Gesetzgeber eine – im Ergebnis nicht verbindliche – Abstimmung zu einem bestimmten Gegenstand anordnet, bedürften einer besonderen
verfassungsrechtlichen Grundlage.[156]

Gegen Volksbefragungen ließen sich aus demokratietheoretischer einwenden:
Wenn die Wähler nicht – wie bei einer Meinungsumfrage – informell konsultiert,
sondern offiziell zu den Urnen gerufen werden, sollte das Ergebnis in einer Demokratie für die anderen Verfassungsorgane auch verbindlich sein. Sonst drohten Le-
gitimitätsverluste. Andererseits wäre eine in der VvB neu eingefügte Möglichkeit
der bloßen Volksbefragung durch das demokratische Verfahren der beschlossenen
Verfassungsänderung hinreichend legitimiert. Auch wäre die rein konsultative
Wirkung den Abstimmenden ja von vornherein bekannt und bewusst.

3) Stimmberechtigung

Nach Art. 2 S. 1 VvB ist die Gesamtheit der Deutschen,[157] die in Berlin ihren
Wohnsitz haben, Träger der öffentlichen Gewalt. Sie bilden im tradierten Verständnis der deutschen Staatsrechtslehre das „Volk"[158] des Bundeslandes Berlin
und üben nach Art. 2 S. 2 VvB – gekoppelt an ein Mindestalter der Wahl- und
Stimmberechtigung – ihren Willen unmittelbar durch Wahl des Parlaments und

154 Vgl. Tagesspiegel vom 27.09.2018, Berliner dürfen nicht über Feiertag abstimmen.
155 Kritisch *Meyer*, Stellungnahme „Olympia-Anhörung" im Ausschuss für Verfassungs- und
Rechtsangelegenheiten im Abgeordnetenhaus von Berlin am 11. Februar 2015, https://www.
parlament-berlin.de/ados/17/Recht/protokoll/r17-053-wp.pdf (Abruf 26.04.2023).
156 So auch *Michaelis*, Art. 62 in: Driehaus, Verfassung von Berlin, 4. Aufl., 2020.
157 Im Sinne des Art. 116 GG.
158 Kritisch zu diesem Begriff des „Volks" aus demokratietheoretischer und verfassungsrechtlicher
Sicht *van Ooyen*, Ausländerwahlrecht, 3. Aufl., 2021.

durch Abstimmungen (über Sachfragen) sowie mittelbar durch das Parlament aus. Entsprechende, fast gleichlautende Bestimmungen enthielten die Verfassung vom 1. September 1950, der nicht in Kraft getretene Verfassungstext vom 22. April 1950 und die Ostberliner Verfassung vom 11. Juli 1990.[159]

Bei den BVVs ist gegenüber der Volljährigkeit bei Wahlen zum Abgeordnetenhaus das Wahlalter auf 16 Jahre gesenkt; darüber hinaus erstreckt sich das Wahl- (und Abstimmungs-)volk auch auf die ortsansässigen EU-Bürger (Art. 70 Abs. 1 VvB). Dies ist Folge des kommunalen Wahlrechts für Unionsbürger durch Änderung des Grundgesetzes infolge des Maastricht-Vertrags (Art. 28 Abs. 1 S. 3 GG) und beinhaltet die Mitwirkung an den direkt demokratischen Verfahren des Bürgerbegehrens und Bürgerentscheids auf der Bezirksebene (s. u.).

An der Volksinitiative auf Landesebene wiederum, die schon seit 1997 vorgesehen ist, können sich darüber hinaus unabhängig von der Staats- und Unionsbürgerschaft alle Einwohner Berlins (d. h. Deutsche, EU-Bürger und Ausländer) beteiligen, die das 16. Lebensjahr vollendet haben (Art. 61 Abs. 1 VvB). Durch diese Initiative wird jedoch nur eine Befassungspflicht des Abgeordnetenhauses begründet. Dies gilt ebenfalls für den Einwohnerantrag auf der Bezirksebene.

4) Plebiszite – progressiv oder konservativ?

Aus rechtspolitischer Perspektive kann jenseits aller Pro- und Contra-Argumente für direkt demokratische Elemente ein dialektischer Befund ergänzt werden.[160] Plebiszite gelten traditionell als „progressiv" und „Allheilmittel" gegen „Politikverdrossenheit", als „linkes" Projekt einer weiteren Demokratisierung und gesellschaftlichen Mitbestimmung sowie Instrument zur Durchsetzung von „Reformpolitik". Längst aber sind Volksbegehren und Volksentscheide unter dem erstarkenden Rechtspopulismus auch in die entgegengesetzte politische Richtung

---

159 In den früheren Verfassungstexten wurde anstelle des Wortes „Abstimmung" das Wort „Volksentscheid" verwendet.

160 Aktueller Überblick einschließlich vergleichender Bezüge insgesamt bei *Heußner/Pautsch/Wittreck* (Hg.), Direkte Demokratie (FS Jung), 2021; *Merkel*, Direkte Demokratie. Referenden aus demokratietheoretischer und sozialdemokratischer Sicht, FES 2014; aus empirisch-politikwissenschaftlicher Sicht der Vetospieler-Theorie *Solar*, Regieren im Schatten der Volksrechte. Direkte Demokratie in Berlin und Hamburg, 2016.
Eine Übersicht zu den Berliner Volksbegehren findet sich beim *Mehr Demokratie e. V.* unter https://bb.mehr-demokratie.de/berlin/berlin-volksbegehren/berlin-land-uebersicht (Abruf 26.04. 2023).

gewandert.[161] Oder sie sind einfach Ausdruck bürgerlichen Konservativismus, im Status quo zu verharren. In der Schweiz etwa gilt überhaupt das „Volk" durch sein Abstimmungsverhalten als das eigentlich konservative Verfassungsorgan. Das liegt z. T. daran, dass sich Bürger schnell gegen Neuerungen und Veränderungen sperren, vor allem wenn sie ihr unmittelbares Lebensumfeld betreffen. Und „Referenden über komplexe Reformvorschläge bevorteilen möglicherweise immer das Nein-Lager. If you don't know, say no, heißt es dann".[162] Auch im sich selbst wohl als „progressiv" wahrnehmenden Berlin ist daher dieser Befund stellenweise zu beobachten. 2014 etwa wurde durch den vom Volksbegehren 100 % Tempelhofer Feld initiierten Volksentscheid verhindert, dass trotz Wohnungsknappheit und explodierender Mieten zumindest ein Teil der Brachflächen des jetzt stillgelegten Flughafens zur Bebauung frei gegeben wird.[163]

§ 46 Volksbegehren und Volksentscheid

I. Gegenstand

1) (Verfassungs-)Gesetze

Grundlegende Bestimmungen über Volksbegehren und Volksentscheid enthalten die Art. 62 und 63 VvB. Gegenstand ist i. d. R. ein Gesetzesvorhaben. Eine Gesetzesvorlage, die Gegenstand eines Volksbegehrens sein soll, muss in die Gesetzgebungskompetenz des Landes fallen und darf auch sonst nicht unzulässig sein (s. u.). Zulässig sind seit der Verfassungsänderung 2006 auch Gesetzesvorlagen, die auf eine Änderung der Berliner Verfassung gerichtet sind; in diesem Fall gelten erhöhte Anforderungen für das Zustandekommen des Volksbegehrens und die Annahme des Entwurfs im Volksentscheid. Die Vorlage kann auch die Verfassungsbestimmungen über Volksbegehren und Volksentscheid, also die Art. 62 und 63 VvB selbst, betreffen (s. u.). Eine Vorlage zur Änderung der VvB muss – obgleich dies in der Verfassung nicht erwähnt wird – ausdrücklich auf die Änderung des Verfassungstextes gerichtet sein. Verfassungsdurchbrechende

---

161 Vgl. *van Ooyen*, Demokratie durch Losverfahren, RuP 2017, S. 375 ff.
162 *Van Reybrouck*, Gegen Wahlen, 2016, S. 128.
163 Erst jetzt scheint die Stimmung zu kippen, vgl. Tagesspiegel vom 01.04.2021, https://www.tagesspiegel.de/berlin/umfrage-zur-randbebauung-mehrheit-der-berliner-fuer-neue-wohnungen-auf-dem-tempelhofer-feld/27059854.html

Gesetze sind unzulässig,[164] sodass die Vorlage deutlich zu machen hat, an welcher Stelle die beantragte Änderung in die Verfassung eingefügt werden soll. Es kann sich um eine Änderung oder eine Streichung im Verfassungstext handeln oder um eine Ergänzung des Verfassungstextes durch neue Vorschriften. Dagegen ist es nicht erforderlich, dass der Inhalt der Vorlage „nach seinem Wesen" zum Verfassungsrecht gehört – eine derartige Einschränkung lässt sich weder aus der VvB noch aus dem Grundgesetz herleiten und würde zu kaum lösbaren Abgrenzungsfragen führen.[165]

2) Sonstige Beschlüsse

Volksbegehren und Volksentscheid können seit 2006 auch auf sonstige Beschlüsse der politischen Willensbildung, die Berlin betreffen, gerichtet werden, die in die Entscheidungskompetenz des Abgeordnetenhauses fallen (Art. 62 Abs. 1 S. 2 VvB). Die wichtigste Voraussetzungen ist wohl, dass die Vorlage die Entscheidungszuständigkeit des Abgeordnetenhauses betrifft. Dabei sind zunächst die Einschränkungen des Art. 62 Abs. 2 VvB zu beachten (s. u.: unzulässige Plebiszite). Es kommen also z. B. keine Personalentscheidungen in Betracht, etwa ein Volksbegehren auf Abwahl des Regierenden Bürgermeisters. Dann beinhaltet die Regelung zweierlei: Der Gegenstand muss in die Kompetenz des Landesparlaments fallen und es muss sich um „Entscheidungen" handeln.[166] Bloße Resolutionen oder Meinungsäußerungen ohne Entscheidungswirkung – zu denen das Abgeordnetenhaus befugt ist, solange es damit nicht die Kompetenzordnung des Grundgesetzes unterläuft – können nicht Gegenstand eines Volksbegehrens sein. Gegen diese Auffassung mag sprechen, dass die mit der Verfassungsänderung 2006 beabsichtigte Erweiterung unmittelbar-demokratischer Verfahren geringfügig wäre, wenn man sie auf Initiativen und Abstimmungen mit „echter" (materieller) Entscheidungswirkung beschränkte. Doch der Wortlaut ist eindeutig, wenn man vom üblichen Verständnis des Begriffs „Entscheidung" ausgeht.

---

164 Dieses in Art. 79 Abs. 1 Satz 1 GG für die Bundesgesetzgebung verankerte Prinzip ist Element des republikanischen und demokratischen Rechtsstaats im Sinne von Art. 28 Abs. 1 GG und daher auch für das Verfassungsrecht der Länder bindend.

165 Positivistisch gilt daher hier: Zur „Verfassung" gehört, was im Verfassungstext steht.

166 In Betracht kämen z. B. Beschlüsse über die Einsetzung eines Untersuchungsausschusses oder einer Enquetekommission. Dagegen wäre die Verpflichtung des Senats, im Bundesrat einen bestimmten Antrag zu stellen, zu unterstützen oder abzulehnen, unzulässig. Die Vertretung des Landes im Bundesrat – einschließlich des Abstimmungsverhaltens – gehört kraft Bundesrecht zur Entscheidungskompetenz der Länderregierungen, nicht der Länderparlamente.

Allerdings hat der Berliner Senat im Jahre 2007 das Erfordernis der „Entscheidungskompetenz" großzügig interpretiert, indem er ein Volksbegehren über den Weiterbetrieb des Flughafens Tempelhof zuließ, gleichzeitig jedoch zu erkennen gab, das Ergebnis – auch eines möglichen Volksentscheides – gar nicht als bindend anzusehen. Denn die „Schließung des Verkehrsflughafens Tempelhof ist eine Angelegenheit, die in die Zuständigkeit der Berliner Senatsverwaltung fällt" – und nicht in die des Abgeordnetenhauses.[167] Eine ähnliche Problematik lag beim Plebiszit über den Flughafen Tegel vor; die Initiatoren fügten daher erst gar keinen Gesetzesentwurf bei.[168] Um einen vergleichbaren, bloßen „Beschluss-Volksentscheid" handelt es sich auch beim Volksbegehren der Initiative Deutsche Wohnen & Co enteignen, der 2021 angenommen wurde. Der Senat unter der Regierenden Bürgermeisterin Giffey, die sich während des Wahlkampfs gegen das Volksbegehren ausgesprochen hatte, setzte 2022 eine Expertenkommission zur Umsetzung des Volksentscheids ein, die u. a. die verfassungsrechtlichen Fragen hinsichtlich Art. 15 GG prüfen soll.[169]

3) Parlamentsauflösung

Darüber hinaus sind Volksbegehren und Volksentscheid zur vorzeitigen Beendigung der Wahlperiode des Abgeordnetenhauses möglich (Art. 54 Abs. 3 und Art. 62 Abs. 6 VvB). Die vorzeitige Beendigung der Wahlperiode, die auch vom Abgeordnetenhaus mit Zweidrittelmehrheit selbst herbeigeführt werden kann, hat zur Folge, dass innerhalb von acht Wochen nach dem Beschluss bzw. der Bekanntgabe des Ergebnisses des Volksentscheids Neuwahlen stattfinden müssen (Art. 54 Abs. 4 VvB).

---

167 *Wissenschaftliche Dienste des Deutschen Bundestags*, Zur etwaigen Sperrwirkung von Plebisziten am Beispiel des Volksbegehrens zum Flughafen Berlin-Tempelhof (WD 3 – 261/07), 2007, S. 11. Da nach Art. 87d Abs. 2 GG die Aufgaben der Luftverkehrsverwaltung den Ländern durch Gesetz als Auftragsverwaltung übertragen werden kann und eine entsprechende Regelung in § 31 Abs. 2 LuftVG enthalten ist.

168 Vgl. *Pautsch*, Der Volksentscheid „Berlin braucht Tegel" – Direkte Demokratie ohne rechtliche Bindungskraft?, in: JBdD 2017, S. 183 ff.; *Paetow*, Rechtsgutachten zum Umgang des Senats von Berlin mit dem Ergebnis des Volksentscheids „Berlin braucht Tegel", erstattet im Auftrag des Senats, 2018 (file:///Users/irina/Downloads/paetow-rechtsgutachten-volksentscheid-tegel%20(1).pdf; Abruf 26.04.2023); *Michaelis*, Art. 62, in: Driehaus (Fn. 156), 4. Aufl., S. 379.

169 Vgl. https://www.berlin.de/kommission-vergesellschaftung/ (Abruf 26.04.2023); *Zivier*, Art. 15 – Wiederkehr eines Totgeglaubten, RuP 2019, S. 257 ff.; *Kühling/Litterst*, Das Kuckucksei der Enteignung, FAZ vom 25.03.2022, S. I 3.

II. Obligatorische Plebiszite

In zwei Fällen sieht die VvB außerdem vor, dass ein Volksentscheid (hier: Volksabstimmung genannt) herbeigeführt werden muss: bei einem verfassungsändernden Gesetz, das die Regeln über direkt demokratische Elemente in Art. 62 und 63 selbst betrifft (Art. 100 Satz 2), und bei der Landesfusion mit Brandenburg (Art. 97 VvB).

1) Änderungen der Art. 62 und 63 VvB

Ist ein verfassungsändernder Gesetzentwurf auf eine Änderung der Vorschriften über Volksbegehren und Volksentscheid selbst (Art. 62, 63 VvB) gerichtet, so bedarf es – zusätzlich zu dem Erfordernis der Zweidrittelmehrheit im Abgeordnetenhaus – einer Volksabstimmung (Art. 100). Es kommt nicht darauf an, ob die in Art. 62, 63 vorgesehenen Möglichkeiten direkt-demokratischer Entscheidungen eingeschränkt, erweitert oder nur in technischen Einzelheiten geändert werden sollen. Als „Änderung" ist auch eine Aufhebung der betreffenden Artikel anzusehen (als stärkste Form der Änderung). Damit der Sicherungszweck nicht umgangen werden kann, muss das Erfordernis einer Volksabstimmung auch auf Art. 100 Abs. 2 selbst ausgedehnt werden.[170]

Das Abstimmungsverfahren ist weder in der VvB noch im AbstG geregelt. Dies könnte in dem verfassungsändernden Gesetz selbst geschehen oder auch in einem besonderen Abstimmungsgesetz, das vom Abgeordnetenhaus beschlossen würde.[171] Sachliche Vorgaben für den Gesetzgeber bestehen dabei nicht; er ist nur an die elementaren Grundsätze der Demokratie gebunden. Das heißt, dass abgesehen von formalen Erfordernissen, wie Freiheit der Abstimmung und dem Abstimmungsgeheimnis, vor allem das Mehrheitsprinzip beachtet werden muss. Andernfalls liegt eine analoge Anwendung des AbstG, insb. §§ 29 ff. nahe.[172]

---

170 Vgl. analog die Problematik bei Art. 79 Abs. 3 GG.

171 Das verfassungsändernde Gesetz vom 25. Mai 2006 bestimmte in Art. 2, dass die Änderungen der Art. 62 und 63 in Kraft treten würden, wenn bei einer Volksabstimmung gemäß Art. 100 Abs. 2 die Mehrheit zustimmte. Der Zeitpunkt, die Formulierung der Abstimmungsfrage und technische Einzelheiten der Abstimmung wurden in einem Durchführungsgesetz vom 25. Mai 2006 (BGBl. S. 448) geregelt.

172 So *Driehaus*, Art 100, in: Driehaus (Fn. 156), 4. Aufl., S. 568.

2) Fusion Berlin – Brandenburg

Nach Art. 118a GG ist eine Neugliederung des Bundesgebietes in dem Gebiet der Länder Berlin und Brandenburg – abweichend von Art. 29 GG – durch eine Vereinbarung dieser Länder „unter Beteiligung der Wahlberechtigten" möglich. Art. 97 VvB sieht für die Bildung eines gemeinsamen Bundeslandes einen Staatsvertrag vor, der einer Zustimmung des Abgeordnetenhauses mit Zweidrittelmehrheit und einer Zustimmung durch Volksabstimmung nach Maßgabe eines Staatsvertrages bedarf (Abs. 2 und 5). Eine entsprechende, aber nicht wortgleiche Regelung enthält die VerfBbg in Art. 116.[173] Das Grundgesetz und die beiden Landesverfassungen lassen nicht klar erkennen, ob bei der Volksabstimmung eine Mehrheit im gesamten Abstimmungsgebiet ausreicht, oder ob eine Mehrheit in jedem der beiden Bundesländer erforderlich ist. Für die zuletzt genannte Auslegung spricht, dass die Wahlberechtigten der beiden Länder bis zur Wirksamkeit der Fusion noch kein gemeinsames Wahl-/Abstimmungsvolk bilden. Weitere verfassungsrechtliche Vorgaben für das Abstimmungsverfahren bestehen in Berlin nicht. Nach Art. 116 VerfBbg muss die Mehrheit der Abstimmenden dem Fusionsvertrag zustimmen.[174] Im übrigen gilt nur – wie bei einer Volksabstimmung nach Art. 100 Abs. 2 VvB – die Bindung an elementare Grundsätze der Demokratie.

III. Unzulässige Plebiszite

1) Landeshaushalt

Volksbegehren zum Landeshaushaltsgesetz sind nach Art. 62 Abs. 2 VvB unzulässig (ebenso zu: Dienst- und Versorgungsbezügen, Abgaben, Tarifen der öffentlichen Unternehmen sowie Personalentscheidungen). Bis zur Verfassungsänderung von 2006 waren Volksbegehren und Volksentscheid „zum Landeshaushalt" ausgeschlossen. Da nahezu jedes Gesetz finanzielle und damit auch haushaltstechnische Auswirkungen hat, war die Reichweite der Vorschrift früher unklar. Hierdurch bestand die Gefahr, dass Volksbegehren zum Gegenstand komplizierter Gerichtsentscheidungen über die finanziellen Konsequenzen des beantragten

---

173 Diese Bestimmungen sind durch den negativen Ausgang der Volksabstimmung über die Bildung eines gemeinsamen Landes am 5. Mai 1996 nicht obsolet geworden.

174 Es ist nicht klar, ob durch diese Formulierung zusätzliche Erfordernisse ausgeschlossen werden. Der Vertrag über die Abstimmung am 5. Mai 1996 sah allerdings vor, dass die Mehrheit mindestens 25 % der Wahlberechtigten in jedem der beiden Länder umfassen musste.

Gesetzes geworden wären; es drohte sogar das „Leerlaufen" der direkt demokratischen Elemente, zumal der VerfGH in einem Grundlagenurteil den Haushaltsvorbehalt ab einer gewissen finanzwirksamen „Erheblichkeit" extensiv interpretiert hatte.[175]

Der Haushaltsvorbehalt ist im nun geltenden Wortlaut des Verfassungstextes durch den Bezug zum formellen Haushaltsgesetz klarer definiert und eingeschränkt worden. 2009 hat folglich der VerfGH seine Rechtsprechung aufgrund der geänderten Verfassungslage revidiert: Daher sind zwar Plebiszite „unzulässig, die das Haushaltsgesetz und den in ihm festgestellten Haushaltsplan für das laufende Haushaltsjahr unmittelbar zum Gegenstand haben", der Haushaltsvorbehalt des Art. 62 Abs. 2 VvB erstreckt sich aber „nicht auf finanzwirksame Gesetze, die sich lediglich auf künftige Haushaltsgesetze und zukünftige Haushaltsperioden auswirken".[176] Denn: „Außerbudgetäre Gesetze, die die Dispositionsfreiheit des parlamentarischen Haushaltsgesetzgebers einschränken, stellen die Budgethoheit des Parlaments nicht grundsätzlich in Frage". Und soweit sich das Parlament „wegen eines erfolgreichen Volksbegehrens veranlasst (sieht), seine Planungen und Prioritätensetzungen zu modifizieren, ist dies notwendige Folge der Verfassungsentscheidung für mehr direkte Demokratie". Es liege schließlich „in der Konsequenz der Modifikation des repräsentativ-demokratischen parlamentarischen Systems durch die Möglichkeit der plebiszitären Gesetzgebung, dass die parlamentarische Mehrheit ihr politisches Programm nicht mehr notwendig ungebrochen durchführen kann". Außerdem könne das Abgeordnetenhaus ja „plebiszitäre Gesetze jederzeit ganz oder teilweise aufheben"[177] (s. u.).[178]

2) Wiederholungsverbot

Darüber hinaus ist ein Volksbegehren, das auf Erlass eines Gesetzes gerichtet ist, innerhalb derselben Wahlperiode zu einem Gegenstand nur einmal zulässig (Art. 62 Abs. 1 VvB). Die Frage, ob zwei Vorlagen denselben Gegenstand betref-

---

175 Vgl. VerfGHE 25/04 – Volksbegehren über die Umstrukturierung der Bankgesellschaft Berlin (2005).

176 VerfGHE 143/08 – Kitakinder + Bildung von Anfang an = Gewinn für Berlin (2009), Leitsatz.

177 Ebd., RNr. 109 ff.

178 Dagegen kritisch *Michaelis*, Art. 62, in: Driehaus (Fn. 156), 4. Aufl., S. 381 ff., u. a. mit dem Hinweis auf „teure" Plebiszite wie im Falle möglicher Entschädigungen beim Begehren Deutsche Wohnen & Co enteignen; auch *Siegel/Waldhoff*, Öffentliches Recht in Berlin, 3. Aufl., 2020, S. 54 f.

fen, kann im Einzelfall zu Interpretationsschwierigkeiten führen. Das schließt jedoch nicht aus, dass gleichzeitig mehrere zulässige Anträge zum selben Gegenstand vorliegen.[179] Über Gesetzentwürfe, die denselben Gegenstand betreffen, müssen – u. U. gleichzeitig – gesonderte Verfahren durchgeführt werden.

3) Sonstige Unzulässigkeiten

Das AbstG sieht weitere Konkretisierungen vor, die im Verfassungstext nicht erwähnt werden. Nicht nur unbedenklich, sondern rechtlich geboten ist die Bestimmung des § 12 Abs. 2 AbstG, dass Volksbegehren unzulässig sind, die gegen das Grundgesetz oder sonstiges Bundesrecht, die VvB oder gegen das Recht der EU verstoßen. Da zur Prüfung der Senat ermächtigt und verpflichtet ist, kann fraglich sein, wie groß hierbei der Interpretationsspielraum ist, ob also der Senat die Zulassung des Antrags nur ablehnen kann, wenn er eindeutig gegen den Text der höherrangigen Normen oder eine gefestigte Interpretation dieser Normen durch die zuständigen Gerichte verstößt, oder ob er zu einer selbständigen Interpretation befugt ist. Dass im Fall der Nichtzulassung der Rechtsweg zum VerfGH gegeben ist,[180] spricht dafür, dass der Senat die Zulassung auch verweigern kann, wenn unterschiedliche Rechtsauffassungen möglich sind, die Vorlage aber nach seiner Auffassung verfassungswidrig ist.

Bedenklich könnte § 12 Abs. 3 AbstG sein, der für ein Volksbegehren zur vorzeitigen Beendigung der Wahlperiode eine zeitliche Beschränkung vorsieht, indem er solche Anträge später als 46 Monate nach Beginn der Wahlperiode verbietet. Für diese Regelungen spricht, dass sich Auflösungsanträge relativ „kurz" vor dem regulären Ablauf der Wahlperiode angesichts der verfahrensmäßigen Fristen (s. u.) nahezu erübrigten und mit einem sinnlosen Verwaltungs- und Kostenaufwand verbunden wären.

Generell aus dem Demokratieprinzip könnte noch ein sog. „Kopplungsverbot" folgen, also Materien, die sachlich nicht unmittelbar zusammenhängen, auch nicht in ein- und derselben Abstimmungsvorlage miteinander zu verbinden. Begründet wird dies mit der Eindeutigkeit bei bloß dichotomer Möglichkeit der Abstimmung bei Plebisziten („ja" oder „nein") und mit dem Grundsatz der Fair-

---

179 Art. 62 Abs. 1 VvB steht dem nicht entgegen. Die Vorschrift verbietet es nur, mehrere Volksbegehren zum selben Thema während einer Wahlperiode nacheinander durchzuführen.

180 Siehe im Buch § 55 V.6.

ness – ließen sich doch sonst unpopuläre Vorlagen auf ein Abstimmungszugpferd im Paket draufsatteln.[181]

IV. Volksentscheid und Parlamentsgesetz: Lex posterior-Regel

Wird eine Vorlage durch Volksentscheid angenommen, so tritt sie – wenn es sich nicht um eine Verfassungsänderung oder um einen bloßen Beschluss handelt – als einfaches Gesetz in Kraft. Dieses kann wiederum durch ein vom Abgeordnetenhaus verabschiedetes Gesetz geändert oder aufgehoben werden.[182] Die Frage, ob direkt demokratisch beschlossenen Gesetzen eine höhere Legitimität zukomme,[183] da der Parlamentsgesetzgeber seine Kompetenzen ja selbst erst aus der Wahl durch das Volk erhalte, hat der VerfGH jüngst verneint. Denn „Volksgesetzgebung und Parlamentsgesetzgebung sind nach der Verfassung von Berlin prinzipiell gleichwertig".[184] Diese Gleichrangigkeit direkt demokratischer und repräsentativer Gesetzgebung ergibt sich aus Art. 3 Abs. 1 S. 1 VvB, sodass ein plebiszitär zustande gekommenes Gesetz durch ein zeitlich späteres Parlamentsgesetz wieder geändert oder auch ganz aufgehoben werden kann.[185]

Politisch betrachtet kann dies vor allem aus der Wahrnehmung der Abstimmenden heraus trotzdem zu Legitimitätskonflikten führen, zumal nach Art. 62 Abs. 1 S. 3 VvB ein durch Volksentscheid angenommenes Gesetz, das vom Abgeordnetenhaus aufgehoben oder in wesentlichen Punkten geändert wurde, nicht in derselben Wahlperiode erneut durch Volksbegehren eingebracht werden dürfte. Politisch brisant wäre das vor allem, wenn das Parlament ein durch Volksentscheid angenommenes Gesetz sofort wieder außer Kraft setzte oder es unmittelbar in ei-

181 So *Michaelis*, in: Driehaus (Fn. 156), 4. Aufl., Art. 62, S. 386 f.
182 Handelt es sich um ein verfassungsänderndes Gesetz, so kann es selbstverständlich nur im Wege einer Verfassungsänderung durch das Abgeordnetenhaus geändert oder aufgehoben werden. Handelt es sich um einen bloßen Beschluss ohne Gesetzeskraft, so sind für seine Änderung oder Aufhebung durch das Abgeordnetenhaus die jeweils maßgeblichen Formvorschriften (z. B. der Geschäftsordnung) zu beachten.
183 Diese demokratietheoretische Vorstellung basiert letztendlich auf einem Verständnis von „Volkssouveränität" in der Folge von Jean-Jacques Rousseau; vgl. kritisch *Fraenkel,* Deutschland und die westlichen Demokratien, 9. Aufl., 2011; *Loewenstein*, Verfassungslehre, 2. Aufl., Nachdr. 2000; *Möllers/van Ooyen*, Parlamentsbeschluss gegen Volksentscheid, ZfP 4/2000, S. 458 ff.
184 VerfGHE 150/18 – Volksbegehren Videoüberwachung (2020); vgl. auch schon VerfGHE 35/04 – Volksbegehren Schluss mit dem Berliner Bankenskandal (2005) und die dort zitierte Literatur.
185 So auch *Siegel/Waldhoff*, (Fn. 178), 3. Aufl., S. 50 f.; *Michaelis*, Art. 63 in: Driehaus (Fn. 156), 4. Aufl.

ner Weise änderte, die dem Zweck der angenommenen Vorlage zuwiderliefe. Auch der VerfGH führte daher aus, dass es dem Landtag in seiner Legitimität Schaden zufügen würde, wenn er sich so in einen direkten politischen Konflikt mit „dem Volk" begäbe. Das Gericht wies in diesem Zusammenhang auf die in Berlin bestehende Möglichkeit hin, durch Volksbegehren und Volksentscheid wiederum die Wahlperiode des Abgeordnetenhauses vorzeitig zu beenden.[186] Rechtspolitisch ließe sich dieser Konflikt entschärfen, wenn in die VvB eine Regelung aufgenommen werden würde, die eine solche parlamentarische Gesetzesänderung zumindest während derselben Wahlperiode nicht oder nur unter erschwerten Bedingungen erlaubte (z. B. durch das Erfordernis qualifizierter Mehrheiten).

V. Verfahrensvorschriften und Quoren

Vorschriften zur Regelung des Verfahrens finden sich in der VvB, im AbstG und in der AbStO als der Durchführungsverordnung zu diesem Gesetz. Die Unterschiede im Verfahren betreffen vor allem die Zahl der erforderlichen Unterschriften, je nachdem ob ein Volksbegehren auf ein einfaches Gesetz oder einen Beschluss, ein verfassungsänderndes Gesetz oder auf eine vorzeitige Beendigung der Wahlperiode gerichtet ist.

1) Dreistufiges Verfahren und Spendentransparenz

Seit der Verfassungsänderung von 2006 sieht nicht nur das AbstG, sondern auch die Verfassung ein dreistufiges Verfahren bis zum Volksentscheid vor. Denn bereits der Antrag auf Durchführung eines Volksbegehrens muss von einer ausreichenden Anzahl von Wahlberechtigten durch Unterschrift unterstützt werden (Art. 63 VvB). Erst wenn die Unterstützungsunterschriften eingereicht sind und die sonstigen Voraussetzungen vorliegen, wird das Volksbegehren durchgeführt,[187] das dann in der letzten Stufe in den Volksentscheid münden kann. Dabei sind Spenden, die in der Gesamtsumme den Betrag von 5.000 € übersteigen, von der Trägerin über die Senatsverwaltung für Inneres namentlich auszuweisen und öf-

---

186 Vgl. VerfGHE 35/04 – Volksbegehren Schluss mit dem Berliner Bankenskandal (2005).
187 Die Unterstützungsunterschriften für den Antrag auf Volksbegehren können dabei dem Volksbegehren selbst nicht „gutgeschrieben" werden. Hiergegen spricht neben dem Verfassungstext, dass die Stellungnahme des Senats und die Reaktion des Abgeordnetenhauses auf die Vorlage einen Wahlberechtigten, der den Antrag spontan unterstützt hat, veranlassen könnten, seine Entscheidung bei dem Volksbegehren selbst zu überdenken.

fentlich anzuzeigen (§ 40b AbstG).[188] Es gelten Spendenverbote für parlamentarische Fraktionen / Gruppen, kommunale Vertretungen und Bezirksverordnetenversammlungen sowie öffentliche Unternehmen (§ 40c AbstG).

2) Berechtigte

Trägerin eines Volksbegehrens können nach § 13 AbstG eine natürliche Person, eine Mehrheit von Personen, eine Personenvereinigung oder eine Partei sein. Was eine Partei ist, bestimmt sich nach den Vorschriften des PartG (insb. Definition in § 2), obgleich § 13 AbstG – im Gegensatz zu dem früheren Gesetz vom 27. November 1974 – keine ausdrückliche Verweisung enthält. Der Antrag einer Organisation, die sich selbst als Partei versteht, die Erfordernisse des Parteiengesetzes aber nicht erfüllt, kann als Antrag einer Personenvereinigung zugelassen werden. Der Terminus „Personenvereinigung" sollte, wie in dem Gesetz von 1974 ausdrücklich vorgesehen, in Anlehnung an das Vereinsgesetz interpretiert werden.[189] Notwendig ist vor allem, dass sich die Mitglieder freiwillig für längere Zeit zu einem gemeinsamen Zweck zusammengeschlossen und einer organisierten Willensbildung unterworfen haben. Dass es sich um eine juristische Person handelt, ist weder ausreichend noch notwendig – in Betracht kommt z. B. ein nicht eingetragener Verein aber keine handelsrechtliche Kapitalgesellschaft.

Der Antrag einer Personenvereinigung muss ebenso wie der einer Partei von dem vertretungsbefugten Organ gestellt werden. Bei einer Mehrheit von Personen fehlt dagegen die Unterwerfung unter eine organisierte Willensbildung. Der Antrag ist von allen Beteiligten zu unterzeichnen. Jeder Beteiligte kann selbständig Erklärungen abgeben, die sich auf das Verfahren beziehen; allerdings geht dieses Recht mit Eingang des Antrags weitgehend auf die im Antrag zu benennenden Vertrauenspersonen über. Scheiden einzelne Antragsteller vor Beginn der Eintragungsfrist aus, so ist dies für den Fortgang des Verfahrens unerheblich, solange wenigstens ein Antragsteller den Antrag aufrechterhält. Obgleich das Gesetz keine ausdrückliche Aussage darüber enthält, muss man annehmen, dass § 13 AbstG eine Mehrheit natürlicher Personen voraussetzt.[190]

---

188   Vgl. unter Berücksichtigung der Praxis in Berlin ausführlich *Husein*, Finanzregelungen im Volksgesetzgebungsverfahren, 2020.

189   Allerdings war in dem Gesetz von 1974 von „Vereinigung" und nicht von Personenvereinigung die Rede.

190   Hätte der Gesetzgeber die Möglichkeit eröffnen wollen, dass eine Mehrheit unterschiedlicher Antragsberechtigter als Trägerin auftritt (z. B. mehrere Parteien, Vereinigungen und Einzelper-

Weder die Verfassung noch das Gesetz verlangen, dass die natürlichen Personen, die als Trägerin eines Volksbegehrens (oder als Vertreter einer Personenvereinigung oder Partei) auftreten, wahlberechtigt sind. Sie brauchen ihren Wohnsitz also auch nicht in Berlin zu haben; dies gilt auch für den Sitz einer Vereinigung, die als Trägerin auftritt. Das ist unbedenklich, weil durch das Erfordernis der Unterstützungsunterschriften sichergestellt wird, dass der Antrag von einer ausreichenden Zahl Wahlberechtigter mitgetragen wird.

3) Antrag

Der Antrag auf Volksbegehren ist schriftlich bei der zuständigen Senatsverwaltung für Inneres einzureichen. Richtet sich das Volksbegehren auf die Verabschiedung eines Gesetzes, so ist ein mit Gründen versehener Gesetzentwurf beizufügen (§ 14 AbstG). Die Trägerin bestimmt nach § 16 AbstG fünf Vertrauenspersonen, die im Rahmen des Verfahrens als Vertreter Erklärungen der Behörden entgegennehmen und verbindliche Erklärungen – einschließlich der Rücknahmeerklärung – abgeben können. Eine Erklärung ist verbindlich, wenn sie übereinstimmend von mindestens drei Vertrauenspersonen abgegeben wird. Eine Rücknahme des Antrags auf Einleitung des Volksbegehrens ist mit dem Verlangen auf Durchführung des Volksbegehrens ausgeschlossen (§ 19 AbstG).[191]

4) Unterstützungsquorum

Damit der Antrag zugelassen werden kann, muss er von einer ausreichenden Anzahl von Bürgern unterstützt werden, die bei Abgabe der Unterschrift zum Abgeordnetenhaus wahlberechtigt gewesen sind. Die Anzahl der Unterstützungsunterschriften beträgt bei einer einfachen Gesetzesvorlage oder bei einem sonstigen Beschluss im Zuständigkeitsbereich des Abgeordnetenhauses 20.000 und bei einer verfassungsändernden Gesetzesvorlage sowie bei einem Antrag auf vorzeitige Beendigung der Wahlperiode 50.000 (Art. 63 Abs. 1 S. 1, Abs. 2 S. 1 bzw. Abs. 3 S. 1 VvB). Die Frist, in der die Wahlberechtigten den Antrag unterstützen können, beträgt in allen Fällen vier Monate (Art. 63 Abs. 1 S. 2, Abs. 2 S. 2, Abs. 3 S. 2

---

sonen), so hätte die Vorschrift anders formuliert werden müssen. Bei einer Personenvereinigung dürfte es der Antragsbefugnis dagegen nicht entgegenstehen, wenn sie außer natürlichen auch juristische Personen aufnimmt.

191 Auch die Selbstauflösung der antragstellenden Personenvereinigung ist unerheblich, sobald ein wirksamer Antrag vorliegt. Etwas anderes könnte gelten, wenn eine Vereinigung nach den Vorschriften des Vereinsgesetzes oder eine Partei nach Art. 21 GG verboten wird.

VvB). Nach § 15 AbstG müssen die mit den erforderlichen Angaben versehenen Unterschriften (Name, Geburtsdatum, Wohnsitz, Datum der Unterschrift) innerhalb der letzten sechs Monate vor Einreichung des Antrags abgegeben worden sein. Die für Inneres zuständige Senatsverwaltung leitet die Unterstützungserklärungen den Bezirksämtern unverzüglich zur Überprüfung der Gültigkeit zu, die innerhalb von 15 Tagen ihr Prüfergebnis rückmelden (§ 17 Abs. 1 AbstG).

5) Prüfung durch den Senat und mögliche VerfGH- und Parlamentsentscheidung

Die Senatsverwaltung für Inneres prüft federführend im Verbund mit weiteren, betroffenen Senatsverwaltungen innerhalb von fünf Monaten, ob der Antrag die gesetzlichen Erfordernisse erfüllt. Dem Antragsteller kann eine angemessene Frist zur Nachbesserung gewährt werden, soweit dies ohne Änderung des Gegenstandes möglich ist. Bei den Unterstützungsunterschriften ist eine Mängelbeseitigung ausdrücklich ausgeschlossen (§ 17 Abs. 5 AbstG). Sind bereits die Anforderungen von § 10 oder §§ 13–16 nicht erfüllt, stellt der Senat dies durch Beschluss ausdrücklich fest, begründet seine Entscheidung und teilt sie der Trägerin mit (§ 17 Abs. 8 AbstG). Gegen die Ablehnung des Antrags steht der Rechtsweg zum VerfGH offen (§ 41 VerfGHG). Entspricht das Volksbegehren den Anforderungen des § 10 und der §§ 13–16, jedoch nicht den Anforderungen der §§ 11 oder 12, hat die für Inneres zuständige Senatsverwaltung den Antrag auf Einleitung eines Volksbegehrens dem VerfGH zur Entscheidung vorzulegen. Die Vorlage ist zu begründen und der Trägerin mitzuteilen. Sie ist innerhalb von 15 Tagen nach der Entscheidung des Senats über seinen Standpunkt beim VerfGH einzureichen (§ 17 Abs. 9 AbstG).

Die Senatsverwaltung für Inneres teilt das Ergebnis ihrer Prüfung der fachlich zuständigen Senatsverwaltung mit, die dem Senat einen Beschlussvorschlag über dessen Standpunkt gegenüber dem Abgeordnetenhaus unterbreitet (Artikel 62 Abs. 3 S. 1 VvB). Der dem Volksbegehren zugrunde liegende Entwurf eines (verfassungsändernden oder einfachen) Gesetzes oder eines sonstigen Beschlusses ist vom Senat unter Darlegung seines Standpunkts dem Abgeordnetenhaus zu unterbreiten, sobald feststeht, dass die erforderliche Anzahl von Unterstützungsunterschriften vorliegt. Dies gilt auch, wenn der Senat den Antrag und die Durchführung eines Volksbegehrens aus Rechtsgründen als unzulässig ansieht.[192] In der Mitteilung an das Abgeordnetenhaus ist darauf hinzuweisen, dass das Abgeordnetenhaus innerhalb einer Frist von vier Monaten entscheiden kann, den begehrten Entwurf eines Gesetzes oder eines sonstigen Beschlusses inhaltlich in seinem wesentlichen Bestand unverändert anzunehmen (§ 17 Abs. 10 AbstG). Geschieht dies nicht, so ist auf Verlangen der Vertreter des Volksbegehrens das Volksbegehren durchzuführen (Art. 62 Abs. 3 S. 2 VvB).

6) Quorum für das Zustandekommen

Die Anzahl der erforderlichen Unterschriften für das Zustandekommen ist – je nach dem Gegenstand des Volksbegehrens – unterschiedlich. Betrifft die Vorlage ein einfaches Gesetz oder einen Beschluss nach Art. 62 Abs. 1 S. 2 VvB, so sind die Unterschriften von mindestens 7 % der Wahlberechtigten (zum Abgeordnetenhaus) notwendig (Art. 63 Abs. 1 S. 2 VvB). Eine Vorlage für ein verfassungsänderndes Gesetz und ein Antrag auf vorzeitige Beendigung der Wahlperiode muss dagegen von 20 % der Wahlberechtigten unterstützt werden (Art. 63 Abs. 2 VvB). Das Ergebnis des Volksbegehrens wird vom Landesabstimmungsleiter festgestellt, im Amtsblatt von Berlin veröffentlicht und dem Abgeordnetenhaus mitgeteilt.

7) Fristen und erneute mögliche Parlamentsentscheidung

Ist das Volksbegehren zustande gekommen, so findet bei einem Gesetzentwurf oder einem Beschluss oder bei einem Antrag auf vorzeitige Beendigung der Wahlperiode innerhalb von vier Monaten ein Volksentscheid statt (Art. 63 Abs. 1, 2 bzw. 3 VvB). Bei einer Gesetzes- oder Beschlussvorlage kann diese Frist auf höchstens acht Monate verlängert werden, wenn dadurch aus praktischen Gründen der Volksentscheid gemeinsam mit Wahlen oder anderen Volksentscheiden durchgeführt werden kann. Innerhalb der Frist hat das Abgeordnetenhaus eine zweite Möglichkeit, den begehrten Entwurf „inhaltlich in seinem wesentlichen Bestand unverändert" anzunehmen; in diesem Fall unterbleibt der Volksentscheid

---

192 Abgesehen davon, dass der Verfassungstext für diesen Fall keine Ausnahme vorsieht, kann das Abgeordnetenhaus bei einem Antrag, der unzulässig ist, weil er z. B. das Landeshaushaltsgesetz, öffentliche Tarife usw. betrifft, unter dem Eindruck der Unterstützungsunterschriften von sich aus einen entsprechenden Beschluss fassen. Auch wenn der Antrag nach Ansicht des Senats gegen Bundesrecht verstößt, so entscheidet das Abgeordnetenhaus in eigener Verantwortung, welche Beschlüsse es fasst. Über die Frage, ob ein Volksbegehren durchgeführt wird, entscheidet allerdings der Senat und in zweiter Instanz der VerfGH.

(Art. 62 Abs. 4 VvB). Macht das Abgeordnetenhaus von dieser Möglichkeit keinen Gebrauch, so kann es einen eigenen Entwurf eines Gesetzes oder sonstigen Beschlusses zur gleichzeitigen Abstimmung stellen. Ist der Beschluss auf die vorzeitige Beendigung der Wahlperiode gerichtet, so kann das Abgeordnetenhaus bis zur Volksabstimmung selbst die vorzeitige Beendigung der Wahlperiode gemäß Art. 54 Abs. 2 VvB mit Zweidrittelmehrheit beschließen.

8) Informationspflicht und Sachlichkeitsgebot

Jede stimmberechtigte Person erhält eine amtliche Mitteilung der Landesabstimmungsleitung mit Informationen über den Beschlussentwurf (ggf. der Beschlussentwürfe) samt der amtlichen Kostenschätzung und, sofern von der Trägerin vorgelegt, ihre eigene Kostenschätzung oder ihre Anmerkung zur amtlichen Kostenschätzung. Darüber hinaus muss die Mitteilung die Argumente der Trägerin, des Senats und des Abgeordnetenhauses in eigenverantwortlicher Darstellung enthalten. Dies hat in gleichem Maße zu geschehen (§ 32 Abs. 4 AbstG).

Generell aber gilt für die staatlichen Institutionen bei Plebisziten nicht das Neutralitäts-, sondern nur das Sachlichkeitsgebot.[193] Selbstverständlich darf also etwa der Senat für seine politische Position eintreten und werben, aber eben nur mit „Sachlichkeit" und dem Einsatz „angemessener" öffentlicher Mittel (vgl. jetzt § 40d AbstG). Das führte gleichwohl im Einzelfall immer wieder zu Kontroversen (und Gerichtsurteilen): 2009 etwa hatte der Senat beim Volksentscheid über das Volksbegehren Pro Religion parallel eine aufwändige Anzeigenkampagne in Tageszeitungen gegen die Initiative geschaltet.[194] Beim Volksentscheid über die Enteignung von großen Wohnungsunternehmen wiederum wurde seitens der Initiative Deutsche Wohnen & Co enteignen moniert, dass die vom Senat beigefügte Schätzung der zu erwartenden, hohen Entschädigungszahlungen eine unzulässige Beeinflussung der Abstimmung wäre. Dies wurde vom VerfGH zurückgewiesen.[195]

---

193   Vgl. *Michaelis*, Art. 62, in: Driehaus (Fn. 156), 4. Aufl.
194   Vgl. *Vössing*, Volksbegehren und Volksentscheid zur Einführung eines Wahlpflichtbereichs Religion/Ethik in Berlin, HPM 21/2009, S. 85 ff.; ausführlich *Jung*, Direkte Demokratie in Berlin. Der Fall „Pro Reli" 2007–2009, 2011.
195   Vgl. VerfGHE 96A/21 und 96/21 – Volksentscheid Vergesellschaftung großer Wohnungsunternehmen (2021).

9) Quorum des Volksentscheids

Ein nicht verfassungsänderndes Gesetz oder ein Antrag nach Art. 62 Abs. 1 VvB, der einem „sonstigen" Beschluss des Abgeordnetenhauses entspricht, ist durch Volksentscheid angenommen, wenn eine Mehrheit der Teilnehmer/innen und mindestens ein Viertel der zum Abgeordnetenhaus Wahlberechtigten zustimmt (Zustimmungsquorum; Art. 63 Abs. 1 Satz 3 VvB). Ein verfassungsänderndes Gesetz ist angenommen, wenn zwei Drittel der Teilnehmer/innen und zugleich mindestens die Hälfte der Wahlberechtigten zustimmt (Zustimmungsquorum; Art. 63 Abs. 2 Satz 3 VvB). Die vorzeitige Beendigung der Wahlperiode ist beschlossen, wenn mindestens die Hälfte der Wahlberechtigten sich an der Abstimmung beteiligt (Teilnahmequorum) und mehrheitlich zustimmt (Art. 63 Abs. 3 S. VvB).

§47 Volksinitiative

Das Wort „Volksinitiative" erscheint nicht im Verfassungstext,[196] wird aber im AbstG eingeführt (§§ 1–9). Es handelt sich nicht um ein plebiszitäres Verfahren, durch das verbindliche Beschlüsse gefasst werden, sondern eher um eine formalisierte Massenpetition,[197] durch die eine Befassungspflicht des Abgeordnetenhauses begründet wird. Daher können sich alle mindestens 16 Jahre alten Einwohner Berlins ohne Rücksicht auf das Wahlrecht als Bürger wirksam an der Initiative beteiligen. Eine Volksinitiative, die aus inhaltlichen oder formalen Gründen als unzulässig zurückgewiesen werden muss, kann mit Einverständnis der Trägerin an den Petitionsausschuss übergeben werden (§ 8 Abs. 2 S. 3 AbstG). Trägerin einer Initiative kann eine natürliche Person, eine Mehrheit von Personen, eine Personenvereinigung oder eine Partei sein. Für die Definition dieser Begriffe und die Voraussetzungen, die sie erfüllen müssen, gilt das gleiche wie bei einem Volksbegehren (s. o.). Es ist nicht erforderlich, dass die Trägerin ihren Wohn- bzw. Vereinssitz in Berlin hat.

Die Initiative muss von mindestens 20.000 Einwohnern Berlins unterzeichnet sein, die das 16. Lebensjahr vollendet haben (Art. 61 Abs. 1 S. 2 VvB).[198] Einwohner ist, wer seine Wohnung im Sinne des Melderechts – bei mehreren Wohnun-

---

196 In Art. 61 Abs. 1 VvB wird nur das Wort „Initiative" verwendet; zu „Volk" und „Stimmberechtigung" s. o.
197 So auch *Michaelis*, Art. 61, in: Driehaus (Fn. 156), 4. Aufl.
198 Bis zur Verfassungsänderung von 2006 waren die Unterschriften von 90.000 volljährigen Einwohnern erforderlich.

gen die Hauptwohnung (§§ 20, 21 BMG) – in Berlin hat. Ein besonderer aufenthaltsrechtlicher Status nach dem AufenthG ist daher auch für die Einwohner nicht erforderlich, die keine Staats- oder EU-Bürger sind. Das Erfordernis der Volljährigkeit ist seit der Verfassungsänderung 2006 entfallen. Das Mindestalter von 16 Jahren entspricht dem Wahlalter für die BVV. Die Unterschriften müssen innerhalb der letzten sechs Monate vor dem Eingang des Antrags beim Abgeordnetenhaus abgegeben worden sein (§ 5 AbstG).

Gegenstand der Volksinitiative muss ein bestimmter Gegenstand der politischen Willensbildung sein, mit dem das Abgeordnetenhaus im Rahmen seiner Entscheidungszuständigkeit befasst werden kann (§ 2 AbstG). Angelegenheiten, in denen das Abgeordnetenhaus nur unverbindliche Resolutionen verabschieden kann, scheiden also genauso aus wie Angelegenheiten, die vollständig außerhalb seiner Zuständigkeit liegen (s. o.). Die Vorschriften zu den Spenden bei Volksbegehren und Volksentscheid gelten ebenfalls für die Volksinitiative (§ 40b Abs. 5 AbstG). Im Antrag sind fünf Vertrauenspersonen zu benennen, die nicht nur Erklärungen abgeben und entgegennehmen können, sondern die bei Zulassung des Antrags ein Recht auf Anhörung in den zuständigen Ausschüssen des Parlaments haben (§ 6 AbstG; Art. 61 Abs. 1 VvB sowie § 9 AbstG). Der Antrag ist schriftlich beim Präsidenten des Abgeordnetenhauses einzureichen. Ihm ist eine – begründete – Vorlage an das Abgeordnetenhaus beizufügen (§ 4 AbstG). Der Präsident entscheidet über die Zulässigkeit der Initiative. Die Exekutive wird nur bei der Überprüfung der Unterschriften durch die Bezirksämter eingeschaltet (§§ 7, 8 AbstG). Ist die Initiative zulässig, so ist sie innerhalb von vier Monaten nach Feststellung der Zulässigkeit durch den Präsidenten im Abgeordnetenhaus (d. h. im Plenum) zu beraten (§ 9 AbstG). Die in der Verfassung verankerte und in § 8 des Gesetzes konkretisierte Pflicht des Parlaments, sich mit dem Gegenstand zu befassen bzw. ihn zu beraten, bedeutet nicht nur, dass der Antrag auf die Tagesordnung gesetzt werden muss. Die Fraktionen sind vielmehr verpflichtet, in den Ausschüssen und im Plenum dazu Stellung zu nehmen. Die Stellungnahme kann allerdings kurz sein und sich auf eine – begründete – Ablehnung beschränken.

§ 48 Direkte Demokratie auf Bezirksebene

Durch das 1978 ursprünglich eingeführte Bürgerbegehren (§§ 40 bis 42 BezVG aF) wurden keine verbindlichen Beschlüsse gefasst, sondern nur eine Beschlussfassungspflicht der BVV begründet. Seit der Verfassungsänderung und Neufassung des Bezirksverwaltungsgesetzes (s. o.) sind die Elemente der unmittelbaren Demokratie auch auf Bezirksebene erheblich erweitert worden. Ein neuer 6. Abschnitt des BezVG mit dem Titel „Mitwirkung der Einwohnerschaft" sieht u. a. die Unterrichtung der Einwohnerschaft über bedeutsame Angelegenheiten und Mitwirkungsrechte[199] sowie Einwohnerversammlungen Betroffener und Fragestunden während der Sitzungen der BVV vor.[200] Schließlich gibt es die Möglichkeit eines Einwohnerantrags, der mit der Volksinitiative auf Landesebene vergleichbar ist. Der 7. Abschnitt betrifft Bürgerbegehren und Bürgerentscheid, d. h. plebiszitäre Verfahren auf Bezirksebene, die bindende Wirkung entfalten können. Nachfolgend sind der Einwohnerantrag, das Bürgerbegehren und der Bürgerentscheid als plebiszitäre Elemente i. e. S. von Interesse.

I. Einwohnerantrag

Der Einwohnerantrag (§ 44 BezVG) ist an die Stelle des früheren Bürgerbegehrens getreten. Er begründet nur eine Befassungspflicht der BVV, unterscheidet sich aber erheblich vom alten Verfahren. So ist das Initiativ- und Unterstützungsrecht nicht auf die wahlberechtigten Bürger beschränkt. Es steht – wie bei der Volksinitiative auf Landesebene – allen Einwohnern des Bezirks zu, die im Bezirk mit Hauptwohnung gemeldet sind und das 16. Lebensjahr vollendet haben. Ein Einwohnerantrag ist grundsätzlich in allen Angelegenheiten möglich, in denen die BVV nach §§ 12 und 13 BezVG Beschlüsse fassen kann, also auch in Angelegenheiten, die nicht in die bezirkliche Zuständigkeit fallen, bei denen aber eine Empfehlung der BVV möglich wäre. Der Antrag, der schriftlich und mit Begründung bei der BVV einzureichen ist, ist zulässig, wenn er von mindestens 1.000 Einwohnern des Bezirks unterschrieben ist. Außerdem sind drei Vertrauenspersonen zu benennen, die die Unterzeichner vertreten. Das Gesetz enthält keine Vorschrift, nach der die Unterschriften innerhalb einer bestimmten Zeitspanne abgegeben sein müssten. Das Bezirksamt prüft die Zulässigkeitsvoraussetzungen und teilt das Ergebnis der BVV mit. Die Behebung von Mängeln, soweit sie nicht eine Änderung des Gegenstandes des Antrags betreffen, ist innerhalb von Fristen möglich. Über einen zulässigen Antrag entscheidet die BVV unverzüglich, spätestens aber innerhalb von 2 Monaten nach Eingang des Antrags. Die Vertrauenspersonen haben dabei ein Recht auf Anhörung in der BVV und ihren Ausschüssen.

---

199 Vgl. § 41 bzw. § 40 BezVG.
200 Vgl. § 42 bzw. § 43 BezVG, vgl. hierzu § 79.

II. Bürgerbegehren und Bürgerentscheid

1) Zweistufiges Verfahren und Spendentransparenz

Der 7. Abschnitt des BezVG (§§ 45–47) konkretisiert die in Art. 72 Abs. 2 VvB vorgesehene Möglichkeit, dass an die Stelle von Beschlüssen der BVV Bürgerentscheide der zur BVV Wahlberechtigten treten können. Der Bürgerentscheid (§§ 46, 47) wird i. d. R. durch ein Bürgerbegehren (§ 45) herbeigeführt.[201] Das Verfahren bei der Durchführung eines Bürgerentscheids kann daher als zweistufig bezeichnet werden. Zwar geht dem Bürgerbegehren zunächst eine Mitteilung an das Bezirksamt und dann noch einmal eine Anzeige über den Beginn der Unterschriftensammlung voraus, jedoch wird in diesem Stadium im Unterschied zum dreistufigen Verfahren des Volksentscheids (s. o.) kein Quorum von Unterstützungsunterschriften gefordert. Die Durchführung eines Bürgerentscheids kann außerdem auch von der BVV selbst mit einer Mehrheit von zwei Dritteln ihrer Mitglieder beschlossen werden (§ 46 Abs. 4 BezVG).

Während des Verfahrens sind Spenden, die in der Gesamtsumme den Betrag von 5.000 € übersteigen, von der Trägerin namentlich auszuweisen und über das Bezirksamt öffentlich anzuzeigen (§ 47a BezVG). Dabei gelten für Fraktionen / Gruppen des Parlaments und der BVV sowie für öffentliche Unternehmen Spendenverbote (§ 47b BezVG).

2) Gegenstand und Berechtigte

Wie beim Einwohnerantrag können grundsätzlich alle Angelegenheiten, in denen die BVV nach §§ 12 und 13 Beschlüsse fassen kann, Gegenstand eines Bürgerbegehrens sein, also auch Angelegenheiten, die nicht in die bezirkliche Zuständigkeit fallen, in denen aber eine Empfehlung der BVV möglich wäre. Auch hier gilt die Einschränkung, dass den Organen der bezirklichen Selbstverwaltung kein allgemeinpolitisches Mandat zusteht. Dass in den Angelegenheiten, in denen die BVV nur Empfehlungen oder Ersuchen aussprechen kann, auch das Bürgerbegehren und der Bürgerentscheid nur empfehlenden oder ersuchenden Charakter haben, bedarf keiner ausdrücklichen Erwähnung im Gesetz. Das gleiche gilt auf Grund ausdrücklicher Regelung für Angelegenheiten nach § 12 Abs. 2 Nr. 1 und 2 BezVG, d. h. bei dem Bezirkshaushaltsplan und der Verwendung von Son-

---

201 Eine Übersicht der Berliner Bürgerbegehren findet sich bei *Mehr Demokratie e. V.* unter https://bb.mehr-demokratie.de/berlin/berlin-buergerbegehren/berlin-bezirke-uebersicht.

dermitteln der BVV. Bürgerbegehren und -entscheide sind aber nicht deswegen unzulässig, weil sie finanzwirksam sind (§ 45 Abs. 1 BezVG). Unzulässig sind Bürgerbegehren und -entscheide nach § 45 Abs. 1 S. 4 BezVG, wenn sie Rechts- oder Verwaltungsvorschriften oder einer Eingriffsentscheidung (§ 3 Absatz 2 b BezVG) widersprechen.

Berechtigt, ein Bürgerbegehren zu beantragen, es durch Unterschriften zu un- terstützen und dadurch gegebenenfalls einen Bürgerentscheid herbeizuführen, sind „die wahlberechtigten Bürgerinnen und Bürger eines Bezirks" (§ 45 Abs. 1 BezVG), d. h.: beim Mindestalter von 16 Jahren alle Deutschen i. S. d. Art. 116 GG und EU-Bürger, die seit mindestens drei Monaten ihren Wohnsitz in Berlin haben.[202] „Trägerin eines Bürgerbegehrens können eine natürliche Person, eine Mehrheit von Personen, eine Personenvereinigung oder eine Partei sein" (§ 45 Abs. 2 BezVG).

3) Verfahren des Bürgerbegehrens

„Das Bürgerbegehren" (d. h. zunächst der Text, den die Initiatoren dem Bezirks- amt zuleiten) muss eine mit „ja" oder „nein" zu beantwortende Frage enthalten und drei Vertrauenspersonen als Vertretungsberechtigte benennen (§ 45 Abs. 3 BezVG). Diese zeigen das Bürgerbegehren schriftlich dem Bezirksamt an. Das Bezirksamt teilt rechtliche Bedenken unverzüglich den Vertrauensleuten mit und erstellt eine Einschätzung über die Kosten, die sich aus der Verwirklichung des Anliegens ergeben würden. Die Kostenschätzung muss in die Unterschrif- tenlisten aufgenommen, kann aber auch durch eine Kommentierung oder eige- ne Kostenschätzung seitens der Initiatoren ergänzt werden. (§ 45 Abs. 4 und 7 BezVG). Über die Zulässigkeit des Bürgerbegehrens entscheidet das Bezirksamt innerhalb eines Monats. Mit der Feststellung der Zulässigkeit wird eine Frist von sechs Monaten in Gang gesetzt, innerhalb der die erforderliche Anzahl von Un- terstützungsunterschriften – 3 %, bemessen an der bei der letzten Wahl zur BVV festgesetzten Zahl der Wahlberechtigten – abgegeben werden muss (§ 45 Abs. 10 BezVG). Das Bezirksamt entscheidet innerhalb eines Monats über das Zustande- kommen und unterrichtet die BVV. Für den Fall, dass festgestellt wird, dass kein

---

202 „Zum Nachweis des Stimmrechts müssen Personen, die nicht in einem Melderegister … ver- zeichnet sind oder nicht seit drei Monaten vor dem Tag der Unterzeichnung im Bezirk gemel- det sind, die Unterzeichnung im Bezirksamt vornehmen und durch Versicherung an Eides statt glaubhaft machen, dass sie sich in den letzten drei Monaten überwiegend im Bezirk aufgehal- ten haben" (§ 45 Abs. 9 BezVG).

Bürgerbegehren zustande kommt, kann durch die Vertrauenspersonen Klage vor dem VG erhoben werden (§ 45 Abs. 11 BezVG). Ist das Bürgerbegehren zwar nicht zustande gekommen, erfüllt aber die für einen Einwohnerantrag nötige Zahl an Unterschriften, wird es als zulässiger Einwohnerantrag nach § 44 behandelt (§ 45 Abs. 10 BezVG).

In der Zeit zwischen der Feststellung des Zustandekommens durch das Bezirksamt (oder die Verwaltungsgerichtsbarkeit) und dem Bürgerentscheid dürfen die Bezirksorgane keine dem Begehren entgegengesetzte Entscheidung treffen oder mit dem Vollzug einer solchen Entscheidung beginnen,[203] es sei denn hierzu besteht eine rechtliche Verpflichtung (§ 45 Abs. 12 BezVG).

4) Möglicher BVV-Beschluss und Informationspflicht

Nachdem das Zustandekommen des Bürgerbegehrens festgestellt worden ist, beginnt eine Frist von zwei Monaten, in der die BVV dem Anliegen unverändert (d. h. mit dem Wortlaut des Bürgerbegehrens) oder in einer von den benannten Vertrauensleuten gebilligten Form zustimmen kann. Macht die BVV von dieser Möglichkeit keinen Gebrauch, so findet spätestens vier Monate nach der Feststellung des Zustandekommens ein Bürgerentscheid über den Gegenstand des Bürgerbegehrens statt. Die BVV kann eine konkurrierende Vorlage zum selben Gegenstand unterbreiten (§ 46 Abs. 1 BezVG).

Über das Begehren kann nur mit „ja" oder „nein" abgestimmt werden (§ 46 Abs. 3 BezVG). Für die Durchführung der Abstimmung gelten die rechtlichen Bestimmungen bei Wahlen (§ 46 Abs. 5 BezVG). Die Abstimmungsberechtigung entspricht dem Wahlrecht zur BVV (s. o.) am Abstimmungstag (§ 46 Abs. 3 BezVG). Jede(r) Stimmberechtigte(r) erhält eine amtliche Information, in der auf die Argumente der Initiatoren, die Argumente der BVV (für ihre ablehnende Entscheidung) und auf die (vom Bezirksamt geschätzten) Kosten hingewiesen wird. Die Argumente der Initiatoren und der BVV sind im „gleichen Umfang darzulegen" (§ 46 Abs. 2 BezVG).

---

203 Es dürfte allerdings mindestens von einem schlechten Demokratieverständnis zeugen – wenn nicht auch als Gesetzesverstoß angesehen werden – wenn das Bezirksamt die Monatsfrist, in der es das Bürgerbegehren zu prüfen hat, ausnutzt, um vollendete Tatsachen zu schaffen. Dagegen könnten sich die Initiatoren durch einen Antrag auf einstweilige Anordnung des VG schützen.

5) Quorum des Bürgerentscheids

Die Vorlage ist angenommen, wenn sie von der Mehrheit der Teilnehmer und zugleich von mindestens 10 % der Wahlberechtigten (gemessen an der Feststellung bei der letzten Wahl zur BVV) angenommen wurde (§ 47 Abs. 1 BezVG). Bei konkurrierenden Vorlagen, die das Quorum erfüllen, gilt diejenige als angenommen, die die höhere Zahl von „Ja-Stimmen" erhalten hat (§ 47 Abs. 2 BezVG). Der erfolgreiche Bürgerentscheid hat die Rechtswirkung eines Beschlusses der Bezirksverordnetenversammlung (§ 47 Abs. 3 BezVG).

6) Initiative zum Bürgerentscheid durch die BVV

Nach § 46 Abs. 4 BezVG kann die BVV selbst mit einer Mehrheit von zwei Dritteln ihrer Mitglieder beschließen, dass über eine Angelegenheit, die nach § 45 Gegenstand eines Bürgerbegehrens sein könnte, ein Bürgerentscheid stattfindet. Praktisch kann dies nur bedeuten, dass den Stimmberechtigten ein Beschlusstext vorgelegt wird, den sie mit „ja" oder „nein" annehmen oder ablehnen können.

6. Senat und Rat der Bürgermeister

§ 49 Rechtsstellung des Senats

Nach Art. 55 Abs. 1 VvB „übt der Senat die Regierung aus". Damit weist die VvB der Landesregierung eine bestimmte verfassungsrechtliche Funktion zu und beschränkt sich nicht darauf, allein ihre Zusammensetzung zu regeln.[204] Die Befugnisse, die dem Senat als Landesregierung zustehen, werden in der VvB aber ebenso wenig wie im Grundgesetz und in den anderen Landesverfassungen abschließend aufgezählt.

Unter „Regierung" im Sinne von Art. 55 Abs. 1 VvB ist die politische Leitung der Exekutive zu verstehen. Außerdem ist der Senat befugt und durch die Verfassung verpflichtet, die Verwaltung zu leiten. Dazu gehört auch die Aufsicht über die Bezirke (Art. 67 VvB. Zum Umfang dieser Befugnisse vgl. § 69). Alle Verwaltungsorgane im Bereich der Hauptverwaltung müssen also grundsätzlich seiner Weisungsbefugnis unterliegen; der Senat und seine Mitglieder tragen gegenüber dem Parlament die politische Verantwortung für das Handeln der Verwaltung. Weisungsunabhängige Verwaltungsträger sind nur begrenzt zulässig; namentlich dann, wenn es die Verfassung selbst vorschreibt sowie in Bereichen, in denen es Kraft Gewohnheitsrecht üblich ist.

Von der Verfassung selbst vorgeschrieben ist vor allem die Selbstverwaltung der Bezirke. Gewohnheitsrechtlich üblich sind weisungsunabhängige Verwaltungsstellen vor allem in der Form von Ausschüssen (z. B. Beschwerdeausschüsse) und Kommissionen (insbesondere Prüfungskommissionen im Bildungsbereich); im Einzelnen müssen ihre Zusammensetzung und ihre Befugnisse durch Gesetz geregelt werden. Das gleiche dürfte bei reinen Kontrollorganen ohne nennenswerte Exekutivbefugnisse gelten, die unmittelbar dem Parlament verantwortlich sind. Die Unabhängigkeit des Rechnungshofs ist in Art. 95 ausdrücklich verankert. Das Amt des Datenschutzbeauftragten ist in Art. 47 VvB vorgesehen; in der Ver-

---

204 Ein Teil der deutschen Länderverfassungen beschränkt sich ebenso wie das Grundgesetz darauf, die Zusammensetzung und Bildung des Regierungskollegiums sowie das Verhältnis der Regierungsmitglieder untereinander zu regeln (z. B. Nordrhein-Westfalen, Rheinland-Pfalz). Im Übrigen sind die Terminologie und die Aufgabenzuweisungen unterschiedlich. Nach den Verfassungen von Niedersachsen und Baden-Württemberg sowie nach der saarländischen Verfassung üben die Landesregierungen die vollziehende Gewalt aus. Nach der bayerischen Verfassung ist die Staatsregierung die oberste leitende und vollziehende Behörde des Staates.

fassung fehlt allerdings eine ausdrückliche Bestimmung über seine Unabhängigkeit.[205] Zulässig ist es schließlich auch, dass bestimmte Verwaltungsaufgaben der mittelbaren Landesverwaltung – also selbständigen juristischen Personen des öffentlichen Rechts – übertragen werden, die zum Teil nur einer staatlichen Rechtsaufsicht unterliegen. Auch diese Möglichkeit unterliegt aber verfassungsrechtlichen Grenzen, die sich letzten Endes aus dem Demokratieprinzip ergeben: Das Parlament als Volksvertretung und der parlamentarisch verantwortliche Senat dürfen ihre politische Verantwortung nicht unbegrenzt auf rechtlich selbständige Verwaltungsträger abwälzen.

Obgleich der Senat also auch im Bereich der Verwaltung tätig wird, tritt er (anders als z. B. die Berliner Bezirksämter) im Normalfall nicht als Verwaltungsbehörde auf.[206] Behörden der Hauptverwaltung sind die Senatsverwaltungen und die ihnen nachgeordneten Sonderbehörden, auch wenn sie aufgrund eines Senatsbeschlusses handeln.

§ 50 Bildung und Zusammensetzung des Senats; Amtszeit des Kollegiums und seiner Mitglieder; Befugnisse des Abgeordnetenhauses

Die Bildung und Zusammensetzung des Senats sowie die Möglichkeit seiner Abwahl sind in den Artikeln 55–57 VvB geregelt. Sie sind durch das verfassungsändernde Gesetz vom 25. Mai 2006[207] – mit dem Ziel einer Stärkung des Regierungschefs – neu gefasst worden. Wichtige Bestimmungen über die Senatsbildung und die Rechtsverhältnisse der Mitglieder des Senats enthält auch das Senatorengesetz.[208] Die Neubildung des Senats beginnt mit der Wahl des Regierenden Bürgermeisters durch das Abgeordnetenhaus. Unter „Abgeordnetenhaus" ist – obgleich dies im

---

205 Nach dem Berliner Datenschutzgesetz ist er weisungsunabhängig, soweit er (nach Landesrecht) die datenschutzrechtliche Kontrolle über die Landesverwaltung ausübt. Dagegen unterliegt er einer begrenzten Weisungsbefugnis, soweit er die Privatwirtschaft nach den Vorschriften des Bundesdatenschutzgesetzes kontrolliert. Im einzelnen vgl. § 62.

206 Etwas anderes gilt ausnahmsweise, wenn die Verfassung oder ein Gesetz ausdrücklich vorschreiben, dass der Senat in bestimmten Fällen als Kollegium Entscheidungen mit Außenwirkung trifft. Dies ist vor allem bei den in §§ 11 bis 13a AZG vorgesehenen Maßnahmen der Bezirksaufsicht (Aufhebung, Anweisung, Ersatzbeschlussfassung und Eingriffsrecht) der Fall.

207 GVBl. S. 446.

208 Senatorengesetz i. d. F. v. 6. Januar 2000, zuletzt geändert durch Art. 2 des Gesetzes vom 17. Juni 2016, GVBl. S. 334.

Verfassungstext nicht eindeutig zum Ausdruck kommt – das gewählte Parlament zu verstehen. Nach einer Neuwahl des Abgeordnetenhauses muss also auch der Regierende Bürgermeister neu gewählt oder der bisherige Amtsinhaber wieder gewählt werden. Im Fall der Wiederwahl setzt sich seine Amtszeit allerdings fort – sie endet nur bei Amtsantritt eines Nachfolgers. Infolgedessen bleiben im Fall der Wiederwahl auch die bisherigen Senatoren zunächst im Amt – auch ihre Amtszeit endet ebenfalls erst mit dem Amtsantritt eines Nachfolgers des früheren Regierungschefs. Trotzdem spricht viel dafür, dass sie – selbst wenn sie ohne Änderung des Geschäftsbereichs ihren bisherigen Posten beibehalten sollten – eine neue Ernennungsurkunde erhalten und – genauso wie der Regierende Bürgermeister – vor dem neu gewählten Abgeordnetenhaus den Amtseid ablegen müssen.

Kommt im Abgeordnetenhaus dagegen aus politischen Gründen keine ausreichende Mehrheit für die Wahl eines neuen oder die Wiederwahl des bisherigen Regierenden Bürgermeisters zustande, so bleibt der bisherige Regierungschef und – wenn er keine personellen Änderungen vornimmt – der bisherige Senat im Amt.

Für die Wahl des Regierenden Bürgermeisters ist nach Art. 56 Abs. 1 VvB die Mehrheit der abgegebenen Stimmen erforderlich. Stimmenthaltungen und ungültige Stimmen sind also mitzuzählen und im Ergebnis als Gegenstimmen zu berechnen.[209] Das Amt des Regierenden Bürgermeisters beginnt mit der Annahme der Wahl. Er erhält vom Präsidenten des Abgeordnetenhauses eine Ernennungsurkunde und leistet vor dem Abgeordnetenhaus den gesetzlich vorgeschriebenen Eid (§ 2 Abs. 1 und 2 SenG). Als Regierungschef ernennt er – höchstens zehn – Senatorinnen und Senatoren, davon zwei zu seinen Stellvertretern mit dem Titel „Bürgermeister" (Art. 56 Abs. 2 VvB). Mit der Ernennung muss er auch über die Geschäftsbereiche entscheiden; dies ergibt sich aus dem in Art. 58 Abs. 5 VvB verankerten Ressortprinzip und aus § 3 SenG.[210] Der Regierungschef ist bei der Aufteilung der Geschäftsbereiche nicht an die traditionellen Ressortabgrenzungen oder an die bestehenden Verwaltungsstrukturen gebunden, wohl aber an seine verfassungsrechtliche Pflicht, den Senat als arbeitsfähiges kollegiales Verfassungsorgan zu bilden. Er kann sich – zusätz-

---

209 Dies ist nach dem Wortlaut der Berliner Verfassung ausdrücklich geboten; die betreffenden Vorschriften der GO Abghs insbesondere in den §§ 67 ff. GO Abghs konkretisieren lediglich die verfassungsrechtliche Regelung.

210 Die Ernennung eines Senators „für Sonderaufgaben" wäre theoretisch denkbar, dürfte aber bei der Beschränkung der Senatorensitze nach der derzeitigen Verfassungslage nicht in Betracht kommen. Die Ernennung eines Senators ohne jede Bezeichnung eines Geschäftsbereichs wäre – auch wenn dieser als Bürgermeister den Regierungschef vertreten soll – unzulässig.

lich zu seinen Leitungsfunktionen – einen oder mehrere Geschäftsbereiche selbst vorbehalten, solange er auf diesem Wege nicht das Kollegial- und das Ressortprinzip aushöhlt. Es spricht viel dafür, dass bei einer Senatsbildung mindestens die „Schlüsselressorts" verteilt sein müssen, jedoch dürfte kaum Einigkeit darüber bestehen, welche Bereiche zu diesem Kernbereich zählen.

Im Übrigen unterliegt der Regierende Bürgermeister bei der Senatsbildung keiner verfassungsrechtlichen Beschränkung. Auch an einen „Koalitionsvertrag" oder ähnliche Vereinbarungen ist er rechtlich nicht gebunden.[211] Eine Mindestzahl der Senatoren ist im Verfassungstext nicht vorgeschrieben. Aus dem Kollegialprinzip (Art. 54, 58 VvB) und der in Art. 56 Abs. 2 VvB vorgesehenen Zahl von zwei Bürgermeistern folgt, dass der Senat mindestens drei Mitglieder (einschließlich des Regierungschefs) haben muss. Ein so kleines Gremium dürfte allerdings nicht ausreichen, um die verfassungsmäßigen Aufgaben einer Landesregierung auf Dauer zu erfüllen. Es käme höchstens als Übergangsregierung bei einer Senatsumbildung oder bei Neuwahlen in Betracht.

Die ernannten Senatoren und Bürgermeister erhalten vom Regierenden Bürgermeister eine Ernennungsurkunde, in der auch ihr Geschäftsbereich zu bezeichnen ist. Sie legen vor dem Abgeordnetenhaus den Amtseid ab. Erst danach dürfen sie ihre Amtsgeschäfte aufnehmen (§ 3 SenG).

Der Senat ist gebildet, wenn alle Senatoren/Bürgermeister, die nach dem politischen Willen des Regierenden Bürgermeisters den Senat bilden sollen, ernannt sind und den Amtseid abgelegt haben. Erst von diesem Zeitpunkt an kann der Senat „die Regierung ausüben". Der Regierende Bürgermeister muss – insbesondere, wenn die Senatoren nicht in einer einzigen, sondern (ausnahmsweise) in mehreren Sitzungen des Abgeordnetenhauses vereidigt werden – zu erkennen geben, wann die Senatsbildung abgeschlossen ist.

Eine Wahl der einzelnen Senatoren – die bis zur Verfassungsänderung vom 25. Mai 2006 erforderlich war – oder eine Bestätigung des gesamten Regierungskollegiums durch das Abgeordnetenhaus ist nicht mehr vorgesehen.

---

211 Hier wird – mit der inzwischen wohl überwiegenden Lehre – der Standpunkt vertreten, dass Koalitionsverträge nur eine politische und keine rechtliche Bindungswirkung entfalten. Rechtliche Beschränkungen bei der Senatsbildung ergeben sich allerdings aus rein formalen Voraussetzungen, z. B. daraus, dass die Regierungsmitglieder die Fähigkeit haben müssen, öffentliche Ämter zu bekleiden.

Das Abgeordnetenhaus kann nur dem Regierenden Bürgermeister und nicht dem Senatskollegium oder einzelnen Senatoren[212] das Vertrauen entziehen (Art. 58 VvB). Da mit der Beendigung des Amtes des Regierenden Bürgermeisters auch die Amtszeit der übrigen Senatsmitglieder endet, handelt es sich aber praktisch um eine Abwahl des Senats. Die Abstimmung erfolgt namentlich und darf frühestens 48 Stunden nach der Bekanntgabe des Misstrauensantrages erfolgen. Der Beschluss bedarf der Mehrheit der gewählten Mitglieder des Abgeordnetenhauses. Kommt er zustande, so „hat der Regierende Bürgermeister sofort zurückzutreten" (Art. 57 Abs. 3 S. 2 VvB). Der Wortlaut der Verfassungsvorschrift ist allerdings irreführend; die Rechtsfolgen des Misstrauensvotums treten unmittelbar ein, ohne dass eine Rücktrittserklärung notwendig ist.

Ein konstruktives Misstrauensvotum (Abwahl des Regierungschefs durch gleichzeitige Wahl eines Nachfolgers) ist nicht vorgesehen. Das Misstrauensvotum verliert jedoch seine Wirksamkeit, wenn nicht binnen 21 Tagen eine Neuwahl (des Regierenden Bürgermeisters) erfolgt ist. Dies bedeutet, obgleich der Wortlaut nicht ganz eindeutig ist, dass alle Senatsmitglieder wieder in ihre Ämter eintreten. Zweck der Regelung ist es, dass im Fall einer negativen Mehrheit im Abgeordnetenhaus die Regierungsfunktionen, die dem Senat und seinen Mitgliedern zustehen, nicht für längere Zeit entfallen oder nur kommissarisch ausgeübt werden.

Eine Vertrauensfrage des Regierenden Bürgermeisters ist in der Verfassung nicht vorgesehen.[213] Er kann nur eine – rechtlich unverbindliche – politische Erklärung abgeben, dass er zurücktreten werde, wenn das Abgeordnetenhaus eine Gesetzesvorlage oder eine andere Vorlage des Senats ablehnt.

Der Regierende Bürgermeister kann die Senatoren jederzeit aus ihrem Amt entlassen und an ihrer Stelle oder – sofern die Höchstzahl von zehn nicht überschritten wird – zusätzlich weitere Senatoren ernennen.[214] Im übrigen endet die Amtszeit der Senatsmitglieder (abgesehen vom Fall des Todes) durch ihren Rücktritt, ihre Entlassung oder durch den Amtsantritt eines Nachfolgers des Regierenden Bürgermeisters.

---

212   Dies war bis zur Verfassungsänderung von 2006 möglich.
213   Es ist daher mindestens zweifelhaft, ob sie überhaupt auf die Tagesordnung des Abgeordnetenhauses gesetzt werden dürfte.
214   Zur Frage, ob er auch die Geschäftsbereiche ändern oder die Funktion des Bürgermeisters entziehen und einem anderen Senator übertragen kann vgl. § 5 1.

Dabei wird die Möglichkeit des Rücktritts in § 14 SenG nur für die „übrigen Senatsmitglieder" (also die Senatoren/Bürgermeister) erwähnt. Sie ergibt sich für den Regierenden Bürgermeister aber unmittelbar aus Art. 56 Abs. 4 der Verfassung von Berlin.[215] Soweit das Amt der Senatoren/Bürgermeister mit Beendigung des Amtes des Regierenden Bürgermeisters endet, ist dies im Fall einer normalen Neubildung des Senats derjenige Zeitpunkt, zu dem der Nachfolger des Regierungschefs sein Amt antritt (§ 14 S. 1 SenG). Dieselbe Rechtsfolge tritt aber nach Art. 56 Abs. 3 S. 2 VvB auch ein, wenn der Regierende Bürgermeister zurücktritt; § 14 SenG weicht insoweit von dem eindeutigen Text der Verfassung ab.

Für den Fall des Todes des Regierenden Bürgermeisters sieht § 14 S. 3 SenG vor, dass der nach Lebensjahren ältere Bürgermeister die Geschäfte (als Regierungschef) bis zum Amtsantritt des Nachfolgers fortführt und die übrigen Senatsmitglieder ersucht, ihre Geschäfte bis zu diesem Zeitpunkt fortzuführen. Diese Regelung wird zwar nicht vom Verfassungstext gedeckt, sie widerspricht ihm aber auch nicht eindeutig.[216] Sie dürfte auch dem Verfassungsprinzip, dass die vorgesehenen Staatsorgane möglichst nicht für längere Zeit entfallen sollen, am besten entsprechen.

Bei Beendigung der Amtszeit (außer durch Tod) sind der Regierende Bürgermeister und auf sein Ersuchen die übrigen Senatsmitglieder verpflichtet, die Amtgeschäfte bis zum Amtsantritt des Nachfolgers fortzuführen (Art. 56 Abs. 3 S. 3 VvB). Für den Regierenden Bürgermeister dürfte dies vor allem im Fall des Rücktritts von Bedeutung sein, weil sein Amt nach § 14 S. 1 SenG ohnehin erst zu diesem Zeitpunkt endet. Auf jeden Fall begründet die Vorschrift keinen Anspruch aber eine Rechtspflicht auf Fortführung der Geschäfte, die sich allerdings im Konfliktfall kaum durchsetzen lässt.[217] Die Senatsmitglieder können in der Zeit der „kommissarischen" Geschäftsführung alle Amtshandlungen vornehmen, die in ihre normale Zuständigkeit gehören. Die Formulierung („Geschäfte fortführen") deutet zwar darauf hin, dass sie sich auf das Notwendige beschränken und ihre Nachfolger – vor allem in kontroversen Fragen – nicht unnötig festlegen sollen; die Außenwirkung ihrer Amtshandlungen wird dadurch aber nicht beschränkt.

215 Die Möglichkeit des Rücktritts wird in § 14 SenG nur für die „übrigen Senatsmitglieder" (also die Senatoren/Bürgermeister) erwähnt. Sie ergibt sich für den Regierenden Bürgermeister aber unmittelbar aus Art. 56 Abs. 4 der Verfassung.

216 Die Beendigung der Amtszeit durch Tod wird in der Verfassung nicht erwähnt.

217 Eine Verletzung der Rechtspflicht könnte allenfalls zu Schadensersatzforderungen des Landes führen.

§ 51 Rechtsstellung des Regierenden Bürgermeisters, der übrigen Senatsmitglieder und des Senatskollegiums

Die Mitglieder des Senats sind politische Amtsträger und damit Beamte im Sinne des Strafrechts und des Amtshaftungsrechts. Die Vorschriften des Beamtenrechts finden auf sie aber (anders als bei den Staatssekretären und Bezirksamtsmitgliedern) keine Anwendung, soweit das Senatorengesetz nicht auf die beamtenrechtlichen Bestimmungen verweist. Dies hat u. a. zur Folge, dass ein Disziplinarverfahren gegen Senatsmitglieder nicht möglich ist; ein dienstliches oder außerdienstliches Fehlverhalten kann – wenn strafrechtliche Maßnahmen nicht in Betracht kommen – nur durch politische Sanktionen (Abwahl des Regierenden Bürgermeisters oder Entlassung eines Senators durch den Regierenden Bürgermeister) geahndet werden.[218] Die Rechtsverhältnisse der Senatsmitglieder sind in dem Senatorengesetz (SenG) geregelt.[219] Dieses enthält – insbesondere seit seiner Änderung durch das Gesetz zur Neuregelung der Senatsbildung – außer dienstrechtlichen, besoldungs- und versorgungsrechtlichen Bestimmungen auch Vorschriften, die die Bestimmungen der Verfassung über die Senatsbildung konkretisieren und daher auch von verfassungsrechtlicher Bedeutung sind.

Führt ein Senatsmitglied nach seinem Rücktritt die Amtsgeschäfte gemäß Art. 56 Abs. 3 S. 3 fort, so endet sein Amt und damit sein Gehaltsanspruch mit Amtsantritt des Nachfolgers. Bei Neubildung des Senats endet das Amt der bisherigen Senatsmitglieder mit Amtsantritt des neu gewählten Regierenden Bürgermeisters. Verliert ein Misstrauensvotum gemäß Art. 57 Abs. 3 S. 3 VvB seine Wirksamkeit, so gilt das Amt der Senatsmitglieder als nicht beendet.

Seit der Verfassungsänderung vom 25. Mai 2006 ähnelt die Rechtsstellung des Regierenden Bürgermeisters gegenüber den anderen Senatsmitgliedern und dem Senatskollegium weitgehend der Stellung des Regierungschefs nach dem Grundgesetz und den meisten deutschen Länderverfassungen. Bei der Interpretation des geänderten Verfassungstextes darf aber nicht übersehen werden, dass nach wie vor das Kollegi-

---

218 So ausdrücklich auch § 10 S. 2 SenG. Nach dieser Vorschrift findet ein Disziplinarverfahren gegen ein Senatsmitglied während seiner Amtszeit nicht statt. Dies gilt also auch für dienstliche Verfehlungen, die er vor seinem Amtsantritt als Senator in einem anderen öffentlichen Amt begangen hat. Zweifelhaft ist es dagegen, ob das Verhalten während der Amtszeit in einem Disziplinarverfahren berücksichtigt werden kann, wenn der Senator später wieder ein anderes Amt im öffentlichen Dienst übernimmt.

219 Vgl. Fn. 5.

alprinzip und das Ressortprinzip in der Verfassung verankert sind: Die Regierung wird vom Senat ausgeübt (Art. 55 Abs. 1 VvB) und nach Art. 58 Abs. 5 VvB leitet jedes Mitglied des Senats selbstständig und in eigener Verantwortung innerhalb der Richtlinien der Regierungspolitik. Bei Meinungsverschiedenheiten oder auf Antrag des Regierenden Bürgermeisters entscheidet der Senat (Art. 58 Abs. 4 S. 2 VvB).

Der Regierende Bürgermeister kann ohne Mitwirkung des Abgeordnetenhauses oder des Senatskollegiums Senatoren entlassen und neue Senatoren ernennen. Dieses Recht steht ihm jederzeit zu, also nicht nur bei einer Neubildung des Senats nach dem Ende der Wahlperiode oder nach einem Koalitionswechsel. Er ist dabei rechtlich nur an die allgemeinen Gesetze gebunden,[220] nicht aber an politische Zusagen oder „Koalitionsverträge". Die Entlassung eines Senators während der Wahlperiode setzt auch nicht voraus, dass dieser gegen eine Richtlinie der Regierungspolitik verstoßen hat.

Bei der Senatsbildung ist der Regierende Bürgermeister Herr über die Verteilung der Geschäftsbereiche;[221] zweifelhaft ist, ob er während der Amtszeit des Senats (ohne personelle Änderung) die Geschäftsbereiche neu gliedern oder umverteilen kann. Weder die Verfassung noch das Senatorengesetz oder die auf der Grundlage des Art. 58 Abs. 4 S. 2 VvB erlassene Geschäftsordnung des Senats enthalten dazu eine Bestimmung. Auf jeden Fall müssten in diesem Fall die betroffenen Senatsmitglieder vor dem Abgeordnetenhaus neu vereidigt werden.

Allerdings ergeben sich aus der Geschäftsordnung des Senats von Berlin[222] weitergehende Befugnisse für den Regierenden Bürgermeister, die in der Verfassung nicht vorgesehen sind: Nach § 1 Abs. 1 S. 3 GeschOSen entscheidet er auch über die Geschäftsverteilung,[223] d. h. über die detaillierte Zuweisung der Aufgaben an die verschiedenen Geschäftsbereiche. Bei Zweifeln über die Abgrenzung der Geschäftsbereiche sieht § 1 Abs. 1 S. 4 GeschOSen vor, dass ebenfalls der Regierende Bürgermeister – nach Anhörung der betroffenen Mitglieder des Senats – entscheidet. Mindestens in diesem Fall dürfte jeder der betroffenen Senatoren – wenn die Zweifel in einer Meinungsverschiedenheit gipfeln – kraft höherrangigen Verfas-

---

220 Etwa daran, dass die Ernannten die Fähigkeit haben müssen, öffentliche Ämter zu bekleiden, s. § 50.
221 Vgl. oben § 50.
222 Vom 26. September 2006, zuletzt geändert am 23. Dezember 2021.
223 Dies wurde bisher durch Senatsbeschluss festgelegt.

sungsrechts (Art. 58 Abs. 5 VvB – in Verbindung mit § 10 Nr. 23 GeschOSen) die Möglichkeit haben, eine Beschlussfassung des Senatskollegiums zu beantragen.

Der Regierende Bürgermeister bestimmt – ohne dass ein Einvernehmen mit dem Senatskollegium erforderlich wäre – die Richtlinien der Regierungspolitik und überwacht ihre Einhaltung. Die Richtlinien müssen aber nach wie vor dem Abgeordnetenhaus zur Billigung vorgelegt werden (Art. 58 Abs. 2 S. 1 und 2 VvB). Damit ist – auch nach der Verfassungsänderung von 2006 – ein Mitspracherecht des Abgeordnetenhauses in Angelegenheiten erhalten geblieben, die im Verfassungsrecht des Bundes und der anderen deutschen Länder zum ausschließlichen Zuständigkeitsbereich der Exekutive gehören. Die Richtlinien sind – unbeschadet ihrer Billigung durch das Abgeordnetenhaus – nur für den Regierenden Bürgermeister, die übrigen Senatsmitglieder und das Senatskollegium im Verhältnis zueinander verbindlich. Für die anderen Staatsorgane – insbesondere für das Abgeordnetenhaus – und erst recht für die Bürger begründen sie weder Rechte noch Pflichten.[224] Zweifelhaft ist, ob der Regierende Bürgermeister eine vom Abgeordnetenhaus gebilligte Richtlinie ohne parlamentarische Zustimmung ersatzlos wieder aufheben kann.

Im Übrigen kann wegen vieler Einzelprobleme, die mit dieser Kompetenz des Regierungschefs zusammenhängen, auf die allgemeine verfassungsrechtliche Literatur und die Regierungspraxis des Bundes und der anderen Bundesländer verwiesen werden. Dies gilt insbesondere für die Frage, wie weit die Richtlinien ins Detail gehen dürfen, ohne die verfassungsrechtlich verankerten Befugnisse der Senatoren und des Senatskollegiums (Ressortprinzip, Kollegialprinzip) auszuhöhlen.

Die Zuständigkeit des Regierenden Bürgermeisters, die Einhaltung der Richtlinien zu überwachen, gibt ihm keine Befugnis, den anderen Senatsmitgliedern rechtlich bindende Einzelweisungen zu erteilen.[225] Zur Durchsetzung kann er von dem

---

224 Sie mögen im Verwaltungsbereich eine mittelbare Wirkung für Personen oder Behörden entfalten, die einer Weisungsbefugnis der Senatsmitglieder unterliegen, also den Beamten der Senatsverwaltungen ihren nachgeordneten Behörden oder den Bezirksämtern, wenn von einem Eingriffsrecht Gebrauch gemacht wird.

225 Die Richtlinie kann allerdings auch eine Einzelentscheidung betreffen, wenn es sich um eine Angelegenheit von übergeordneter Bedeutung handelt – z. B. Schließung oder Weiterbetrieb eines Flughafens – oder auch sonst den Entscheidungsspielraum eines Senators in einer Einzelangelegenheit auf null reduzieren.

Informationsrecht (Art. 58 Abs. 3 HS 2 VvB i. V. m. § 1 Abs. 3 GeschOSen) Gebrauch machen und als ultima Ratio von dem Recht, einen Senator zu entlassen.

Bei Wahrnehmung der Überwachungsfunktion steht ihm übrigen ein erheblicher, aber nicht unbegrenzter Entscheidungsspielraum zu. Er dürfte – trotz der Billigung der Richtlinien durch das Abgeordnetenhaus – befugt sein, in Einzelfällen von der Durchsetzung einer Richtlinie abzusehen (oder selbst davon abzuweichen) solange die Regel dadurch nicht zur Ausnahme wird.

Auch im Bereich der Richtlinienkompetenz sieht die Geschäftsordnung – ähnlich wie bei der Abgrenzung der Geschäftsbereiche – Befugnisse des Regierenden Bürgermeisters vor, die über den Verfassungstext hinausgehen: nach § 2 Abs. 2 S. 1 GeschOSen entscheidet er bei Zweifeln über die Anwendbarkeit und die Auslegung der Richtlinien; er hat nach Satz 2 lediglich die Möglichkeit – nicht die Pflicht – bei Meinungsverschiedenheiten, die den Geschäftsbereich mehrerer Senatsmitglieder berühren oder die eigenverantwortliche Geschäftsführung jedes Senatsmitglieds die Entscheidung des Senats zu beantragen. Im Konfliktfall dürfte hier das gleiche gelten wie bei Streitfragen über die Zuständigkeitsabgrenzung der Geschäftsbereiche: die betroffenen Senatoren haben das Recht, unter unmittelbarer Berufung auf Art. 58 Abs. 5 VvB in Verbindung mit § 10 Nr. 23 GeschOSen eine Beschlussfassung des Senats zu beantragen.[226] Unter den Befugnissen, die dem Regierenden Bürgermeister zustehen, dürfte dem Auskunftsrecht (Art. 58 Abs. 3 HS 2 VvB) die größte verwaltungstechnische Bedeutung zukommen. Es wird in der Geschäftsordnung des Senats durchaus extensiv interpretiert: Nach § 1 Abs. 3 GeschOSen umfasst dieses Recht nicht nur einen Anspruch auf Berichterstattung, sondern auch auf Vorlage der (vollständigen und unverfälschten) Akten sowie sonstiger Unterlagen und es erstreckt sich auf „Vorgänge und Maßnahmen" also nicht nur auf Amtsgeschäfte in engen Sinne des Wortes.[227] Außerdem ist der Regierende Bürgermeister – ohne besondere Aufforderung – über alle Maßnahmen und Vorhaben zu unterrichten, die im Hinblick auf die Richt-

---

226 In diesem Fall kommt der Notwendigkeit, die Richtlinien durch das Abgeordnetenhaus billigen zu lassen, doch eine gewisse Bedeutung zu. Auf Bundesebene oder in den anderen Bundesländern kann der Regierungschef den Wortlaut einer Richtlinie jederzeit so ändern, dass er der von ihm gewünschten Auslegung entspricht. In Berlin müsste er den geänderten Wortlaut dem Abgeordnetenhaus zuleiten und damit u. U. den Konflikt innerhalb des Senats offenlegen.

227 Außerdem wird in § 1 Abs. 3 GeschOSen klargestellt, dass die Auskünfte nicht nur dem Regierenden Bürgermeister persönlich, sondern auch seinen „Beauftragten" – im Normalfall also den Beamten der Senatskanzlei – zu erteilen sind.

linien der Regierungspolitik oder für die Leitung der Geschäfte des Senats von Bedeutung sind (§ 2 Art. 3 GeschOSen).

Das Auskunftsrecht des Regierenden Bürgermeisters aus Art. 58 Abs. 3 VvB erstreckt sich auf die Amtsgeschäfte der Senatsverwaltungen und der ihnen nachgeordneten Dienststellen, nicht aber auf die Vorgänge der Bezirksverwaltung und der mittelbaren Landesverwaltung.[228] Nach Art. 58 Abs. 1 VvB führt der Regierende Bürgermeister den Vorsitz im Senat und leitet die Senatssitzungen; bei Stimmengleichheit gibt seine Stimme den Ausschlag. Nach Art. 58 Abs. 1 S. 1 VvB vertritt er Berlin nach außen. Diese Vorschrift betrifft den Bereich der staatsrechtlichen Vertretung. Sie begründet zugleich die Zuständigkeit des Regierenden Bürgermeisters für den Bereich der auswärtigen Beziehungen (der Beziehungen mit Bund, Länder und auswärtigen Staaten) und zum Abschluss von auswärtigen Verträgen. Eingehendere Regelungen darüber finden sich in §§ 20 ff. AZG.[229] Stellvertreter des Regierenden Bürgermeisters sind bei Abwesenheit und sonstiger Verhinderung die beiden Senatoren, die von ihm zu Bürgermeistern ernannt worden sind (Art. 55 Art. 2 Satz 2 VvB in Verbindung mit § 4 GeschOSen). Ihre Befugnisse in dieser Funktion erstrecken sich auf alle verfassungsmäßigen Amtshandlungen des Regierungschefs.[230] Welcher Bürgermeister zu einem bestimmten Zeitpunkt den Regierenden Bürgermeister vertritt, richtet sich – außer im Todesfall – nach dem Vertretungsplan. Für den Fall des Todes des Regierenden Bürgermeisters sieht § 14 S. 3 SenG vor, dass der nach Lebensjahren ältere Bürgermeister die Geschäfte bis zur Wahl eines neuen Regierenden Bürgermeisters fortführt.[231] Sind der Regierende Bürgermeister und beide Bürgermeister abwesend oder in anderer Weise verhindert, so werden sie nach § 4 Satz 2 GeschOSen

---

228 Dies folgt nicht nur aus einer systematischen Interpretation (Eingliederung der Vorschrift in den Abschnitt über die Regierung), sondern auch daraus, dass bei einer Erstreckung der Auskunftspflicht auf die Bezirke oder die mittelbare Staatsverwaltung zusätzliche, im Verfassungs- und Verwaltungsrecht nicht vorgesehene Formen der Aufsicht geschaffen würden. Auskünfte aus diesen Bereichen müssen im Wege der Bezirks- oder Staatsaufsicht angefordert werden; der Regierende Bürgermeister kann Auskünfte von den dafür zuständigen Senatsmitgliedern verlangen.

229 Im einzelnen vgl. dazu § 72.

230 Dass sie ihn auch bei repräsentativen Aufgaben vertreten können, versteht sich von selbst. Bei rein verwaltungstechnischen Angelegenheiten wird der Regierende Bürgermeister wie jedes andere Senatsmitglied von seinem Staatssekretär (dem Chef der Senatskanzlei) und den Bediensteten seiner Verwaltung (der Senatskanzlei) vertreten.

231 Vgl. oben § 50.

von dem dienstältesten – bei gleichem Dienstalter von dem nach Lebensjahren älteren – Senator vertreten. Auch gegen diese Regelung dürften keine Bedenken bestehen, obgleich sie im Verfassungstext keine ausdrückliche Grundlage hat.

Nach Art. 58 Abs. 5 Satz 1 VvB leitet jedes Senatsmitglied seinen Geschäftsbereich selbstständig und in eigener Verantwortung innerhalb der Richtlinien der Regierungspolitik. Selbstständigkeit bedeutet Freiheit von Einzelweisungen. Die Verantwortlichkeit der Senatsmitglieder hat einen rechtlichen und einen politischen Aspekt. Rechtlich trägt jedes Senatsmitglied die volle Verantwortung für seine Amtshandlungen einschließlich des Risikos strafrechtlicher und amtshaftungsrechtlicher Konsequenzen; insbesondere kann es sich nicht damit rechtfertigen, dass es an eine Richtlinie der Regierungspolitik gebunden war. Politisch besteht die Verantwortung nicht nur gegenüber dem Regierungschef, sondern auch gegenüber dem Senatskollegium, dem Abgeordnetenhaus und der Gesamtheit der Wahlberechtigten als Träger der Staatsgewalt. Die Tatsache, dass eine unmittelbar wirksame Sanktion – etwa eine Abwahl durch das Abgeordnetenhaus oder gar im Wege eines Volksentscheids – nicht möglich ist, ändert daran nichts.[232] Die Fälle, in denen der Senat als Kollegium tätig werden muss, sind in der Verfassung nicht abschließend aufgezählt. Der Abschnitt über die Regierung enthält die Generalklausel, dass „die Regierung durch den Senat ausgeübt" wird (Art. 55 Abs. 1 VvB), sowie die Bestimmungen, dass er „bei Meinungsverschiedenheiten oder auf Antrag des Regierenden Bürgermeisters" entscheidet (Art. 58 Abs. 5 S, 2 VvB) und dass er sich eine Geschäftsordnung gibt (Art. 58 Abs. 4 VvB). Im Übrigen ist die Terminologie weder in der Verfassung noch in anderen Gesetzen einheitlich; es muss durch Interpretation ermittelt werden, ob unter „Senat" das Kollegium, ein Senatsmitglied oder die zuständige Senatsverwaltung zu verstehen ist.[233] Einen – ausdrücklich nicht abschließenden – Katalog der Angelegenheiten, die vom Senat zu beraten sind, enthält die Geschäftsordnung des Senats in § 10 GeschO-Sen. Dort ist unter Nr. 23 eine Beratung in Angelegenheiten vorgesehen, in denen

---

232 Die politische Verantwortung gegenüber der eigenen Partei lässt sich allerdings nicht aus der Verfassung, sondern nur aus der Parteisatzung herleiten.

233 Die Verfassung enthält Kompetenzzuweisungen an das Kollegium z. B. in Art. 59 Art. 2 VvB (Vorlage von Gesetzentwürfen) und Art. 64 Abs. 1 VvB (Erlass von Rechtsverordnungen, wenn der Senat – und nicht eines seiner Mitglieder – dazu ermächtigt wird). Im Abschnitt über die Verwaltung (Art. 66ff. VvB) bezeichnet das Wort „Senat" dagegen nicht das Kollegium. In den Bestimmungen des Allgemeinen Zuständigkeitsgesetzes über die Bezirks- und Staatsaufsicht wird wiederum – anders als in vielen anderen Rechtsvorschriften – zwischen dem Senat und seinen jeweils zuständigen Mitgliedern entschieden.

ein Senatsmitglied eine Beschlussfassung des Senats verlangt; dies soll bei allen Angelegenheiten von allgemeiner politischer, sozialer finanzieller oder kultureller Bedeutung geschehen.

Die Entscheidung des Senatskollegiums ist für das federführende Senatsmitglied verbindlich; dies gilt auch in Fällen, in denen die Vorlage freiwillig erfolgte. Will das Senatsmitglied diese Wirkung vermeiden, so bleibt ihm die Möglichkeit, die Angelegenheit zur Kenntnisnahme oder als Besprechungspunkt auf die Tagesordnung zu setzen.

Der Senat – d.h. das Senatskollegium[234] – gibt sich nach Art. 58 Abs. 4 VvB eine Geschäftsordnung.

Ordentliche Senatssitzungen sind in § 13 Abs. 1 GeschOSen einmal wöchentlich vorgesehen, sie finden unter dem Vorsitz und der Leitung des Regierenden Bürgermeisters statt (Art. 58 Abs. 1 S. 2 VvB). Außer den Senatsmitgliedern nehmen nach § 14 GeschOSen regelmäßig die dort aufgezählten politischen Beamten teil.[235] Der Regierende Bürgermeister kann die Teilnahme weiterer Personen zulassen.

Die Senatsmitglieder vertreten einander in ihren politischen Funktionen nach Maßgabe eines Vertretungsplans. Dieser ist in § 9 GeschOSen vorgesehen; die Geschäftsordnung bestimmt aber nicht, ob er durch Senatsbeschluss oder vom Regierenden Bürgermeister festgelegt wird. In ihren Verwaltungsfunktionen werden die Senatsmitglieder generell von den Staatssekretären vertreten – denen nach Maßgabe der Geschäftsordnung auch bestimmte politische Vertretungsbefugnisse zustehen – und von den Mitarbeitern ihrer Verwaltung, soweit diesen die Vertretungsbefugnis übertragen ist.

§ 52 Staatssekretäre / Staatssekretärskonferenz

Die Staatssekretärskonferenz (bis 1985 „Senatsdirektorenkonferenz") ist kein Verfassungsorgan. Ihre Aufgaben sind durch Verwaltungsvorschrift, nämlich durch

---

234 Bei Wahrnehmung dieser verfassungsmäßigen Kompetenz dürfte das Kollegium allerdings an die vom Regierenden Bürgermeister bestimmten und vom Abgeordnetenhaus gebilligten Richtlinien der Regierungspolitik gebunden sein.

235 Der Chef der Senatskanzlei, der Bevollmächtigte des Landes beim Bund, der Leiter des Presse- und Informationsamtes, der für politische Koordination zuständige Abteilungsleiter der Senatskanzlei und die vom Regierenden Bürgermeister bestimmten Schriftführer.

§ 11 der „Gemeinsamen Geschäftsordnung für die Berliner Verwaltung, Besonderer Teil"[236] („GGO II") geregelt. Sie bereitet die Beschlussfassung des Senats vor jeder regelmäßigen Senatssitzung vor, berät über Vorlagen des Bundesrats, bevor sie dem Senat zur Beschlussfassung vorgelegt werden, sowie über Angelegenheiten, die ihr der Senat überwiesen hat oder deren Erörterung ein Senatsmitglied vorgeschlagen hat.

Die Staatssekretäre (bis 1985 „Senatsdirektoren") sind politische Beamte im Sinne von § 31 Beamtenrechtsrahmengesetz. Nach § 72 des Landesbeamtengesetzes von Berlin können sie jederzeit vom Senat in den einstweiligen Ruhestand versetzt werden. Ihre Ämter gehören keiner Laufbahn an, sie unterliegen daher auch keinen Ausbildungs- und Prüfungsbestimmungen. Für bestimmte Ausnahmeregelungen, die bei anderen Beamten vom Landespersonalausschuss zu genehmigen sind, ist bei ihnen der Senat zuständig.

§53 Rat der Bürgermeister

Der Rat der Bürgermeister (RdB) nach Art. 68 VvB sowie den ergänzenden Regelungen der §§ 14 ff. AZG ist ein Verfassungsorgan mit überwiegend beratender Funktion. Er setzt sich nach Art. 68 Abs. 2 VvB i. V. m. § 15 AZG aus dem Regierenden Bürgermeister und dem Bürgermeister sowie den Bezirksbürgermeistern oder ihren Stellvertretern zusammen und tagt mindestens einmal im Monat (§ 17 Abs. 1 AZG).

§ 15 Abs. 2 AZG sieht vor, dass sich die Bezirksbürgermeister nur im Einzelfall durch die stellvertretenden Bezirksbürgermeister vertreten lassen können. Diese Einschränkung ist aber durch den Wortlaut der Verfassung nicht gedeckt. Eine Dauervertretung wäre zulässig; sie bedürfte allerdings einer – jederzeit widerruflichen – Vereinbarung zwischen dem Bezirksbürgermeister und seinem Stellvertreter. Ein Bezirksamtsbeschluss oder gar ein Beschluss der Bezirksverordnetenversammlung, durch den der stellvertretende Bezirksbürgermeister mit der Vertretung des Bezirks im Rat der Bürgermeister beauftragt wird, wäre dagegen rechtlich unverbindlich.

Nach Art. 68 Abs. 1 VvB ist dem Rat der Bürgermeister die Möglichkeit zu geben, zu den grundsätzlichen Fragen der Verwaltung und Gesetzgebung Stellung zu

---

236   Vom 08. September 2015, zuletzt geändert durch Verwaltungsvorschriften vom 02. März 2021.

nehmen. Dies gilt ausdrücklich auch für Gesetzesanträge aus der Mitte des Abgeordnetenhauses (§ 14 Abs. 1 S. 2 AZG).

Hinsichtlich der zu erfüllenden Aufgaben des Rates der Bürgermeister bestimmt § 14 Abs. 2 AZG, dass der RdB dem Senat und den zuständigen Organen Berlins Vorschläge für Rechts- und Verwaltungsvorschriften unterbreiten kann, die den Aufgabenbereich der Bezirksverwaltung betreffen. Auch durch diese Vorschrift wird nur ein Vorschlags- und kein echtes Initiativrecht begründet. Obgleich das Gesetz keine ausdrückliche Bestimmung darüber enthält, dürfte der Senat aber rechtlich (nicht nur kraft Geschäftsordnung oder aus politischer Rücksichtnahme) verpflichtet sein, zu den Vorschlägen Stellung zu nehmen und eine mögliche Ablehnung zu begründen.

Weitere zentrale Aufgaben des Rats der Bürgermeister ergeben sich aus § 16a AZG, in dem das Zusammenwirken mit Senat und Abgeordnetenhaus normiert wird. So können der Rat der Bürgermeister und der Senat verlangen, dass ein Beauftragter des RdB an der Sitzung des Senats mit beratender Stimme teilnimmt, wenn besondere bezirkliche Interessen berührt werden oder Meinungsverschiedenheiten von Bezirken und Senatsverwaltungen hemmend wirken. Die Stellungnahmen des RdB sind den Vorlagen des Senats an das Abgeordnetenhaus beizufügen. Es ist außerdem vorgesehen, dass durch die Geschäftsordnung des Abgeordnetenhauses eine Pflicht für den Beauftragten des RdB begründet wird, an den Sitzungen des Abgeordnetenhauses mit beratender Stimme teilzunehmen.[237]

Bei Ausübung der Bezirksaufsicht und des Eingriffsrechts durch ein Senatsmitglied steht dem RdB ein Informationsrecht zu; er kann außerdem verlangen, Beauftragte in die Senatssitzung zu entsenden oder eine gemeinsame Sitzung abzuhalten.[238]

Befugnisse des RdB, die über eine reine Beratungsfunktion hinausgehen und einer Mitwirkungsfunktion nahekommen, sieht ferner das Ausführungsgesetz

---

237 § 16a AZG i. d. F. vom 22. Juli 1996 (GVBl. S. 302, ber. S. 472), zuletzt geändert durch Art. 7 des Gesetzes vom 05. Juli 2021 (GVBl. S. 842). Unter dem Gesichtspunkt der Geschäftsordnungsautonomie erscheint es bedenklich, dass das Gesetz ein Staatsorgan ermächtigt, durch seine Geschäftsordnung nicht nur Mitwirkungsrechte, sondern auch Pflichten für ein anderes Staatsorgan zu begründen.

238 Vgl. dazu auch § 71 3.

zum Baugesetzbuch vor, wenn der Senat feststellt, dass ein Gebiet von „besonderer stadtpolitischer Bedeutung" ist. Diese Entscheidung, durch die das Recht, Bebauungspläne aufzustellen, auf die zuständige Senatsverwaltung übergeht, ist vom Senat im Einvernehmen mit dem RdB zu fällen. Widerspricht der RdB mit einer Mehrheit von drei Vierteln seiner Mitglieder, so entscheidet das Abgeordnetenhaus.

Auch wenn die Stellungnahmen des Rats der Bürgermeister rechtlich nicht verbindlich sind, darf sein politisches Gewicht nicht unterschätzt werden, da die Bezirksbürgermeister in den Bezirksverbänden ihrer politischen Parteien über einen beträchtlichen Einfluss verfügen.

7. Der Verfassungsgerichtshof

§ 54 Entstehung und vergleichende Einordnung

I. Historischer Sonderfall eines verspäteten Verfassungsorgans

Selbst Fachleute wussten bei den Bundesländern früher nicht immer aus dem Stegreif, ob und seit wann ein Verfassungsgericht jeweils existiert. Denn die Verfassungsgerichtsbarkeit in den Ländern spielt nur eine untergeordnete Rolle – zu dominant sind das Grundgesetz (namentlich die Grundrechtsgarantien) und der Bundesgesetzgeber. Das ließ sich unlängst etwa beim „Berliner Mietendeckel" beobachten, den das BVerfG 2021 wegen der fehlenden Landesgesetzgebungskompetenz als verfassungswidrig kassiert hat. Selten scheint es in den Ländern überhaupt kontroverse Verfassungsfragen zu geben, die auch noch von einer breiteren Öffentlichkeit wahrgenommen werden. Von einem „föderalen Zopf" ist die Rede.[239] Doch unabhängig von ihren konkreten Kompetenzen, die von Land zu Land variieren, hat die Errichtung von Landesverfassungsgerichten auch immer historisch-symbolische Bedeutung gehabt:

So ging es bei der ersten Konstituierungsphase in den Westländern unmittelbar nach dem Krieg und z. T. noch vor der Entstehung des Grundgesetzes und dem BVerfG (1951) gar nicht um die „Krönung des Rechtsstaats", sondern um die Hervorhebung des (politischen) Demokratieschutzes. Vor allem sollte die Richterschaft vom Parlament gewählt werden, auch aus Laien und nicht bloß aus professionellen Juristen bestehen, da „nicht wenige Richter sich aktiv an der NS-Justiz beteiligt" hatten, sodass ihnen „viele Verfassungsgeber misstrauten".[240] Bei der Gründungswelle von Verfassungsgerichten zu Beginn der 1990er Jahre in den östlichen Bundesländern war demgegenüber die Betonung der Eigenstaatlichkeit entscheidend.

Inzwischen haben alle Länder ein Verfassungsgericht – auch Schleswig-Holstein und Berlin, die sogar jahrzehntelang hierauf verzichteten. Während es in Schleswig-Holstein als Spät-Spätfolge der „Barschel-Pfeiffer-Affäre" schließlich

---

239 Vgl. *Reutter*, Landesverfassungsgerichte: „Föderaler Zopf" oder „Vollendung des Rechtsstaats"?, RuP 2018, S. 195 ff.

240 *Reutter*, Landesverfassungsgerichte in der Bundesrepublik Deutschland, in: Reutter (Hg.), Landesverfassungsgerichte, 2017, S. 4.

im Jahr 2008 eingerichtet wurde,[241] führte in Berlin ein mit dem „Berlin-Status" zusammenhängender Streit erst nach der Wiedervereinigung 1992 zu einem Verfassungsgericht. Der Berliner VerfGH ist ein „verspätetes' Verfassungsorgan",[242] das eigentlich schon in der Berliner Verfassung von 1950 vorgesehen war und sich aus Berufsrichtern und Laien zusammensetzen sollte (Art. 72 VvB, aF) Er scheiterte aber an den unterschiedlichen Vorstellungen der Alliierten und des Lands Berlin, sodass die ursprüngliche Regelung der Verfassung durch eine Änderung 1974 „suspendiert" wurde (Art. 87a VvB, aF): Nach alliierter Auffassung hätte ein Landesverfassungsgericht über die Normenkontrolle letztendlich auch die Geltung von Bundesgesetzen in Berlin prüfen können,[243] die Berliner Seite wiederum befürchtete hierdurch die Abkoppelung Berlins vom Bund. Ein Landesverfassungsgericht ohne Normenkontrollkompetenz (etwa nur mit der Entscheidungskompetenz bei sog. Organstreitigkeiten) kam dagegen nicht infrage und die Alliierten blockierten wegen des „Berlin-Status" zugleich den möglichen Ausweg einer Übertragung der landesverfassungsgerichtlichen Zuständigkeiten einfach auf das Bundesverfassungsgericht nach Art. 99 GG.[244]

Berlin blieb damit das einzige Bundesland, bei dem Verfassungsfragen in die Deutungshoheit der Staatsrechtslehre, der einschlägigen Verwaltungsabteilungen und Parlamentsdienste fielen – oder auch in eine ersatzweise normenkontrollierende Spruchpraxis der Berliner Instanzgerichte.[245] Mit Hans Kelsen kann das auch aus demokratietheoretischer Sicht als Makel begriffen werden, da die Funktion der Verfassungsgerichtsbarkeit nicht nur in der rechtlichen Garantie der Verfassung, sondern gerade auch im Minderheitenschutz einer pluralistischen Demokratie besteht.[246]

---

241 Vgl. *Flick Witzig*, Das Schleswig-Holsteinische Landesverfassungsgericht, in: Reutter (Fn. 240), S. 372.

242 *Reutter*, Der Verfassungsgerichtshof des Landes Berlin, in: Reutter (Fn. 240), S. 77; vgl. zum Folgenden S. 77–81; auch *Wille*, Der Berliner Verfassungsgerichtshof, 1993.

243 Bundesgesetze galten wegen des Viermächte-Status nicht automatisch in Berlin, sondern enthielten bis 1990 eine sog. „Berlin-Klausel", wonach sie iVm Überleitungsgesetzen erst durch den jeweiligen Beschluss des Berliner Parlaments, formal also als Berliner Gesetze gültig wurden.

244 So im Falle von Schleswig-Holstein bis 2008.

245 Vgl. *Parashu*, 25 Jahre Berliner Verfassungsgerichtsbarkeit, RuP 2017, S. 85.

246 Vgl. *Kelsen*, Wer soll der Hüter der Verfassung sein?, 2. Aufl., 2019; hierzu *van Ooyen*, Der Streit um die Staatsgerichtsbarkeit in Weimar aus demokratietheoretischer Sicht, in: van Ooyen/ Möllers (Hg.), HB Bundesverfassungsgericht im politischen System, 2. Aufl., 2015, S. 169ff.

Ende der 1980er wurde auf Verlagen der Opposition (Alternative Liste; SPD) noch eine Enquete-Kommission eingesetzt,[247] der Weg zur Errichtung des Gerichthofs dann aber erst nach Wegfall des Vier-Mächte-Statuts mit der Deutschen Einheit 1990 gesetzlich beschritten. Durch Verfassungsänderung vom 3. September 1990 wurde die Suspendierungsvorschrift des Art. 87a VvB (aF) aufgehoben. Es folgten Streitigkeiten und Gesetzesnovellierungen zur Höhe der Aufwandsentschädigung, zum Vorschlagsrecht bei der Richterwahl seitens der Oppositionsparteien und zu der für die Wahl erforderlichen 3/4 Mehrheit (gesenkt auf 2/3). Schließlich wurde 1994 noch das Quorum für Normenkontrollklagen auf 1/4 der Mitglieder des Abgeordnetenhauses gesenkt (zuvor 1/3). 1992 nahm der Verfassungsgerichtshof mit Wahl der ersten neun Richter durch das Gesamtberliner Abgeordnetenhaus seine Tätigkeit auf. Heutige Rechtgrundlage des VerfGH ist Art. 84 VvB, der die grundlegenden Regeln über die Bildung und Zuständigkeit enthält sowie Näheres dem einfachen Gesetzgeber zuweist. Schließlich ist auf dieser Grundlage noch die Geschäftsordnung des Verfassungsgerichtshofs ergangen.[248]

II. Kelsen-Modell und eingeschränkte Bedeutung im politischen System

Die Verfassungsgerichtsbarkeit in Berlin folgt wie die des Bundes und auch aller Bundesländer nicht dem Supreme Court-, sondern dem österreichischen „Kelsen-Modell"[249] einer separat institutionalisierten Gerichtsbarkeit mit genereller Normenkontrollkompetenz. Trotz der hieraus resultierenden großen Übereinstimmung in den verfassungsrechtlich verankerten Grundbestimmungen gibt es erhebliche Unterschiede in den einfachgesetzlichen Regelungen der Länder. Einige Landesverfassungsgerichte sind dabei der Gefahr einseitiger parteipolitischer Einflussnahme ausgesetzt, weil eine Richterwahl bloß die Regierungsmehrheit erfordert, verbunden noch mit der Möglichkeit unbegrenzter Wiederwahl.[250]

---

247 Vgl. Abgeordnetenhaus Berlin, Bericht der Enquete-Kommission zur Errichtung eines Berliner Verfassungsgerichtshofes, AH-Drs. 10/2767 vom 04.01.1989.

248 Vgl. https://www.berlin.de/gerichte/sonstige-gerichte/verfassungsgerichtshof/artikel.2650 18.php (Abruf 26.04.2023).

249 Vgl. *Kelsen* (Fn. 246); *van Ooyen*, Verfassungsgerichtsbarkeit, in: Voigt, HB Staat, Bd. 1, 2018, S. 917 ff.

250 So z. B. in Bayern, Baden-Württemberg und NRW.

Beim Berliner Verfassungsgerichtshof ist aber weder eine Wahl mit einfacher Mehrheit noch die Wiederwahl von Richtern möglich.

Landesverfassungsgerichten kommt bei Kompetenzstreitigkeiten eine wichtige Zuständigkeit zu, die sie neben Regierung und Opposition direkt auch als machtpolitische Akteure im Regierungssystem sichtbar werden lässt.[251] Punktuell wichtig sind zudem Verfassungsbeschwerden (einschließlich der Besonderheit kommunaler Beschwerde, hier insb. bei Gebietsreformen und Fragen der Finanzausstattung) und – sehr selten – bedeutende Entscheidungen im Rahmen der Wahlprüfung. So erklärte das Hamburger Verfassungsgericht 1993 und der VerfGH Berlin 2022 eine Parlamentswahl für ungültig (s. u., Nr. V.2). Hinsichtlich der rechtspolitischen Gestaltungsmacht gegenüber dem Gesetzgeber zeichnet sich aber abgesehen von Einzelfällen wegen der geringen Zahl von Normenkontrollverfahren insgesamt keine Entwicklung zu „„Ersatzgesetzgebern'" ab.[252] Das ist ein deutlich unterschiedener Befund zu dem vom „entgrenzten" Bundesverfassungsgericht,[253] bestätigt aber zugleich auch die viele geringe Bedeutung der Landesverfassungsgerichte. Nur im Bereich der Organstreitverfahren ergibt sich speziell beim Parlamentsrecht eine andere Einschätzung: Hier verfügt die Landesverfassungsgerichtsbarkeit insgesamt über „prägende Wirkung und trage zur ‚Entmachtung' der Parlamente bei".[254]

Die verhältnismäßig geringe Bedeutung von Landesverfassungsgerichten durch die Dominanz des Bundesrechts spiegelt sich wider in der Haushaltshöhe und in der fehlenden „Voll-Professionalisierung". Das Budget des Berliner VerfGH betrug für 2020/21 rund 0,55 Mio € (zum Vergleich: Rechnungshof Berlin ca. 16 Mio €, Abgeordnetenhaus ca. 55,7 Mio €; BVerfG ca. 35,8 Mio € in 2020).[255] Die Richterämter an Landesverfassungsgerichten werden in der Regel ehrenamtlich ausgeübt. Trotzdem streut der Umfang der Spruchpraxis ganz erheblich: Manche Verfassungsgerichte wie in Schleswig-Holstein und Rheinland-Pfalz entscheiden pro Jahr kaum eine Handvoll Fälle und tagen daher selten überhaupt im Plenum, während in Bayern und Berlin es durchschnittlich über 130 bzw. 160 sind, sodass

---

251 Vgl. *Flick*, Organstreitverfahren vor den Landesverfassungsgerichten, 2011.
252 *Reutter*, Landesverfassungsgerichte in der BRD (Fn. 240), S. 21.
253 *Jestaedt/Lepsius/Möllers/Schönberger*, Das entgrenzte Gericht, 2011.
254 *Reutter* (Fn. 240), S. 21.
255 Vgl. Haushaltsplan von Berlin für die Jahre 2020/21, Bd. 2, Einzelpläne; Bundeshaushaltsplan 2020, Einzelplan 19.

sich hier im Laufe der Zeit Entscheidungslinien und ein einheitlicherer Charakter als Institution[256] herausbilden können. Nicht alle Landesverfassungsgerichte eröffnen ihren Bürgern den Weg zur Verfassungsbeschwerde, die das häufigste Verfahren ausmacht, namentlich in Bayern (1947–2015 ca. 7700), Berlin (1992–2015 ca. 4000), Brandenburg (1993–2015 ca. 1000) und Sachsen (1993–2015 ca. 2100). Gleichwohl sind wie beim BVerfG auch hier die allerwenigsten erfolgreich, denn nur 2–5 Prozent nehmen überhaupt die Hürde der Zulässigkeit und sind dann auch noch begründet.

§ 55 Aufbau und Kompetenzen

I. Status als Verfassungsorgan

Der Verfassungsgerichtshof ist Gericht und – wie Abgeordnetenhaus und Senat – Verfassungsorgan (§ 1 VerfGHG). Er hat daher vorbehaltlich parlamentarischer Gesetzgebungs- und Haushaltskompetenzen Autonomie in Geschäftsordnungs-, Finanz- sowie Personalangelegenheiten und untersteht nicht dem Justizministerium. Andernfalls wäre er hierüber trotz richterlicher Unabhängigkeit teilweise zumindest mittelbar politisch steuerbar. Was aus heutiger Sicht selbstverständlich anmutet, war noch bei der Gründung etwa des BVerfG umstritten.[257] Die Richter unterliegen auch nicht den disziplinarrechtlichen Vorschriften (§ 8 VerfGHG).

Art. 84 VvB legt die Grundsätze seiner Zusammensetzung und Wahl sowie die Zuständigkeiten fest. Darüber hinaus wird die weitere Konkretisierung auf den Gesetzgeber übertragen.[258]

II. Wahl durch Abgeordnetenhaus und Quoten

Der Verfassungsgerichtshof besteht aus neun Mitgliedern: einem Präsidenten, einem Vizepräsidenten und sieben weiteren Verfassungsrichtern. Die Mitglieder des Gerichtshofs werden vom Abgeordnetenhaus mit Zweidrittelmehrheit

---

256 Vgl. *Hariou*, Die Theorie der Institution, Neuausgabe 1965.

257 Im sog. „Statusstreit" scheiterte jedoch der Versuch der Machtkontrolle des damaligen Bundesjustizministers. Seitdem ist der Status von Verfassungsgerichten als Verfassungsorgane unumstritten; vgl. *Lembcke*, Das Bundesverfassungsgericht und die Regierung Adenauer – vom Streit um den Status zur Anerkennung der Autorität, in: van Ooyen/Möllers (Fn. 246), S. 231 ff.

258 VerfGHG unter https://gesetze.berlin.de/bsbe/document/jlr-VerfGHGBErahmen (Abruf 26.04. 2023).

in geheimer Wahl für sieben Jahre gewählt (Art. 84 Abs. 1 VvB und § 2 Abs. 1 VerfGHG). Eine Aussprache findet bei der Wahl nicht statt. Das entspricht der in Deutschland bei Verfassungsgerichten üblichen Praxis, obwohl Forderungen nach sog. „Hearings" (wie etwa beim US-Supreme Court) regelmäßig aus demokratischer Sicht erhoben werden.[259] Eine Wiederwahl ist nicht zulässig (§ 2 Abs. 2 VerfGHG). Gewählt werden kann, wer das 35. Lebensjahr vollendet hat und zum Deutschen Bundestag wählbar, also Deutscher i. S. des Art. 116 GG ist. Dabei gilt der aus der Gewaltenteilung abgeleitete Inkompatibilitätsgrundsatz, dass Mitglieder einer gesetzgebenden Körperschaft, einer Regierung und Angehörige des öffentlichen Dienstes (mit Ausnahme von Richtern und Professoren) nicht wählbar sind (§ 3 Abs. 2 VerfGHG).[260]

Das „Vorschlagsmonopol" für die Nominierung liegt bei den Fraktionen,[261] die bei der Auswahl ihrer Kandidaten im Vorfeld jenseits der Eignung maßgeblich auf die demokratische Mehrheitsfähigkeit achten und daher politische Absprachen treffen müssen. Rechtlich hat der Verfassungsgeber die demokratische Wahl zudem durch Quoten beschränkt, die zum einen die Professionalität sichern sollen. Drei der Richter müssen zum Zeitpunkt ihrer Wahl Berufsrichter sein, drei weitere die Befähigung zum Richteramt haben (Art. 84 Abs. 1 VvB und § 3 Abs. 3 VerfGHG). Jenseits dieser Quotierungen für Berufsrichter und Juristen hat der Landesgesetzgeber noch eine Geschlechterquote festgeschrieben: Männer und Frauen müssen jeweils mindestens drei Verfassungsrichter stellen (§ 1 Abs. 3 VerfGHG).

Eine Abberufung von Richtern ist nur durch den Gerichtshof selbst möglich und zwar, wenn ein Mitglied dauernd dienstunfähig oder zu einer Freiheitsstrafe von mehr als sechs Monaten rechtskräftig verurteilt worden ist. Hierfür sind sechs Stimmen erforderlich (§ 8 Abs. 2 VerfGHG). Der eigene Rücktritt vom Richteramt ist jederzeit möglich (§ 6 VerfGHG).

---

259   So z. B. *Häberle*, Bundesverfassungsrichter-Kandidaten auf dem Prüfstand? Ein Ja zum Erfordernis „öffentlicher Anhörung", jetzt in: Ders., Verfassungsgerichtsbarkeit – Verfassungsprozeßrecht, 2014, S. 235 ff.; *Montag*, Reform der Bundesverfassungsrichterwahlen? Pro: Weder demokratisch legitimiert noch transparent, RuP 2011, S. 140.

260   Als „gesetzgebende Körperschaft" im Sinne dieser Vorschrift sind die Gesetzgebungsorgane von Bund und Ländern und das Europäische Parlament – aber nicht die Satzungsorgane anderer öffentlich-rechtlicher Selbstverwaltungskörperschaften wie etwa die BVV – zu verstehen; so auch *Siegel/Waldhoff*, Öffentliches Recht in Berlin, 3. Aufl., 2020, S. 89.

261   *Reutter*, Verfassungsgerichtshof Berlin (Fn. 242), S. 82.

Die Verfassungsrichter sind grundsätzlich ehrenamtlich tätig (§ 3 Abs. 3). Vier von ihnen können jedoch, sofern der Geschäftsanfall es erforderlich erscheinen lässt, zu Hauptamtlichen ernannt werden. Diese Ernennung erfolgt nach Beschluss des Abgeordnetenhauses (mit Zweidrittelmehrheit) durch dessen Präsidenten (§ 13 Abs. 4 VerfGHG). Zur professionellen Unterstützung der Richtertätigkeit können zudem wissenschaftliche Mitarbeiter eingestellt werden (§ 4 VerfGHGO).[262]

III. Rechtspolitologische Befunde bei der Zusammensetzung

Die Macht von Verfassungsgerichten ist vor allem „Deutungsmacht".[263] Richterliche Entscheidungen können dabei durch eine Vielzahl von außerjuristischen Faktoren beeinflusst werden:[264] politische und weltanschaulich-religiöse Grundorientierungen, berufliche und sonstige Sozialisationen, staatstheoretische Vorverständnisse, Geschlechterrollen, zeitgeschichtliche Kontexte, Macht-, Akteurs- und Implementationskalküle usw. Für Verfassungsgerichte gilt das in besonderem Maße,[265] da viele Begriffe und Regelungen in Verfassungstexten im Unterschied zu einfachgesetzlichen Bestimmungen mit hoher Deutungsoffenheit formuliert sind (und auch sein müssen).

Hinsichtlich der Zusammensetzung ist für den Berliner Verfassungsgerichtshof in einer Studie für den Untersuchungszeitraum von 1992–2017 festgestellt worden:[266]

Die Wahl der meisten Richter erfolgte auf Vorschlag der SPD und CDU, ungefähr zu gleichen Teilen (ca. 34 % bzw. 37 %), gefolgt von den Grünen (ca. 13 %), der Linken (ca. 8 %), der FDP (ca. 5 %) und den Piraten (ca. 2,5 %). Das spiegelt den durchschnittlichen Mandatsanteil der Parteien im Parlament wider, mit Ausnahme der Linken, die so gesehen unterrepräsentiert bleibt, da die Zahl ihrer Abge-

---

262 Zur Zeit gibt es vier WiMis; vgl. https://www.berlin.de/gerichte/sonstige-gerichte/verfassungsgerichtshof/artikel.265018.php (Abruf 04.02.2022).

263 *Vorländer* (Hg.), Die Deutungsmacht der Verfassungsgerichtsbarkeit, 2006.

264 Vgl. schon *Fraenkel*, Zur Soziologie der Klassenjustiz (1927), jetzt in: Ders., GS Bd. 1, 1999, S. 177 ff.; *R. Wassermann*, Der politische Richter, 1972; *Kaupen/Rasehorn*, Die Justiz zwischen Obrigkeitsstaat und Demokratie, 1971.

265 Vgl. *van Ooyen*, Machtpolitik, Persönlichkeit, Staatsverständnis und zeitgeschichtlicher Kontext: wenig beachtete Faktoren bei der Analyse des Bundesverfassungsgerichts, in: JJZG 2008/09, S. 249 ff.; insgesamt *van Ooyen/Möllers* (Fn. 246).

266 Vgl. *Reutter*, Richter und Richterinnen am Berliner Verfassungsgerichtshof, LKV 11/2018, S. 489 ff.

---

ordneten im Durchschnitt fast doppelt so hoch gewesen ist. Auf Seiten der Linken gab es zudem im untersuchten Zeitraum wiederholt den Fall, dass von ihr vorgeschlagene Kandidaten an der erforderlichen Mehrheit scheiterten. So wurde z. B. 2007 die Rechtsanwältin Evelyn Kenzler nicht gewählt wegen eines Streits im Abgeordnetenhaus über die von ihr als PDS-Bundestagsabgeordnete in den 1990er Jahren geforderte Amnestie und Haftentschädigung von verurteilten SED- und Stasi-Funktionären. Ebenfalls scheiterte die heutige Justizsenatorin Lena Kreck, die 2019 von der Fraktion der Linken vorgeschlagen worden war.[267]

Bei der Verteilung der Geschlechter dominieren insgesamt die Männer (ca. 60 %), wenngleich der Frauenanteil in Berlin (ca. 40 %) höher ausfällt als bei einer Reihe anderer Verfassungsgerichte der Bundesländer.

Die Gruppe der Berufsrichter ist über den gesetzlich vorgeschriebenen Anteil hinaus dominant (rund 44 %). Zusammen mit der drittgrößten Berufsgruppe der Juraprofessoren (rund 14 %) machen damit die Beamten weit mehr als die Hälfte der Richter aus. Eine schon aus dieser „Staatsnähe" resultierende Schlagseite des Gerichts zum „Etatismus" findet das mögliche Gegengewicht in der Gruppe der Rechtsanwälte. Im Unterschied zum BVerfG,[268] z. T. aber auch zu einigen Verfassungsgerichten in den Ländern, in denen Anwälte – immerhin der Kern des juristischen Berufsstands – fast gar nicht bzw. unterrepräsentiert bleiben, sind sie in Berlin auffallend stark vertreten (insgesamt 33 %). Auffallend ist zudem, dass von dem gerade bei den Landesverfassungsgerichten üblichen Laienelement, das neben der Partizipation von Bürgern auch ein Gegengewicht zur „besonderen Weltsicht" der Juristen bilden soll, hier überhaupt keine Spur ist. Alle Berliner Verfassungsrichter sind bisher ausnahmslos Juristen. 2014 wurde mit Ahmet Kurt Alagün erstmals ein Richter mit türkischem „Migrationshintergrund" gewählt.[269]

---

267 Vgl. RuP-Redaktion, Querele um PDS-Kandidatin für Verfassungsgerichtshof Berlin beendet, RuP 2007, S. 167; RuP-Redaktion, Berlin: Ulrike Lembke neue Richterin am Verfassungsgerichtshof, RuP 2020, S. 166. In beiden Fällen erfolgte die Nominierung einer neuen Kandidatin durch die PDS bzw. Linke, die dann gewählt wurde (Rechtsanwältin Natascha Wesel bzw. Prof. Ulrike Lembke).

268 Beim BVerfG ist erst 2018 mit Präsident Harbarth seit Jahren überhaupt wieder einmal ein Anwalt zum Richter gewählt geworden, der aber seit 2009 vor allem auch Bundestagsabgeordneter und zuletzt stellvertretender CDU/CSU-Fraktionsvorsitzender gewesen ist.

269 Vgl. Tagesspiegel vom 17.10.2014, Justiz: Erster türkischstämmiger Berliner wird Verfassungsrichter. Zur Definition des Begriffs Migrationshintergrund vgl. § 3 Abs. 2 PartMigG.

IV. Entscheidungs- und Verfahrensweise

Der VerfGH entscheidet durch Urteil (mit mündlicher Verhandlung) oder durch Beschluss (§ 24 VerfGHG). Er kann einen Zustand durch einstweilige Anordnung vorläufig regeln, wenn dies zur Abwehr schwerer Nachteile, zur Verhinderung drohender Gewalt oder aus einem anderen wichtigen Grund dringend geboten ist. Nach sechs Monaten tritt die einstweilige Anordnung automatisch außer Kraft, kann aber mit einer Mehrheit von zwei Dritteln der Stimmen wiederholt werden (§ 31 VerfGHG). Der VerfGH kann zudem „sachkundige Dritte" zur Stellungnahme berechtigen (§ 26a VerfGHG). Hinsichtlich der Öffentlichkeit, Sitzungspolizei, Gerichtssprache, Beratung und Abstimmung sowie Zeugen und Sachverständigen gelten die Vorschriften des GVG (§ 15 VerfGHG) bzw. der ZPO (§ 27 VerfGHG). Das Verfahren ist kostenfrei, bei abgelehnten Verfassungsbeschwerden kann dem Beschwerdeführer eine Gebühr von 500 €, im Falle des Missbrauchs von 2500 € auferlegt werden (§ 33 VerfGHG).

Beschlussfähigkeit liegt i.d.R. vor, wenn mindestens sechs Richter anwesend sind (§ 11 VerfGHG). Der VerfGH entscheidet mit einfacher Mehrheit der an der Entscheidung mitwirkenden Richter. D.h.: Bei Stimmengleichheit kann keine Verfassungswidrigkeit festgestellt werden, sie bedeutet vielmehr Ablehnung (§ 11 VerfGHG). Über Befangenheit entscheidet das Gericht unter Ausschluss des betroffenen Mitglieds mit Mehrheit (§ 17 VerfGHG); nur in diesem Fall gibt bei Stimmengleichheit die Stimme des Vorsitzenden (i.d.R. Präsident/Vizepräsident; § 10 VerfGHG) den Ausschlag (§ 17 VerfGHG).

Berichterstatter bereiten die Entscheidungen wie beim BVerfG vor; die Kriterien der Zuweisung werden durch das Gerichtsplenum zu Beginn des Geschäftsjahrs beschlossen (§ 8 VerGHGO). Wenn Verfassungsgerichtsbarkeit vor allem „Deutungsmacht" ist,[270] dann kommt es bei Entscheidungen auch darauf an, „wer" und „wie", d.h. mit welchen staatsrechtlichen Begründungsmustern ein Verfassungsgericht jeweils „deutet".[271] Analog zum BVerfG kann daher vermutet werden, dass dabei den Berichterstattern eine besondere Rolle zukommen kann.[272] Sie legen ein Votum oder einen Entscheidungsentwurf zur Beratung vor und fassen schließlich auch die Entscheidung schriftlich ab (§ 10 VerfGHGO). Zur Bedeutung der

---

270 Vgl. *Vorländer* (Fn. 263).

271 Vgl. Zu diesem Forschungsansatz *van Ooyen*, Der Begriff des Politischen des Bundesverfassungsgerichts, 2005; *van Ooyen*, Bundesverfassungsgericht und politische Theorie, 2015.

272 Für die Europa-Rechtsprechung nachgewiesen bei *van Ooyen*, Die Staatstheorie des Bundesverfassungsgerichts und Europa, 9. Aufl., 2022.

WiMis beim Entscheidungsprozess speziell des Berliner Verfassungsgerichtshofs liegen aus wissenschaftlicher Sicht – im Unterschied zu den WiMis beim BVerfG – bisher keine Erkenntnisse vor. Ihr informeller Einfluss könnte aber sogar höher sein als der der WiMis beim BVerfG.[273] Denn aus der Bürokratieforschung seit Max Weber ist bekannt, dass bei Institutionen, die nicht „durchprofessionalisiert" sind, Hauptamtliche informell großen Einfluss haben, selbst wenn sie nach der ihnen formal zugewiesenen Kompetenz „nur" zuarbeiten und vorbereiten sollen.

Die Entscheidung ist schriftlich zu begründen; ihre Beratung ist geheim (§ 29 VerfGHG). Jeder Richter hat das Recht, eine abweichende Meinung als Sondervotum der Entscheidung anzufügen (§ 29 VerfGHG). Die Entscheidung bindet alle Verfassungsorgane sowie alle Gerichte und Behörden Berlins (§ 30 VerfGHG). In den Fällen der Normenkontrolle hat sie darüber hinaus automatisch Gesetzeskraft; dies gilt auch bei Entscheidungen über Verfassungsbeschwerden soweit die Konformität, Unvereinbarkeit oder Nichtigkeit eines Gesetzes bzgl. der Landesverfassung betroffen ist (§ 30 VerfGHG).

V. Zuständigkeiten und Entscheidungspraxis

Art. 84 Abs. 2 VvB regelt die Zuständigkeiten des VerfGH, darunter – und analog zu Art. 93 GG – vor allem die drei für Verfassungsgerichte „klassischen" Verfahrensarten der abstrakten Normenkontrolle, Verfassungsbeschwerde und des Organstreitverfahrens.[274] Für die Einrichtung weiterer Zuständigkeiten wird ebenfalls auf den einfachen Gesetzgeber verwiesen (Art. 84 Abs. 2 Nr. 6 vvB). Eine vollständige Auflistung der Zuständigkeiten enthält daher § 14 VerfGHG, in dem auch die Verfahren geregelt sind. Die allgemeinen Verfahrensvorschriften finden sich in den §§ 15 bis 35, die Vorschriften für die einzelnen Verfahrensarten in den §§ 36 bis 58d VerfGHG. Ergänzungen hierzu gibt es wiederum in der VerfGHGO,[275] die sich der VerfGH nach § 12 Abs. 2 VerfGHG selbst gibt.[276]

---

273 Vgl. *Zuck*, Die Wissenschaftlichen Mitarbeiter des Bundesverfassungsgerichts, in: *van Ooyen/ Möllers* (Fn. 246), S. 443 ff.; *Hiéramente*, Der Dritte Senat des Bundesverfassungsgerichts, Zur Rolle der Wissenschaftlichen Mitarbeiter, ZRP 2/20, S. 56 ff.

274 Vgl. schon *Kelsen*, Wesen und Entwicklung der Staatsgerichtsbarkeit (1929), jetzt in: Ders. (Fn. 246), S. 1 ff.

275 VerfGHGO unter https://gesetze.berlin.de/perma?d=jlr-VerfGHGOBE2016rahmen (Abruf 26.04.2023).

276 Prüfungsschemata zu den nachfolgenden Verfahren finden sich bei *Siegel/Waldhoff* (Fn. 260), 3. Aufl., S. 90 ff.

1) Organstreitverfahren

„über die Auslegung der Verfassung von Berlin aus Anlaß von Streitigkeiten über den Umfang der Rechte und Pflichten eines obersten Landesorgans oder anderer Beteiligter, die durch die Verfassung von Berlin oder durch die Geschäftsordnung des Abgeordnetenhauses mit eigenen Rechten ausgestattet sind" (Art. 84 Abs. 2 Nr. 1 VvB sowie § 14 Nr. 1 und §§ 36 ff. VerfGHG).

Bei diesem Verfahren geht es um Kompetenzstreitigkeiten im politischen System zwischen Verfassungsorganen und weiteren berechtigten Akteuren. Organstreitverfahren spielen daher auch in Berlin eine wichtige Rolle.[277] Zu den „Beteiligten" zählen analog zur Rechtsprechung des BVerfG zu Art. 93 Abs. 1 Nr. 1 GG Fraktionen, Abgeordnete und auch die politischen Parteien. Im Unterschied zum Grundgesetz ist die Opposition ausdrücklich in der Verfassung verankert (Art. 38 VvB), sodass ihr ein eigenständiges Recht als „Beteiligte" zukommt.[278] Dies ergibt sich schon aus ihrer Bedeutung im parlamentarischen Regierungssystem. Als „Beteiligte", die durch die VvB mit eigenen Rechten ausgestattet sind, könnten auch die BVV und die Bezirksämter anzusehen sein (vgl. Art. 66 ff. VvB). Eine Klagebefugnis der Bezirksorgane nach Art. 84 Abs. 2 Nr. 1 wird hier auch nicht durch die in Nr. 3 verankerte Spezialregelung ausgeschlossen; diese betrifft nur die gesetzliche Zuständigkeitsabgrenzung zwischen Bezirks- und Hauptverwaltung. Die Organstreitfähigkeit der Fraktionen einer BVV als „Beteiligte" im Sinne der VvB hat der VerfGH 1992 demgegenüber verneint. Dabei ging es um eine Klage der Grünen/AL-Fraktion der BVV Zehlendorf bzgl. des Zählverfahrens für Bezirksamtswahlen.[279]

Praxis: Im Zeitraum 1992–2015 wurden 64 Organstreitverfahren angestrengt. Dabei hat der VerfGH insgesamt die „Informations- und Beteiligungsrechte des Parlaments und einzelner Abgeordneter präzisiert".[280] Jüngst wurde eine Klage

---

277 Vgl. *Reutter*, Verfassungsgerichtshof Berlin (Fn. 242), S. 96; *Parashu* (Fn. 245), S. 90 f.

278 Mit a.A. *Siegel/Waldhoff* (Fn. 260), 3. Aufl., S. 93; a.A. *Michaelis/Krammerbauer*, Art. 66, in: Driehaus, Verfassung von Berlin, 4. Aufl., 2020, S. 410. (Vgl. auch § 80).

279 Vgl. VerfGHE 39/92 – Beteiligungsfähigkeit von Fraktionen der Bezirksverordnetenversammlung; auch *Parashu* (Fn. 245), S. 90. Entscheidungen sind online zu finden unter: https://openjur.de/be/verfgh_des_landes_berlin-rspr.html (Abruf 26.04.2023).

280 *Reutter*, Verfassungsgerichtshof Berlin (Fn. 242), S. 96; vgl. auch Tabelle zur Verfahrenshäufigkeit S. 94 f.; z.B. in den Verfahren: VerfGHE 137A/01 u.a. – Rechtmäßigkeit der vorzeitigen Beendigung der Wahlperiode (2001); 67/12 – Rechtmäßigkeit eingeschränkter Rechte fraktionsloser Abgeordneter (2014).

der AfD gegen den Regierenden Bürgermeister Müller wegen vermeintlicher Verletzung der Amtsneutralität zurückgewiesen;[281] ebenso die eines FDP-Abgeordneten gegen die Corona-Maßnahmen wegen der Verletzung der Ausübung seines freien Mandats sowie fehlender gesetzlicher Grundlagen der Grundrechtseingriffe (Gesetzes- und Parlamentsvorbehalt).[282] Demgegenüber gab der VerfGH Klagen der ÖDP, der Piratenpartei u. a. statt, indem er die Regelungen hinsichtlich der erforderlichen Unterstützungsunterschriften für die Zulassung zu den Wahlen in Berlin im September 2021 für verfassungswidrig erklärte; dies obwohl der Gesetzgeber das Quorum erforderlicher Unterschriften wegen der Erschwernisse der Kontaktaufnahme infolge der Corona-Beschränkungen zuvor schon um rund 50 % gesenkt hatte.[283]

2) Wahlprüfung

„über Einsprüche gegen die Gültigkeit der Wahlen zum Abgeordnetenhaus und zu den Bezirksverordnetenversammlungen"
(§ 14 Nr. 2 und §§ 40 ff. VerfGHG) sowie

„über Einsprüche gegen Entscheidungen über den Erwerb und den Verlust eines Sitzes im Abgeordnetenhaus oder in einer Bezirksverordnetenversammlung"
(§ 14 Nr. 3 und §§ 40 ff. VerfGHG).

Bei der Wahlprüfung geht es um die korrekte Mandatsverteilung / Zusammensetzung der Parlamente, nicht um den Schutz des subjektiven Wahlrechts. Die Wahlfehler müssen daher „Mandatsrelevanz" haben, um zur Ungültigkeit der Wahl zu führen und einzelne Wahlberechtigte sind nur insoweit klagebefugt (vgl. § 40 Abs. 2, insb. Nr. 7 und 8; § 40 Abs. 3 VerfGHG).[284]

---

281 VerfGHE 80/18 – Neutralitätsgebot (2019); vgl. LTO vom 20.02.2019, Tweet verletzt keine Rechte der AfD, https://www.lto.de/recht/nachrichten/n/verfgh-berlin-verfgh8018-berlin-buergermeister-mueller-tweet-afd-neutralitaetspflicht-amtstraeger-gleichbehandlung-parteien/.
282 Vgl. VerfGHE 51/20 – freies Mandat/Gesetzesvorbehalt (2020); Tagesspiegel vom 21.04.2020: FDP-Abgeordneter scheitert mit Klage gegen Berliner Corona-Verordnung.
283 Vgl. VerfGHE 4/21 und 20, 20A/21 (2021); vgl. LTO vom 18.03.2021, VerfGH kippt Regeln für kleine Parteien im Wahlgesetz, https://www.lto.de/recht/nachrichten/n/verfgh-berlin-4-21-20a-21-unterschriften-unterstuetzung-kleine-parteien-wahl-abgeordnetenhaus-verfassungswidrig/.
284 Vgl. *Michaelis/Rind*, Art. 84, in: Driehaus (Fn. 278), 4. Aufl., S. 498, vgl. auch S. 499 f., kritisch, soweit dabei auch die Verfassungsbeschwerde ausgeschlossen wird.

Die Pluralisierung der Parteienlandschaft hat in den letzten Jahrzehnten zu einer Vielzahl von Klein- und Splitterparteien geführt, deren Parteieigenschaft im rechtlichen Sinne kontrovers diskutiert wird.[285] Das hat verfassungspolitisch unmittelbare Folgen für den demokratischen Prozess, etwa hinsichtlich der Parteienfinanzierung, der Möglichkeit eines Verbots extremistischer Vereinigungen oder der Teilnahme an Parlamentswahlen. In der Vergangenheit ist es schon vereinzelt zu solchen (vergleichsweise leicht verhängbaren) Verboten gegen „Scheinparteien" durch die Exekutive gekommen[286] bzw. die Zulassung zu Wahlen durch die zuständigen Wahlausschüsse wegen fehlender Parteieigenschaft abgelehnt worden. Ein solch schwerwiegender Eingriff in den chancengleichen Parteienwettbewerb und das Demokratieprinzip durch Entscheidung eines Ausschusses sollte daher direkt im Rahmen der Wahlprüfung vor dem jeweiligen Verfassungsgericht beschwerdefähig sein – und zwar noch vor Durchführung der Wahl. Eine neue, mit Art. 93 Abs. 1 Nr. 4c GG vergleichbare „Nichtanerkennungsbeschwerde" gegen die Entscheidung des Landeswahlausschusses ist daher geschaffen und in § 40 Abs. 2 Nr. 1a VerfGHG verankert worden.

Praxis: Im Zeitraum 1992–2015 gab es 45 Verfahren, die die Wahlprüfung und das Wahlrecht betrafen.[287] Wichtige Entscheidungen des VerfGH erfolgten zur Zulässigkeit der 5%-Sperrklausel bei der Abgeordnetenhauswahl 1995 anlässlich der Klage der Republikaner,[288] der 3%-Klausel anlässlich der Klage der Tierschutzpartei bei der Bezirksverordnetenwahl Tempelhof-Schöneberg 2011[289] und des Auszählverfahrens bei der Sitzverteilung nach d'Hondt (statt Hare-Niemeyer) anlässlich der Klage der AfD bei der Bezirksverordnetenwahl Tempelhof-Schöneberg 2016.[290] Alle Klagen blieben ohne Erfolg. Ebenso wurde aktuell die Forderung eines Briten zurückgewiesen, der trotz Brexit die Zulassung als Bewerber für die Partei Volt auf der Bezirksliste sowie die Eintragung in das Wählerverzeichnis für die Wahlen zur BVV Pankow im September 2021 verlangte.[291]

---

285 Vgl. *Hellmann*, Wann ist eine Partei eine Partei?, RuP 2020, S. 175 ff.; *Grotjahn*, Partei oder Verein?, 2022.

286 Vgl. *van Ooyen*, „Vereinsverbote" gegen „Scheinparteien"?, RuP 2004, S. 172 ff.

287 Vgl. *Reutter*, Verfassungsgerichtshof Berlin (Fn. 242), Tabelle zur Verfahrenshäufigkeit S. 94 f.

288 Vgl. VerfGHE 82/95 – 5%-Sperrklausel (1997); diese ist in der VvB selbst verankert (jetzt Art. 39 Abs. 2).

289 Vgl. VerfGHE 155/11 – 3%-Sperrklausel (2013). Die zuvor geltende 5%-Klausel hatte der VerfGH 1997 kassiert (VerfGHE 90/95). Zur Wahl der BVV vgl. § 80.

290 Vgl. VerfGHE 160/16 – Auszählverfahren (2017).

291 Vgl. VerfGHE 107A/21 – Wahlrecht Unionsbürger/Brexit (2021).

Aufgrund der zahlreichen „Wahl-Pannen"[292] beim Berliner „Bundes-, Landes-, Bezirks-Superwahljahr" 2021 kam es zu einem umfangreichen Verfahren vor dem VerfGH. Wegen stellenweise fehlender und vertauschter Wahlzettel, vorübergehender Schließung von und überlanger Wartezeiten vor Wahllokalen, wiederum teilweiser Öffnung von Wahllokalen auch noch nach 18.00 Uhr angesichts schon veröffentlichter erster Prognosen haben die Landeswahlleiterin, die Senatsverwaltung für Inneres und eine Reihe Kandidaten und Parteien Einspruch erhoben.[293] Parallel erfolgte eine Wahlprüfung nach Art. 41 GG bzgl. der Wahlen zum Bundestag in Berlin. Der Bundestag beschloss Anfang November 2022 auf Empfehlung seines Wahlprüfungsausschusses, diese Wahlen in Teilen für die Abgabe von Erst- und Zweitstimmen für ungültig zu erklären, und ordnete für 431 Berliner Wahllokalen eine Wiederholungswahl an.[294] Der VerfGH Berlin entschied demgegenüber kurz darauf in seiner Zuständigkeit für die das Land Berlin selbst betreffenden Wahlen aufgrund der gravierenden Mängel sogar, dass die „Wahlen zum 19. Abgeordnetenhaus und zu den Bezirksverordnetenversammlungen vom 26. September 2021… im gesamten Wahlgebiet für ungültig erklärt (werden)".[295] In der Geschichte der Bundesrepublik ist dies nicht nur überhaupt erst das zweite Mal, dass eine Landtagswahl für ungültig erklärt wurde.[296] Zugleich habe der

---

292 Vgl. Tagesspiegel vom 14.10.2021: Multiples Organversagen. Pannen-Wahl beleuchtet Schwäche der Verwaltung. Nach dem Chaos bei der Wahl ist die Landeswahlleiterin Petra Michaelis zurückgetreten; *Klein*, Die Berliner Wahlpannen – eine Feldstudie für Wahlprüfverfahren, JuWissBlog 91/2021 vom 19.10.2021, https://www.juwiss.de/91-2021/

293 Vgl. Presseerklärung VerfGH vom 03.02.2022, weiter heißt es: „Nach § 41 des Gesetzes über den Verfassungsgerichtshof sind am Wahlprüfungsverfahren in jedem Verfahren neben dem Präsidenten des Abgeordnetenhauses die zuständigen Vorsteherinnen und Vorsteher der Bezirksverordnetenversammlung, die Senatsverwaltung für Inneres, die Landeswahlleiterin, die zuständigen Bezirkswahlleiterinnen und Bezirkswahlleiter, die betroffenen Bewerberinnen und Bewerber, die Abgeordneten, die Bezirksverordneten und die Vertrauenspersonen oder die Fraktionen zu beteiligen"; https://www.berlin.de/gerichte/sonstige-gerichte/verfassungs gerichtshof/pressemitteilungen/2022/pressemitteilung.1173524.php

294 Vgl. Deutscher Bundestag, Dritter Beschluss und Empfehlung des Wahlprüfungsausschusses zu Einsprüchen anlässlich der Wahl zum 20. Deutschen Bundestag am 26.09.2021, DS 20/4000 vom 07.11.2022, https://dserver.bundestag.de/btd/20/040/2004000.pdf

295 VerfGHE 154/21 – Wahlprüfung (2022), S. 2.

296 Der erste Fall betraf die Bürgerschaftswahl in Hamburg 1991, die das Landesverfassungsgericht wegen der undemokratischen Kandidatennominierung bei der CDU für ungültig erklärte; vgl *Strate*, Eine Entscheidung mit Donnerhall – zum Urteil des Hamburger Verfassungsgericht vom 4. Mai 1993, https://strate.net/de/publikationen/Eine-Entscheidung-mit-Donner hall.pdf

VerfGH damit auch „Neuland betreten", denn seine Entscheidung „führt zu einer Wiederholungswahl weit über den Umfang der festgestellten Mandatsrelevanz hinaus".[297] Dies könnte noch ein Nachspiel vor dem BVerfG wegen der Vorlagepflicht bei Abweichung von der Rechtsprechung nach Art. 100 Abs. 3 GG haben, die der VerfGH Berlin selbst jedoch in seiner Entscheidung bestritten.[298]

3) Abstrakte Normenkontrolle

„bei Meinungsverschiedenheiten oder Zweifeln über die förmliche oder sachliche Vereinbarkeit von Landesrecht mit der Verfassung von Berlin auf Antrag des Senats oder eines Viertels der Mitglieder des Abgeordnetenhauses"
(Art. 84 Abs. 2 Nr. 2 VvB sowie § 14 Nr. 4 und §§ 43 ff. VerfGHG).

Normenkontrolle ist i. w. S. die Funktion aller Verfassungsgerichtsbarkeit, denn der Einhaltung von Normen dient letztendlich jegliches verfassungsgerichtliche Verfahren. Mit der abstrakten Normenkontrolle ist speziell die Prüfung von Rechtsnormen an höherrangigen Rechtsnormen gemeint, insb. die von Gesetzen an der Verfassung. Sie ist daher im parlamentarischen Regierungssystem ein grundsätzlich wichtiges Recht der Opposition und in der Klagebefugnis zwingend als Minderheitenrecht ausgestaltet (da die herrschende Regierungsmehrheit kaum die von ihr selbst im Parlament beschlossenen Gesetze einer Prüfung und ggf. Kassation durch das Verfassungsgericht unterziehen wird). In Berlin ist wie bei der Normenkontrolle auf Bundesebene (Art. 93 Abs. 1 Nr. 2 GG) Prüfungsgegenstand das Landesrecht jeder Rangstufe (also auch Rechtsverordnungen und Satzungen), Prüfungsmaßstab aber nur die Landesverfassung.[299]

Praxis: 1992–2017 hat es insgesamt nur eine Handvoll Entscheidungen gegeben, sodass „die Opposition im Abgeordnetenhaus die abstrakte Normenkontrolle bisher nur in Ausnahmefällen als Instrument begreift" und der VerfGH hier „kaum als effektiver Vetospieler ... bezeichnet werden (kann)".[300] Zwei Verfahren ragten dabei in der Bedeutung heraus: Bei der Teil-Privatisierung der Berliner Wasserbetriebe 1999 hatte eine Klage aus Reihen der Opposition (PDS und Bündnis 90/

---

297 So kritisch *Sauer*, Über Wahlfehlerfolgen, Verfassungsblog vom 17.11.2022, https://verfassu ngsblog.de/uber-wahlfehlerfolgen/ (Abruf 26.04.2023); vgl. ebenso die Kritik im Sondervotum, VerfGHE 154/21 – Wahlprüfung (2022), Abw. Meinung der Richterin Lembke, S. 152 ff.

298 Vgl. VerfGHE, ebd., S. 30 f.

299 Vgl. *Siegel/Waldhoff* (Fn. 260), 3. Aufl., S. 99.

300 *Reutter*, Verfassungsgerichtshof Berlin (Fn. 242), S. 96 f., auch zum Folgenden; sowie *Parashu* (Fn. 245), S. 91 f.

Grüne) insofern Erfolg, dass wegen des Demokratieprinzips auch dann das Land Berlin durch seine gewählten Vertreter die „letztentscheidende Einflussmöglichkeit behalten" muss.[301] Im Streit um die Höhe der Nettokreditaufnahme von rund 10 Milliarden Euro angesichts der Berliner Haushaltsnotlage klagten die Oppositionsfraktionen von CDU, FDP und Bündnis 90/Grüne gegen den Doppelhaushalt 2002/03, der vom VerfGH als verfassungswidrig kassiert wurde.[302] Aktuell ist ein von der CDU- und FDP-Landtagsfraktion angestrengtes Verfahren gegen den „Berliner Mietendeckel" bis zur Entscheidung des BVerfG ausgesetzt worden.[303]

4) Konkrete Normenkontrolle

„in den nach Artikel 100 Abs. 1 des Grundgesetzes für die Bundesrepublik Deutschland der Zuständigkeit der Landesverfassungsgerichte zugewiesenen Fällen" (Art. 84 Abs. 2 Nr. 4 VvB sowie § 14 Nr. 5 und §§ 46 ff. VerfGHG).

Hierbei geht es um die Vorlage eines Berliner Gerichts an den VerfGH, wenn es der Überzeugung ist, dass das von ihm anzuwendende Gesetz in entscheidungserheblicher Weise gegen die Landesverfassung verstößt. Das Gericht hat dann das Verfahren zu unterbrechen und die Entscheidung des VerfGH einzuholen, mit der dann das ursprüngliche Verfahren zu Ende geführt wird.[304]

Praxis: Im Unterschied zur konkreten Normenkontrolle auf Bundesebene hat in der Berliner Gerichtspraxis diese Verfahrensart bisher so gut wie gar keine Rolle gespielt.[305]

---

301 VerfGHE 42/99 – Privatisierung Wasserbetriebe (1999), Leitsatz.
302 Vgl. VerfGHE 125/02 – Haushaltsgesetz 2002/03 (2003).
303 Vgl. LTO vom 22.10.2020, Berliner Mietendeckel: VerfGH setzt Verfahren aus, https://www.lto.de/recht/nachrichten/n/verfgh-berlin-normenkontrollverfahren-mietendeckel-ausge setzt-bverfg-2021/ (Abruf 26.04.2023). Inzwischen hat das BVerfG das Berliner Gesetz wegen der fehlenden Landesgesetzgebungskompetenz als verfassungswidrig kassiert, vgl. BVerfGE 2 BvF 1/20 u. a. (Berliner Mietendeckel – 2021).
304 Nach Art. 100 Abs. 3 GG ist der VerfGH selbst vorlagepflichtig ggü. dem BVerfG, insb. wenn er von der Rechtsprechung des BVerfG abweichen will.
305 So *Reutter*, Verfassungsgerichtshof Berlin (Fn. 242), S. 96. Die bisher einzige Entscheidung betraf Heilberufekammern, die sich gemäß § 35 Abs. 3 des Berliner Kammergesetzes nicht einer Versorgungseinrichtung mit Sitz in einem anderen Bundesland anschließen dürfen. Diese Regelung hat der Verfassungsgerichtshof aber für zulässig erklärt; vgl. VerfGHE 41/12 (2012).

5) Verfassungsbeschwerde

„soweit nicht Verfassungsbeschwerde zum Bundesverfassungsgericht erhoben ist oder wird"
(Art. 84 Abs. 2 Nr. 5 VvB sowie § 14 Nr. 6 und §§ 49 ff. VerfGHG).

Die Verfassungsbeschwerde kann von jedermann mit der Behauptung eingereicht werden, durch die öffentliche Gewalt des Landes Berlin in einem Grundrecht der VvB verletzt worden zu sein, soweit nicht in derselben Sache Verfassungsbeschwerde zum BVerfG erhoben ist oder wird. Wegen der Überordnung des Bundesrechts über die Landesverfassung kommt dieses Verfahren nur in zwei Fällen in Betracht: wenn es ausschließlich um die Verfassungsmäßigkeit oder die verfassungskonforme Anwendung von Landesrecht geht oder wenn nach der Rechtsprechung des BVerfG die Entscheidungen der Landesbehörden und Gerichte bei der Anwendung von Bundesrecht auf ihre Vereinbarkeit mit den Grundrechten der Landesverfassung überprüft werden können.[306] Nach § 49 Abs. 2 VerfGHG darf die Verfassungsbeschwerde analog zu den Regelungen auf Bundesebene grundsätzlich erst nach Erschöpfung des Rechtsweges erhoben werden. Jedoch kann das Gericht von diesem Erfordernis absehen, wenn es sich um Fragen von allgemeiner Bedeutung handelt, oder wenn für den Betroffenen ein schwerer und unabwendbarer Nachteil entstünde, falls er zunächst auf den Rechtsweg verwiesen würde. Unklar oder unübersichtlich kann die Zuständigkeit bei Verfassungsbeschwerden gegen eine Entscheidung eines gemeinsamen Gerichts oder einer gemeinsamen Behörde der Länder Berlin und Brandenburg sein, die seit der gescheiterten Länderfusion eingerichtet wurden.[307]

---

306   Dies ist der Fall, wenn die Grundrechtsnorm der Landesverfassung mit der entsprechenden Bestimmung des Grundgesetzes inhaltlich übereinstimmt.

307   Nach VerfGHE 45/06 – Rechtsweggarantie (2006), die auf Verfassungsbeschwerde eines Asylbewerbers gegen einen Beschluss des OVG Berlin-Brandenburg ergangen ist, nehmen die gemeinsamen Obergerichte als eine Art Mischform zwischen einer echten Gemeinschaftseinrichtung und einer Mehrländereinrichtung die Rechtsprechungskompetenz für die beiden Länder getrennt wahr (also jeweils für das eine oder für das andere Land). Der Berliner VerfGH ist daher zuständig, wenn das gemeinsame Obergericht im Einzelfall die Rechtsprechungsgewalt für Berlin ausgeübt hat („Berliner Fälle"), d. h. in Rechtsstreitigkeiten, für die vor Zusammenlegung der Berufungsgerichte das entsprechende Obergericht des Landes Berlin zuständig gewesen wäre. Dies richtet sich in den meisten Fällen danach, welchem der beiden Länder das in erster Instanz entscheidende Gericht angehört; in den übrigen Fällen (etwa bei erstinstanzlichen Zuständigkeiten gemeinsamer Obergerichte und bei dem gemeinsamen Finanzgericht) kommt es zumeist auf die Zugehörigkeit der Landesbehörde an, deren Entscheidung

Praxis: Die Verfassungsbeschwerde ist mit Abstand die häufigste Klageart: 1992–2015 entfielen auf insgesamt 4150 verfassungsgerichtliche Verfahren fast 4000 allein auf die Verfassungsbeschwerde – eine auch im Bundesländer-Vergleich hohe Anzahl. Dabei handelte es sich bei rund 1670 Verfahren um Zivilsachen einschl. Miet- und Pachtstreitigkeiten sowie bei knapp einem Viertel aller Beschwerden um den Bereich Strafrecht und -vollzug.[308] Sonstige betrafen vor allem Verwaltungsstreitigkeiten einschl. Steuer-, Sozial- und Ausländerrecht (zusammen ca. 1000, also knapp ein weiteres Viertel). Keine 5 % der Beschwerden sind erfolgreich gewesen. Überregionale Aufmerksamkeit erlangte 1993 der Fall des früheren DDR-Diktators und schwer an Krebs erkrankten Erich Honecker, der seine strafrechtliche Verfolgung wegen des „Schießbefehls" vor dem Berliner Landgericht als Menschenwürdeverletzung mit einer Verfassungsbeschwerde vor dem Landesverfassungsgericht angriff und gewann. Dabei leitete der VerfGH „rechtsschöpferisch" ein neues, „ungeschriebenes" Grundrecht der Menschenwürde ab, das in der VvB damals nicht genannt war.[309] Aktuell wies der VerfGH im Bereich der Beamtenbesoldung die Beschwerde eines Landesbeamten zurück, der die „Hauptstadtzulage" in gleicher Höhe auch für den höheren Dienst gefordert hatte.[310] Im Rahmen der Corona-Pandemie hat auch der Berliner VerfGH – wie das

angegriffen wird. Der VerfGH lehnt daher die Auffassung von *Finkelnburg* ab (Anmerkungen zu dem gemeinsamen Oberverwaltungsgericht für die Länder Berlin und Brandenburg, in: Birk/Kunig/Sailer (Hg.), Zwischen Abgabenrecht und Verfassungsrecht, FS Driehaus, 2005, S. 452 ff.), dass es sich um ein „tertium" – also um eine Art Rechtsprechungsgewalt zur gesamten Hand – handelte, die nur vom BVerfG überprüft werden könnte. Die Zuständigkeit der beiden Verfassungsgerichtshöfe kann dazu führen, dass die gemeinsamen Obergerichte bei gleichartigen Fällen an unterschiedliche verfassungsgerichtliche Vorgaben gebunden sind, je nachdem ob es sich um ein „Berliner" oder ein „Brandenburger Verfahren" handelt. Unklar kann die Zuständigkeit auch sein, wenn sich die Verfassungsbeschwerde oder ein Antrag auf einstweilige Anordnung unmittelbar gegen eine Entscheidung einer gemeinsamen Behörde oder Einrichtung der beiden Länder richtet. Eine vergleichsweise klare Regelung enthält etwa der Staatsvertrag über das Gemeinsame Juristische Prüfungsamt. Danach unterliegt die „gemeinsame Stelle" grundsätzlich dem Recht des Landes Berlin; beim Prüfungsrecht aber findet das desjenigen Landes Anwendung, in dem der Prüfling immatrikuliert war bzw. in dem die Referendarausbildung stattgefunden hat.

308   Vgl. Statistik bei *Reutter,* Verfassungsgerichtshof Berlin (Fn. 242), S. 95.
309   Vgl. VerfGHE 55/92 – Honecker (1993), kritisch *Starck*, Der Honecker-Beschluss des Berliner VerfGH. Anwendung von Bundesprozeßrecht durch Landgerichte unter der Kontrolle der Landesverfassungsgerichte?, JZ 5/1993, S. 231 ff.
310   Vgl. VerfGHE 12/21 – Hauptstadtzulage (2021).

BVerfG[311] – nahezu alle Beschwerden schon beim Erlass einstweiliger Anordnungen abgelehnt.[312] Allerdings gab man der Klage eines Rechtsanwalts wegen unklarer Bußgeldregelungen bei Verstößen gegen die Corona-Maßnahmen vorläufig teilweise statt.[313]

6) Verfahren direkter Demokratie

„über Vorlagen nach § 17 Absatz 9 und Einsprüche nach § 41 des Abstimmungsgesetzes"
(§ 14 Nr. 7 und § 55 VerfGHG).

Zuständig ist der VerfGH hier zum einen nach § 17 AbstG auf Antrag der Senatsverwaltung für Inneres, zu prüfen, ob ein nach §§ 11 und 12 AbstG unzulässiges Volksbegehren vorliegt. Dies ist insb. der Fall, wenn es sich auf den Landeshaushalt, Besoldungs- oder Personalfragen bezieht, gegen höherrangiges Recht (Bundes-, EU-Recht oder die VvB) verstößt[314] oder schon zum zweiten Mal in derselben Legislaturperiode eingereicht wird. Darüber hinaus prüft der VerfGH nach § 41 AbstG Einsprüche: gegen die Entscheidung des Präsidenten/in des Abgeordnetenhauses über eine unzulässige Volksinitiative nach § 8 AbstG, die Entscheidung des Senats über ein unzulässiges Volksbegehren nach § 17 Abs. 8 AbstG (betr. die personenbezogenen Voraussetzungen des Einreichens), die Feststellung des Abgeordnetenhauses über die Annahme des Begehrens in seinem wesentlichen Bestand nach § 17a Abs. 2 und nach § 29 Abs. 2 AbstG sowie die Feststellungen des Landesabstimmungsleiters nach § 25 Abs. 2 und § 38 AbstG (betr. Abstimmungsergebnis).

---

311 Vgl. *Möllers/van Ooyen*, Bundesnotbremse – das Bundesverfassungsgericht bleibt „etatistisch", RuP 2022, S. 58 ff.; *Lepsius*, Einstweiliger Grundrechtsschutz nach Maßgabe des Gesetzes, Der Staat 2021, S. 609 ff.

312 Vgl. VerfGHE 50A/20 – Corona-Verordnung (2020), in der Hauptsache dann abgelehnt mit VerfGHE 50/20; VerfGHE 64A/20 – Corona-Verordnung (2020); VerfGHE 182A/20 – Schließung von Fitnessstudios und Sportstätten (2020); VerfGHE 180A/20 – Schließung von Gaststätten (2020); VerfGHE 14A/21 – Ausschluss Sitzungsteilnahme Abgeordnetenhaus (2021), dann abgelehnt mit VerfGHE 14/21; VerfGHE 35/21 – Kontaktbeschränkungen und Maskenpflicht (2021).

313 Vgl. LTO vom 26.05.2020, VerfGH Berlin setzt außer Kraft. Corona-Bußgeldregeln teilweise zu unbestimmt, https://www.lto.de/recht/nachrichten/n/verfgh-berlin-81a20-bussgeld-abst andsgebot-kontaktverbot-ausser-kraft-gesetzt/

314 So aktuell in VerfGHE 105/19 – Volksbegehren Patientenschutz (2021) wegen Verstoßes gegen Bundesrecht.

Praxis: 1992–2015 hat es acht Verfahren gegeben.[315] Die Frage, ob direkt-demokratisch beschlossenen Gesetzen eine höhere Legitimität zukomme,[316] hat der VerfGH jüngst verneint. Denn „Volksgesetzgebung und Parlamentsgesetzgebung sind nach der Verfassung von Berlin prinzipiell gleichwertig.[317] Daraus ergibt sich aber zudem das Gebot der „volksbegehrensfreundlichen Auslegung und unterstützenden Anwendung von Vorschriften zur Zulässigkeit von Volksbegehren", sodass gegen die direkt-demokratische Gesetzgebung keine Hürden aufgebaut werden.[318] Zugleich sind auch hier etwaig festgestellte Mängel im Abstimmungs- und Zählverfahren nur relevant, so der VerfGH im Verfahren „Flughafen Tenpelhof", wenn sie sich entscheidend auf das Ergebnis auswirken.[319] Im aktuellen Streit um die Enteignung von großen Wohnungsunternehmen hat der VerfGH den Einspruch der Initiative Deutsche Wohnen & Co enteignen zurückgewiesen. Dabei wurde verneint, dass die vom Senat der amtlichen Mitteilung zur Abstimmung beigefügte Schätzung der zu erwartenden, hohen Entschädigungszahlungen eine unzulässige Beeinflussung sei.[320]

7) Bezirks-Hauptverwaltungs-Zuständigkeitsstreitigkeiten

„bei Meinungsverschiedenheiten oder Zweifeln über die Vereinbarkeit der im Gesetz geregelten Abgrenzung der Zuständigkeitsbereiche zwischen der Hauptverwaltung und den Bezirken mit der Verfassung von Berlin auf Antrag eines Bezirks" (Art. 84 Abs. 2 Nr. 3 VvB sowie § 14 Nr. 9 und § 57 VerfGHG)[321].

Ob es sich hierbei um einen Spezialfall des abstrakten Normenkontrollverfahrens oder eher um eine Art kommunale Verfassungsbeschwerde handelt, ist strittig und kann im Detail bei der Antragsbefugnis eine Rolle spielen.[322] Die Bezirke können ihre Rechte weder „im Wege der allgemeinen Verfassungsbeschwerde

---

315   Vgl. Statistik bei *Reutter,* Verfassungsgerichtshof Berlin (Fn. 242), S. 95.
316   Vgl. kritisch schon *Möllers/van Ooyen,* Parlamentsbeschluss gegen Volksentscheid, ZfP 2000, S. 458 ff.
317   VerfGHE 150/18 – Volksbegehren Videoüberwachung (2020).
318   Ebd.
319   Vgl. VerfGHE 86/08 – Volksentscheid Flughafen Tempelhof (2008).
320   Vgl. VerfGHE 96A/21 und 96/21 – Volksentscheid Vergesellschaftung großer Wohnungsunternehmen (2021).
321   § 14 Nr. 8 VerfGHG wurde aufgehoben und betraf die Zuständigkeit für Einsprüche gegen die Feststellung des Erlöschens oder des Ruhens der Mitgliedschaft im Richterwahlausschuss.
322   Hierzu *Siegel/Waldhoff* (Fn. 260), 3. Aufl., S. 94 f.

noch im Wege des Organstreitverfahrens durchsetzen. Das Normenkontrollverfahren der Zuständigkeitsbegrenzung ist daher der einzige Weg"[323] – es sei denn,
man fasste sie im Rahmen des Organstreitverfahrens ebenfalls als „Beteiligte" auf
(s. o., Nr. 1). Klagen der Bezirke in Haushaltsfragen etwa wegen unzureichender
Finanzausstattung sind damit vollständig ausgeschlossen, sodass eine „Rechts-
schutzlücke" entsteht.[324] Denn das Verfahren des Zuständigkeitsstreits zwischen
Bezirken und Hauptverwaltung schließt Haushaltsangelegenheiten aus. Es muss
vielmehr eine Verletzung der Rechte aus Art. 67 VvB durch das Gesetz geltend
gemacht werden, der die Zuständigkeit der Hautverwaltung auf die „Aufgaben
von gesamtstädtischer Bedeutung" begrenzt.

Praxis: In einem frühen Verfahren zur Neuorganisation des Schulwesens hat der
VerfGH die Prüfung über die Kompetenzabgrenzung darauf begrenzt, dass die
„Beurteilung des Gesetzgebers nachvollziehbar und vertretbar ist". Daraus ergibt
sich zwar eine Darlegungs- und Begründungspflicht. Der Gesetzgeber aber habe
wegen der „Unbestimmtheit des Begriffs ‚gesamtstädtische Bedeutung'" einen
weiten „Beurteilungsspielraum", da dieser von „politischen Prioritätensetzungen"
abhänge, die sich im Laufe der Zeit und mit der „die Gesetzgebung tragenden
Mehrheit im Abgeordnetenhaus" änderten.[325]

8) Verzögerungsbeschwerde

(§ 14 Nr. 10 und §§ 58a ff. VerfGHG).

Diese Zuständigkeit wurde 2015 neu eingeführt, nachdem schon der Bund
eine solche besondere Beschwerdemöglichkeit im Falle von Verfahren vor dem
BVerfG geschaffen hatte (vgl. § 97b ff. BVerfGG). Dabei geht es um die Problematik überlanger Verfahrensdauer (auch vor Verfassungsgerichten), die den ef-
fektiven Rechtsschutz als Kernelement des Rechtsstaats aushebeln. Rechtspolitischer Initialpunkt waren zahlreiche Urteile des EGMR gegen die Bundesrepublik
wegen Verletzung von Art. 6 und 13 EMRK.[326] Voraussetzung auch der Berliner
Verzögerungsbeschwerde ist eine frühestens nach 12 Monaten (ab Verfahrens-
eingang) zunächst einzureichende Verzögerungsrüge, auf die dann frühestens

323 *Michaelis/Rind,* Art. 84, in: Driehaus (Fn. 278), 4. Aufl., S. 473.
324 Ebd., Art 85, S. 519; vgl. auch *Siegel/Waldhoff* (Fn. 260), 3. Aufl., S. 95.
325 VerfGHE 14/95 – Schulaufsicht/Landesschulamt (1995), zur Bezirksverwaltung vgl. § 77 ff.
326 Insb. im Piloturteil Rumpf./.Deutschland 2010; https://hudoc.echr.coe.int/eng-press#{%22i
     temid%22:[%22003-3247627-3619110%22]} (Abruf 26.04.2023).

nach sechs Monaten die eigentliche Beschwerde erfolgen kann. Sie wird unter Ausschluss des Berichterstatters des gerügten Verfahrens entschieden. Dieser soll innerhalb eines Monats eine Stellungnahme vorlegen (§ 58c VerfGHG).

Praxis: Gemäß der vom VerfGH veröffentlichten Jahresstatistik hat es bisher keine Verzögerungsbeschwerde gegeben.[327]

---

327 Vgl. VerfGH, Jahresstatistiken – Verfahrensarten (2015–2021), https://www.berlin.de/geri chte/sonstige-gerichte/verfassungsgerichtshof/artikel.798814.php

8. Die Vorschriften über die Rechtspflege

§ 56 Allgemeines

Die Berliner Verfassung enthält im VII. Abschnitt Vorschriften über die Rechtspflege; sie werden, ähnlich wie der Grundrechtsteil der Berliner Verfassung, zum Teil durch abweichendes Bundesrecht außer Kraft gesetzt oder von inhaltsgleichem Bundesrecht überlagert. Dies gilt im Verfassungstext von 1995 vor allem für die Bestimmungen über die Unabhängigkeit der Richter und ihre Bindung an das Gesetz (Art. 79 und 80 VvB). Eine Reihe leerlaufender Vorschriften der Verfassung von 1955 (z. b. über das Strafverfahren und das Verbot von Ausnahmegerichten) ist entfallen.

Nach Art. 78 VvB ist die Rechtspflege im Geist dieser Verfassung und des sozialen Verständnisses auszuüben. Die Vorschrift kann aber nur als ein Appell verstanden werden, dessen Befolgung (abgesehen von dem Vorrang des Bundesrechts) in der Praxis weder nachgeprüft noch durchgesetzt werden kann.

Praktische Bedeutung kommt nur Art. 81 VvB (Begnadigung), Art. 84 VvB (Verfassungsgerichtshof) und – mit bundesrechtlich bedingten Einschränkungen – Art. 82 VvB (Richterernennung) zu.

§ 57 Recht der Begnadigung

Das Recht der Begnadigung steht nach Art. 81 VvB dem Senat zu, der seine Befugnis auf das jeweils zuständige Mitglied übertragen kann. In gesetzlich vorzusehenden Fällen ist ein vom Abgeordnetenhaus zu wählender Ausschuss für Gnadensachen zu hören.

Das Gnadenrecht der Landesregierungen erstreckt sich nach der bundesstaatlichen Zuständigkeitsregelung des Grundgesetzes auf Strafen und andere Maßnahmen in Verfahren, deren Ausgangspunkt die erstinstanzliche Entscheidung von Gerichten oder Behörden eines Landes war[328]; praktisch umfasst es daher den gesamten Bereich des Strafrechts sowie alle Ordnungswidrigkeitsverfahren, die nicht von Bundesbehörden durchgeführt worden sind und Disziplinarverfahren, soweit sie sich nicht gegen Bundesbeamte richten. In der Sache handelt es sich bei Gnadenakten um die Aufhebung von Strafen oder anderen Sanktionen, die

---

328 *Von Lampe* in Pfennig/Neumann, Verfassung von Berlin, 3. Aufl. 2000, Art. 81, Rn. 4.

in einem Einzelfall gegen den Betroffenen rechtskräftig erlassen worden sind. Ein genereller Straferlass (Amnestie) ist dem Gesetzgeber vorbehalten.

Der Ausschuss besteht aus fünf Mitgliedern und fünf Stellvertretern, die vom neugewählten Abgeordnetenhaus unverzüglich nach seinem Zusammentritt zu wählen sind. Es braucht sich nicht um Mitglieder des Abgeordnetenhauses zu handeln, jedoch muss den Mitgliedern des Ausschusses und den Stellvertretern das passive Wahlrecht zum Abgeordnetenhaus zustehen (§ 1 Abs. 2 GnAusG BE). Nach § 2 GnAusG BE ist der Ausschuss zu hören, wenn es sich um eine schwere Strafe oder Maßnahme handelt (insbesondere um eine Freiheitsstrafe von mehr als drei Jahren sowie bei Sicherungsverwahrung) oder wenn der Vorstand der Vollzugsanstalt die Begnadigung befürwortet und diese trotzdem abgelehnt werden soll, ferner auf seinen eigenen Antrag, in Fällen von besonderer Bedeutung und vor dem Widerruf eines Gnadenerweises, an dem er mitgewirkt hat. Ist die Ausübung des Begnadigungsrechts einem Mitglied des Senats übertragen und beabsichtigt dieses von der Stellungnahme des Gnadenausschusses abzuweichen, so ist eine Entscheidung des Senats (als Kollegium) herbeizuführen (§ 4 GnAusG BE)[329]. Die Einzelheiten des Verfahrens sind in der Gnadenordnung[330] geregelt.

§ 58 Gemeinsame Gerichte für Berlin und Brandenburg

Auf Grund des Staatsvertrages über die Errichtung gemeinsamer Fachobergerichte[331] bestehen seit dem 1. Juli 2005 gemeinsame Obergerichte für die Bereiche der Verwaltungsgerichtsbarkeit, der Sozialgerichtsbarkeit, der Arbeitsgerichtsbarkeit und der Finanzgerichtsbarkeit, d. h. für alle Bereiche mit Ausnahme der ordentlichen Justiz. Verfassungsrechtliche Grundlage ist neben Art. 96 VvB der Art. 82 Abs. 3 VvB, der für diesen Fall Ausnahmen für die Wahl der Richter und Gerichtspräsidenten zulässt.

---

329 Vgl. zur Zusammensetzung, Wahl und Zuständigkeiten sind im Gesetz über den Ausschuss in Gnadensachen vom 19. Dezember 1968 (GVBl. S. 1767), zuletzt geändert durch Art. I ÄndG vom 25. März 2004 (GVBl. S. 137).

330 Vgl. Gnadenordnung vom 5. September 2019 (GVBl. S. 1776), die mit Ablauf des 7. August 2024 außer Kraft tritt. Gleichzeitig tritt die Allgemeine Verfügung über das Verfahren in Gnadensachen vom 21. Mai 2014 (ABl. S. 1162) außer Kraft.

331 Vom 10. September 2004; Berliner Zustimmungsgesetz mit Vertragstext (GVBl. S. 380).

§ 59 Richterernennung

Zur Ernennung der Berufsrichter enthält die Verfassung nur allgemeine Vorschriften.

Nach Art. 82 Abs. 1 VvB werden sie vom Senat ernannt, wenn sie die Gewähr dafür bieten, dass sie ihr Richteramt im Geist der Verfassung und sozialen Gerechtigkeit ausüben werden. Die höchsten Richter (Gerichtspräsidenten) sind nach Art. 82 Abs. 2 VvB vom Abgeordnetenhaus zu wählen.

Die konkreten Regelungen beruhen auf Bundesrecht (Art. 98 Abs. 3–5 GG, Deutsches Richtergesetz) und Landesrecht[332]. Der Landesgesetzgeber hat von der in Art. 98 Abs. 4 GG vorgesehenen Möglichkeit Gebrauch gemacht: Über die Anstellung der Richter entscheidet das für Justiz zuständige Senatsmitglied gemeinsam mit einem Richterwahlausschuss. Außerdem muss nach §§ 55, 75 DRiG der Präsidialrat des betreffenden Gerichts vor allen Ernennungen und Wahlen gehört und bei der Ernennung von höheren Richtern beteiligt werden. Schließlich steht nach Art. 82 Abs. 1 Satz 2 VvB den Präsidenten der obersten Landesgerichte ein Vorschlagsrecht für ihren Amtsbereich zu.[333]

Die Mitglieder des Richterwahlausschusses und ihre Vertreter werden vom neugewählten Abgeordnetenhaus unverzüglich nach seinem Zusammentritt gewählt. Es handelt sich um sechs Mitglieder, die aufgrund von Vorschlägen aus der Mitte des Abgeordnetenhauses gewählt werden, aber keine Abgeordneten zu sein brauchen: zwei Richter der ordentlichen Gerichtsbarkeit, je ein Richter der übrigen Gerichtszweige und ein Rechtsanwalt. Für die richterlichen Mitglieder und den Rechtsanwalt werden besondere Vorschlagslisten von den auf Lebenszeit ernannten Richtern der verschiedenen Gerichtszweige und von der Rechtsanwaltskammer aufgestellt[334]. Der für Justiz zuständige Senator oder sein Vertreter beruft den

---

332 Berliner Richtergesetz vom 9. Juni 2011 (GVBl. S. 238) i. d. F. des Gesetzes vom 17. Dezember 2020 (GVBl. S. 1482).

333 Dieses Vorschlagsrecht wird zwar in dem Berliner Richtergesetz nicht erwähnt, Art. 82 Abs. 1 Satz 2 VvB ist aber unmittelbar anwendbar. Dies entspricht auch der Verwaltungspraxis. Nach *von Lampe*, (Fn. 1), Art. 82, Rn. 4 mwN ist das Verfahren verfassungswidrig.

334 Bei der Entscheidung des Richterwahlausschusses wirken von den richterlichen Mitgliedern die Richter der ordentlichen, der Verwaltungs-, der Arbeits- und der Sozialgerichtsbarkeit mit. Ist über einen Richter der Finanzgerichtsbarkeit zu entscheiden, so tritt an die Stelle eines der beiden Angehörigen der ordentlichen Gerichtsbarkeit ein Richter der Finanzgerichtsbarkeit (§ 12).

Richterwahlausschuss. ein und leitet die Verhandlungen. Er legt dem Richterwahlausschuss eine Liste mit den Namen der Bewerber sowie die Stellungnahme des Präsidialrats vor (§§ 1, 2 RiWO). Der Richterwahlausschuss entscheidet mit einfacher Mehrheit.

Das in dem Berliner Richtergesetz, der Richterwahlordnung und anderen Landesgesetzen vorgesehene Verfahren entspricht nicht dem Wortlaut des Art. 82 Abs. 1 VvB. Dieser sieht vor, dass die Richter vom Senat zu ernennen sind; nach dem Berliner Richtergesetz ist der Senat aber an die Entscheidungen des Richterwahlausschusses gebunden. Alle Richter im Land Berlin werden vom Senat von Berlin oder in seinem Namen ernannt, befördert, versetzt ode entlassen.[335]

§ 60 Die Wahl des Kammergerichtspräsidenten

Die Präsidenten der oberen Landesgerichte werden nach Art. 82 Abs. 2 VvB auf Vorschlag des Senats vom Abgeordnetenhaus mit der Mehrheit seiner Mitglieder gewählt und vom Senat ernannt. Diese Vorschrift betrifft seit der Bildung der gemeinsamen Fachobergerichte mit dem Land Brandenburg nur noch den Bereich der ordentlichen Justiz, also den Kammergerichtspräsidenten. Es gelten die Regelungen zur Richterernennung[336].

---

335 *Von Lampe*, (Fn. 1), Art. 82, Rn. 1.
336 Gesetz über die Wahl der Präsidentinnen und Präsidenten der oberen Landesgerichte vom
      20. November 2002, aufgehoben durch Artikel IV Abs. 1 Satz 2 des Gesetzes vom 9. Juni 2011
      (GVBl. S. 238)

9. Besondere Kontrollorgane

§ 61 Definition, Rechtsstellung

Aus dem Gewaltenteilungsprinzip, das in Art. 20 GG und Art. 3 Abs. 1 VvB verankert ist, ergibt sich, dass die Organe der Gesetzgebung, der Rechtsprechung und der Exekutive ein Gleichgewicht der Kräfte bilden und sich gegenseitig kontrollieren (System der Checks and Balances).[337]

Eine besondere Bedeutung kommt dabei traditionell der Kontrolle der Exekutive durch das Parlament zu. Diese wird zum Teil direkt ausgeübt (z. B. durch Kleine und Große Anfragen), wobei Hilfsorgane des Parlaments eingeschaltet werden können, über deren Bildung und Berichtsauftrag das Plenum entscheidet (z. B. Untersuchungsausschüsse, sonstige Ausschüsse). Hiervon zu unterscheiden sind die selbständigen Kontrollorgane. Ihre Tätigkeit besteht zwar auch im wesentlichen darin, dass sie die Exekutive kontrollieren und dem Parlament Bericht erstatten, ihre Zusammensetzung und ihre Aufgaben sind aber entweder in der Verfassung selbst oder wenigstens in einem Gesetz geregelt und stehen daher – wenn man von der Möglichkeit einer Gesetzesänderung oder Verfassungsnovellierung absieht – nicht zur Disposition der Parlamentsmehrheit.

Die Kontrollorgane sind als oberste Landesbehörden organisiert, haben aber im wesentlichen keine exekutiven Befugnisse und unterliegen keinem Weisungsrecht.

Im Rahmen des Berliner Verfassungs- und Verwaltungsrechts sind zwei Organe dieser Art zu erwähnen: Der Berliner Datenschutzbeauftragte und der Landesrechnungshof.

§ 62 Der Beauftragte für Datenschutz und Informationsfreiheit

Seit dem 25. Mai 2018 gilt mit der Datenschutzgrundverordnung (DSGVO) in der gesamten Europäischen Union ein einheitliches Datenschutzrecht. Die DSGVO regelt unmittelbar, wie Unternehmen und öffentliche Stellen personenbezogene Daten zu verarbeiten haben. Mit Öffnungsklauseln hat der Verordnungsgeber den Nationalstaaten Spielräume verschafft. In Deutschland gilt das zeitgleich mit der DSGVO in Kraft getretene reformierte Bundesdatenschutzge-

---

337 BVerfG, Urteil vom 18. Dezember 1953 – 1 BvL 106/53 – BVerfGE 3 S. 225 (247), 7 S. 183 (189), 9 S. 268 (279 f.) und ständige Rechtsprechung.

setz (BDSG), in Berlin das komplett überarbeitete und dem Text der DSGVO angeglichene Berliner Datenschutzgesetz (BlnDSG).

Die Rechtsstellung des Berliner Datenschutzbeauftragten ist in Art. 47 VvB verankert; seine Aufgaben regelt das Berliner Datenschutzgesetz.[338] Mit dem Gesetz zur Förderung der Informationsfreiheit im Land Berlin (Berliner Informationsfreiheitsgesetz (IFG)) vom 15. Oktober 1999 ist ihm auch die Wahrung des in diesem Gesetz vorgesehenen Rechts auf Akteneinsicht und Informationszugang übertragen worden[339].

Nach § 9 Abs. 1 BlnDSG wird der Datenschutzbeauftragte vom Abgeordnetenhaus mit der Mehrheit seiner Mitglieder gewählt und anschließend vom Präsidenten des Abgeordnetenhauses ernannt. Seine Amtszeit beträgt 5 Jahre. Nach § 7 BlnDSG ist seine Dienststelle eine oberste Landesbehörde. Dienstrechtlich steht er nach § 10 Abs. 1 BlnDSG in einem öffentlich-rechtlichen Amtsverhältnis, unterliegt also nicht dem Beamtenrecht[340]. Er kann während der Amtszeit nur aus Gründen entlassen werden, die bei einem Richter auf Lebenszeit die Entlassung aus dem Dienst rechtfertigen. Die Dienstaufsicht steht dem Präsidenten des Abgeordnetenhauses zu.

Aus seinem Aufgabenkatalog gemäß § 11 BlnDSG werden folgende Aufgaben hervorgehoben:

– Der Datenschutzbeauftragte erstattet dem Abgeordnetenhaus mindestens einmal im Jahr Bericht und hat auf Anforderung des Abgeordnetenhauses, des Senats oder anderer Einrichtungen oder Gremien zu beraten (Nr. 3);

– Jedermann kann sich an den Datenschutzbeauftragten wenden, wenn er der Ansicht ist, bei der Verarbeitung seiner personenbezogenen Daten im Land Berlin (mit Ausnahme der Gerichte, soweit sie nicht in Verwaltungsangelegenheiten tätig werden) verletzt worden zu sein (Nr. 5).

---

338 Bis zum Inkrafttreten der überarbeiteten Verfassung vom 23. November 1995 bestand für den Berliner Datenschutzbeauftragten keine verfassungsrechtliche sondern nur eine einfachgesetzliche Grundlage im Berliner Datenschutzgesetz.

339 Diese zusätzliche Aufgabe wird von Art. 47 VvB nicht geschützt, worauf *Korbmacher* in: Driehaus, Verfassung von Berlin, 4. Aufl. 2020, Art. 47, Rn. 1, zu Recht hinweist.

340 Jedoch finden die für Beamte geltenden Vorschriften auf den Landesdatenschutzbeauftragten sinngemäß Anwendung, soweit sie dem Wesen des Amtsverhältnisses entsprechen.

Soweit der Datenschutzbeauftragte die datenschutzrechtliche Kontrolle über die Verwaltung ausübt, wendet er Landesrecht an; er ist völlig unabhängig (§ 10 Nr. 2 BlnDSG). Bei der Aufsicht über die Privatwirtschaft unterliegt er der Rechtsaufsicht des Senats. Dies ist notwendig, weil der Senat als Landesregierung gegenüber dem Bund die rechtmäßige Ausführung des Bundesgesetzes zu gewährleisten hat.

§63 Der Rechnungshof

Die Organisation und Tätigkeit des Rechnungshofs als Kontrollorgan ist in Art. 95 VvB verankert. Als oberste Landesbehörde hat er die Rechnungslegungen sowie die Wirtschaftlichkeit und Ordnungsmäßigkeit der gesamten Haushalts- und Wirtschaftsführung Berlins zu prüfen. Das Ergebnis ist dem Abgeordnetenhaus jährlich vorzulegen. Außerdem können ihm das Abgeordnetenhaus und der Senat in Angelegenheiten von besonderer Bedeutung Untersuchungs- und Berichtsaufträge erteilen. Bei der Durchführung seiner Aufgaben ist er unabhängig, seine Mitglieder sind unabhängig und nur dem Gesetz unterworfen.

Die Verfassung enthält auch die grundlegenden Bestimmungen über den Aufbau des Rechnungshofs (Art. 95 Abs. 2 VvB). Nach Abs. 5 wird alles Nähere durch Gesetz geregelt. Die betreffenden einfachgesetzlichen Vorschriften finden sich in dem Gesetz über den Rechnungshof[341] und in der Landeshaushaltsordnung (insb. §§ 88 bis 104 LHO).

Das Gesetz über den Rechnungshof regelt vor allem die allgemeine Rechtsstellung, die Zusammensetzung und die Organisation. § 1 LHO bekräftigt die bereits in der Verfassung verankerte Unabhängigkeit und die Sonderstellung als oberste Landesbehörde. § 2 ff. LHO regeln die Zusammensetzung und Organisation des Rechnungshofs. Die Präsidentin oder der Präsident wird auf Vorschlag des Senats vom Abgeordnetenhaus gewählt; die weiteren Mitglieder einschließlich des Vizepräsidenten werden auf Vorschlag des Präsidenten vom Senat bestellt. Alle Mitglieder sind Beamte auf Lebenszeit, jedoch ist ihre Rechtsstellung im Interesse der Unabhängigkeit in verschiedenen Punkten denen der Richter angenähert (z.B. bei Disziplinarverfahren, § 8 LHO). Grundsätzlich leiten die Mitglieder

---

341 Gesetz über den Rechnungshof von Berlin (Rechnungshofgesetz – RHG –) i. d. F. v. 1. Januar 1980, GVBl. S. 2, zuletzt geändert durch Art. 1 Zweites G zur Änderung des RechnungshofG vom 31. August 2020 (GVBl. S. 675).

die Prüfung ihres jeweiligen Geschäftsbereichs selbständig und in eigener Verantwortung. Etwas anderes gilt nur, wenn – aufgrund eines Vorbehalts des Präsidenten oder auf Initiative des betreffenden Mitglieds selbst – eine Mitwirkung des Präsidenten herbeigeführt wird oder wenn der Rechnungshof als Kollegium entscheidet. Dem Kollegium sind alle Angelegenheiten von grundsätzlicher oder sonst erheblicher Bedeutung vorbehalten, die ihm vom Präsidenten oder einem anderen Mitglied zur Beschlussfassung unterbreitet werden (§ 5 LHO).

Nach § 2 Abs. 5 LHO werden dem Rechnungshof Prüfer und die sonstigen notwendigen Dienstkräfte beigegeben. Die Prüfer nehmen, wie schon die Formulierung der Vorschrift zeigt, eine Sonderstellung ein. Sie genießen zwar keine quasi-richterliche Unabhängigkeit wie die Mitglieder des Rechnungshofs, jedoch darf auch ihre Tätigkeit bei Erfüllung der Aufgaben des Rechnungshofs nicht durch Weisungen eingeschränkt werden. Sie dürfen, ebenso wie die Mitglieder, wegen ihrer Erhebungen, Feststellungen, gutachterlichen Äußerungen oder Berichte nicht benachteiligt oder in ihrem Fortkommen behindert werden und sind zur Verschwiegenheit verpflichtet (§ 12 Abs. 1 LHO).

Der Präsident übt die Dienstaufsicht über die Mitglieder und sonstigen Bediensteten des Rechnungshofs aus; er selbst unterliegt der Dienstaufsicht des Regierenden Bürgermeisters.

Die Aufgaben, die die Landeshaushaltsordnung dem Rechnungshof zuweist, umfassen die gesamte Haushalts- und Wirtschaftsführung Berlins einschließlich seiner Sondervermögen und Betriebe (§ 88 LHO).[342] Sie erstrecken sich auch auf die landesunmittelbaren juristischen Personen des öffentlichen Rechts, mit Ausnahme der Selbstverwaltungskammern der Wirtschaft und der öffentlich-rechtlichen Religionsgemeinschaften. Ferner prüft der Rechnungshof die Betätigung Berlins bei privatrechtlich organisierten Unternehmen (§ 92 LHO); er ist unter bestimmten Voraussetzungen auch berechtigt, Stellen außerhalb der Verwaltung zu überprüfen, z. B. wenn diese Teile des Haushaltsplans ausführen oder von Berlin Ersatz von Aufwendungen erhalten (§ 91 LHO).

In der Sache erstreckt sich die Prüfung auf die Einhaltung der für Haushalts- und Wirtschaftsführung geltenden Vorschriften und Grundsätze, insbesondere auch auf die Frage, ob bei der Verwendung von Haushaltsmitteln wirtschaftlich und

---

342   Diese Aufgabenzuweisung wird von Art. 95 VvB gedeckt.

sparsam verfahren wird (§ 90 LHO). Das Ergebnis der Prüfungen fasst der Rechnungshof, soweit es für die Entlastung des Senats wegen der Haushaltsrechnung und der Vermögensrechnung von Bedeutung sein kann, in sogenannten Bemerkungen zusammen, die jährlich dem Senat und dem Abgeordnetenhaus zugeleitet werden (§ 97 LHO).

Der Rechnungshof kann auch den Senat, einzelne Senatsmitglieder und das Abgeordnetenhaus beraten. Soweit er das Abgeordnetenhaus berät, unterrichtet er gleichzeitig den Senat (§ 88 Abs. 2 S. 2 LHO).

10. Vorschriften über das Finanzwesen

§ 64 Quellen des Berliner Haushaltsrechts

Die Verfassung von Berlin enthält in ihrem VIII. Abschnitt (Art. 85–95 VvB) Vorschriften über das Finanzwesen. Die Verfassungsvorschriften regeln das Haushaltswesen allerdings nicht abschließend, sondern sind immer im Kontext der Festlegungen des Grundgesetzes und der bundesrechtlichen Gesetze zu betrachten. Dabei sind die bestehenden Rechts- und Verwaltungsvorschriften in folgender Rangordnung zu beachten:

I. Grundgesetz und einfache Bundesgesetze

Zu den bundesgesetzlichen Regelungen gehören zunächst die in den Art. 104a ff. GG enthaltenen Verfassungsvorschriften, aus denen sich grundsätzliche verfassungsrechtliche Vorgaben für die Finanzverfassung des Bundes und der Länder ergeben. So ist gemäß Art. 105 Abs. 2 GG insbesondere die Steuergesetzgebung weitestgehend dem Bund zugewiesen, so dass Landessteuern nur eine nachgeordnete Rolle spielen. Für das Land Berlin maßgeblich sind in diesem Zusammenhang beispielsweise die Hundesteuer[343], die Zweitwohnungssteuer[344] oder auch die Übernachtungsteuer[345], die gemäß Art. 67 Abs. 1 Nr. 2 i. V. m. § 3 Abs. 1 Nr. 2 AZG von der Finanzverwaltung des Landes Berlin (Finanzämter) erhoben wird.

Soweit die Länder – und hier auch das Land Berlin – an den bundeseinheitlich erhobenen Steuern partizipieren, beruht dies auf der in Art. 106 GG festgelegten Verteilung des Steueraufkommens, wonach den Ländern das Aufkommen aus einer möglichen Vermögensteuer, der Erbschaftsteuer, bestimmten Verkehrsteuern, der Biersteuer und der Abgabe von Spielbanken allein (Art. 106 Abs. 2 GG) bzw. aus der Einkommensteuer, der Körperschaftsteuer und der Umsatzsteuer gemeinsam mit dem Bund zusteht („Gemeinschaftssteuern"), soweit keine gesonderte Zuweisung an die Gemeinden vorliegt" (Art. 106 Abs. 3 GG). In diesem Zu-

---

343 Hundesteuergesetz vom 10. Oktober 2001 (GVBl. 2001, 539), zuletzt geändert durch Gesetz vom 30. September 2021 (GVBl. S. S.1194).

344 Gesetz zur Einführung der Zweitwohnungsteuer im Land Berlin (Berliner Zweitwohnungsteuergesetz – BlnZwStG) vom 19. Dezember 1997 (GVBl. 1997, 686), zuletzt geändert durch Gesetz vom 19. Dezember 2017 (GVBl. S. 707).

345 Gesetz über eine Übernachtungsteuer in Berlin (Übernachtungsteuergesetz – ÜnStG) vom 18. Dezember 2013 (GVBl. 2013, 924), zuletzt geändert durch Gesetz vom 19. Dezember 2017 (GVBl. S. 707).

sammenhang besteht für Berlin die Besonderheit, dass es in Berlin als Stadtstaat keine Gemeinden gibt, so dass gemäß Art. 106 Abs. 6 S. 3 GG der den sonst den Gemeinden zustehende Teil des Steueraufkommens dem Land zufließt. Darüber hinaus genießt das Land Berlin aufgrund der wahrgenommenen Hauptstadtfunktionen einen Sonderbelastungsausgleich im Sinne des Art. 106 Abs. 8 GG.

Neben den beschriebenen Regelungen zur Steuergesetzgebung finden sich im Grundgesetz aber auch eine Reihe von weiteren verfassungsrechtlichen Vorgaben, die für die Finanzverfassung und das Haushaltsrecht des Landes Berlin wesentlich sind. Hierzu zählt zunächst die Regelung des Art. 107 Abs. 2 GG mit dem hier verankerten Länderfinanzausgleich, der dem Ausgleich der unterschiedlichen Finanzkraft der einzelnen Bundesländer dient und durch den das Land Berlin in der Regel einen wesentlichen Anteil der Ausgleichsleistungen erhält.

Von besonderer Bedeutung auch für das Haushaltsrecht des Landes Berlin ist weiterhin die Regelung des Art. 109 GG, der zunächst in Abs. 1 die grundlegende Aussage trifft, dass der Bund und die Länder in der Haushaltswirtschaft selbständig und voneinander unabhängig sind. Darüber hinaus bestimmt Art. 109 GG in Absatz 2, dass der Bund und die Länder – und somit auch das Land Berlin – gemeinsam die Verpflichtungen der Bundesrepublik Deutschland aus den Rechtsakten der europäischen Gemeinschaft zur Einhaltung der Haushaltsdisziplin erfüllen und in diesem Rahmen gemeinsam den Erfordernissen des gesamtwirtschaftlichen Gleichgewichts Rechnung zu tragen haben. Dabei sind die Haushalte des Bundes und der Länder gemäß Art. 109 Abs. 3 GG grundsätzlich ohne Einnahmen aus Krediten auszugleichen (Art. 109 Abs. 3 S. 1 GG) woraus sich eine „gesamtstaatliche Schuldenbremse" ergibt, die der zunehmenden Verschuldung des Bundes und der Länder – aber auch der Kommunen – entgegenwirken soll. Soweit eine Kreditaufnahme gleichwohl erforderlich ist, finden sich in den Bestimmungen der Art. 109 Abs. 3, 115 GG strenge Vorgaben für den maximalen Umfang einer möglichen Nettoneuverschuldung.

Während dem Bund nach Maßgabe des Art. 109 Abs. 3 S. 4 GG hierbei ein strukturelles und durch Kredite ausgeglichenes Defizit von 0,35 % des Bruttoinlandsprodukts zugestanden wird, enthält Art. 109 Abs. 3 S. 4 GG die für die Länder maßgebliche Vorgabe, dass diese die nähere Ausgestaltung der Schuldenbremse für ihre Haushalte im Rahmen ihrer verfassungsrechtlichen Kompetenzen mit der Maßgabe zu regeln haben, dass der in Abs. 3 S. 1 enthaltenen Schuldenbremse nur dann entsprochen wird, wenn keine Einnahmen aus Krediten zugelassen werden.

Um dieses Ziel zu erreichen, galt gemäß Art. 143d Abs. 1 S. 3 GG ein bis zum 1. Januar 2020 geltender Übergangszeitraum, in dem es den Ländern unter Beachtung der jeweiligen landesrechtlichen Regelungen erlaubt war, von den Vorgaben des Art. 109 GG abzuweichen. Dabei bestand allerdings schon im Verlauf dieser Übergangsphase die Verpflichtung, die jährlichen Haushalte so auszugestalten, dass die Grenzen des Art. 109 GG zum Ablauf der Übergangszeit eingehalten werden können.

Soweit Art. 109 Abs. 3 S. 5 GG die Länder verpflichtet, die nähere Ausgestaltung der Schuldenbremse für ihre Haushalte im Rahmen ihrer verfassungsrechtlichen Kompetenzen zu regeln, hat das Land Berlin diesem Gesetzgebungsauftrag durch das „Gesetz zur Umsetzung der grundgesetzlichen Schuldenbremse in Berliner Landesrecht"[346] entsprochen, das am 14. November 2019 verabschiedet worden ist und das durch hierzu bestehende Ausführungsvorschriften flankiert wird.[347] Auch im Land Berlin gilt damit das in Art. 109 GG verankerte Ziel, die Haushalte grundsätzlich ohne die Aufnahme neuer Schulden auszugleichen und von diesem Verbot der Netto-Neuverschuldung nur dann abzuweichen, wenn dies zur Abwehr von Naturkatastrophen, unverschuldeten Notlagen oder einer Rezession erforderlich ist.

Neben den verfassungsrechtlichen Vorgaben des Grundgesetzes enthalten aber auch eine Reihe von einfachen Bundesgesetzen wesentliche Vorschriften für den Bereich der Finanzen. Hierzu zählen beispielsweise das Gesetz zur Förderung der Stabilität und des Wachstums der Wirtschaft[348] (StWG) oder auch das Gesetz üüber die Grundsäätze des Haushaltsrechts des Bundes und der Läänder –– Haushaltsgrundsätzegesetz[349] (HGrG), was dazu führt, dass für landesrechtliche Regelungen im Bereich der Finanzen nur noch wenig Raum bleibt.

---

346   GVBl. S. 742.
347   „Ausführungsvorschriften zum Gesetz zur landesrechtlichen Umsetzung der Schuldenbremse" vom 26.05.2020, Drs. 18/2747.
348   Vom 08. Juni 1967 (BGBl. I S. 582), zuletzt geändert durch Artikel 267 der Verordnung vom 31. August 2015 (BGBl. I S. 1474).
349   Vom 19. August 1969 (BGBl. I S. 1273), zuletzt geändert durch Artikel 10 des Gesetzes vom 14. August 2017 (BGBl. I S. 3122).

II. Verfassungsvorschriften des Landes Berlin

Obwohl viele Fragen der Staatsfinanzierung bereits durch die genannten Regelungen des Grundgesetzes und einfacher Bundesgesetze vorgegeben sind, enthält auch die Verfassung von Berlin in ihrem VIII. Abschnitt (Art. 85–95 VvB) eine Reihe von Grundsatzregelungen, die das Haushaltsverfassungsrecht des Landes Berlin bilden und prägen:

Art. 85 Abs. 1 S. 1 VvB enthält die für das Berliner Haushaltsrecht zentrale Festlegung, dass alle Einnahmen und Ausgaben für jedes Rechnungsjahr („Grundsatz der Jährlichkeit") in einem „Haushaltsplan" veranschlagt werden müssen, der durch ein Gesetz festgestellt wird (Haushaltsgesetz – Art. 85 Abs. 1 Satz 1 VvB) und damit den Wirtschaftsplan bildet, auf dessen Grundlage die verbindliche Budgetplanung für die jeweilige Etatperiode erfolgt. Wie die Haushaltspläne des Bundes beziehungsweise der anderen Länder auch, entfaltet der Haushaltsplan des Landes Berlin dabei jedoch keine Außenwirkung, die zu Ansprüchen Dritter führen könnte.[350] Die Wirkung des Haushaltsplans besteht vielmehr darin, dass die Regierung durch das allein ihr zustehende Initiativrecht die Möglichkeit hat, mit der Aufstellung und der Einbringung des Haushaltsplans in das Gesetzgebungsverfahren die Budgetplanung für die kommende Haushaltsperiode festzulegen und die zur Verfügung stehenden Mittel auf die einzelnen Ressorts zu verteilen. Darüber hinaus regelt der Haushaltsplan die organschaftliche Beziehung zwischen der Regierung und dem Parlament und stellt während des laufenden Haushaltsjahres die Ermächtigungsgrundlage für den Senat von Berlin dar, im Rahmen der getroffenen Festlegungen Ausgaben zu tätigen. Eine Verpflichtung, die festgelegten Budgets auch tatsächlich auszuschöpfen, ergibt sich aus dem Haushaltsplan allerdings nicht.[351]

Neben der grundsätzlichen Bedeutung des Haushaltsplans für die Haushaltsführung des Landes Berlin lassen sich aus Art. 85 Abs. 1 VvB auch die allgemeinen Haushaltsgrundsätze ableiten, denen die Haushaltsführung unterliegt. Hierzu zählt zunächst der zentrale Grundsatz der „Vollständigkeit" und der „Einheitlichkeit" des Haushaltsplanes, der besagt, dass alle Einnahmen und Ausgaben voneinander getrennt in einem einheitlichen Haushaltsplan zu verzeichnen sind („Bruttoprinzip") und insbesondere keine „Nebenhaushalte" geschaffen werden dürfen.

---

350 Driehaus/Korbmacher/Rind, Art. 85 VvB, Rn. 2.
351 Driehaus/Korbmacher/Rind, Art. 85 VvB, Rn. 3 m. w. N.

Flankiert wird das Prinzip der „Vollständigkeit und Einheitlichkeit" durch den Grundsatz der „Klarheit und Wahrheit" des Haushaltes, der eine transparente Bezeichnung der geplanten Einnahmen und Ausgaben verlangt. Hinzu kommt das Prinzip der „Gesamtdeckung", wonach die zu erwartenden Ausgaben durch die ihnen gegenüberstehenden Einnahmen abzudecken sind. Allerdings ist in diesem Zusammenhang die Regelung des Art. 85 Abs. 1 S. 2 VvB zu beachten, nach der in besonderen Ausnahmefällen durch Gesetz ein Nachweis von Einnahmen und Ausgaben außerhalb des Haushaltsplans zugelassen werden kann – ein Beispiel hierfür ist die Regelung des § 26 LHO für den Bereich der Berliner Betriebe.

Ein weiterer zentraler Haushaltsgrundsatz findet sich in dem Prinzip der „Jährlichkeit", aus dem folgt, dass nicht verbrauchte und nicht übertragene Haushaltsmittel mit Ende des Haushaltsjahres verfallen, wobei auch hier die Ausnahmeregelung des Art. 85 Abs. 1 S. 2 VvB zu beachten, wonach in besonderen Ausnahmefällen durch Gesetz eine Veranschlagung und Feststellung für einen längeren Zeitraum erfolgen kann.

Auch wenn Art. 85 Abs. 1 VvG insoweit keine ausdrückliche Festlegung trifft, gelten für das Berliner Haushaltsrecht schließlich auch die anderen anerkannten Grundsätze des Haushaltsrechts, wie der Grundsatz der „Spezialität" oder auch das Gebot des „Haushaltsausgleichs", wobei in dem Zusammenhang auch die Regelungen der Art. 86 ff.ff. VvB zu beachten sind und teilweise davon abweichende Normierungen enthalten.

Eine für die Bezirke wesentliche Regelung enthält Art. 85 Abs. 2 VvB, nach der jedem Bezirk zur Erfüllung seiner Aufgaben im Rahmen des Haushaltsgesetzes eine Globalsumme zugemessen wird (Satz 1), wobei bei der Bemessung der Zuwendungen für die einzelnen Bezirkshaushaltspläne ein gerechter Ausgleich unter den Bezirken vorzunehmen ist (Satz 2). Zum Jahresabschluss wird das erwirtschaftete Abschlussergebnis auf die Globalsumme des nächsten aufzustellenden Bezirkshaushaltsplans vorgetragen (Satz 3). Einzelheiten über die Zuweisung der Globalsummen und die Bezirkshaushaltspläne enthalten die Landeshaushaltsordnung und das Bezirksverwaltungsgesetz. Die Globalsumme ist in Zuweisungen für konsumtive Ausgaben, Personalausgaben und Investitionen gegliedert.

In Art. 86 Abs. 1 VvB bestimmt die Verfassung von Berlin, dass die Grundlage für die Verwaltung aller Einnahmen und Ausgaben das „Haushaltsgesetz" bildet, wobei Haushaltsmittel nur in Anspruch genommen werden dürfen, soweit es eine sparsame Verwaltung erforderlich macht (Art. 86 Abs. 2 VvB). Im Ergebnis handelt es sich bei dieser Festlegung um den allgemeinen haushaltsrechtlichen „Grundsatz der Sparsamkeit", der mit seiner Aufnahme in die Verfassung von Berlin Verfassungsrang genießt und durch die Regelungen der § 7 LHO und § 6 HGrG weiter ausgestaltet wird. Ferner bestimmt Art. 86 Abs. 3 VvB, dass der Haushaltswirtschaft eine fünfjährige Finanzplanung zu Grunde zu legen ist. Diese ist dem Abgeordnetenhaus spätestens mit dem Entwurf des Haushaltsgesetzes für das nächste Haushaltsjahr vorzulegen; sie betrifft also das Jahr nach der Vorlage des Entwurfs sowie die darauffolgenden vier Jahre und wird jährlich ergänzt und fortgeschrieben.

Art. 87 VvB betrifft die Erhebung von Steuern und die Aufnahme von Krediten und enthält in Art. 87 Abs. 1 VvB den grundlegenden Vorbehalt, dass ohne gesetzliche Grundlage weder Steuern noch Abgaben erhoben noch Anleihen aufgenommen oder Sicherheiten geleistet werden dürfen („Gesetzesvorbehalt"), wobei diese Regelung nur die Steuern und Abgaben betrifft, die in die Gesetzgebungskompetenz des Landes Berlin fallen und daher vom Land festgesetzt und erhoben werden können – insoweit wird das Erfordernis einer gesetzlichen Grundlage für Steuern und sonstige Abgaben weitgehend durch Bundesrecht überlagert. Indem die Regelung des Art. 87 Abs. 1 VvB auch die Aufnahme von „Anleihen" unter den allgemeinen Gesetzesvorbehalt stellt, betrifft dies jede Form der Aufnahme von „Krediten" und damit von finanziellen Mitteln, die zurückzuzahlen sind.[352] Angesichts des Zwecks der Regelung, die Begründung von Schulden des Landes unter den Vorbehalt eines Gesetzes und damit unter die parlamentarische Kontrolle zu stellen, ist der Begriff des „Kredits" im Ergebnis weit auszulegen, so dass beispielsweise auch besondere Finanzierungsformen, wie der Abschluss von Leasingverträgen über bestimmte Güter, hierzu zählen.

Überschreitungen des Haushalts dürfen gemäß Art. 88 Abs. 1 VvB nur im Falle eines unvorhergesehenen und unabweisbaren Bedarfs mit Zustimmung des Senats erfolgen, wobei im Falle einer Haushaltsüberschreitung die nachträgliche Genehmigung des Abgeordnetenhauses einzuholen ist (Art. 88 Abs. 2 VvB). Sinn dieser Regelung ist es, in unvorsehbaren und dringenden Fällen die Handlungsfähigkeit eines Ressorts zu erhalten und Ausgaben zu ermöglichen, die im Haushaltsplan nicht bzw. nicht in der erforderlichen Höhe verankert sind und die auch

---

352 Driehaus/Korbmacher/Rind, Art. 87 VvB, Rn. 7 m. w. N.

nicht im Rahmen eines Nachtragshaushaltes bereitgestellt werden können. Eine besondere Bedeutung kommt im Rahmen dieses Verfahrens dem mit der Leitung des Finanzwesens beauftragten Senator zu, der gemäß Art. 88 Abs. 3 VvB ein Vetorecht gegen eine Haushaltsüberschreitung hat – in diesem Fall ist ein Beschluss des Abgeordnetenhauses herbeizuführen, der die Haushaltsüberschreitung gestattet. Schließlich können gemäß Art. 88 Abs. 4 VvB durch Gesetz entsprechende Regelungen für Haushaltsüberschreitungen in den Bezirken getroffen werden.

Ein Verfahren für notwendige Ausgaben, wenn der Haushaltsplan für das neue Rechnungsjahr noch nicht festgestellt ist, normiert Art. 89 VvB. Danach ist der Senat zu vorläufigen Regelungen ermächtigt, damit die unbedingt notwendigen Ausgaben für die Vorhaben geleistet werden können, die in Art. 89 Abs. 1 VvB abschließend aufgezählt sind. Im Einzelnen betrifft dies den Erhalt bestehender Einrichtungen, die Erfüllung der gesetzlichen Aufgaben und der rechtlichen Verpflichtungen, die Weiterführung von Bauvorhaben sowie die Absicherung der ordnungsgemäßen Tätigkeit der Verwaltung (Abs. 1), wobei Art. 89 Abs. 2 VvB eine beschränkte Kreditermächtigung für den Fall enthält, dass die zur Aufrechterhaltung der Wirtschaftsführung erforderlichen Mittel nicht aus Steuern, Abgaben oder sonstigen Quellen gedeckt werden können. Für die Bezirkshaushalte wesentlich ist die Regelung des Art. 89 Abs. 1 S. 2 VvB, wonach die Bezirke zum Erlass ergänzender Regelungen ermächtigt sind.

Zu nennen sind schließlich die Regelung des Art. 90 VvB, wonach Vorlagen oder Anträge über Maßnahmen, die eine Minderung der Einnahmen oder eine Erhöhung der Ausgaben gegenüber dem Haushaltsplan zur Folge haben, vom Abgeordnetenhaus in zwei Lesungen beraten werden müssen sowie die folgenden Beschlüsse Bestimmungen über die Haushaltsdeckung enthalten müssen (Art. 90 Abs. 2 VvB), sowie die Bestimmung des Art. 91 VvB zur Schadensersatzpflicht von Senatsmitgliedern, Bezirksamtsmitgliedern und sonstigen Angehörigen des öffentlichen Dienstes bei schuldhaften Verstößen gegen die Verfassungsvorschriften über das Finanzwesen. Dabei entfällt allerdings die Schadensersatzpflicht immer dann, wenn die Handlung zur Abwendung einer nicht voraussehbaren dringenden Gefahr erfolgte und die Verletzung der Vorschriften nicht über das durch die Notlage gebotene Maß hinausgegangen ist.

Eine Rahmenvorschrift über die Organisation, die Verwaltung und das Rechnungswesen nicht rechtsfähiger Betriebe des Landes enthält Art. 92 VvB. Sie ist durch einen Klammerzusatz ausdrücklich auf Eigenbetriebe beschränkt und gilt daher nur für die nicht rechtsfähigen wirtschaftlichen Unternehmen des Landes Berlin, nicht aber für die Betriebe Berlins, die in rechtsfähige Anstalten des öffentlichen Rechts umgewandelt und z. T. privatisiert worden sind.

Eine weitere Rahmenvorschrift über die Umwandlung von Eigenbetrieben und einzelnen Anlagen von bleibendem Wert in juristische Personen normiert Art. 93 Abs. 1 VvB. Die Bestimmung gilt ausdrücklich für Eigenbetriebe und andere Anlagen; sie lässt offen, ob diese in juristische Personen des öffentlichen Rechts oder des Privatrechts umgewandelt werden. Auch wenn nach dem Verfassungstext ein Beschluss des Abgeordnetenhauses ausreichend ist (Art. 93 Abs. 1 S. 2 VvB), dürfte in der Praxis wegen der erforderlichen Detailregelungen zumeist ein Gesetz notwendig sein. Ebenfalls durch Gesetz zu regeln ist die Veräußerung von Vermögensgegenständen (Art. 93 Abs. 2 VvB).

Hinsichtlich der Rechnungslegung und der Haushaltsprüfung enthält Art. 94 Abs. 1 VvB die Festlegung, dass der Senat gegenüber dem Abgeordnetenhaus im Laufe der ersten neun Monate des folgenden Rechnungsjahres Rechenschaft über die Einnahmen und Ausgaben der Haushaltswirtschaft und über das Vermögen und die Schulden abzulegen hat. Die Haushalts- und Vermögensrechnung ist sodann durch den Rechnungshof zu überprüfen (Art. 94 Abs. 1 S. 1 VvB); auf der Grundlage dieser Prüfung beschließt dann das Abgeordnetenhaus über die Entlastung des Senats beziehungsweise über gegebenenfalls einzuleitenden Maßnahmen oder die ausdrückliche Missbilligung bestimmter Sachverhalte (Art. 94 Abs. 1 S. 1 und 2 VvB).

Die verfassungsmäßige Verankerung des Rechnungshofs findet sich in Art. 95 VvB. Danach handelt es sich bei dem Rechnungshof um eine unabhängige, oberste Landesbehörde, die nur dem Gesetz unterworfen ist und dessen Mitglieder richterliche Unabhängigkeit genießen (Art. 95 Abs. 1 VvB). Die Aufgaben des Rechnungshofes bestehen gemäß Art. 95 Abs. 3 VvB in der Prüfung der Rechnungen sowie der Wirtschaftlichkeit und der Ordnungsgemäßheit der Haushalts- und Wirtschaftsführung des Landes Berlin, wobei er jährlich dem Abgeordnetenhaus zu berichten und den Senat von Berlin zu informieren hat – weiterhin können das Abgeordnetenhaus und der Senat den Rechnungshof ersuchen, Angelegenheiten von besonderer Bedeutung zu untersuchen und darüber zu berichten (Art. 95 Abs. 4 VvB). Gemäß Art. 95 Abs. 2 VvB wird der Rechnungshof von seinem Präsidenten geleitet. Dieser wird auf Vorschlag des Senats vom Abgeordnetenhaus mit der Mehrheit seiner Mitglieder gewählt und vom Präsidenten des Abgeordnetenhauses auf Lebenszeit ernannt, wobei der Präsident des Abgeordnetenhauses im Folgenden auch die Dienstaufsicht über den Präsidenten des Rechnungshofes ausübt.

III. Einfaches Landesrecht

Zu den einfachen landesrechtlichen Regelungen gehören insbesondere die Landeshaushaltsordnung[353] (LHO) sowie das Gesetz über den Rechnungshof von Berlin[354]. Die Landeshaushaltsordnung regelt die Aufstellung und Ausführung des Haushaltsplans einschließlich der Wirtschaftsführung, der Verwaltung des Vermögens und der Führung von Betrieben, Vorschriften über Zahlung, Buchführung und Rechnungslegung, über Rechnungsprüfung sowie über landesunmittelbare juristische Personen des öffentlichen Rechts und Sondervermögen.

Die Grobgliederung des Haushaltsplans ist in § 13 LHO geregelt. Der Gesamtplan ist in Einzelpläne zu gliedern; diese umfassen jeweils einen Verwaltungszweig (z. B. Geschäftsbereich einer Senatsverwaltung mit ihren nachgeordneten Behörden usw. oder – auf Bezirksebene – eine Abteilung). Jeder Einzelplan ist in Kapitel und diese in Titel einzuteilen. Die Kapitel umfassen auf der Ebene der Hauptverwaltung zumeist die Einnahmen und Ausgaben einer einzelnen Behörde, auf der Ebene der Bezirksverwaltung die Einnahmen und Ausgaben eines Amtes.[355]

Nach § 26a Abs. 1 LHO, § 4 BezVwG sind für die Bezirke in Einnahmen und Ausgaben ausgeglichene Bezirkshaushaltspläne aufzustellen. Sie enthalten die Einnahmen, Ausgaben und Verpflichtungsermächtigungen, die Globalzuweisungen und die Abwicklung der Ergebnisse aus den Vorjahren. Die Gliederungsvorschriften des § 13 LHO gelten auch für die Bezirkshaushaltspläne.

Die Entscheidung über den Bezirkshaushaltsplan sowie die Genehmigung von über- und außerplanmäßigen Ausgaben ist nach § 12 Abs. 2 Nr. 1 BezVwG Sache der Bezirksverordnetenversammlung. Wichtigste materielle Grundlage dafür ist die Globalsumme, die jedem Bezirk im Rahmen des Landeshaushalts zugewiesen

---

353 Landeshaushaltsordnung i. d. F. vom 30. Januar 2009, GVBl. S. 31, ber. S. 486, zuletzt geändert durch Gesetz vom 17. Dezember 2000, GVBl. S. 1482.

354 Gesetz über den Rechnungshof von Berlin i. d. F. vom 01. Januar 1980 (GVBl. S. 2), zuletzt geändert durch Gesetz vom 31. August 2020 (GVBl. S. 675).

355 Die Experimentierklausel, die im Rahmen der inneren Verwaltungsreform zunächst in die Haushaltsgesetze aufgenommen wurde, ist jetzt in der Landeshaushaltsordnung verankert.

wird (§ 26a Abs. 2 LHO). Sie ist in Teilbeträge für Investitionen, Personal- und sonstige Aufgaben gegliedert. Das erwirtschaftete (positive oder negative) Abschlussergebnis wird gemäß Art. 85 Abs. 2 VvB für den nächsten Bezirkshaushaltsplan vorgetragen.

Die größere finanzielle Autonomie und Eigenverantwortung, die den Bezirken durch diese Regelungen übertragen wird, ist allerdings in zwei Richtungen begrenzt: Einmal durch die Beschränkung der Globalsummen, die weniger durch den tatsächlichen Bedarf der einzelnen Bezirke als durch die finanzielle Lage des ganzen Landes bestimmt wird und zum anderen dadurch, dass ein großer Teil der Ausgaben durch Gesetze oder Sachzwänge vorgegeben ist. Von dem Gesamtbetrag, der jedem Bezirk formell zur Verfügung steht, unterliegen nur etwa 12–15 Prozent der Entscheidung durch die Bezirksorgane.

Nach § 9 LHO ist für jeden Einzelplan (bzw. Bezirkshaushaltsplan) eine Organisationseinheit zu bestimmen, die den Leiter (bzw. das Bezirksamt) in der Wahrnehmung der Leitungsbefugnisse bei der Aufstellung und Ausführung des Haushaltsplans einschließlich des Stellenplans unterstützt. Bei jeder Dienststelle, die Einnahmen oder Ausgaben bewirtschaftet, ist ein Beauftragter für den Haushalt zu bestellen, soweit der Behördenleiter diese Aufgabe nicht selbst wahrnimmt. Der Beauftragte soll dem Leiter der Dienststelle unmittelbar unterstellt sein; ihm obliegen die Aufstellung der Unterlagen für die Finanzplanung und den Entwurf des Haushaltsplans sowie die Ausführung des Haushaltsplans.

§ 26 LHO enthält Vorschriften über die Wirtschaftsführung der Betriebe Berlins, der Sondervermögen, von juristischen Personen des öffentlichen Rechts, die von Berlin ganz oder zum Teil zu unterhalten sind sowie von bestimmten Stellen außerhalb der Berliner Verwaltung, die von Berlin Zuwendungen erhalten.

Die Bestimmung über die Betriebe Berlins betrifft nicht nur die – zu selbständigen Anstalten des öffentlichen Rechts umgewandelten – Berliner Betriebe und etwaige neu gegründete Eigenbetriebe. Sie gilt auch für Betriebe des Landes, die keine juristischen Personen (des öffentlichen oder privaten Rechts) und keine Eigenbetriebe sind, aber als wirtschaftlich selbständige Dienststellen zur Haupt- oder Bezirksverwaltung gehören können (oft als Regiebetriebe bezeichnet). Nach § 26 Abs. 1 LHO haben sie einen Wirtschaftsplan aufzustellen, wenn ein Wirtschaften nach Einnahmen und Ausgaben des Haushaltsplans nicht zweckmäßig ist.

Für so genannte Sondervermögen – d. h. für Vermögensmassen des Landes, die vom übrigen Landesvermögen getrennt und ohne eigene Rechtspersönlichkeit verwaltet werden – bestimmt § 26 Abs. 2 LHO, dass für sie nur Zuführungen und Ablieferungen im Haushaltsplan zu veranschlagen sind. Über ihre Einnahmen und Ausgaben sind Übersichten dem Haushaltsplan als Anlagen beizufügen oder in die Erläuterungen aufzunehmen.

Landesgesetze im formellen Sinn, die für das Finanzwesen verbindlich sind, sind auch die Haushaltsgesetze, die jährlich verabschiedet werden. Ansprüche und Verbindlichkeiten werden durch sie weder begründet noch aufgehoben (so ausdrücklich § 3 Abs. 2 LHO).

IV. Verwaltungsvorschriften

Hierzu gehören insbesondere die Ausführungsvorschriften zur Landeshaushaltsordnung (AV-LHO) und die Richtlinien für die Aufstellung der Voranschläge zum Entwurf des Haushaltsplans (haushaltstechnische Richtlinien – HtR).

Die haushaltstechnischen Richtlinien enthalten eingehende Vorschriften über die Feingliederung des Haushaltsplans, insbesondere über die Einteilung der Kapitel, Titel und die numerische Bezeichnung der einzelnen Einnahme- und Ausgabearten. Die Kapitel sind in Hauptgruppen, Obergruppen, Gruppen und Titel eingeteilt. Bis zur Ebene der Gruppen ist die Einteilung und numerische Bezeichnung bundeseinheitlich vorgeschrieben.

TEIL III
DIE BERLINER VERWALTUNG

1. Aufbau der Berliner Verwaltung
§ 65 Unmittelbare und mittelbare Landesverwaltung

In Berlin besteht – wie auch im Bund und den anderen Ländern – eine unmittelbare und eine mittelbare Verwaltung. Die unmittelbare Landesverwaltung wird durch Organe und Behörden des Landes selbst wahrgenommen, während die mittelbare Verwaltung durch juristische Personen des öffentlichen Rechts (Körperschaften, selbständige Anstalten und öffentlich-rechtliche Stiftungen) erfolgt. „Berliner Verwaltung" im Sinne des Allgemeinen Zuständigkeitsgesetzes (AZG)[1] ist allerdings nur die unmittelbare Landesverwaltung, die gemäß § 2 Abs. 1 AZG vom Senat (der „Hauptverwaltung") und den Bezirksverwaltungen wahrgenommen wird.

Oberste Landesbehörden, die nicht dem Senat unterstehen (z. B. Präsident des Abgeordnetenhauses, Landesrechnungshof, Landesdatenschutzbeauftragter), gehören nach dem Wortlaut des § 2 AZG ebenfalls nicht zur „Berliner Verwaltung" und damit auch nicht zu der Hauptverwaltung im Sinne dieses Gesetzes. Sie sind aber der unmittelbaren Landesverwaltung zuzurechnen, weil es sich um Behörden des Landes Berlin und nicht um Dienststellen landesunmittelbarer juristischer Personen handelt.

Nach Art. 1 Abs. 1 VvB und Art. 3 Abs. 2 VvB sowie § 1 AZG bestehen in Berlin unterhalb der Landesebene keine Territorialkörperschaften. Alle landesunmittelbaren öffentlich-rechtlichen Körperschaften in Berlin sind also Personalkörperschaften.

---

[1] Gesetz über die Zuständigkeiten in der Allgemeinen Berliner Verwaltung (Allgemeines Zuständigkeitsgesetz – AZG) in der Fassung vom 22. Juli 1996 (GVBl. S. 302, ber. S. 472), zuletzt geändert durch Gesetz vom 12. Mai 2022 (GVBl. S. 191).

§ 66 Die mittelbare Landesverwaltung

Juristische Personen des öffentlichen Rechts werden durch Gesetz oder aufgrund einer gesetzlichen Ermächtigung durch staatlichen Hoheitsakt errichtet. Dieses Erfordernis gilt auch für die Bestimmungen und die Abgrenzung ihrer Zuständigkeiten.[2] Landesunmittelbare juristische Personen des öffentlichen Rechts werden im Normalfall durch Landesgesetz oder aufgrund eines Landesgesetzes errichtet (§ 28 Abs. 2 lit. a AZG). Das Allgemeine Zuständigkeitsgesetz bezeichnet in § 28 Abs. 2 lit. b und c AZG die Körperschaften, Anstalten und Stiftungen des öffentlichen Rechts aber auch dann als landesunmittelbar, wenn sie auf Bundesrecht beruhen und dem Bund kein Aufsichtsrecht über sie zusteht oder wenn sie durch Staatsvertrag oder Verwaltungsvereinbarung der Aufsicht Berlins unterstellt sind.[3] Öffentlich-rechtliche Körperschaften, Anstalten und Stiftungen sind nicht befugt, ihrerseits selbständige Rechtsträger („Unterkörperschaften, Gliedkörperschaften") in ihrem Tätigkeitsbereich auszugliedern.[4] Allerdings können durch staatliches Gesetz derartige selbständig rechtsfähige Gliederungen gebildet werden. Ein Beispiel dafür ist die „Gliedkörperschaft Charité – Universitätsmedizin Berlin", in der die medizinischen Fakultäten der Freien Universität Berlin und der Humboldt-Universität zu Berlin einschließlich der Universitätskrankenhäuser zusammengefasst worden sind.[5]

---

2   Etwas anderes gilt allenfalls, wenn die juristische Person des öffentlichen Rechts seit jeher besteht. In diesem Fall kann Gewohnheitsrecht als Rechtsgrundlage angenommen werden.

3   Derartige Verträge sollten allerdings durch einen Zustimmungsakt des Berliner Landesgesetzgebers in Landesrecht umgesetzt werden. Ist dies unterblieben, so ist zweifelhaft, ob § 28 AZG als Rechtsgrundlage für die Errichtung und Tätigkeit der juristischen Person des öffentlichen Rechts ausreicht. Juristische Personen des öffentlichen Rechts, die auf Bundesrecht beruhen, ohne dass dem Bund die Aufsicht über sie zusteht (§ 28 Abs. 2b AZG), unterliegen nur dann der Aufsicht des Landes Berlin, wenn sie dort ihren Sitz haben, oder wenn dem Land die Aufsicht durch Bundesrecht übertragen ist (z. B. AOK).

4   Etwas anderes gilt für die öffentlich-rechtlichen Religionsgemeinschaften, auf die die Organisationsvorschriften des staatlichen Verwaltungsrechts keine Anwendung finden.

5   Berliner Universitätsmedizingesetz (BerlUniMedG) vom 5. Dezember 2005 (GVBl. S. 739), zuletzt geändert durch Gesetz vom 14. September 2021 (GVBl. S. 1039). Mitglieder der Gliedkörperschaft sind die in der Charité hauptberuflich Beschäftigten, die damit sowohl an der FU als auch an der HU immatrikuliert sind.

§ 67 Staatsaufsicht

Die landesunmittelbaren juristischen Personen des öffentlichen Rechts unterliegen nach § 28 AZG der Staatsaufsicht. Diese wird von der fachlich zuständigen Senatsverwaltung oder in bestimmten Fällen von dem zuständigen Bezirksamt ausgeübt (§ 28 Abs. 4 AZG). Sie beschränkt sich – soweit nicht durch besondere Rechtsvorschriften weitergehende Aufsichtsbefugnisse begründet werden – im Wesentlichen auf eine Rechtsaufsicht, durch die die Rechtmäßigkeit der Verwaltung sicherzustellen ist (§ 28 Abs. 3 AZG).[6] Die Aufsichtsmittel sind dabei im Großen und Ganzen dieselben wie bei der Bezirksaufsicht (§ 28 Abs. 4 i. V. m. §§ 9 bis 13 AZG); es handelt sich um:

- das Informationsrecht (§ 10 AZG),

- das Aufhebungsrecht gegenüber Beschlüssen und Anordnungen, die das bestehende Recht verletzen oder gegen Verwaltungsvorschriften verstoßen (§ 11 AZG)[7],

- das Anweisungsrecht, wenn das zuständige Organ der juristischen Person es unterlässt, Beschlüsse zu fassen oder Anordnungen zu erlassen, die zur Erfüllung rechtlicher Verpflichtungen oder zur Einhaltung von Verwaltungsvorschriften notwendig sind (§ 12 AZG) und

- das Ersatzbeschlussfassungsrecht sowie die Möglichkeit der Ersatzvornahme (§ 13 AZG), wenn sich das zuständige Organ der juristischen Person weigert, Maßnahmen rückgängig zu machen, die aufgrund eines aufgehobenen Beschlusses getroffen sind oder die nach § 12 angeordneten Beschlüsse zu fassen oder Anordnungen zu treffen.

Anders als bei der Bezirksaufsicht kann der Senat als das zuständige Aufsichtsgremium alle Aufsichtsmittel im Sinne der §§ 10 bis 13 AZG in eigener Verantwortung anwenden, wobei der Senat nicht als Kollegium tätig werden muss.[8] Außerdem hat das aufsichtsführende Senatsmitglied die Möglichkeit, Beauftragte zu

---

6 Bis zum Beginn der 14. Wahlperiode erstreckt sich die Staatsaufsicht nach § 28 AZG auch auf den geordneten Gang der Verwaltung. Diese Bestimmung ist nach der Neufassung des AZG vom 25. Juni 1998 (GVBl. S. 177) entfallen.

7 Zu ergänzen wäre: „Soweit diese für die Mittelbare Landesverwaltung verbindlich sind".

8 Das zuständige Senatsmitglied kann sich der Aufsichtsmittel der §§ 10 bis 13 AZG bedienen, vgl. § 28 Abs. 4 AZG.

bestellen, die einzelne oder alle Befugnisse der Organe der juristischen Person ausüben (sogenannte „Staatskommissare" § 28 Abs. 5 AZG).

Durch besondere Vorschriften können weitergehende Befugnisse und Aufsichtsmittel gegenüber den Rechtsträgern der mittelbaren Staatsverwaltung angeordnet werden.[9] Im Extremfall können sie durch Rechtsvorschrift einer Aufsicht unterstellt werden, die sich nicht nur auf die Rechtmäßigkeit und den geordneten Gang der Verwaltung, sondern auch auf die zweckentsprechende Handhabung des Verwaltungsermessens erstreckt. Sie umfasst dann die Befugnis, Einzelweisungen zu erteilen (Weisungsrecht) und Einzelangelegenheiten an sich zu ziehen, wenn die erteilte Einzelanweisung nicht befolgt wird (Eintrittsrecht) (§ 28 Abs. 7 i. V. m. § 8 Abs. 2 und 3 AZG).

§68 Unmittelbare Landesverwaltung

I.   Die Zweistufigkeit der Berliner Verwaltung

Die Aussage, dass die Berliner Verwaltung zweistufig aufgebaut ist, wird mit unterschiedlicher Bedeutung verwendet. Sie besagt zunächst, dass die Aufgaben der unmittelbaren Landesverwaltung auf zwei Ebenen wahrgenommen werden: Von der Hauptverwaltung und den Bezirksverwaltungen. Die Bezirke sind zwar keine Gemeinden oder sonstige juristische Personen öffentlichen Rechts, sie erfüllen aber ihre Aufgaben nach den Grundsätzen der (kommunalen) Selbstverwaltung (Art. 66 Abs. 2 VvB).

Zweistufigkeit bedeutet weiterhin, dass die Aufsichts- und Weisungsbefugnisse, die der Hauptverwaltung gegenüber den Bezirksverwaltungen zustehen (Bezirksaufsicht und Eingriffsrecht – früher die Fachaufsicht), von den Senatsverwaltungen bzw. auch vom Senat als Kollegium wahrgenommen werden und nicht von nachgeordneten Behörden. Dieser Grundsatz wurde – obgleich er nicht in der Verfassung verankert ist – bis 1998 von der Gesetzgebungspraxis strikt eingehalten. Er ist jetzt durch das Eingriffsrecht des Landesamtes für Bürger- und Ordnungsangelegenheiten (§ 9 Abs. 4 ASOG) durchbrochen worden.

---

9   Dies ist zum Teil aufgrund bundesrechtlicher Vorgaben notwendig. Vgl. z.B. für das Hochschulwesen BVerfG, Urteil vom 29. Mai 1973 – 1 BvR 424/71 und 325/72 – BVerfGE 35 S. 79 ff. insbes. S. 116; BVerfG, Beschluss vom 7. Oktober 1980 – 1 BvR 1289/78 – BVerfGE 55 S. 37 ff.

Schließlich ist auch die Hauptverwaltung – jedenfalls soweit ihr Aufbau landes-rechtlich geregelt ist – zweistufig ausgestaltet, so dass grundsätzlich keine Mittel-behörden und selbständigen Unterbehörden mit örtlich beschränktem Zustän-digkeitsbereich bestehen.[10]

II. Die Hauptverwaltung

Gemäß § 2 Abs. 1 AZG wird die Hauptverwaltung in Berlin vom Senat wahrge-nommen, der damit nicht nur die Stellung als Verfassungsorgan genießt (Art. 55 VvB), sondern zugleich auch die Spitze der Exekutive und damit die Regierung des Landes Berlin bildet, soweit nicht die Verfassung dem Abgeordnetenhaus eine besondere Zuständigkeit zuweist. Dabei besteht der Senat gemäß Art. 55 Abs. 2 VvB aus dem Regierenden Bürgermeister und bis zu zehn Senatoren, die vom Regierenden Bürgermeister ernannt und entlassen werden (Art. 56 Abs. 2 VvB) und die ihre Geschäftsbereiche selbstständig und in eigener Verantwortung innerhalb der Richtlinien der Regierungspolitik leiten (Art. 58 Abs. 5 VvB).

Mit dieser Leitungsfunktion steht den einzelnen Mitgliedern des Senats die poli-tische Leitung und Verwaltung der jeweiligen Senatsverwaltungen zu (§ 2 Abs. 2 AZG), so dass sie die Stellung der obersten Landesbehörde einnehmen.[11]

Neben den Senatsverwaltungen wird die Hauptverwaltung gemäß § 2 Abs. 2 AZG von den ihnen nachgeordneten Behörden (Sonderbehörden) und den nicht rechtsfähigen Anstalten sowie den unter ihrer Aufsicht stehenden Eigenbetrieben gebildet.

Bei den Sonderbehörden (Landesoberbehörden) handelt es sich um Behörden, die für bestimmte Aufgaben gebildet werden und – einem Senator nachgeord-net – für das Gebiet des Landes Berlin zuständig sind. Hierzu zählen unter an-derem das Landesverwaltungsamt, bei dem es sich gemäß § 8a AZG um eine der Senatsverwaltung für Finanzen nachgeordnete Behörde handelt, der bestimmte Verwaltungsaufgaben zugewiesen sind. Weiterhin sind zu nennen der Polizeiprä-sident in Berlin oder auch das Landesamt für Gesundheit und Soziales (LaGeSo),

---

10   Dass von dem zweistufigen Aufbau der Berliner Verwaltung abgegangen werden muss, wenn bundesrechtliche Vorschriften dies verlangen, wird bereits in der Begründung des Gesetzent-wurfs (Drucksachen des Abgeordnetenhauses von Berlin, 2. Wahlperiode Nr. 1572 – ausgege-ben am 15. März 1958) ausdrücklich festgestellt.

11   *Siegel/Waldhoff*, Öffentliches Recht in Berlin, 3. Aufl. 2020, S. 114 m. w. N.

das der Senatsverwaltung für Gesundheit und Soziales nachgeordnet ist und die ihm zugewiesenen Aufgaben aus den Bereichen Gesundheitswesen, Versorgung und Sozialdienste wahrnimmt.

Soweit die Hauptverwaltung auch durch Eigenbetriebe im Sinne des Art. 92 VvB gebildet werden kann, finden diese ihre Rechtsgrundlage in dem Eigenbetriebsgesetz[12] des Landes Berlin, wonach das Land Berlin als Träger bestimmte öffentliche Aufgaben der Berliner Verwaltung in der Rechtsform des nicht rechtsfähigen Betriebs („Eigenbetrieb") wahrnehmen lassen kann, wenn die öffentlichen Aufgaben die Errichtung des Eigenbetriebs rechtfertigen und sie anders nicht besser oder wirtschaftlicher erfüllt werden können (§ 1 Abs. 1 EigG). Während derzeit keine Eigenbetriebe auf der Ebene der Hauptverwaltung bestehen, sind auf der Ebene der Bezirksverwaltungen derzeit fünf Kita-Eigenbetriebe eingerichtet, durch die eine Vielzahl von Kindertagesstätten betrieben werden.

---

12   Gesetz über die Eigenbetriebe des Landes Berlin (Eigenbetriebsgesetz – EigG) vom 13. Juli 1999 (GVBl. S. 374).

2. Zuständigkeitsregelungen

§ 69 Verhältnis Hauptverwaltung – Bezirksverwaltung

I. Verfassungsrechtliche Regelungen zur Zuständigkeit

Das verfassungsrechtliche Verhältnis zwischen der Hauptverwaltung und der Bezirksverwaltung ist seit der Wiedervereinigung mehrfach geändert worden. Dies geschah zunächst durch ein verfassungsänderndes Gesetz vom 6. Juli 1994[13] und durch Änderung des Allgemeinen Zuständigkeitsgesetzes vom 19. Juli 1994[14]. Die überarbeitete Verfassung vom 23. November 1995 brachte nichts grundlegend Neues; die bisherigen Art. 50 und 51 VvB wurden als Art. 66 und 67 VvB in den neuen Verfassungstext übernommen.

Zu einschneidenden Änderungen, auf denen die jetzt geltende Regelung im Wesentlichen beruht, hat dagegen die Verfassungsänderung vom 3. April 1998 geführt.[15] Die jetzt geltende Verteilung der Zuständigkeiten gilt seit dem Beginn der 14. Wahlperiode. Charakteristisch für die früheren Regelungen war es, dass für die Berliner Verwaltung (d. h. die unmittelbare Landesverwaltung) drei Aufgabenbereiche vorgesehen waren:

– Aufgaben, bei denen die Aufsicht der Hauptverwaltung über die Bezirke auf die Rechtmäßigkeit des Verwaltungshandelns (bis 1994 auch auf den geordneten Gang der Verwaltung) sowie auf die Einhaltung der für die Bezirke verbindlichen Verwaltungsvorschriften beschränkt war (Bezirksaufgaben; bis 1994 bezirkseigene Angelegenheiten),

– Aufgaben, die den Bezirken zur Erledigung unter Fachaufsicht übertragen waren (Bezirksaufgaben unter Fachaufsicht; bis 1994 übertragene Vorbehaltsaufgaben). Die Fachaufsicht erstreckte sich auf die Rechtmäßigkeit und Zweckmäßigkeit des Verwaltungshandelns; die jeweils fachlich zuständigen Senatsverwaltungen konnten den Bezirken Weisungen erteilen,

– Aufgaben, die der Hauptverwaltung vorbehalten waren.

13   28. Gesetz zur Änderung der Verfassung von Berlin vom 6. Juli 1994 (GVBl. S. 217).
14   Gesetz zur Reform der Berliner Verwaltung (Verwaltungsreformgesetz) vom 19. Juli 1994 (GVBl. S. 241).
15   Zweites Gesetz zur Änderung der Verfassung von Berlin vom 3. April 1998 (GVBl. S. 82), 2. Verwaltungsreformgesetz vom 25. Juni 1998 (GVBl. S. 177).

Bereits seit der Verfassungsänderung vom 6. Juli 1994 müssen die Kompetenzen der Bezirke und der Hauptverwaltung durch Gesetz gegeneinander abgegrenzt werden.[16] Grundsätzlich sind – nach altem wie nach neuem Recht – alle Verwaltungsaufgaben den Bezirken zugewiesen, es sei denn, das Gesetz enthält eine besondere Regelung (Kompetenzvermutung zugunsten der Bezirke).[17] Nach Art. 66 Abs. 2 VvB erfüllen die Bezirke ihre Aufgaben nach den Grundsätzen der Selbstverwaltung.[18] Sie nehmen regelmäßig die örtlichen Verwaltungsaufgaben wahr. Gegenüber allen früheren Verfassungstexten wird dadurch ihre Eigenständigkeit stärker betont und die Kompetenzvermutung zugunsten der Bezirke (§ 4 AZG) in Art. 67 Abs. 2 VvB verfassungsrechtlich verankert.[19] Die wichtigsten Zuständigkeitsregelungen finden sich in Art. 67 VvB, wonach der Senat durch die Hauptverwaltung die Aufgaben von gesamtstädtischer Bedeutung wahrnimmt. Nach Art. 67 Abs. 1 S. 1 VvB gehören dazu:

- die Leitungsaufgaben (Planung, Grundsatzangelegenheiten, Steuerung, Aufsicht),

- die Polizei-, Justiz- und Steuerverwaltung,

- einzelne andere Aufgabenbereiche, die wegen ihrer Eigenart zwingend einer Durchführung in unmittelbarer Regierungsverantwortung bedürfen.

Problematisch daran ist vor allem der unbestimmte Rechtsbegriff „zwingend" in Art. 67 Abs. 1 Nr. 3 VvB. Die Frage, ob dieses Erfordernis für eine gesetzliche Kompetenzzuweisung an den Senat oder seine nachgeordneten Behörden erfüllt ist, kann nach Art. 84 Abs. 2 Nr. 3 VvB vom Verfassungsgerichtshof überprüft werden; dem Gericht wird damit die Lösung politischer Konflikte aufgebürdet.

Die Kompetenzen der Bezirke und der Hauptverwaltung müssen durch Gesetz abgegrenzt werden. Die Neufassung enthält noch strengere Schutzvorschriften zugunsten der Bezirke als der Verfassungstext von 1994. Nach Art. 67 Abs. 3 S. 1 VvB werden die Aufgaben des Senats (gemeint ist: Der Hauptverwaltung) außer-

---

16 Bis dahin waren die Aufgaben der Hauptverwaltung und die „übertragenen Vorbehaltsaufgaben" durch Rechtsverordnung (Durchführungsverordnung zum AZG und zum ASOG) definiert.

17 Wegen der Kompetenzverteilung bei neuen Verwaltungsaufgaben, die dem Land durch Bundesrecht zugewiesen werden (§ 5 AZG), vgl. unten 3.

18 Nach Art. 50 Abs. 2 VvB (67 Abs. 2 VvB) waren die Bezirke nach den Grundsätzen der Selbstverwaltung an der Verwaltung zu beteiligen.

19 Allerdings mit einem Wortlaut, der durch den unbestimmten Rechtsbegriff „regelmäßig gegenüber § 4 AZG abgemildert ist. Dem steht das verfassungsrechtliche Erfordernis der gesetzlichen Katalogisierung (Art. 67 Abs. 3 VvB) als strengere Regelung gegenüber.

halb der Leitungsaufgaben[20] in einem Gesetz mit zusammenfassendem Zuständigkeitskatalog bestimmt.

Der Wortlaut könnte so verstanden werden, dass die Aufgaben der Hauptverwaltung in einem einzigen gesetzlichen Katalog – herkömmlicherweise im AZG – zusammengefasst werden müssen. Selbst wenn man die – im 2. Verwaltungsreformgesetz enthaltenen – Sonderkataloge (etwa im Bereich des ASOG und des Baurechts) für zulässig hält, entfällt die Möglichkeit, die Zuständigkeiten in Einzelgesetzen punktuell abzugrenzen. Vor allem bei bundesgesetzlich geregelten Aufgaben dürfte dies zu Schwierigkeiten führen.

Art. 67 VvB enthält auch die Rahmenvorschriften für die Aufsicht des Senats über die Bezirke. Nach Art 67 Abs. 1 S. 2 VvB wird die Ausgestaltung der Aufsicht durch Gesetz geregelt; die folgenden Verfassungsvorschriften schränken den Spielraum des einfachen Gesetzgebers aber empfindlich ein.

In Absatz 2 sind die Aufgaben und Grenzen der *Bezirksaufsicht* umschrieben, auch wenn dieser Terminus im Verfassungstext selbst nicht erwähnt wird. Der Senat übt die Aufsicht darüber aus, dass die Rechtmäßigkeit der Verwaltung gewahrt bleibt und die – für die Bezirke verbindlichen – allgemeinen Verwaltungsvorschriften eingehalten werden. Das Wort „auch" bedeutet nicht, dass der einfache Gesetzgeber ermächtigt wird, die Bezirksaufsicht über die Durchsetzung der Rechts- und Verwaltungsvorschriften hinaus auch auf andere Bereiche auszudehnen. Dies liefe auf die Einführung einer Fachaufsicht „durch die Hintertür" hinaus und widerspräche Art. 67 Abs. 1 S. 3 VvB, der zusätzlich zur Bezirksaufsicht nur ein Eingriffsrecht oder alternativ eine Fachaufsicht zulässt.[21] Die Verfassungsvorschrift, nach der Aufgaben des Senats den Bezirken zur Erfüllung unter Fachaufsicht übertragen werden können (Art. 67 Abs. 3 S. 2 a. F. VvB), ist entfallen, jedoch ist das Instrument der Fachaufsicht als Option für den einfachen Gesetzgeber in Art. 67 Abs. 1 S. 2 VvB erhalten geblieben.[22] Art. 67 Abs. 1 S. 3 VvB eröff-

---

20 Auch dieser unbestimmte Rechtsbegriff muss notfalls vom Verfassungsgerichtshof näher definiert werden.

21 Das Wort „auch" bedeutet nur, dass der Senat nicht nur Grundsätze und allgemeine Verwaltungsvorschriften erlassen kann, sondern auch die Aufsicht über ihre Einhaltung ausübt.

22 Entfallen ist – mit der Fachaufsicht – die verfassungsrechtliche Konstruktion, nach der die Fachaufsicht (nur) bei Aufgaben in Betracht kommt, die ursprünglich zum Kompetenzbereich der Hauptverwaltung gehören und den Bezirken nur zur Erfüllung übertragen worden sind. Bei den Gemeinden in Flächenstaaten ist diese Konstruktion notwendig, weil eine Fachaufsicht im Kern-

net dem Gesetzgeber die Möglichkeit, „an Stelle der Fachaufsicht für *einzelne* Aufgabenbereiche der Bezirke ein Eingriffsrecht für *alle* Aufgabenbereiche der Bezirke für den Fall vorzusehen, dass dringende Gesamtinteressen Berlins berührt werden." Diese Alternative ist allerdings strikt auszulegen, was sich aus dem Wortlaut der Verfassungsvorschrift und auch aus dem historischen Zusammenhang ergibt.[23] Sobald der Gesetzgeber den „Köder" des Eingriffsrechts angenommen hat, besteht für die Fachaufsicht also kein Raum mehr. Die Entscheidung ist allerdings umkehrbar; der Verfassungstext eröffnet die Möglichkeit, das einmal eingeführte Eingriffsrecht später wieder durch die Fachaufsicht zu ersetzen oder umgekehrt. Die Entscheidung muss aber in jedem Fall eindeutig sein.

Die Abschaffung der Fachaufsicht bedeutet, dass alle Aufsichts- und Weisungsbefugnisse der Hauptverwaltung eliminiert werden müssen, die in der Sache als „Fachaufsicht" anzusehen sind. Dabei kommt es nicht auf die Bezeichnung, sondern auf den Inhalt der Aufsichtsbefugnisse an.[24] Zur Abgrenzung von Bezirks- und Fachaufsicht kann vor allem auf die einfach-gesetzlichen Regelungen zurückgegriffen werden, die bei Verabschiedung des verfassungsändernden Gesetzes vom 3. April 1998 in Berlin bestanden. Außerdem können die Bestimmungen über die Kommunalaufsicht in anderen deutschen Ländern berücksichtigt werden.

Der entscheidende Unterschied besteht in jedem Fall darin, dass die Bezirksaufsicht auf die Durchsetzung von Rechts- und Verwaltungsvorschriften beschränkt ist; Sie kann allenfalls wieder auf den geordneten Gang der Verwaltung ausgedehnt werden.

bereich der kommunalen Aufgaben mit Art. 28 Abs. 2 GG unvereinbar wäre. Aus diesem Grund kann die Regelung in Berlin, auch wenn sie sich bewährt, nicht als Vorbild für das Selbstverwaltungsrecht der Flächenstaaten dienen.

23   Die Verfassungsänderung, durch die die Zahl der Bezirke von 23 auf 12 herabgesetzt und die Möglichkeit des Eingriffsrechts eröffnet wurde, hätte sonst nicht die Zustimmung der bezirksverbundenen Abgeordneten in beiden Koalitionsfraktionen gefunden.

24   Weisungsbefugnisse gegenüber den Bezirken, die über die verfassungsrechtlichen zulässigen Möglichkeiten hinausgehen, lassen sich auch nicht damit rechtfertigen, dass sie zur Durchsetzung von Bundesrecht notwendig sind. Grundsätzlich muss der Landesgesetzgeber das Staatsorganisationsrecht so gestalten, dass bundesrechtliche Verpflichtungen ohne Verletzung der eigenen Verfassung erfüllt werden können. Die Weisungsbefugnisse der Wahlorgane gegenüber den Bezirken bei allgemeinen Wahlen können allerdings aufrechterhalten werden, weil es sich nicht um Verwaltung, sondern um staatliche Tätigkeit im Bereich des Verfassungsrechts handelt.

Ein weiteres Unterscheidungsmerkmal besteht darin, dass die Bezirksaufsicht einheitlich von einer Aufsichtsbehörde ausgeübt wird[25], während die Fachaufsicht dem zuständigen Fachressort zusteht. Bei Fortfall der Fachaufsicht müssen daher auch die fachbezogenen Rechtsvorschriften[26] von der Bezirksaufsichtsbehörde durchgesetzt werden.

Schließlich entspricht es der Rechtstradition in Berlin – nicht aber dem Kommunalrecht der anderen Bundesländer –, dass die besonders einschneidenden Instrumente der Bezirksaufsicht (Weisungsrecht, Aufhebungsrecht, Ersatzbeschlussfassungsrecht) dem Senatskollegium vorbehalten sind, während entsprechende Maßnahmen im Rahmen der Fachaufsicht von der zuständigen Senatsverwaltung vorgenommen werden konnten.[27] Bei dem *Eingriffsrecht* handelt es sich dagegen um ein Rechtsinstitut, für dessen Definition sich weder in dem bisher geltenden Berliner Landesrecht noch im Recht anderer Bundesländer Anhaltspunkte finden.[28] Nach dem Verfassungstext geht das Eingriffsrecht auf der einen Seite weiter als die Fachaufsicht, weil es für alle Aufgaben der Bezirke gilt; auf der anderen Seite setzt es voraus, dass – durch das Handeln oder Unterlassen eines Bezirks – dringende Gesamtinteressen Berlins beeinträchtigt werden. Der Terminus „dringende Gesamtinteressen" bietet zwar einen größeren Spielraum als das Wort „zwingend" in Art. 67 Abs. 1 S. 2 Nr. 3 VvB, es handelt sich aber in beiden Fällen um unbestimmte Rechtsbegriffe, deren Auslegung durch den Gesetzgeber und die Aufsichtsbehörden richterlich überprüft werden kann.

---

25 Dies gilt auch für die Kommunalaufsicht (Staatsaufsicht) in den Flächenstaaten. Dort bestehen zwar unterschiedliche Aufsichtsbehörden für die kreisangehörigen und kreisfreien Gemeinden, jedoch ist für jede Gemeinde *eine* staatliche Behörde als Aufsichtsbehörde zuständig.

26 Die Fachaufsicht erstreckte sich bis zu ihrer Abschaffung nicht nur auf Fragen der Ermessensausübung und der Zweckmäßigkeit, sondern auch auf die Einhaltung der Rechtsvorschriften, die für den betreffenden Aufgabenbereich gelten.

27 Dieser Vorbehalt zugunsten des Senatskollegiums ist durch die Neufassung des AZG zwar im Grundsatz aufrechterhalten, aber durch die Einführung eines „Eingriffsrechts" der Bezirksaufsicht (§ 13a Abs. 2 AZG) durchbrochen worden.

28 In den Flächenstaaten wäre ein derartiges Eingriffsrecht gegenüber den Gemeinden mit der Garantie der kommunalen Selbstverwaltung (Art. 28 Abs. 2 GG) unvereinbar.

II. Einfach-gesetzliche Regelungen zur Zuständigkeit – Zuständigkeitsvermutung zugunsten der Bezirke und Aufgabenkataloge

Die einfach-gesetzliche Regelung des § 3 AZG wiederholt zunächst in § 3 Abs. 1 AZG die Zuständigkeitsregelung der Verfassung (Art. 67 Abs. 1 VvB); wonach der Senat die Aufgaben von gesamtstädtischer Bedeutung wahrnimmt. Hierzu zählen:

– die Leitungsaufgaben (Planung, Grundsatzangelegenheiten, Steuerung, Aufsicht),

– Polizei-, Justiz-[29] und Steuerverwaltung,

– einzelne andere Aufgaben, die wegen ihrer Eigenart zwingend einer Durchführung in unmittelbarer Regierungsverantwortung bedürfen.

§ 4 i.V.m. § 3 Abs. 2 AZG begründet eine Zuständigkeitsvermutung zugunsten der Bezirke. Die Zuständigkeiten der Hauptverwaltung sind – soweit sie nicht bereits in § 3 Abs. 1 Nr. 1–3 AZG genannt werden – in zwei Katalogen aufgeführt, die Anlage und damit Bestandteil des AZG und des ASOG[30] sind:

In der Überschrift des „Allgemeinen Zuständigkeitskatalogs" (Anlage zum AZG – ZustKat AZG) wird ausdrücklich hervorgehoben, dass es sich dabei um die Aufgabe der Hauptverwaltung außerhalb der Leitungsaufgaben (Planung, Grundsatzangelegenheiten, Steuerung, Aufsicht) handelt.

Weitere Entscheidungs- und Weisungsbefugnisse der Hauptverwaltung sind für den Bereich des Bauwesens im Ausführungsgesetz des Baugesetzbuches vorgesehen. Sie betreffen Verwaltungsakte bei einzelnen Baumaßnahmen von über-

---

29 Im Bereich der Justiz- und der Steuerverwaltung sind die Zuständigkeiten ohnehin weitgehend durch Bundesrecht bestimmt. Die Organisation der Polizei fällt zwar rechtlich in den Zuständigkeitsbereich des Landesgesetzgebers, es bestehen aber übereinstimmende Organisationsgrundsätze der Bundesländer, die einer Übertragung von Polizeiaufgaben auf die Bezirke entgegenstehen würden.

30 Allgemeines Gesetz zum Schutz der öffentlichen Sicherheit und Ordnung in Berlin (Allgemeines Sicherheits- und Ordnungsgesetz – ASOG Bln) in der Fassung vom 11. Oktober 2006 (GVBl. S. 930), zuletzt geändert durch Gesetz vom 27. September 2021 (GVBl. S. 1117).

regionaler Bedeutung, aber auch den Erlass von Bebauungsplänen.[31] Es können Zweifel bestehen, ob die betreffenden Vorschriften dem Katalogisierungsgebot des Art. 67 Abs. 3 VvB entsprechen, ferner stellt sich die Frage, ob es sich bei dem erweiterten Eingriffsrecht nach § 7 Abs. 1 AGBauBG nicht um eine (unzulässige) Fachaufsicht über die Bezirke handelt.[32] Wenn der Berliner Verwaltung durch Bundesrecht neue Aufgaben zugewiesen werden, fallen – bis zum Erlass einer speziellen landesrechtlichen Regelung – staatliche Aufgaben, die von der unteren Verwaltungsbehörde[33] oder der Gemeinde wahrzunehmen sind, sowie Selbstverwaltungsaufgaben der Gemeinden und Gemeindeverbände in den Aufgabenbereich der Bezirke. Andere staatliche Aufgaben sind Aufgaben der Hauptverwaltung (§ 5 AZG).[34] Nach Art. 67 Abs. 2 S. 2 VvB i.V.m. § 4 Abs. 1 S. 3 AZG kann der Senat im Vorgriff auf eine Katalogänderung einzelne Aufgaben der Hauptverwaltung den Bezirken durch Rechtsverordnung zuweisen.[35] Die Übertragung hat provisorischen Charakter. Sie wird aber – schon aus Gründen der Rechtssicherheit – nicht automatisch unwirksam, wenn der Gesetzgeber sie für unbegrenzte Zeit weder bestätigt noch aufhebt. Allerdings muss der Senat spätestens bei einer nachfolgenden Novellierung des AZG bzw. des ASOG auf eine gesetzliche Regelung hinwirken.

Nach Art. 67 Abs. 5 VvB i.V.m. § 3 Abs. 3 AZG können einzelne Aufgaben der Bezirke überregional durch einen oder mehrere Bezirke wahrgenommen werden. Der Senat legt in diesem Fall die örtliche Zuständigkeit im Einvernehmen mit den Bezirken durch Rechtsverordnung fest.

---

31 Gesetz zur Ausführung des Baugesetzbuchs (AGBauGB) in der Fassung vom 7. November 1999 (GVBl. S. 578) zuletzt geändert durch Gesetz vom 27. September 2021 (GVBl. S. 1119). Vgl. hier insbes. §§ 5 ff. AGBauBG.

32 Hier wird die Auffassung vertreten, dass kein Verstoß gegen das Katalogisierungsgebot vorliegt, dass der Umfang des Eingriffsrechts und vor allem das Verfahren aber verfassungsrechtlich bedenklich sind, weil sie einer Fachaufsicht (unter der Bezeichnung „Eingriffsrecht") mindestens nahekommen.

33 Soweit sie nicht Sonderbehörden zugewiesen sind.

34 Nach der früheren Fassung des AZG (bis zum Beginn der 14. Wahlperiode) waren staatliche Aufgaben, die von der unteren staatlichen Behörde oder von der Gemeindebehörde als Auftragsangelegenheiten oder nach Weisung wahrzunehmen sind, Bezirksaufgaben unter Fachaufsicht.

35 Nach der bisherigen Fassung war eine solche Übertragung nur als Bezirksaufgabe unter Fachaufsicht möglich.

III. Die Bezirksaufsicht

Umfang und Mittel der Bezirksaufsicht haben sich durch die Verfassungs- und Gesetzesänderungen von 1998 nicht wesentlich geändert. Allerdings ist ihr Anwendungsbereich – und damit die Zuständigkeit der Senatsverwaltung für Inneres als Bezirksaufsichtsbehörde – durch den Fortfall der Fachaufsicht über die Bezirke erheblich erweitert worden. Die Kontrolle der jeweils zuständigen Senatsverwaltungen erstreckten sich bei den Bezirksaufgaben unter Fachaufsicht[36] nicht nur auf die Zweckmäßigkeit des Verwaltungshandelns und die Ausübung des Verwaltungsermessens, sondern ausdrücklich auch auf die rechts- und ordnungsgemäße Ausführung der Verwaltungsaufgaben. Dies ist jetzt bis zur Durchführung eines Eingriffsverfahrens Sache der Bezirksaufsicht.

Die Bezirksaufsicht ist in den §§ 9 bis 13 AZG geregelt. Sie beschränkt sich auf die Rechtmäßigkeit und die Einhaltung geltender Verwaltungsvorschriften und soll „bezirksfreundlich" ausgeübt werden (§ 9 Abs. 2 und 3 AZG). Zuständig für die Bezirksaufsicht ist in den Fällen der §§ 11–13 AZG der Senat, in den übrigen Fällen obliegt die Bezirksaufsicht der Senatsverwaltung für Inneres (§ 9 Abs. 1 AZG). Die Aufsichtsmittel sind im Wesentlichen dieselben wie bei der Staatsaufsicht über Körperschaften, Anstalten und Stiftungen des öffentlichen Rechts, jedoch ist in den Fällen der §§ 11 bis 13 AZG (Aufhebungsrecht, Anweisungsrecht und Ersatzbeschlussfassungsrecht) eine Entscheidung des Senats als Kollegium notwendig. Ein weiterer wesentlicher Unterschied besteht darin, dass im Rahmen der Bezirksverwaltung die Entsendung eines Beauftragten (Staatskommissar) nicht vorgesehen ist.

IV. Informationsrecht der Fachverwaltungen – Fachaufsicht innerhalb der Hauptverwaltung

Art. 67 Abs. 1 S. 3 VvB sieht eine Fachaufsicht für einzelne Aufgabenbereiche der Bezirke oder ein Eingriffsrecht für alle ihre Aufgabenbereiche vor. Der Gesetzgeber hat sich für das Eingriffsrecht und damit zugleich für die Abschaffung der Fachaufsicht entschieden.

Die Fachverwaltungen können – vom Eingriffsrecht abgesehen – zur Erfüllung ihrer Aufgaben von den Bezirken Auskünfte und Berichte sowie die Vorlage von

---

36 Noch früher bezeichnet als „übertragene Vorbehaltsaufgaben".

Akten verlangen. Dabei handelt es sich aber nicht um ein Aufsichts-, sondern um ein Informationsrecht.

Das Allgemeine Zuständigkeitsgesetz enthält in § 8 AZG nur noch eine Regelung der Fachaufsicht, die die Senatsverwaltungen über ihre nachgeordneten Sonderbehörden und nicht-rechtsfähigen Anstalten ausüben. Die Vorschrift ist in diesem Zusammenhang fast überflüssig, weil die Weisungsbefugnis der vorgesetzten gegenüber der nachgeordneten Behörde ohnehin aus dem Hierarchieprinzip (und damit letztlich aus der parlamentarischen Verantwortung der Exekutive) folgt. Dem § 8 AZG kommt aber gegenüber den Bezirksverwaltungen eine erhöhte rechtstechnische Bedeutung zu, weil die Bestimmung über das Eingriffsrecht (§ 13a Abs. 1 AZG) auf diese Vorschrift verweist.

Nach geltendem Recht ist also die Möglichkeit der Senatsverwaltungen, Ermessensentscheidungen der Bezirke oder die Zweckmäßigkeit ihres Verwaltungshandelns zu überprüfen, an die Voraussetzungen und das Verfahren des Eingriffs gebunden.

V. Das Eingriffsrecht der Fachverwaltungen nach § 13a Abs. 1, 3 und 4 AZG

Ein Eingriff des jeweils sachlich zuständigen Senatsmitglieds – im Falle des § 9 Abs. 4 ASOG auch das Landesamt für Bürger- und Ordnungsangelegenheiten – ist in allen Aufgabenbereichen der Bezirke möglich (Art. 67 Abs. 1 S. 3 VvB). Seine Voraussetzungen und das Verfahren sind in der Verfassung und in § 13a des Allgemeinen Zuständigkeitsgesetzes unter Verwendung unbestimmter Rechtsbegriffe umschrieben.

Materiell-rechtliche Voraussetzung des Eingriffs ist in erster Linie, dass durch das Handeln oder Unterlassen eines Bezirksamtes[37] dringende Gesamtinteressen Berlins beeinträchtigt werden.

Dabei ist eine Beeinträchtigung mehr als eine bloße Gefährdung; der Terminus setzt aber nicht voraus, dass bereits ein Schaden eingetreten ist. Es genügt, dass ein ernsthafter Nachteil unmittelbar bevorsteht oder mit Sicherheit zu erwarten ist.

Das Wort „Gesamtinteresse" ist nicht räumlich, sondern sachlich zu verstehen. Auch eine Maßnahme, die sich örtlich auf einen Bezirk beschränkt, kann die

---

37   Der Wortlaut des AZG weicht insoweit von Art. 67 Abs. 1 S. 3 VvB ab, wo nicht vom Bezirksamt, sondern von Aufgabenbereichen „der Bezirke" die Rede ist.

Gesamtinteressen Berlins berühren, beispielsweise die Bereitstellung eines Gebäudes für eine wichtige Einrichtung. Andererseits ist es weder notwendig noch ausreichend, dass die beanstandete oder geforderte Maßnahme unmittelbar den Zuständigkeitsbereich der Hauptverwaltung berührt.

Eine Beeinträchtigung des Gesamtinteresses setzt nicht unbedingt voraus, dass eine Verschlechterung gegenüber dem Ist-Zustand eintritt. Auch eine Beeinträchtigung der Chancen Berlins, etwa bei der Wirtschaftsförderung oder der Bewerbung um überregionale oder internationale Veranstaltungen, kann den Eingriff rechtfertigen.[38] Erforderlich ist, dass es sich um „dringende" Gesamtinteressen Berlins handelt. Dieser unbestimmte Rechtsbegriff muss durch die Verwaltungspraxis und möglicherweise auch durch die Rechtsprechung ausgefüllt werden. Die Formulierung zeigt vor allem, dass die Gesamtinteressen Berlins nicht automatisch und in jedem Fall Vorrang vor den Belangen der Bezirke haben.

Daraus folgt als weitere (ungeschriebene) Voraussetzung des Eingriffs, dass eine Abwägung zwischen den Landes- und den Bezirksinteressen stattfinden muss.

Etwas anderes gilt nur bei den Belangen, die in § 13a S. 2 AZG unter den Nr. 1 bis 3 ausdrücklich als dringende Gesamtinteressen bezeichnet werden. Dies sind:

- die Belange Berlins als Bundeshauptstadt,

- die Ausübung von Befugnissen des Senats nach Bundesrecht, europäischem Recht und Staatsverträgen und

- die Befolgung von Weisungen der Bundesregierung nach Art. 84 Abs. 5 oder Art. 85 Abs. 3 des Grundgesetzes.

Eine weitere Voraussetzung des Eingriffsverfahrens nach § 13a Abs. 1, 3 und 4 AZG ist es, dass in dem betreffenden Einzelfall die Voraussetzungen für Bezirksaufsichtsmaßnahmen – also ein Verstoß gegen Rechts- oder Verwaltungsvorschriften – nicht vorliegen. Wenn feststeht, dass das geforderte Tun oder

---

38 Allerdings müssen besonders strenge Maßstäbe angelegt werden, wenn es sich um „unsichere Chancen" handelt; es muss geprüft werden, ob ernsthafte Aussichten für Berlin bestehen und ob die geforderten Maßnahmen wirklich erforderlich sind, um diese Chance zu wahren. Angebliche Chancen – etwa, dass Berlin Austragungsort einer internationalen Sportveranstaltung wird – könnten vorgeschoben werden, um politisch gut vertretene Verbandsinteressen – z. B. auf großzügige Erweiterung einer Sportanlage – durchzusetzen.

Unterlassen des Bezirks im Wege der Bezirksaufsicht durchgesetzt werden kann, ist ein Eingriff unzulässig. Ist dies zweifelhaft, sollte die Frage grundsätzlich vor Einleitung des Verfahrens nach § 13a AZG geklärt werden, allein schon deshalb, weil durch den Eingriff die Zuständigkeit von der Bezirksaufsicht auf das fachlich zuständige Senatsmitglied übergeht. Ein „vorsorglicher Eingriff" kann höchstens ausnahmsweise bei größter Eilbedürftigkeit gerechtfertigt sein.

Die verfahrensrechtlichen Bestimmungen des Art. 13a AZG sind lückenhaft; der korrekte Verlauf des Eingriffsverfahrens ergibt sich aus einer Gesamtschau seiner materiellen und formellen Voraussetzungen.

Befugt zur Durchführung des Eingriffsverfahrens ist grundsätzlich das fachlich zuständige Senatsmitglied.[39] Der Grundsatz, dass Weisungsbefugnisse gegenüber den Bezirken nur den obersten Landesbehörden zustehen, wurde bisher – bei der Regelung der Fachaufsicht – strikt eingehalten, obgleich er nicht ausdrücklich in der Berliner Verfassung verankert ist. Bei der Neuregelung der Zuständigkeiten im Jahre 1998 wurde er in einem Punkt durchbrochen:

Nach § 9 Abs. 4 ASOG steht dem Landesamt für Bürger- und Ordnungsangelegenheiten – einer nachgeordneten Behörde der Senatsverwaltung für Inneres – bei bezirklichen Ordnungsaufgaben des Einwohnerwesens das Eingriffsrecht gegenüber den Bezirken zu. Beteiligungen, Abwägungen und Prioritätsentscheidungen, die im Bereich der Hauptverwaltung notwendig sind, sollten abgeschlossen sein, bevor das Eingriffsverfahren gegenüber den Bezirken beginnt. Dies kann dazu führen, dass sich der Senat mehrfach mit derselben Angelegenheit befassen muss, beispielsweise zunächst vor dem Eingriff und sodann während des Verfahrens nach § 13a Abs. 1 AZG.

Erforderlich ist nach § 13a Abs. 1 AZG, dass eine Verständigung mit dem Bezirksamt nicht zu erzielen ist. Die zuständige Fachverwaltung muss also zunächst versuchen, eine solche Verständigung zu erreichen. Das Gesetz bestimmt nicht, in welcher Form dies zu geschehen hat; die Verhandlungen mit dem Bezirksamt müssen aber auf jeden Fall aktenkundig und gegenüber der Bezirksaufsichtsbehörde und dem Senat – sowie gegebenenfalls auch gegenüber dem Verwaltungs-

---

39 Die Wortwahl deutet darauf hin, dass die Entscheidung von dem politisch verantwortlichen Senatsmitglied und nicht auf Verwaltungsebene getroffen werden muss.

gericht – nachweisbar sein. Außerdem müssen sie folgende Mindestvoraussetzungen erfüllen:

- Das beanstandete Tun oder Unterlassen des Bezirksamtes und das dringende Gesamtinteresse Berlins müssen konkret bezeichnet werden.[40] Der Eingriff muss – für den Fall, dass keine Verständigung zustande kommt – angedroht werden.

- Auf Seiten der Senatsverwaltung sollte grundsätzlich die Bereitschaft erkennbar sein, eine einverständliche Lösung zu finden, die die Belange des Bezirks – bei Wahrung der Gesamtinteressen Berlins – soweit wie möglich berücksichtigt; eine Ankündigung, dass nur eine einzige Lösung akzeptiert wird, sollte die Ausnahme sein und müsste begründet werden.

Dem Bezirk muss auf jeden Fall die Möglichkeit gegeben werden, zu dem geplanten Eingriff Stellung zu nehmen und ihn abzuwenden, indem er die Forderungen der Senatsverwaltung erfüllt.[41] Nach Scheitern des Verständigungsversuchs, aber vor dem Eingriff, muss die Bezirksaufsichtsbehörde informiert werden. Es handelt sich um eine Informationspflicht und nicht um ein Mitwirkungsrecht. Die Bezirksaufsicht sollte aber grundsätzlich die Möglichkeit haben, ihre Befugnisse nach § 13a Abs. 4 AZG vor dem eigentlichen Eingriff auszuüben; etwas anderes gilt nur im Fall der Eilbedürftigkeit. Bei einer Eingriffsentscheidung hat die Bezirksaufsichtsbehörde dafür zu sorgen, dass die verfassungsmäßig gewährleistete Mitwirkung der Bezirke an der Verwaltung gefördert und geschützt und die Entschlusskraft und Verantwortungskraft der bezirklichen Organe nicht beeinträchtigt wird (§ 13 Abs. 4 S. 1 AZG). Sie wird damit von einer Bezirksaufsichts- zu einer Bezirksschutzbehörde. Das Gesetz gibt aber nur unvollkommen darüber Auskunft, welche Mittel ihr zur Erfüllung dieser Aufgaben zur Verfügung stehen.

Wenn sie der Angelegenheit grundsätzliche Bedeutung beimisst, kann sie auf eine Beschlussfassung des Senats hinwirken (§ 13a Abs. 4 S. 2 AZG)[42]; liegt dieses Erfordernis nicht vor, so kann sie versuchen, argumentativ auf die fachlich zu-

---

40 Allerdings sollte es aus Gründen der Praktikabilität möglich sein, die Verhandlungen über mehrere Maßnahmen gleichzeitig zu führen, wenn sie in einem sachlichen Zusammenhang stehen, z. B. Baugenehmigung, Gewerbegenehmigung und Bereitstellung von Parkplätzen für ein Wirtschaftsunternehmen, an dem Berlin ein dringendes Interesse hat.

41 In Fällen, in denen ein Eilbedürfnis besteht, kann der Verständigungsversuch allerdings sehr kurz ausfallen (z. B. Telefongespräch); er sollte aber aktenkundig gemacht werden.

42 Das Wort „hinwirken" bedeutet an dieser Stelle „herbeiführen".

ständige Senatsverwaltung einzuwirken oder – als Vermittler – auf einen weiteren Verständigungsversuch hinzuwirken. Sie muss – falls dies nicht schon früher geschehen ist – spätestens in diesem Stadium des Verfahrens prüfen, ob die geforderte Maßnahme des Bezirks nicht im Wege der Bezirksaufsicht durchgesetzt werden kann.

Wird die Senatsverwaltung für Inneres zugleich als eingreifende Fachbehörde und als Bezirksaufsichtsbehörde tätig, so muss die gesetzlich vorgeschriebene Prüfung hausintern stattfinden. Sie erstreckt sich auch auf die Frage, ob eine Senatsentscheidung herbeizuführen ist. Wenn keine Meinungsverschiedenheiten bestehen, genügt zum Nachweis eine (hausinterne) Mitzeichnung der Verwaltungsbeamten, die für die Bezirksaufsicht zuständig sind. Bestehen Meinungsverschiedenheiten, so müssen die Argumente beider Seiten aktenkundig gemacht und eine Entscheidung der Hausspitze herbeigeführt werden.[43] Ein Senatsbeschluss ist bei Eingriffsmaßnahmen von grundsätzlicher Bedeutung ohnehin erforderlich (§ 13a Abs. 3 AZG). Die eingreifende Fachverwaltung muss von sich aus prüfen, ob dieses Erfordernis vorliegt und gegebenenfalls eine Entscheidung des Senatskollegiums herbeiführen; sie kann dies nicht mit der Begründung unterlassen, dass auch die Bezirksaufsichtsbehörde den Senat mit der Angelegenheit befassen kann. Das Erfordernis einer Senatsentscheidung entfällt auch nicht, wenn der Senat sich bereits früher mit derselben Angelegenheit befasst hat. Die Beschlussfassung nach § 13a Abs. 3 AZG in Fällen von grundsätzlicher Bedeutung ist Bestandteil des Eingriffsverfahrens und hat vor allem den Zweck, die Belange der Bezirke – und auch die des Rats der Bürgermeister – zu schützen.

Der betroffene Bezirk hat keine Möglichkeit, eine Senatsentscheidung herbeizuführen, er hat auch kein Recht, einen Vertreter in die Senatssitzung zu entsenden.[44] Obgleich das Gesetz darüber nichts aussagt, spricht aber viel dafür, dass dem Bezirk Gelegenheit gegeben werden sollte, eine schriftliche Stellungnahme zur Senatssitzung abzugeben.[45] Auf jeden Fall sind der eingreifende Fachsenator

---

43 Eine vorhergehende Weisung, dass alle Einwendungen zugunsten des Bezirks zu unterbleiben haben, wäre aber mit dem Schutzzweck des § 13a Abs. 1 und 3 AZG unvereinbar.

44 Darauf hat aber der Rat der Bürgermeister einen Anspruch (vgl. dazu auch unten); er kann den Bürgermeister des betroffenen Bezirks als Vertreter benennen.

45 Allerdings ist der Senat nicht verpflichtet, seine Terminplanung den Bedürfnissen des betroffenen Bezirks anzupassen. Der Bezirk muss aber unverzüglich – möglichst schon bei Vorbereitung der Senatsvorlage – davon unterrichtet werden, dass eine Entscheidung des Senats herbeigeführt werden soll.

und der Senator für Inneres als Bezirksaufsichtsbehörde verpflichtet, die anderen Senatsmitglieder wahrheitsgemäß und umfassend über die Argumente des Bezirksamts zu unterrichten.

Die Entscheidung des Senats erfolgt grundsätzlich vor dem Eingriff; sie darf nachträglich eingeholt werden, wenn der Eingriff „zwingend keinen Aufschub verträgt" (§ 13a Abs. 3 S. 2). Stimmt der Senat der Eingriffsentscheidung nachträglich nicht zu, so bleiben Rechte Dritter, die inzwischen begründet worden sind, unberührt.

Sind die materiellen und formellen Voraussetzungen des Eingriffsverfahrens (§ 13a Abs. 1 und Abs. 3–4 AZG) erfüllt, so kann der Fachsenator den Eingriff vornehmen. Das geschieht in der Weise, dass er die Befugnisse, die einer Senatsverwaltung im Rahmen der Fachaufsicht nach § 8 Abs. 3 AZG gegenüber ihren nachgeordneten Behörden zustehen, gegenüber dem Bezirksamt ausübt. Ein vorhergehender besonderer „Eingriffsbescheid" ist nicht notwendig, jedoch sollte wenigstens durch ein Zitat der betreffenden Rechtsvorschriften klargestellt werden, dass es sich um einen Eingriff nach § 13a Abs. 1 AZG handelt.[46] Der Fachbehörde steht im Rahmen der Fachaufsicht bzw. des Eingriffsverfahrens ein Informationsrecht, ein Weisungsrecht und ein Eintrittsrecht zu (§ 13a i.V.m. § 8 AZG). Das Eintrittsrecht setzt voraus, dass eine erteilte Einzelweisung nicht befolgt worden ist (§ 8 Abs. 3c AZG).

Weisungen können die zweckmäßige Ausübung des Verwaltungsermessens, aber auch die recht- und ordnungsgemäße Erledigung der Aufgaben betreffen. Da Doppelzuständigkeiten zu vermeiden sind, dürften Maßnahmen der Bezirksaufsicht nicht mehr in Betracht kommen, sobald im Rahmen des Eingriffsverfahrens eine Weisung erteilt worden ist, selbst wenn sich nachträglich herausstellt, dass die Voraussetzungen nach §§ 9 ff. AZG vorliegen.

Das Eingriffsrecht erstreckt sich auch auf das Widerspruchsverfahren und die Führung verwaltungsgerichtlicher oder zivilrechtlicher Prozesse, die einen weisungsgemäß vorgenommenen Verwaltungsakt des Bezirksamts betreffen. Es kann sich also auf ein bereits eingeleitetes verwaltungsgerichtliches Vorverfahren oder

---

46   Dies gilt vor allem für den Fall, dass die Fachverwaltung zunächst nur von ihrem Informationsrecht Gebrauch macht. In diesem Fall muss klar sein, dass es sich schon um die erste Stufe eines Eingriffs nach § 13a AZG und nicht um eine bloße Nachfrage im Rahmen der vorbereitenden Einigungsversuche handelt.

einen anhängigen Rechtsstreit beziehen. Um zu vermeiden, dass das Bezirksamt Rechtspositionen vertreten muss, von denen es nicht überzeugt ist, sollte man in diesen Fällen § 8 Abs. 3 lit. c) AZG großzügig auslegen und zulassen, dass die Fachbehörde das Eintrittsrecht in das Verfahren im Einvernehmen mit dem Bezirksamt ausübt.

§ 13a AZG räumt der Hauptverwaltung das Recht ein, in den Zuständigkeitsbereich der Bezirke einzugreifen und enthält daher eine Zuständigkeitsabgrenzung im Sinne von Art. 84 Abs. 2 Nr. 3 VvB.[47] Die Regelungen des § 13a AZG unterliegen daher einer Überprüfung durch den Verfassungsgerichtshof, der im Wege der normerhaltenden Interpretation auch Richtlinien für die Durchführung des Eingriffsverfahrens formulieren kann.

Da den Bezirken gegenüber Einzelakten der Hauptverwaltung, die in ihren Zuständigkeitsbereich eingreifen, eine Klagebefugnis vor den Verwaltungsgerichten zustehen dürfte, besteht grundsätzlich auch die Möglichkeit, Eingriffsentscheidungen gerichtlich überprüfen zu lassen. Wenn das Verfahren praktikabel bleiben soll, muss die Kontrolldichte im Verwaltungsprozess allerdings beschränkt werden. Vor allem sollte die Entscheidung, ob ein bestimmtes Anliegen als „dringendes Gesamtinteresse Berlins" anzusehen ist, weitgehend dem Urteil des Senats und seiner Mitglieder überlassen werden. Eine etwas strengere gerichtliche Kontrolle wäre bei den Fragen angebracht, ob die Hauptverwaltung ernsthaft eine Verständigung mit dem Bezirk gesucht hat und ob einer Eingriffsentscheidung grundsätzliche Bedeutung zukommt.[48] Bei einer etwaigen Novellierung des § 13a AZG ist der Gesetzgeber an verfassungsrechtliche Grenzen gebunden. Er muss sich eindeutig entweder für eine für eine Wiedereinführung der Fachaufsicht (für bestimmte Bezirksaufgaben) oder für eine Beibehaltung des Eingriffsrechts entscheiden. Die einfach-gesetzliche Regelung darf nicht dazu führen, dass unter dem Etikett des Eingriffsrechts eine allgemeine Fachaufsicht über die Bezirke eingeführt wird.

---

47 Der Wortlaut des Art. 84 Abs. 2 Nr. 3 VvB ist zwar nicht ganz eindeutig; es wäre aber widersinnig, wenn punktuelle Zuständigkeitsabgrenzungen durch den Verfassungsgerichtshof überprüft werden könnten, diese Möglichkeit aber nicht bei einer Rechtsvorschrift bestehen sollte, die es der Hauptverwaltung erlaubt, alle Zuständigkeitsregelungen im Einzelfall zu durchbrechen.

48 Man könnte hier – auch wenn dieser Rechtsbegriff aus der Mode gekommen ist – einen Beurteilungsspielraum annehmen.

Unmittelbar aus der Verfassung ist das Erfordernis herzuleiten, dass der Eingriff notwendig sein muss, um dringende Gesamtinteressen Berlins zu wahren. In engem Zusammenhang damit steht eine Beschränkung, die sich aus dem Wort „Eingriff" selbst ergibt. Der Ausnahmecharakter des neuen Rechtsinstituts muss gewahrt bleiben; ein Eingriff ist schon nach dem normalen Sprachgebrauch eine Maßnahme, die zu einer Abweichung vom normalen Verlauf führt.

Zu den Merkmalen, die erforderlich sind, um den Eingriff von der Fachaufsicht abzugrenzen, dürfte es gehören, dass ein Verständigungsversuch vorgeschrieben ist und dass innerhalb der Exekutive eine Instanz besteht, die im Interesse des betroffenen Bezirks auf die eingreifende Fachverwaltung einwirken kann. Dies braucht nicht unbedingt die Senatsverwaltung für Inneres als Bezirksaufsichtsbehörde zu sein.[49] Die Frage, unter welchen Voraussetzungen ein Senatsbeschluss erforderlich ist und auch die Mitwirkungsbefugnisse des Rats der Bürgermeister stehen dagegen zur Disposition des einfachen Gesetzgebers.

VI. Das Eingriffsrecht der Bauverwaltung nach § 7 AGBauBG

§ 4a des Ausführungsgesetzes zum Baugesetzbuch in der Fassung des Gesetzes vom 9. November 1995[50] räumte der zuständigen Senatsverwaltung ein Fachaufsichtsrecht (§ 8 AZG) über die Bezirke bei dem Erlass von Bebauungsplänen ein, wenn bestimmte Belange von überbezirklicher oder gesamtstädtischer Bedeutung betroffen waren. Seit der Neufassung des Gesetzes sieht der § 7 AGBauGB in diesen Fällen ein Eingriffsrecht der Senatsverwaltung vor, bei dem jedoch die Bezirksaufsichtsbehörde nicht informiert zu werden braucht und die Vorschriften des § 13a Abs. 2 bis 4 AZG nicht gelten. Damit wird das bisherige Fachaufsichtsrecht praktisch als Eingriffsrecht etikettiert. Der einzige Unterschied – dass ein dringendes Gesamtinteresse Berlins beeinträchtigt sein muss – ist zu unbestimmt formuliert, als dass man ihn als Abgrenzungsmerkmal anerkennen könnte. Solange der Gesetzgeber sich für ein Eingriffsrecht und damit gegen die Fachaufsicht entschieden hat, dürfte die Regelung mit Art. 67 Abs. 1 S. 3 VvB unvereinbar sein.

Ein anderes Ergebnis wäre nur vertretbar, wenn man annimmt, dass der gesamte VI. Abschnitt der Verfassung auf das Verfahren zum Erlass von Bebauungsplänen

---

49 In Betracht käme auch der Regierende Bürgermeister, der Senat oder eine vom Senat und dem Rat der Bürgermeister gebildete Schiedsstelle, auch wenn die zuletzt genannten Möglichkeiten die Praktikabilität des Eingriffsverfahrens beeinträchtigen würden.

50 GVBl. S. 764.

nicht anwendbar ist, weil es sich nicht um Verwaltung, sondern um delegierte Gesetzgebung handelt (vgl. Art. 64 Abs. 2 VvB).

VII. Das Eingriffsrecht der Bezirksaufsicht (§ 13a Abs. 2 AZG)

Bei dem Verfahren nach § 13a Abs. 2 AZG handelt es sich in der Sache um eine Maßnahme der Bezirksaufsicht, wobei die Vorschrift hinsichtlich der Einzelheiten weitgehend auf das Eingriffsverfahren nach § 13a Abs. 1, 3 und 4 AZG verweist. Zuständig für den Eingriff ist die Senatsverwaltung für Inneres als Bezirksaufsichtsbehörde.

Notwendig ist in erster Linie, dass die Voraussetzungen für Bezirksaufsichtsmaßnahmen vorliegen; der Bezirk muss also bei der Wahrnehmung seiner Aufgaben gegen Rechts- oder Verwaltungsvorschriften verstoßen (§ 7 AZG). Die zweite Voraussetzung besteht darin, dass dringend gebotene Maßnahmen nicht rechtzeitig wirksam werden können. Dabei muss es sich um Maßnahmen der Bezirksaufsicht handeln, die dringend geboten sind, die aber nicht rechtzeitig wirksam werden können, wenn das Verfahren der §§ 9 bis 13 AZG eingehalten wird. Bei dem Eingriffsrecht der Bezirksaufsicht handelt es sich also nur um ein Eilverfahren.

Die Befugnisse der Bezirksaufsicht sind – kraft Verweisung – dieselben, die der Fachverwaltung bei einem Eingriff nach § 13a Abs. 1 AZG zustehen; sie umfassen also das Informationsrecht, das Weisungsrecht und – wenn eine Weisung nicht befolgt wird – das Eintrittsrecht (§ 13 Abs. 2 i. V. m. § 13a Abs. 1 und § 8 Abs. 3 AZG).

Die übrigen Voraussetzungen des § 13a Abs. 1 AZG müssen nur teilweise erfüllt sein. Dass eine dringende Notwendigkeit für die Eilmaßnahme besteht, ergibt sich schon aus dem Wortlaut des § 13a Abs. 2 AZG. Es braucht sich aber nicht um ein Gesamtinteresse Berlins zu handeln, weil Rechtsvorschriften und verbindliche Verwaltungsvorschriften auch dann durchzusetzen sind, wenn nur der Bezirk betroffen ist. Ein Verständigungsversuch ist grundsätzlich erforderlich, kann sich aber – da es sich um eine Eilmaßnahme handelt – u. U. auf ein Telefongespräch beschränken.[51] Eine Information der Bezirksaufsicht kommt wegen der Identität der Aufsichts- und Eingriffsbehörde nicht in Betracht. Das gleiche gilt für eine vorhergehende Entscheidung des Senats, weil in diesem Fall auch das normale Verfahren nach §§ 11 bis 13 AZG möglich gewesen wäre. Eine nachträgliche Entscheidung des Senats dürfte dagegen mindestens bei Angelegenheiten von grund-

---

51 Dieses sollte aber aktenkundig gemacht werden.

sätzlicher Bedeutung geboten sein.[52] Die Rechte des Rats der Bürgermeister, die sich auf Maßnahmen der Bezirksaufsicht genauso wie auf das Eingriffsverfahren beziehen, bleiben unberührt.

VIII. Die Befugnisse des Rats der Bürgermeister bei Bezirksaufsichtsmaßnahmen und beim Eingriffsverfahren

Die Befugnisse, die dem Rat der Bürgermeister bei Maßnahmen der Bezirksaufsicht und im Rahmen des Eingriffsverfahrens zustehen, ergeben sich aus §§ 14 Abs. 3 i.V.m. 16a AZG. Sie umfassen das Informationsrecht (§ 14 Abs. 3 S. 1 AZG) und das Recht, unter den Voraussetzungen des § 16a Abs. 1 AZG – mit dem Ziel der Verständigung auch für ähnliche künftige Fälle – Beauftragte mit beratender Stimme in die Senatssitzung zu entsenden oder eine gemeinsame Sitzung zu verlangen. Die Entscheidung über den Eingriff – und über Maßnahmen, die ihm im Rahmen der Bezirksaufsicht vorbehalten sind – fällt der Senat aber in eigener Verantwortung.

§70 Die Vertretung Berlins

I. Staatsrechtliche Vertretung – Staatsverträge – Verwaltungsvereinbarungen

Nach Art. 58 Abs. 1 S. 1 VvB vertritt der Regierende Bürgermeister das Land Berlin nach außen. Das Allgemeine Zuständigkeitsgesetz (§ 20 AZG) interpretiert diese Kompetenz (einschränkend) dahingehend, dass es sich um die staatsrechtliche Vertretung des Landes handelt. Dazu gehört in erster Linie der Abschluss von Staatsverträgen, gleichgültig ob diese mit anderen Ländern der Bundesrepublik, mit dem Bund, mit auswärtigen Staaten oder mit sonstigen Völkerrechtssubjekten (z.B. der Katholischen Kirche oder internationalen Organisationen) geschlossen werden. Die Regelungen, die die Verfassung von Berlin und das Allgemeine Zuständigkeitsgesetz darüber enthalten, sind aber lückenhaft, obgleich die Verfassung vom 23. November 1995 wenigstens in einem Punkt Klarheit ge-

---

52 Obgleich der Wortlaut des § 13 Abs. 2 i.V.m. Abs. 1 AZG es nicht ausdrücklich verlangt, spricht viel dafür, dass – wenigstens nach Ausübung des Weisungs- und des Eintrittsrechts – eine nachträgliche Entscheidung des Senats in jedem Fall herbeigeführt wird. Die Maßnahmen, die in Betracht kommen, sind im Rahmen der Bezirksaufsicht grundsätzlich dem Senat vorbehalten; die Abweichung von diesem Grundsatz wird nur durch die Eilbedürftigkeit gerechtfertigt.

schaffen hat: Der Abschluss von Staatsverträgen bedarf nach Art. 50 Abs. 1 S. 4 VvB der Zustimmung des Abgeordnetenhauses. In § 20 Abs. 1 S. 2 AZG heißt es, dass Verträge Berlins mit der Bundesrepublik Deutschland oder mit deutschen Ländern, soweit sie nicht der Zustimmung des Abgeordnetenhauses unterliegen, der Zustimmung des Senats bedürfen. Verwaltungsvereinbarungen mit Behörden der Bundesrepublik oder anderen deutschen Ländern werden dagegen nach § 20 Abs. 2 AZG von dem zuständigen Mitglied des Senats abgeschlossen. Auch sie bedürfen, soweit nicht das betreffende Senatsmitglied zum Erlass von Verwaltungsvorschriften befugt ist, der Zustimmung des Senats.

Der Unterschied zwischen Staatsverträgen und Verwaltungsvereinbarungen wird allerdings weder in der VvB noch im AZG definiert. Verfassung und Gesetz lassen auch nicht klar erkennen, ob außer Staatsverträgen und Verwaltungsvereinbarungen noch andere auswärtige Verträge des Landes möglich sind.

Folgende Systematik dürfte dem Wortlaut und dem Sinn der Vorschriften am besten entsprechen:

Staatsverträge sind alle Verträge, die entweder in den Kompetenzbereich der Gesetzgebung eingreifen oder die politischen Beziehungen des Landes regeln.[53] Sie bedürfen nach Art. 50 Abs. 1 S. 4 VvB der Zustimmung des Abgeordnetenhauses, und zwar in der Form eines Gesetzes.[54] Der Regierende Bürgermeister muss die Verträge gegebenenfalls mit Ratifikationsvorbehalt schließen. Außerdem ist der Vertragstext dem Abgeordnetenhaus nach Art. 50 Abs. 1 S. 3 VvB vor Unterzeichnung zur Kenntnisnahme vorzulegen. Dadurch soll sichergestellt werden, dass es wenigstens grundsätzlich auch auf den Vertragsinhalt Einfluss nehmen kann.

Zur staatsrechtlichen Vertretung im Sinne von Art. 50 Abs. 1 VvB gehört außer dem Abschluss von Staatsverträgen auch die sonstige staatsrechtliche und poli-

---

53   Dies ergibt sich aus der vom Verfassungsgeber beabsichtigten Anlehnung an Art. 59 Abs. 2 GG. Die Praxis bei Vertragsschlüssen – vor allem zwischen dem Bund und Berlin – weist allerdings in eine andere – verfassungsrechtlich problematische – Richtung. Bei dem Hauptstadtvertrag und dem Kulturfinanzierungsvertrag ist auf ein umfassendes Zustimmungsgesetz, das den gesamten Vertragstext umfasst, verzichtet worden, obgleich beide Verträge in den Zuständigkeitsbereich des Gesetzgebers eingreifen und auch sonst nach ihrem Inhalt eher als Staatsverträge anzusehen sind.

54   Auch dies folgt aus der Anlehnung an Art. 59 Abs. 2 GG. Die Wortwahl („…des Abgeordnetenhauses") zeigt, dass eine Zustimmung durch einen Akt der unmittelbaren Demokratie (Art. 62, 63 VvB) nicht in Betracht kommt.

tische Repräsentation des Landes gegenüber den höchsten Organen des Bundes und der anderen Bundesländer, fremden Staaten usw., nicht aber die Vertretung Berlins im Bundesrat.[55] Verwaltungsvereinbarungen sind Verträge, die nur den nicht-politischen Bereich der Exekutive betreffen. Auch sie binden das Land und nicht nur die beteiligten Behörden. Sie bedürfen der Zustimmung des Senats, soweit das zuständige Senatsmitglied nicht zum Erlass von Verwaltungsvorschriften befugt ist.

Der Wortlaut des § 20 AZG deutet darauf hin, dass zwischen den Ebenen der Staatsverträge und der Verwaltungsvereinbarungen noch andere „Verträge Berlins" möglich sind, die auf jeden Fall der Zustimmung des Senats, aber nicht der des Abgeordnetenhauses bedürfen (etwa „Regierungsabkommen"). Dies könnte der Fall sein, wenn das Abkommen wegen seiner generellen Bedeutung nicht als Verwaltungsvereinbarung eingestuft werden kann, aber auch nicht die politischen Verhältnisse des Landes nach Art eines Staatsvertrages regelt.

Art. 58 VvB und § 20 AZG sind – mindestens analog – auch auf Verträge des Landes mit auswärtigen juristischen Personen des öffentlichen Rechts anzuwenden, die der Jurisdiktion des Bundes, eines anderen deutschen Landes oder eines fremden Staates unterliegen.[56] Dagegen gelten diese Bestimmungen nicht für auswärtige Verträge der landesunmittelbaren juristischen Personen des öffentlichen Rechts (z. B. Kooperationsabkommen der Universitäten mit ausländischen wissenschaftlichen Einrichtungen). Das Land gewährleistet im Wege der Staatsaufsicht, gegebenenfalls auch der Fachaufsicht, dass die Körperschaften, Stiftungen oder Anstalten dabei ihre Zuständigkeit nicht überschreiten und keine Rechtsvorschriften verletzen.

Es muss bei dieser Aufsichtstätigkeit auch den Grundsatz der Bundestreue beachten.[57] Obgleich die Bestimmungen des § 20 AZG ausdrücklich nur Verträge und Verwaltungsvereinbarungen mit der Bundesrepublik Deutschland und anderen deutschen Ländern (bzw. mit ihren Behörden) betreffen, sind sie analog auch auf

---

55   *Neumann* in Pfennig/Neumann, Verfassung von Berlin, Art. 50 Rn. 3 f.

56   Obgleich solche Verträge nicht dem Mitspracherecht der Bundesregierung nach Art. 32 Abs. 3 GG unterliegen (BVerfG, Urteil vom 30. Juni 1953, BVerfGE 2 S. 347).

57   Vgl. *Starski* in v. Münch/Kunig, GG-Kommentar, 6. Aufl. 2021, Art. 32 GG, Rn. 66 ff. und die dort zitierte Literatur. Die dort entwickelten Grundsätze für die Außenbeziehungen kommunaler Gebietskörperschaften sind auf andere Rechtsträger der mittelbaren Landesverwaltung anwendbar.

auswärtige Verträge mit fremden Staaten, internationalen Organisationen usw. anzuwenden. Bei dem Abschluss derartiger Verträge und bei sonstigen Beziehungen des Landes mit auswärtigen Rechtssubjekten sind die Kompetenzen des Bundes aus Art. 32 GG (insbes. Abs. 3) zu beachten. Dies gilt auch für die Ausübung der Aufsicht über landesunmittelbare Personen des öffentlichen Rechts, die Beziehungen zu auswärtigen Rechtsträgern aufnehmen.

II. Rechtsgeschäftliche Vertretung und Vertretung in Verwaltungsangelegenheiten

Die rechtsgeschäftliche Vertretung Berlins und die Vertretung in Verwaltungsangelegenheiten ist von der staatsrechtlichen Vertretung im Sinne von Art. 50 Abs. 1 VvB zu unterscheiden. Sie ist in den §§ 21 bis 25 AZG geregelt. Zuständig sind grundsätzlich die Leiter der obersten Landesbehörden, Sonderbehörden und nicht rechtsfähigen Anstalten sowie die Bezirksamtsmitglieder in ihrem jeweiligen Zuständigkeitsbereich. Die Regelung für Krankenhäuser ist nach der organisatorischen Privatisierung im AZG entfallen; dazugekommen sind die Regelungen für Eigenbetriebe auf Hauptverwaltungs- und Bezirksebene (Vertretungsbefugnis der jeweiligen Geschäftsleitungen nach §§ 21 Nr. 5, 25 Abs. 1 AZG i. V. mit dem Eigenbetriebsgesetz).

Die Vertretung des Landes in Verwaltungsangelegenheiten richtet sich nach der Verfassung von Berlin, den einschlägigen Gesetzen (insbesondere dem AZG) und den Organisationsakten der Exekutive (z. B. Geschäftsverteilung des Senats, innerbehördliche Regelungen). Grundsätzlich vertritt jede Behörde (oberste Landesbehörde, nachgeordnete Behörde, Bezirksamt) das Land Berlin im Rahmen ihrer Zuständigkeit. Innerhalb der Behörden ist die Zeichnungsbefugnis der Verwaltungsbediensteten durch Organisationsakt zu regeln. Allerdings kann das Land Zuständigkeitsüberschreitungen einzelner Verwaltungsangehöriger gegenüber dem Betroffenen nur geltend machen, wenn dieser den Zuständigkeitsmangel kannte oder kennen musste.

III. Vertretung der Senatsmitglieder

Gegenüber den politischen Staatsorganen (Abgeordnetenhaus, Senat, Rat der Bürgermeister) wird der Regierende Bürgermeister von einem der beiden Bürgermeister vertreten; die übrigen Senatsmitglieder vertreten sich nach einem Vertretungsplan gegenseitig. In Verwaltungsangelegenheiten sind die Staatssekretäre ständige Vertreter des Senatsmitglieds als Behördenleiter; außerdem steht ihnen ein begrenztes Vertretungsrecht gegenüber dem Abgeordnetenhaus zu, beispielsweise bei der Beantwortung Kleiner Anfragen. Sie unterliegen im Gegensatz zu den Senatsmitgliedern dem Beamtenrecht und sonstigen dienstrechtlichen Vorschriften, können aber als sog. Politische Beamte in den einstweiligen Ruhestand versetzt werden.

Im Übrigen vertreten alle Bediensteten die Senatsverwaltung nach außen, soweit ihnen die Zeichnungsbefugnis zusteht (§ 69 ff. GGO I). Nach § 71 Abs. 1 des Allgemeinen Teils der Gemeinsamen Geschäftsordnung (GGO I) unterzeichnen Staatssekretäre mit dem Zusatz i. V. (in Vertretung) und andere Behördenbedienstete i. A. (im Auftrag).

§71 Zuständigkeit im verwaltungsgerichtlichen Vorverfahren

Die Zuständigkeiten im Rahmen des verwaltungsgerichtlichen Vorverfahrens (Widerspruchsverfahren) sind in der Verwaltungsgerichtsordnung (§§ 68 ff., insbes. § 73 VwGO) geregelt; diese ermächtigt einige Bundesländer – darunter auch die Stadtstaaten Berlin, Bremen und Hamburg – zu abweichenden Regelungen (§ 185 Abs. 1 und 2 VwGO).

Die grundlegenden Regelungen zur Zuständigkeit im Widerspruchsverfahren finden sich für Berlin in den § 27 AZG und § 67 ASOG. Danach entscheiden nachgeordnete Behörden („Sonderbehörden") und nicht rechtsfähige Anstalten selbst als Widerspruchsbehörde im Vorverfahren über ihre eigenen Verwaltungsakte (§ 27 Abs. 1 S. 1 lit. a) AZG).[58] Eine Dienstaufsichtsbeschwerde an die zuständige Senatsverwaltung ist auch danach möglich; sie ist aber kein Bestandteil des verwaltungsgerichtlichen Vorverfahrens und wahrt insbesondere nicht die Frist des § 70 VwGO.

Richtet sich der Widerspruch gegen einen Verwaltungsakt einer Bezirksverwaltung, so ist grundsätzlich das Bezirksamt Widerspruchsbehörde (§ 27 Abs. 1 lit. b) AZG).[59] Mit dem Beginn der 14. Wahlperiode im November 1999 ist auch

---

58 Bis dahin entschieden die Senatsverwaltungen grundsätzlich als Widerspruchsbehörde über die Verwaltungsakte ihrer nachgeordneten Behörden und nicht rechtsfähigen Anstalten.

59 Die frühere Zuständigkeit der Senatsverwaltungen, als Widerspruchsbehörde in den damals so genannten „übertragenen Vorbehaltsaufgaben" ist bereits mit Inkrafttreten des Verwaltungsreformgesetzes von 1994 entfallen. Mit dem Fortfall der Fachaufsicht über die Bezirke seit dem Beginn der 14. Wahlperiode besteht für eine derartige Regelung ohnehin kein Raum mehr.

die Befugnis des zuständigen Senatsmitglieds entfallen, sich in bestimmten Bereichen die Befugnisse der Widerspruchsbehörde gegen Bezirksämter vorzubehalten, jedoch sieht das Ausführungsgesetz des BBauGB in § 35 und das Berliner Straßengesetz in § 24a vor, dass die Senatsverwaltung in bestimmten Fällen von übergeordneter Bedeutung als Widerspruchsbehörde entscheidet. Weitere Zuständigkeiten der Hauptverwaltung können sich aus bundesrechtlichen Regelungen im Bereich des Dienstrechts ergeben.

Behördenintern entscheidet in Bezirksangelegenheiten das Bezirksamt selbst (als Kollegium) oder das von ihm bestimmte Mitglied über den Widerspruch (§ 27 Abs. 1b AZG); nach § 34 AZG ist der Beirat für Sozialhilfeangelegenheiten zu hören, wenn das Bezirksamt einem Widerspruch gegen die Ablehnung oder Festsetzung der Sozialhilfe nicht abhelfen will.

Soweit eine nachgeordnete Behörde oder nicht rechtsfähige Anstalt der Hauptverwaltung über den Widerspruch gegen ihre eigenen Verwaltungsakte entscheidet, ist dafür der Behördenleiter oder eine besondere Stelle innerhalb der Behörde zuständig, die von ihm bestimmt wird und ihm unmittelbar „zugeordnet" (d. h. unterstellt) sein muss (§ 27 Abs. 1 S. 1a AZG, § 67 ASOG).

Aus § 68 Abs. 1 Nr. 1 VwGO ergibt sich, dass gegen Verwaltungsakte der obersten Landesbehörden (insbesondere also der Senatsmitglieder) kein Widerspruch zulässig ist. Für Prüfungsentscheidungen bestehen Sonderregelungen (§ 27 Abs. 1c AZG).

Zum Teil gelten bundesrechtliche Sonderregelungen, z. B. für Klagen aus dem Beamtenverhältnis (§ 126 Abs. 2 BRRG). Danach bedarf es eines Vorverfahrens auch dann, wenn der Verwaltungsakt von der obersten Dienstbehörde erlassen worden ist. Der Widerspruchsbescheid ist von der obersten Dienstbehörde zu erlassen. In begrenztem Umfang kann diese Befugnis auf andere Behörden übertragen werden.

Das Weisungsrecht der Senatsverwaltungen gegenüber den nachgeordneten Behörden erstreckt sich auch auf die Anordnung, in einem bestimmten Einzelfall dem Widerspruch abzuhelfen oder nicht abzuhelfen.

§72 Erlass von Verwaltungsvorschriften

I. Verfassungsrechtliche Vorgaben

Die zentrale Grundlage für den Erlass von Rechtsverordnungen findet sich in Art. 64 VvB. Danach kann der Senat oder ein Mitglied des Senats durch Gesetz ermächtigt werden, Rechtsverordnungen zu erlassen, wobei der Inhalt, der Zweck und das Ausmaß der erteilten Ermächtigung im Gesetz bestimmt werden müssen (Art. 64 Abs. 1 VvB). Darüber hinaus sind die Rechtsverordnungen dem Abgeordnetenhaus auf Verlangen vorzulegen (Art. 64 Abs. 3 S. 2 VvB).

Weitere Regelungen enthält die Verfassung für den Erlass von Verwaltungsvorschriften, die für die Bezirke verbindlich sind. Nach Art. 67 Abs. 2 VvB kann der Senat allgemeine Verwaltungsvorschriften und Grundsätze für die Tätigkeit der Bezirke erlassen. Diese Formulierung geht auf die Verfassungsänderung vom 6. Juli 1994 zurück. Sie soll verhindern, dass der Kompetenzbereich der Bezirke übermäßig beschränkt oder ausgehöhlt wird, indem im Bereich der Bezirksaufgaben Verwaltungsvorschriften ergehen, die faktisch den Charakter von Einzelweisungen haben.

Unklar ist die Formulierung, dass der Senat – außer allgemeinen Verwaltungsvorschriften – auch „Grundsätze" für die Tätigkeit der Bezirke erlassen kann. Verstünde man darunter dasselbe wie Verwaltungsvorschriften[60] oder eine besondere Art von Verwaltungsvorschriften, so handelte es sich um eine sachlich und sprachlogisch sinnlose Nebeneinanderstellung bedeutungsgleicher Worte.

Es ist daher anzunehmen, dass unter den „Grundsätzen" in Art. 67 Abs. 2 VvB etwas anderes zu verstehen ist, etwa eine Norm unterhalb der Ebene einer Verwaltungsvorschrift, die die Bezirke zur Verfolgung bestimmter Ziele verpflichtet, ohne sie bei Einzelentscheidungen festzulegen. Bei dieser Auslegung liefe die Verfassungsvorschrift zur Zeit zwar praktisch leer, sie könnte aber durch eine einfachgesetzliche Regelung aktiviert werden, die wenigstens bestimmen müsste, was der Inhalt solcher „Grundsätze" sein kann, wie sie erlassen werden und wie sie gegebenenfalls durchzusetzen sind.

---

60   Mit dieser Bedeutung wurde das Wort zur Zeit der Verfassungsänderung in § 6 AZG verwendet; es erscheint in der jetzt geltenden Fassung dieser Vorschrift nicht mehr.

II. Einfach-gesetzliche Regelungen

Die grundlegende Bestimmung über Allgemeine Verwaltungsvorschriften zur Ausführung von Gesetzen (Ausführungsvorschriften) findet sich in § 6 AZG. Die Befugnis der Exekutive zu ihrem Erlass beruht aber – jedenfalls innerhalb der Hauptverwaltung – nicht auf ausdrücklichen gesetzlichen Regelungen, sondern auf dem Weisungsrecht der vorgesetzten Behörde gegenüber den nachgeordneten Dienststellen, letzten Endes also auf der Regierungsfunktion und der parlamentarischen Verantwortung des Senats. Das AZG enthält vor allem Zuständigkeitsregelungen und technische Bestimmungen (z. B. über die Bezeichnung von Verwaltungsvorschriften).

Grundsätzlich ist der Erlass von Verwaltungsvorschriften Sache des Senats (§ 6 Abs. 1 AZG). Die zuständige Senatsverwaltung kann (kraft ihres Weisungsrechts) Ausführungsvorschriften und sonstige Verwaltungsvorschriften für die ihr nachgeordneten Stellen der Hauptverwaltung erlassen (§ 6 Abs. 2 lit. b) AZG). Ferner kann sie Ausführungsvorschriften erlassen, soweit sie in einem Gesetz hierzu ermächtigt ist (§ 6 Abs. 2 lit. a) AZG). Das AZG enthält selbst einige derartige Ermächtigungen (Verwaltungsvorschriften zur Gewährleistung der inneren Sicherheit sowie in Personalangelegenheiten (§ 6 Abs. 2 lit. d) und e) AZG).

Die Befugnis der Senatsverwaltungen, Verwaltungsvorschriften für die Bezirksverwaltungen in Angelegenheiten zu erlassen, in denen ihnen die Fachaufsicht zusteht, ist durch Fortfall der Fachaufsicht entfallen. § 6 Abs. 2 lit. c) AZG ermächtigt die Senatsverwaltungen aber generell zum Erlass von Verwaltungsvorschriften für die Bezirke, wenn dadurch Verfahrensabläufe und technische Einzelheiten geregelt werden.

In Abs. 3 und 4 enthält § 6 AZG generalklauselartige Vorschriften, die den Erlass von Verwaltungsvorschriften einschränken, wobei die Regelung des § 6 Abs. 3 AZG die gesamte Exekutive betrifft. Verwaltungsvorschriften sollen auf das zwingend notwendige Maß beschränkt werden und dürfen die ausführenden Stellen nicht hindern, „im Rahmen der geltenden Rechtsvorschriften der Lebenswirklichkeit in den unterschiedlichsten Einzelfällen gerecht zu werden". Außerdem sollen sie nur erlassen werden, „soweit die Beteiligten sich nicht auf den wesentlichen Regelungsgehalt verständigen können".

Die zuletzt genannte Beschränkung erscheint unklar und bedenklich. Eine Verständigung der beteiligten Dienststellen auf bestimmte Grundsätze zu einem bestimmten Zeitpunkt schließt nicht aus, dass die Verwaltungspraxis verschiedener Bezirksämter oder anderer Behörden später auseinanderdriftet – was im Extremfall zu Verletzungen des Gleichheitsgrundsatzes führen kann.

§ 6 Abs. 4 AZG überträgt der Senatsverwaltung für Inneres als Bezirksaufsichts- und „Bezirksschutzbehörde" die Aufgabe, bei dem Erlass von Verwaltungsvorschriften mit Wirkung für die Bezirke dafür zu sorgen, dass „die Grundsätze des Absatz 3 eingehalten werden, die verfassungsmäßig gewährleistete Mitwirkung der Bezirke an der Verwaltung gefördert und geschützt und die Entschlusskraft und Verantwortungsfreudigkeit der bezirklichen Organe nicht beeinträchtigt wird". Obgleich der Gesetzeswortlaut nicht ganz eindeutig ist, dürfte der Senatsverwaltung für Inneres damit nur eine Einwirkungspflicht und kein Vetorecht übertragen worden sein. Für den Fall, dass die Senatsverwaltung für Inneres zugleich als Fachbehörde und als Bezirksaufsichtsbehörde tätig wird, gelten die gleichen Überlegungen wie bei der Ausübung des Eingriffsrechts.

Die nach § 6 AZG erlassenen Verwaltungsvorschriften sollen eine Begrenzung ihrer Geltungsdauer enthalten, die sich nicht über fünf – bei Verwaltungsvorschriften des Senats nicht über zehn – Jahre hinaus erstrecken darf. Ist ihre Geltungsdauer nicht begrenzt, so treten sie nach fünf bzw. zehn Jahren nach Ablauf des Jahres außer Kraft, in dem sie erlassen worden sind. Durch diese Bestimmung soll die Exekutive gezwungen werden, ihre Verwaltungsvorschriften in regelmäßigen Abständen zu überprüfen. Für Verwaltungsvorschriften in Personalangelegenheiten gilt diese Regelung nicht.

Soweit Verwaltungsvorschriften zur Ausführung eines Gesetzes ergehen, entspricht ihr Geltungsbereich dem Geltungsbereich des Gesetzes. Sie gelten auch für die mittelbare Landesverwaltung, wenn sie auf einer speziellen gesetzlichen Ermächtigung beruhen.[61] Für andere Verwaltungsvorschriften kann in besonderen gesetzlichen Ermächtigungsnormen vorgesehen werden, dass sie (auch) für die mittelbare Landesverwaltung erlassen werden können. Beispiele dafür sind die Ermächtigungen in § 6 Abs. 2 lit. c) und Abs. 3 AZG (Sicherheitsvorschriften für Verwaltungsangehörige, Personalangelegenheiten der nichtbeamteten Verwaltungsangehörigen). Dagegen gelten die gemäß § 6 Abs. 2 lit. b) AZG erlassenen Verwaltungsvorschriften nur für die Hauptverwaltung und Bezirksverwaltung. Nähere Regelungen über die Bezeichnung und Gliederung der Verwal-

---

61 Allerdings empfiehlt es sich, dies im jeweiligen Gesetz ausdrücklich klarzustellen.

tungsvorschriften finden sich im Anhang 1 zur GGO II[62] – Ziffer II Nr. 5.[63] Nicht anwendbar ist § 6 AZG auf Arbeitsanweisungen oder Geschäftsanweisungen, die die Leitung einer Behörde kraft ihres Weisungsrechts an ihre eigenen Mitarbeiter richtet.

Keine Verwaltungsvorschriften sind sogenannte Rundschreiben, also gleichlautende Schreiben einer Behörde an mehrere Behörden oder Stellen, in denen lediglich Empfehlungen ausgesprochen, Mitteilungen gemacht oder Auskünfte erbeten werden (§ 54 ff. GGO II). Das gleiche gilt für sogenannte Leitlinien, die politische Zielsetzungen enthalten und ebenfalls nicht zu den Verwaltungsvorschriften zählen.

§73 Dienstrechtliche Zuständigkeiten

Nach Art. 77 VvB erfolgen alle Einstellungen, Versetzungen und Entlassungen im öffentlichen Dienst durch den Senat. Für die Bezirke wird dieses Recht den Bezirksämtern übertragen. Über die Versetzung aus einem Bezirk in einen anderen oder aus der Hauptverwaltung in eine Bezirksverwaltung oder umgekehrt entscheidet der Senat nach Anhörung der beteiligten Bezirksämter. Diese Vorschrift umfasst den gesamten öffentlichen Dienst. Sie gilt also nicht nur für Beamte,

---

62 Gemeinsame Geschäftsordnung für die Berliner Verwaltung, Besonderer Teil (GGO II) vom 8. September 2015, zuletzt geändert durch Verwaltungsvorschriften vom 2. März 2021 (gültig ab 20. April 2021).

63 Danach sind folgende Bezeichnungen für Verwaltungsvorschriften vorgesehen:
  – Verwaltungsvorschriften, die zur Ausführung von Gesetzen, Rechtsverordnungen oder anderen Rechtsvorschriften ergehen, sind als „Ausführungsvorschriften" zu bezeichnen.
  – Sonstige Verwaltungsvorschriften sind zu bezeichnen als „Ordnungen", wenn sie allgemein geltende Bestimmungen über den Ablauf der Verwaltungsgeschäfte enthalten;
  – Als „Anordnungen" sind Verwaltungsvorschriften zu bezeichnen, wenn es sich um Zuständigkeitsübertragungen handelt, die keiner Regelung durch Rechtsvorschrift bedürfen;
  – Als „Erlasse" sind Verwaltungsvorschriften zu bezeichnen, wenn es sich um allgemeine Weisungen des zuständigen Mitglieds des Senats an die Polizeibehörde, an die Berliner Feuerwehr oder an die Finanzbehörden handelt;
  – Als „Allgemeine Verfügungen" sind Verwaltungsvorschriften zu bezeichnen, wenn es sich um allgemeine Weisungen des zuständigen Mitglieds des Senats für die seiner Aufsicht unterstehenden Gerichtsverwaltungen, Strafverfolgungs- und Strafvollzugsbehörden handelt;
  – Als „Geschäftsanweisungen" sind Verwaltungsvorschriften zu bezeichnen, wenn sie sich nur an die eigene Behörde wende.
  Schließlich bleibt es bei dem Begriff „Verwaltungsvorschriften", wenn die Vorschriften nicht den Nummern 1 bis 5 zugeordnet werden können.

sondern auch für Angestellte und Arbeiter, die im Dienst des Landes Berlin oder einer landesunmittelbaren juristischen Person des öffentlichen Rechts stehen, sofern diese keine Dienstherrnfähigkeit hat.

Zweifelhaft ist, ob sie auch für mittelbare Landesbeamte, Angestellte und Arbeiter gilt, die im Dienst einer landesunmittelbaren juristischen Person des öffentlichen Rechts mit Dienstherrnfähigkeit stehen. Diese Auffassung kann sich zwar auf den Verfassungstext stützen, der keine Ausnahmen vorsieht. Sie dürfte jedoch dem Sinn der Vorschrift nicht gerecht werden. Durch Art. 77 Abs. 1 S. 1 VvB soll die Möglichkeit nicht ausgeschlossen werden, dass juristische Personen des öffentlichen Rechts mit Dienstherrnfähigkeit ausgestattet werden, soweit sie dafür geeignet sind. Voraussetzung ist nur, dass dies – sofern die Dienstherrnfähigkeit nicht bereits bei Inkrafttreten der Verfassung gewohnheitsrechtlich begründet war – ausdrücklich in einem Gesetz angeordnet wird. Diese Möglichkeit, die seit jeher als verfassungsrechtlich zulässig gilt, würde aber praktisch ausgehöhlt, wenn jede Einstellung, Versetzung oder Entlassung durch den Senat erfolgen müsste. Selbstverständlich steht es dem Gesetzgeber frei, die Personalhoheit, die er bestimmten juristischen Personen des öffentlichen Rechts überträgt, in bestimmten Fällen durch ein Entscheidungs- oder Mitwirkungsrecht des Senats oder des zuständigen Senators zu beschränken.[64]

Die Ausdrücke „Einstellungen, Versetzungen und Entlassungen im öffentlichen Dienst" sind nicht abschließend gemeint; vielmehr wird dadurch eine allgemeine Personalhoheit über den öffentlichen Dienst begründet, die beispielsweise auch die Beförderung einer Dienstkraft umfasst. Für die Bezirke sind auch diese Rechte den Bezirksämtern übertragen. Seit Fortfall der Bezirksaufgaben unter Fachaufsicht ist klargestellt, dass hier von der Verfassung eine eigenständige Kompetenz der Bezirksämter begründet wird. Diese unterliegt grundsätzlich nur den Einschränkungen, die sich aus dem Recht des öffentlichen Dienstes ergeben, insbesondere daraus, dass die Senatsverwaltung für Inneres oberste Dienstbehörde für die Beamten der Bezirksverwaltung ist. Die Weisungs- und Aufsichtsbefugnisse, die sich daraus ergeben, richten sich aber grundsätzlich gegen den einzelnen Beamten und dürfen nicht mit den Rechten der Hauptverwaltung verwechselt werden, die sich aus der Bezirksaufsicht oder dem Eingriffsrecht gegenüber den Bezirken ergeben. In allen übrigen Bereichen werden die Einzelpersonalangele-

---

64 So z.B. im Fall der Universitäten dadurch, dass das zuständige Senatsmitglied den Vorsitz in der Personalkommission der Universitäten führt (§ 67 Berliner Hochschulgesetz).

genheiten der Bezirksbediensteten grundsätzlich als Bezirksaufgabe wahrgenommen. Gesetzliche Beschränkungen für die Personalhoheit der Bezirke ergeben sich aber aus den Zuständigkeiten, die der Hauptverwaltung in Nr. 4 der Anlage zum AZG übertragen worden sind.

Dienstherr der unmittelbaren Landesbeamten und Arbeitgeber der Angestellten und Arbeiter im landesunmittelbaren öffentlichen Dienst ist das Land Berlin, bei den mittelbaren Landesbeamten und Bediensteten ist es die jeweilige Körperschaft, Anstalt oder Stiftung des öffentlichen Rechts.

Die Funktionen der obersten Dienstbehörde – sowie einige andere dienstrechtliche Zuständigkeiten – sind im Zuständigkeitskatalog des AZG unter Nr. 4 (Personalangelegenheiten) der Hauptverwaltung vorbehalten.[65] Damit ist dem Katalogisierungsgebot des Art. 67 Abs. 3 VvB Genüge getan. Welche Stelle der Hauptverwaltung oberste Dienstbehörde ist, ergibt sich für die Landesbeamten aus § 3 des Landesbeamtengesetzes[66]. Bei Beamten der Hauptverwaltung ist es das jeweilige Senatsmitglied, bei Beamten der Bezirksverwaltungen der Senator für Inneres und für Beamte der Bezirksverwaltungen, die im Volkshochschuldienst tätig sind, nimmt der Senator für Schulwesen die Stellung der obersten Dienstbehörde ein. Soweit die Dienstbehörden ihre Befugnisse auf das Landesverwaltungsamt Berlin übertragen haben, ist der Senator für Inneres oberste Dienstbehörde. Der Präsident des Abgeordnetenhauses, der Präsident des Rechnungshofs und der Berliner Datenschutzbeauftragte sind oberste Dienstbehörde für ihren eigenen Bereich.

Für die Dienstbehörde enthält das Landesbeamtengesetz in § 4 Abs. 1 LBG nur eine generelle Definition: Es handelt sich um die Behörde, die für beamtenrechtliche Entscheidungen unmittelbar zuständig ist. Die konkrete Bestimmung der Dienstbehörde bleibt also einem Organisationsakt der Verwaltung überlassen. Nur für den Bereich des Abgeordnetenhauses, des Rechnungshofs und vor allem für die Bezirksverwaltungen enthält das Gesetz eine eindeutige Regelung. Dienstbehörde für den Zuständigkeitsbereich der Bezirksverwaltung ist das Bezirksamt.

---

65   Für die Funktion der obersten Dienstbehörde gilt dies erst mit Inkrafttreten des Änderungsgesetzes von 1998.

66   Landesbeamtengesetz (LBG) vom 19. März 2009 (GVBl. S. 70) i. d. F. des Gesetzes vom 14. September 2021 (GVBl. S. 1039).

Für die Arbeiter und Angestellten des öffentlichen Dienstes besteht keine dem Landesbeamtengesetz entsprechende gesetzliche Regelung. Welche Behörden als Personalstellen die Funktion wahrnehmen, die nach dem Beamtenrecht der Dienstbehörde und obersten Dienstbehörde zukommen, bestimmt sich durch einen entsprechenden Organisationsakt.

Die Funktionen der Dienstbehörden können mit Zustimmung des Senators für Inneres ganz oder teilweise auf das Landesverwaltungsamt Berlin übertragen werden (für Beamte: § 4 Abs. 6 LBG). Dies ist im technischen Bereich (z. B. Gehaltsabrechnung, Beihilfewesen) weitgehend geschehen.

Für die mittelbaren Landesbeamten und Bediensteten ist durch Gesetz, Satzung oder „in sonstiger Weise" zu bestimmen, wer Dienstbehörde und oberste Dienstbehörde ist (§ 3 Abs. 1 Nr. 6, § 4 Abs. 4 LBG).

So legt legt beispielsweise die Regelung des § 67 des Berliner Hochschulgesetzes[67] für den Bereich der Universitäten und Hochschulen fest, dass für die Hochschulen der Präsident bzw. die Präsidentin die Stellung der Dienstbehörde, der obersten Dienstbehörde, der Personalstelle und Personalwirtschaftsstelle einnimmt, wobei die damit einhergehenden Befugnisse im Einvernehmen mit der Senatsverwaltung, der das Landesverwaltungsamt nachgeordnet ist, auf das Landesverwaltungsamt übertragen werden können.

Zur einheitlichen Durchführung der beamtenrechtlichen Vorschriften ist in den §§ 16 bis 24 LBG die Errichtung eines „Landespersonalausschusses" vorgesehen, der aus acht Mitgliedern und acht stellvertretenden Mitgliedern besteht. Vorsitzender ist der Präsident des Rechnungshofs, je ein weiteres Mitglied wird vom Senator für Inneres und für Finanzen für vier Jahre ernannt. Die übrigen Mitglieder und ihre Vertreter werden vom Senat ebenfalls auf vier Jahre ernannt, und zwar zwei auf Vorschlag des Rats der Bürgermeister, zwei auf Vorschlag der Spitzenorganisationen der Gewerkschafts- und Berufsverbände und ein Mitglied auf Vorschlag des Hauptpersonalrats. Die in § 19 Abs. 1 LBG aufgezählten gesetzlichen Zuständigkeiten des Landespersonalausschusses sind in der jetzt geltenden Fassung des Gesetzes auf zwei Befugnisse beschränkt, nämlich auf die Entscheidung über die Befähigung freier Bewerber und Ausnahmen von laufbahnrechtlichen

---

67 Gesetz über die Hochschulen im Land Berlin (Berliner Hochschulgesetz – BerlHG) in der Fassung vom 26. Juli 2011 (GVBl. S. 1039), zuletzt geändert durch Gesetz vom 5. Juli 2022 (GVBL. S. 450).

Vorschriften. Nach § 19 Abs. 2 kann jedoch der Senat dem Ausschuss weitere Aufgaben übertragen. Die Zuweisung weiterer Aufgaben durch besondere Rechtsvorschriften bleibt bestehen.

Besondere dienstliche Zuständigkeitsregelungen finden sich in verschiedenen anderen Gesetzen. So ist nach § 2 des Bezirksamtsmitgliedergesetzes[68] der Regierende Bürgermeister oberste Dienstbehörde für alle Mitglieder der Bezirksämter und Dienstbehörde für die Bezirksbürgermeister; der Bezirksbürgermeister ist Dienstbehörde für die Bezirksstadträte. Der Berliner Beauftragte für Datenschutz und Informationsfreiheit untersteht nach Art. 47 Abs. 1 VvB der Dienstaufsicht des Präsidenten des Abgeordnetenhauses, wobei er bei der Erfüllung seiner Aufgaben und bei der Ausübung seiner Befugnisse völlig unabhängig handelt und weder direkter noch indirekter Beeinflussung von außen unterliegt (§ 10 Abs. 2 Berliner Datenschutzgesetz[69]).

68 Gesetz über die Rechtsverhältnisse der Bezirksamtsmitglieder (Bezirksamtsmitgliedergesetz – BAMG) in der Fassung vom 1. April 1985 (GVBl. S. 958), zuletzt geändert durch Gesetz vom 13. Oktober 2010 (GVBl. S. 464).
69 Gesetz zum Schutz personenbezogener Daten in der Berliner Verwaltung (Berliner Datenschutzgesetz – BlnDSG) vom 13. Juni 2018 (GVBl. S. 418), zuletzt geändert durch Gesetz vom 27. September 2021 (GVBl. S. 1121).

3. Die Hauptverwaltung

§ 74 Teile der Hauptverwaltung

Zur Hauptverwaltung gehören die Senatsverwaltungen (Regierender Bürgermeister und Senatoren), die ihnen nachgeordneten Behörden (Sonderbehörden) sowie nicht rechtsfähige Anstalten des öffentlichen Rechts.

Oberste Landesbehörde sind außer den Senatsmitgliedern der Präsident des Abgeordnetenhauses, der Rechnungshof von Berlin und der Berliner Datenschutzbeauftragte. Diese unterstehen nicht dem Senat und gehören daher auch nicht zur „Berliner Verwaltung" im Sinne von § 2 AZG; trotzdem finden einzelne Bestimmungen dieses Gesetzes (insbesondere die Vorschriften über die Vertretung Berlins (§§ 20 ff. AZG) auf sie Anwendung.

Umgekehrt gehören die Behörden der Justiz- und Steuerverwaltung zur Hauptverwaltung, obgleich die Vorschriften des AZG für sie zu einem großen Teil nicht gelten (§ 33 Abs. 2 AZG).[70]

§ 75 Die Senatsverwaltungen

I. Rechtliche Stellung der Senatsverwaltungen

Oberste Landesbehörden im Bereich der Hauptverwaltung sind in der Terminologie des AZG „die Senatsverwaltungen" (§ 2 Abs. 2 AZG). Die bis 1989 verwendete Bezeichnung „Senatsmitglieder" betonte die monokratische Organisation der Senatsverwaltungen, die in der Sache noch heute besteht.[71] Jedes Senatsmitglied leitet sein Ressort selbständig im Rahmen der Richtlinien der Regierungspolitik (Art. 58 Abs. 5 VvB); es trägt gegenüber dem Abgeordnetenhaus die politische Verantwortung.[72] Daraus lassen sich zwei Grundsätze herleiten, die für die Organisation der Hauptverwaltung bestimmend sind:

---

70 Nach § 33 Abs. 1 AZG findet das Gesetz außerdem keine Anwendung auf die Kirchen- und Religionsgemeinschaften, die Sozialversicherungsträger und die Behörden der Justizverwaltung und der übrigen Gerichtszweige und die Behörden der Steuerverwaltung.

71 Hierfür sieht § 40 GGO I anstelle der früheren Behördenbezeichnung „Der Senator für ..." die Bezeichnung „Senatsverwaltung für ..." vor. Dies ändert nichts an dem monokratischen Aufbau der Behörden. Für den Schriftverkehr ist seit 2001 in § 41 GGO I wieder die „Ich"-Form vorgesehen.

72 Obgleich ein Misstrauensvotum gegen einzelne Senatoren seit der Verfassungsänderung von 2006 nicht mehr vorgesehen ist.

So müssen nach dem Ressortprinzip die Zuständigkeitsbereiche klar gegeneinander abgegrenzt sein. Daneben muss nach dem Hierarchieprinzip eine ununterbrochene Kette von Aufsichts- und Weisungsbefugnissen bestehen, die dem politisch verantwortlichen Senatsmitglied einen bestimmenden Einfluss auf alle Maßnahmen in seinem Geschäftsbereich sichert. Beide Prinzipien beschränken die Flexibilität der Verwaltungsorganisation und werden daher im Rahmen der „inneren Verwaltungsreform" (Einführung betriebswirtschaftlicher Organisationsmethoden in der öffentlichen Verwaltung) in Frage gestellt. Weisungsungebundene Entscheidungsträger sind im Rahmen der Verwaltung nur begrenzt zulässig (z. B. Prüfungsausschüsse).

Dass ein Senatsmitglied mehrere Senatsverwaltungen in Personalunion leitet, ist in der Verfassung und dem AZG nicht vorgesehen. Wenn daher zwei oder mehrere traditionell getrennte Senatsverwaltungen einem Senatsmitglied unterstellt werden, so verschmelzen sie damit rechtlich zu einer Behörde.[73]

II. Horizontale Zuständigkeitsregelungen

Es bestehen zwar zahlreiche gesetzliche Vorschriften, mit denen einzelnen Senatsverwaltungen bestimmte Zuständigkeiten übertragen werden. Dies gilt vor allem für den Bereich der Polizei- und Ordnungsaufgaben. Anders als das AZG, das – mit wenigen Ausnahmen (z. B. § 8 a AZG) – nur die Zuständigkeiten der Bezirke und der Hauptverwaltung gegeneinander abgrenzt, weist das ASOG einzelnen Behörden (z. B. der Polizei und dem Landesamt für Bürger- und Ordnungsangelegenheiten) bestimmte Aufgaben zu. Grundsätzlich ist die horizontale Zuständigkeitsverteilung aber nicht durch Gesetz geregelt. Über die Zahl und Abgrenzung der Geschäftsbereiche entscheidet seit der Verfassungsänderung 2006 bei der Senatsbildung der Regierende Bürgermeister. Im übrigen ist die Zuständigkeitsverteilung – soweit nicht im Einzelfall gesetzliche Regelungen bestehen – dem Senat selbst überlassen. Neuere Gesetze enthalten zumeist keine Kompetenzzuweisung an ein bestimmtes Senatsmitglied (Regierender Bürgermeister, Finanzen, Justiz, Inneres usw.), sondern an das „für Finanzen, Justiz, Bauwesen usw. zuständige" Senatsmitglied.[74]

---

73 Zum Beispiel in der 10. Wahlperiode Justiz und Bundesangelegenheiten.
74 Für Gesetzentwürfe des Senats ist dies jetzt in der GGO II ausdrücklich vorgesehen.

III. Innerer Aufbau der Senatsverwaltungen und nachgeordneter Behörden

Der innere Aufbau der Senatsverwaltungen war – jedenfalls für den Bereich der Hauptverwaltung – bis zum Jahre 1999 im wesentlichen der Selbstorganisation der Exekutive überlassen und nur durch Verwaltungsvorschriften und hier vor allem durch die GGO und einzelne Organisationsakte geregelt. Dieser Zustand änderte sich mit dem Inkrafttreten des 3. Gesetzes zur Reform der Berliner Verwaltung (Verwaltungsreform-Grundsätze-Gesetz – VGG)[75], das in seiner Terminologie und Zielsetzung von betriebswirtschaftlichen Denkstrukturen beherrscht war. Verfassungsrechtlich vorgegeben blieb aber weiterhin die monokratische Struktur der Senatsverwaltungen, also ihre Leitung durch ein politisch verantwortliches Senatsmitglied mit Weisungsbefugnis gegenüber allen Mitarbeitern und nachgeordneten Behörden. Dies ergibt sich aus der Rechtsstellung des Senats und seiner Mitglieder (Art. 55 Abs. 1, 58 VvB) sowie aus der parlamentarischen Verantwortung dieser Organe. Notwendig war und ist also eine ununterbrochene Weisungskette zwischen dem Senatsmitglied und den ihm unterstellten Verwaltungsangehörigen (Hierarchieprinzip) und eine eindeutige Zuweisung aller Verwaltungsaufgaben an ein bestimmtes Senatsmitglied und an eine bestimmte Gliederung seines Verwaltungsapparats (Ressortprinzip).[76]

Eine eindeutige Abgrenzung der Zuständigkeiten zwischen verschiedenen Behörden und die Weisungsbefugnis der Senatsmitglieder gegenüber ihren nachgeordneten Behörden muss aufrechterhalten werden. Bei der innerbehördlichen Organisation muss wenigstens sichergestellt sein, dass die Verantwortung für jede Handlung und jedes Unterlassen der Behörde ohne Schwierigkeiten einem oder mehreren Bediensteten zugeordnet werden kann, und dass das politisch verantwortliche Senatsmitglied zur Kontrolle und Leitung seines gesamten Verwaltungsapparats (erforderlichenfalls auch in Detailfragen) in der Lage ist.[77] Für den gesamten Bereich der Berliner Verwaltung – also für Hauptverwaltung und

---

75 Drittes Gesetz zur Reform der Berliner Verwaltung (Verwaltungsreform-Grundsätze-Gesetz – VGG) zuletzt in der Fassung vom 21. Dezember 2005 (GVBl. 2006, S. 10).

76 Ausnahmen von der Weisungsbefugnis kommen bei Ausschüssen und ähnlichen Spruchkörpern mit gerichtsähnlicher Funktion in Betracht.

77 Auch die vom Senat eingesetzten Beauftragten für bestimmte Sachbereiche (z. B. Ausländerbeauftragte, Frauenbeauftragte) gehören jeweils einer Senatsverwaltung an; sie unterliegen also dem Weisungsrecht des betreffenden Senatsmitglieds und den allgemeinen Vorschriften über

Bezirksverwaltung – sah das Verwaltungsreform-Grundsätze-Gesetz vor, dass die Behörden und nicht rechtsfähigen Anstalten unterhalb der Behördenleitung in drei Arten von Organisationseinheiten zu gliedern sind: Leistungs- und Verantwortungszentren („LUVs") für die weitgehend eigenverantwortliche Erledigung der Verwaltungstätigkeit mit Außenwirkung, Serviceeinheiten (besser wäre „Dienstleistungseinheiten") für verwaltungsinterne Dienstleistungen und einen Steuerungsdienst, der die Behördenleitung unterstützt. Die Leistungs- und Verantwortungszentren sind in den Senatsverwaltungen und der Senatskanzlei entsprechend der herkömmlichen Terminologie als Abteilungen zu bezeichnen.

Nach dem Außerkrafttreten des Verwaltungsreform-Grundsätze-Gesetzes zum 31. Dezember 2020 richtet sich der innere Aufbau der Senatsverwaltungen und der nachgeordneten Behörden der Hauptverwaltung im Wesentlichen wieder nach den Bestimmungen des AZG sowie den §§ 6 bis 10 GGO I, zudem wirken die Strukturen fort, die auf den Regelungen des VVG beruhen.

Danach sind die Senatsverwaltungen grundsätzlich in die als Abteilungen bezeichneten Leistungs- und Dienstleistungszentren, die Abteilungen in Referate und die Referate bei entsprechender Größe in Arbeitsgruppen einzuteilen. Die Abteilungen sind unmittelbar der Behördenleitung unterstellt. Hauptabteilungen sind ausnahmsweise mit Zustimmung des Senats zulässig. Behördeninterne Verwaltungseinheiten, die außerhalb der Abteilungsgliederung der Behördenleitung unmittelbar unterstellt sind, wurden vor der inneren Verwaltungsreform nur begrenzt (zumeist unter der Bezeichnung „Stabsstelle") zugelassen. Im Verwaltungsreform-Grundsätze-Gesetz waren sie als „Steuerungsdienst" ausdrücklich vorgesehen.

Für die Gliederung der nachgeordneten Behörden der Hauptverwaltung gelten die gleichen Grundsätze, sofern nicht wegen der Eigenart oder nach Rechts- und Verwaltungsvorschriften eine andere Gliederung geboten ist.

---

die Kompetenzverteilung. Dienstrechtlich sind sie zumeist Verwaltungsangestellte mit Zeitvertrag. Etwas anderes gilt selbstverständlich für den Datenschutzbeauftragten, der aufgrund der Verfassung und dem Datenschutzgesetz bestimmte Aufgaben wahrzunehmen hat und dabei keinem Weisungsrecht anderer Behörden unterliegt.

§76 Nachgeordnete Behörden (Sonderbehörden) und nicht rechtsfähige Anstalten

I. Begriffsbestimmungen und Abgrenzungen

Das Allgemeine Zuständigkeitsgesetz sieht für die nachgeordneten Behörden der Hauptverwaltung die Bezeichnung „Sonderbehörden" vor (§ 2 Abs. 2 AZG). Der Ausdruck entstammt dem Kommunalrecht. Er setzt begrifflich voraus, dass – wie bei der Verwaltung der Kreise und Gemeinden und bei den staatlichen Mittelinstanzen (Regierungsbezirken) der Territorialländer – eine einheitliche Behörde besteht, die grundsätzlich alle öffentlichen Aufgaben wahrnimmt, soweit sie nicht (ausnahmsweise) einer Sonderbehörde übertragen sind. Dies ist in Berlin gerade im Bereich der Hauptverwaltung nicht der Fall; als oberste Landesbehörde tritt grundsätzlich nicht der Senat, sondern jedes Senatsmitglied für sein Ressort auf. Es wäre daher besser, auf den Ausdruck „Sonderbehörde" zu verzichten und die Fachbehörden, die einer Senatsverwaltung unterstellt sind, nur als „nachgeordnete Behörden" zu bezeichnen.

Nach der Definition des Bundesverfassungsgerichts ist eine Behörde eine in den Organismus der Staatsverwaltung eingeordnete organisatorische Einheit von Personen und sächlichen Mitteln, die, mit einer gewissen Selbständigkeit ausgestattet, dazu berufen ist, unter öffentlicher Autorität für die Erreichung der Zwecke des Staates oder von ihm geförderter Zwecke tätig zu sein.[78] Die Rechtslehre verlangt außerdem – mindestens für den Behördenbegriff im engeren Sinne –, dass die staatliche Einrichtung eine bestimmte Außenzuständigkeit für konkrete Rechtshandlungen hat.[79] Von einer nachgeordneten Behörde im Sinne des AZG ist zu fordern, dass sie – ohne selbst Rechtsträger zu sein – unter eigenem Namen und mit eigener Zuständigkeit für das Land Berlin mit Außenwirkung tätig werden kann. Unselbständige Gliederungen einzelner Senatsverwaltungen (z. B. Abteilungen, Referate) erfüllen dieses Erfordernis nicht. Dies gilt auch für die örtlichen Dienststellen einiger Verwaltungsbehörden (z. B. Polizeidirektionen oder -abschnitte, Revierförstereien der Berliner Forsten).

Auch über den Unterschied zwischen einer Behörde und einer nicht rechtsfähigen Anstalt besteht keine volle Klarheit. Eine Abgrenzung anhand eindeutiger

---

78 BVerfG, Urteil vom 14. Juli 1959 – 2 BvF 1/58 – BVerfGE 10 S. 20 (48).
79 Vgl. *Wolff, Bachof, Stober, Kluth*, Verwaltungsrecht II, 7. Auflage, § 86 Rn. 42.

rechtlicher Merkmale dürfte nicht möglich sein. Der Unterschied liegt eher im organisatorischen Bereich und beruht z. T. auch auf Tradition.

II. Errichtung der Behörde; Zuweisung von Kompetenzen

Für die Errichtung von Behörden fordert die höchstrichterliche Rechtsprechung bisher keine Rechtsvorschrift; demnach genügt ein Organisationsakt der Exekutive.[80] In der Rechtslehre[81] und in der neueren Verwaltungspraxis setzt sich aber die Auffassung durch, dass eine Rechtsnorm mindestens dann erforderlich ist, wenn der Behörde Kompetenzen im Bereich der Eingriffsverwaltung übertragen werden sollen.

III. Einstufiger und mehrstufiger Aufbau im Bereich der nachgeordneten Behörden

Grundsätzlich sind die nachgeordneten Behörden im Bereich der Berliner Hauptverwaltung für ganz Berlin zuständig und der aufsichtsführenden Senatsverwaltung unmittelbar unterstellt. Mittelbehörden, die einem Regierungsmitglied unterstellt sind und ihrerseits die Aufsicht gegenüber untergeordneten Behörden ausüben, sind im Allgemeinen Zuständigkeitsgesetz nicht vorgesehen.[82] Dieser Grundsatz wird allerdings nicht lückenlos eingehalten. Insbesondere in Bereichen, in denen der Behördenaufbau bundesrechtlich geregelt ist (z. B. in der Justizverwaltung), bestehen abweichende Verwaltungsstrukturen (Aufsicht und Weisungsbefugnisse des Kammergerichtspräsidenten gegenüber dem Landgerichtspräsidenten, entsprechende Befugnisse im Bereich der Staatsanwaltschaf-

---

80 Zum Beispiel BVerfG, Beschluss vom 6. Mai 1956 – 2 BvL 37/56 und 11/57, BVerfGE 8 S. 155, BVerwG Urteil vom 25. August 1971, DÖV 1972, S. 129.

81 Vgl. u. a. die vom Bundesverfassungsgericht a. a. O. (Fn 11) zitierte Literatur.

82 Zur Stellung der Landesmittelbehörden vgl. *Achterberg*, Allgemeines Verwaltungsrecht 1982 S. 137, Rn. 26 bis 28. Sie bestehen in allen Flächenstaaten außer dem Saarland, Schleswig-Holstein und Niedersachsen. Sie sind den obersten Landesbehörden unmittelbar nachgeordnet, aber (im Gegensatz zu den Landesoberbehörden) nur für einen Teil des Staatsgebiets zuständig. Die Regierungspräsidenten (Bezirksregierungen) nehmen unter ihnen eine Zentralstellung ein. Man kann von einer Mittelbehörde auch sprechen, wenn diese für das ganze Staatsgebiet zuständig, aber einer Landesoberbehörde nachgeordnet ist. Voraussetzung ist in diesem Fall, dass die Mittelbehörde Aufsichts- und Weisungsbefugnisse gegenüber einer oder mehreren Behörden des Verwaltungsunterbaus wahrnimmt. Die Bezeichnung ist also nicht eindeutig. Zur Stellung einiger Berliner Behörden gegenüber ihren örtlichen Dienststellen (Polizeiabschnitte, Bürgerämter der Bezirksverwaltungen).

ten). In diesen Bereichen können auch Behörden der Hauptverwaltung bestehen, die örtlich nur für einen Teil des Landesgebiets zuständig sind. Die frühere Oberfinanzdirektion ist in die Senatsverwaltung für Finanzen eingegliedert worden und damit als Mittelbehörde entfallen.

IV. Innerer Aufbau der nachgeordneten Einrichtungen

Auch die nachgeordneten Behörden sind monokratisch nach dem Hierarchieprinzip aufgebaut. In einzelnen Fällen kam dies in der Behördenbezeichnung zum Ausdruck (bis April 2021: „Der Polizeipräsident in Berlin", jetzt „Polizei Berlin")[83]; häufiger werden unpersönliche Ausdrücke (z. B. Berliner Feuerwehr, Landeseinwohneramt usw.) verwendet, was aber an der Sache nichts ändert. Dabei gelten die Bestimmungen über die Gliederung der Senatsverwaltungen (Einteilung in Abteilungen, Referate und Sachgebiete, gegebenenfalls Gruppen) auch für die Sonderbehörden und nicht rechtsfähigen Anstalten, soweit sich wegen ihrer Eigenart (z. B. Polizei, Feuerwehr) oder aus anderen Rechts- und Verwaltungsvorschriften nichts Abweichendes ergibt.

V. Aufsichts- und Weisungsbefugnisse der vorgesetzten Behörden

Die nachgeordneten Behörden und nicht rechtsfähigen Anstalten unterliegen gemäß § 8 AZG der Weisungsbefugnis und der Fachaufsicht des zuständigen Senatsmitglieds. Die vorgesetzte Behörde kann der nachgeordneten Einzelweisungen erteilen und, wenn diese nicht befolgt werden, einzelne Angelegenheiten an sich ziehen (Eintrittsrecht). Aus Gründen des allgemeinen Verwaltungsrechts und des Verwaltungsprozessrechts sollte sie es aber vermeiden, eine Angelegenheit von vornherein an sich zu ziehen, um eine mögliche Verlagerung von Zuständigkeiten oder auch den denkbaren Fortfall der Möglichkeit eines verwaltungsprozessualen Vorverfahrens zu vermeiden.

Außerdem erstreckt sich die Aufsichts- und Weisungsbefugnis der vorgesetzten Behörde auf den Aufbau und die organisatorischen Angelegenheiten der nach-

---

83 Die traditionelle Bezeichnung wurde bis 2021 noch immer verwendet, obgleich in den Gesetzen überwiegend von „der Polizei" die Rede ist. Die Terminologie geht auf die Zeit bis 1945 zurück, in der der Polizeipräsident als staatliche Behörde nicht zur Verwaltung der Stadtgemeinde Berlin gehörte und in der (mindestens bis 1920) seine örtliche Zuständigkeit über die Grenzen der Gemeinde hinausging.

geordneten. Dies wird manchmal als „Dienstaufsicht" bezeichnet. Angemessener wäre die Bezeichnung „Verwaltungsaufsicht" oder „Behördenaufsicht".

Davon zu unterscheiden ist die Dienstaufsicht gegenüber dem Leiter und den Bediensteten einer nachgeordneten Behörde oder nicht rechtsfähigen Anstalt. Hierbei handelt es sich um eine rein beamtenrechtliche (bei Arbeitern und Angestellten dienstrechtliche) Funktion.

Eine „gespaltene Aufsichts- und Weisungsbefugnis" kann entstehen, wenn einer nachgeordneten Behörde durch Rechtsvorschrift oder aufgrund einer Rechtsvorschrift Aufgaben aus dem Zuständigkeitsbereich verschiedener Senatsverwaltungen übertragen werden. Dies ist z. B. für das Landesverwaltungsamt in § 8a AZG und für die Polizei in § 10 Abs. 2, 3 ASOG vorgesehen. In diesem Fall wird die Fachaufsicht grundsätzlich zugleich von dem Mitglied des Senats ausgeübt, aus dessen Geschäftsbereich die Aufgabe übertragen wird (§ 8a Abs. 5 S. 2 AZG, § 9 Abs. 2 ASOG). Bei der Senatsverwaltung, zu deren Geschäftsbereich die betreffende nachgeordnete Behörde gehört, verbleibt dann trotzdem die ausschließliche Aufsichtsbefugnis in den organisatorischen Angelegenheiten der nachgeordneten Behörde.

4. Die Bezirksverwaltung

§77 Entwicklung seit 1920

Die Bezirke sind Gliederungen des Berliner Staats- bzw. Stadtgebiets, die nach den Prinzipien der kommunalen Selbstverwaltung Verwaltungsaufgaben erfüllen, ohne juristische Personen des öffentlichen Rechts und damit selbständiger Rechtsträger zu sein.[84] Insoweit hat sich seit dem Inkrafttreten des Gesetzes über die Stadtgemeinde Berlin von 1920 nichts geändert.[85] Erhebliche Änderungen hat es dagegen sowohl im Allgemeinen Zuständigkeitsgesetz, im Bezirksverwaltungsgesetz als auch bei der Kompetenzverteilung zwischen Bezirken und Hauptverwaltung gegeben. Die verschiedenen Reformen – und nicht verwirklichten Reformvorschläge – zeigen zum Teil gegenläufige Tendenzen. Es scheint, dass es bis jetzt noch nicht gelungen ist, einen befriedigenden Kompromiss zwischen zwei berechtigten aber tendenziell gegensätzlichen Forderungen zu finden. Sie lassen sich schlagwortartig charakterisieren als Entpolitisierung, Fachbezogenheit und größere Effizienz der Verwaltung auf der einen Seite und mehr Bürgerbeteiligung, größere Bürgernähe und Demokratisierung der Verwaltung auf der anderen.[86] Das vom ersten Berliner Nachkriegsmagistrat erlassene Bezirksverfassungsstatut sah vor, dass die Einteilung Berlins in 20 Verwaltungsbezirke bestehen bleiben sollte. Es waren kollegiale Bezirksämter vorgesehen, die sich aus einem Bezirksbürgermeister, zwei Stellvertretern und neun Bezirksstadträten zusammensetzten. Die Bezirksämter wurden vom Magistrat ernannt und waren ausführende Organe des Magistrats.[87]

---

84   Zum früheren Wortlaut der Verfassung vgl. Fn. 13. Im Bezirksverwaltungsgesetz § 2 Abs. 1 werden sie als Selbstverwaltungseinheiten Berlins ohne Rechtspersönlichkeit bezeichnet. Vgl. hierzu auch *Machalet*, Die Berliner Bezirksverwaltung, 1973, S. 52, 54 ff. Umstritten ist die gelegentlich verwendete Bezeichnung „nicht-rechtsfähige Körperschaften" (s. dazu *Machalet*, S. 105).

85   Vgl. zu der Entwicklung der Bezirksverwaltung auch die umfangreiche Darstellung in *Ottenberg/Wolf*, Bezirksverwaltungsrecht, Praxiskommentar für Kommunalpolitik und Verwaltung, Bearbeitungsstand: 30. September 2022 (20. Auflage), https://bezirksverwaltungsrecht.berlin/kommentar-zum-bezirksverwaltungsgesetz/bezvg-vorwort.

86   Kritisch zum Verwaltungsrecht und zur Verwaltungspraxis in Berlin nach 1945, *Sendler*, JR 1985 S. 441, ders. DÖV 1987, S. 366. Zur historischen Entwicklung vgl. auch *Machalet*, Fn. 84, S. 37 f. und 101 ff.

87   Bezirksverfassungsstatut vom 26. September 1945 VOBl. S. 103, vgl. auch *Machalet*, Fn. 84, S. 37.

Auch die vorläufige Verfassung von 1946 behielt die Einteilung Berlins in 20 Bezirke bei. Sie sah Bezirksverordnetenversammlungen vor, die sich je nach der Größe des Bezirks aus 30, 40 oder 45 gewählten Mitgliedern zusammensetzten. Das Bezirksamt wurde von der BVV gewählt; es bestand aus einem Bezirksbürgermeister, einem stellvertretenden Bezirksbürgermeister und bis zu neun Stadträten. Die BVV hatte ein umfassendes Beschlussfassungsrecht; das Bezirksamt war die Bezirksbehörde. Die Wahlperiode war identisch mit der der Stadtverordnetenversammlung; sie betrug zwei Jahre.[88] Die Verfassung vom 1. September 1950 enthielt zum ersten Mal Zuständigkeitsabgrenzungen zwischen Bezirken und Hauptverwaltung (Art. 51 VvB). In Art. 57 VvB war vorgesehen, dass die Bezirksverordnetenversammlungen zur Teilnahme an der laufenden Verwaltung Deputationen einsetzten. An die Stelle einer Zwei-Organ-Verfassung war jetzt also eine Bezirksverfassung mit drei Organen getreten. Die Wahlperiode blieb weiterhin mit der des Abgeordnetenhauses identisch; sie betrug vier Jahre. Auch die Amtsperiode der Bezirksamtsmitglieder betrug vier Jahre; bei der Bildung des Bezirksamts war die BVV frei, so dass politische Koalitionen möglich waren.

Wesentliche Änderungen brachten das Allgemeine Zuständigkeitsgesetz und das Bezirksverwaltungsgesetz von 1958[89]. Das Allgemeine Zuständigkeitsgesetz und die dazu erlassene Durchführungsverordnung enthielten eine detaillierte Zuständigkeitsabgrenzung zwischen Bezirken und Hauptverwaltung. Das Bezirksverwaltungsgesetz regelte die Zuständigkeiten und das Zusammenwirken der Bezirksorgane.

Zugleich änderte es die Grundstruktur der Bezirksverfassung im Sinne einer Entpolitisierung. Die Stellung der Deputationen wurde gestärkt; sie setzten sich aus dem zuständigen Bezirksamtsmitglied, sechs gewählten Bezirksverordneten und vier kooptierten Bürgerdeputierten zusammen und entschieden als echtes Beschlussorgan (nicht als Hilfsorgan der BVV) in allen Angelegenheiten, die nicht der Bezirksverordnetenversammlung oder dem Bezirksamt zugewiesen waren ("Zuständigkeitsvermutung"). Noch wichtiger war, dass die Amtszeit der Bezirksamtsmitglieder von vier auf sechs Jahre verlängert und damit von der Wahlperiode der BVV "abgekoppelt" wurde ("Entpolitisierung").[90] Zur nächsten größeren

---

88   Vgl. *Machalet,* Fn. 84, S. 37.
89   Bezirksverwaltungsgesetz vom 30. Januar 1958 (GVBl. S. 126).
90   Bezirksverordnetengesetz (BezVG) vom 3. Januar 1958 (GVBl. S. 156); *Machalet,* Fn. 84, S. 39, 104.

Reform mit einer weitgehend entgegengesetzten Tendenz kam es im Jahre 1971. Durch eine Verfassungsänderung wurden die Deputationen abgeschafft; als Restbestand blieb lediglich die Institution der Bürgerdeputierten in den Ausschüssen der Bezirksverordnetenversammlung erhalten. Durch die Neufassung der einschlägigen Gesetze wurde die Amtsperiode der Bezirksamtsmitglieder wieder der Wahlperiode angeglichen, also auf etwa vier Jahre beschränkt. Gleichzeitig wurde festgelegt, dass die Fraktionen der Bezirksverordnetenversammlung entsprechend ihrer Stärke an dem Bezirksamt zu beteiligen waren.[91]

Durch eine weitere Gesetzesänderung aus dem Jahre 1978 wurde das „Grundmandat" in den Ausschüssen der BVV eingeführt.

Wesentliche Änderungen brachten das verfassungsändernde Gesetz vom 6. Juli 1994[92] und das Verwaltungsreformgesetz vom 19. Juli 1994.[93] Die Neuregelungen betrafen vor allem die Kompetenzabgrenzung zwischen Hauptverwaltung und Bezirken (Abgrenzung grundsätzlich durch Gesetz, Erlass von Bebauungsplänen und Landschaftsplänen durch die Bezirksorgane), die Zuweisung von Globalsummen an die Bezirksverwaltungen im Rahmen des Haushaltsplans und verschiedene Änderungen im Bereich des Bezirksverwaltungsrechts.

Das verfassungsändernde Gesetz vom 3. April 1998[94] und die nachfolgenden einfach-gesetzlichen Regelungen[95] führten zu grundlegenden Änderungen der gesamten Verwaltungsstruktur. Die Zahl der Bezirke wurde – mit Wirkung zum 1. Januar 2001 – von 23 auf 12 herabgesetzt. Die Fachaufsicht über die Bezirke wurde abgeschafft und durch ein Eingriffsrecht der Hauptverwaltung ersetzt; zugleich wurden die Zuständigkeiten der Bezirke erheblich erweitert. Für die neuen größeren Bezirke wurde die Stärke der Bezirksverordnetenversammlung auf 55 Mitglieder und die Stärke der Bezirksämter auf einen Bezirksbürgermeister und 5 Bezirksstadträte festgesetzt.[96] Abgesehen von den Reformen mit rechtli-

---

91 Verfassungsänderung vom 24. Juni 1971 GVBl. S. 1060; § 35 Abs. 2 BezVG i. d. F. vom 5. Juli 1971 (GVBl. S. 1169). Zur politischen Vorgeschichte vgl. auch *Machalet*, Fn. 84, S. 110.

92 GVBl. 1994, S. 217.

93 GVBl. 1994, S. 241.

94 Vom 3. April 1998 (GVBl. S. 82).

95 Zweites Verwaltungsreformgesetz und Gesetz über die Verringerung der Zahl der Bezirke vom 25. Juni 1998 (GVBl. S. 177) und Gesetz zur Änderung wahlrechtlicher und bezirksverwaltungsrechtlicher Vorschriften vom 5. Juni 1998 (GVBl. S. 122).

96 Für die alten Bezirke hatte das erste Verwaltungsreformgesetz 5 Mitglieder (Bezirksbürgermeister und 4 Stadträte anstelle der bisherigen 7) vorgesehen.

chem Schwerpunkt sind die Bezirke – wie auch die Senatsverwaltungen – von den organisatorischen Maßnahmen im Rahmen der inneren Verwaltungsreform betroffen, wobei sich in § 37 BezVG und der dazu ergangenen Anlage eingehende Regelungen zu der inneren Struktur und dem Aufbau der Bezirksämter finden.

§78 Rechtsnatur der Bezirke

Nach Art. 67 Abs. 2 VvB erfüllen die Bezirke ihre Aufgaben nach den Grundsätzen der Selbstverwaltung.[97] Die Formulierung „nach den Grundsätzen" zeigt, dass es sich nicht um eine echte Selbstverwaltung im Sinne des Gemeinderechts handelt. Dies folgt daraus, dass es nach Art. 3 Abs. 2 VvB innerhalb des Landes Berlin keine weiteren Gebietskörperschaften gibt. Die Bezirke werden in § 2 Abs. 1 des Bezirksverwaltungsgesetzes[98] als „Selbstverwaltungseinheiten Berlins ohne Rechtspersönlichkeit" bezeichnet.[99] Allerdings bestimmt die Verfassung von Berlin in Art. 66 Abs. 2 S. 2 VvB, dass die Bezirke regelmäßig die örtlichen Verwaltungsaufgaben wahrnehmen. In der Interpretation des Berliner Verfassungsgerichtshofs bedeutet dies, dass die Aufgabenwahrnehmung durch die Bezirke die Regel ist und die Aufgabenwahrnehmung durch die Hauptverwaltung einer besonderen Rechtfertigung bedarf.[100] Dies entspricht auch den Detailregelungen im Allgemeinen Zuständigkeitsgesetz. Umstritten ist, ob damit eine Rechtsstellung der Bezirksorgane begründet wird, die der Allzuständigkeit (potentiellen Universalität) der Gemeinden entspricht.[101] Ein wesentlicher – grundsätzlicher – Unterschied der bezirklichen Selbstverwaltung zur Selbstverwaltung echter Gemeinden wird durch die Bestimmungen des Art. 67 Abs. 1 S. 4 VvB in Verbindung mit § 13 AZG

---

97   Bis zur Verfassungsänderung vom 3. April 1998 lautete die Formulierung, dass die Bezirke nach den Grundsätzen der Selbstverwaltung *an der Verwaltung zu beteiligen sind.*

98   Bezirksverwaltungsgesetz (BezVG) in der Fassung vom 10. November 2011 (GVBl. S. 692), zuletzt geändert durch Gesetz vom 27. August 2021 (GVBl. S. 982).

99   Zu der Diskussion über die Frage, ob es sich hierbei um eine „Dezentralisation" oder „Dekonzentration" der Berliner Verwaltung handelt, vgl. *Machalet,* Fn. 84, S. 21 ff. und die dort zitierte Literatur. Letzten Endes handelt es sich um einen Streit um Worte. Entscheidend ist, dass die Bezirksverwaltung nicht nur durch organisatorisch ausgegliederte, ortsnahe Behörden wahrgenommen wird, sondern dass die örtlichen Belange auf selbständig gewählte Organe übertragen und ggf. auch gegenüber den Interessen des Landes vertreten werden sollen.

100   VerfGHE 3 S. 28 ff.

101   Dies verneinen *Musil/Kirchner,* Das Recht der Berliner Verwaltung, 2022, Rn. 46–49 unter Berufung auf die Rechtsprechung des Berliner Verfassungsgerichtshofs, während ein großer Teil der dort zitierten Literatur es annimmt.

begründet, durch die anstelle der Fachaufsicht der Hauptverwaltung in einzelnen Angelegenheiten ein Eingriffsrecht in allen Angelegenheiten eingeführt worden ist.[102] Ein derartiges Recht der staatlichen Verwaltung gegenüber den Gemeinden in einem Flächenstaat wäre mit Art. 28 Abs. 2 S. 1 GG unvereinbar. Zur Eigenverantwortlichkeit der Gemeinden – die aus Art. 28 GG hergeleitet wird – gehört es, dass die Gemeinden im Kernbereich ihrer Tätigkeit nur an die Gesetze und nicht an Weisungen der staatlichen Exekutive gebunden sind.[103] Für die praktische Verwaltungstätigkeit unterscheiden sich die Bezirke von echten Gemeinden vor allem durch folgende Eigenschaften:[104] Sie sind keine Körperschaften oder sonstigen juristischen Personen des öffentlichen Rechts.[105] Daraus folgt auch, dass ihnen keine Dienstherrenfähigkeit zustehen kann. Verwaltungsrechtlich vertritt das Bezirksamt das Land Berlin, also nicht den jeweiligen Bezirk, in Angelegenheiten des Bezirks (§ 36 Abs. 2 lit. a BezVG); die rechtsgeschäftliche Vertretung Berlins im Aufgabenbereich der Bezirke obliegt dem zuständigen Mitglied des Bezirksamtes (§ 25 AZG).[106] Tritt das Bezirksamt in einem Verwaltungsstreitverfahren als beklagte Behörde auf, so vertritt es genauso wie bei dem Erlass von Verwaltungsakten oder bei der rechtsgeschäftlichen Vertretung die Gebietskörperschaft Berlin.

Die Bezirke haben weiterhin keine echte Etat- und Finanzhoheit, obgleich seit der Verwaltungsreform von 1994 eine Reihe von Vorschriften in Kraft getreten sind, die das Ziel haben, ihre finanzielle Selbständigkeit und Eigenverantwortung zu stärken. Nach der Verfassung (Art. 85 Abs. 2 VvB) wird ihnen im Rahmen des Haushaltsgesetzes eine Globalsumme zugewiesen, das erwirtschaftete Abschlussergebnis wird auf die Globalsumme des nächsten Jahres vorgetragen. Die Bezirksverordnetenversammlung, die vor der Verwaltungsreform nur bei der Bedarfsermittlung mitwirkte und über die Sondermittel verfügte, beschließt jetzt über den Bezirkshaushaltsplan (Art. 72 VvB). Detailregelungen finden sich im Bezirksverwaltungsgesetz (§§ 4, 12 Abs. 2 Nr. 1 BezVG) und der Landeshaushaltsordnung (§§ 13, 26a LHO).

---

102   Dies ist durch die geltende Fassung des AZG geschehen.
103   Vgl. *Musil/Kirchner*, Fn. 101, Rn. 50 ff.
104   Vgl. *Neumann* in Pfennig/Neumann, (Fn. 55), Art. 50, Rn. 13 und Art. 51, Rn. 14.
105   Ottenberg/Wolf, BezVG, § 2 Rn. 4.
106   Da Berlin nach Art. 1 Abs. 1, 3 Abs. 2 VvB ein Land und zugleich eine Stadt (d. h. eine Gemeinde) ist, wäre es auch höchst zweifelhaft, ob die Gründung von Gebietskörperschaften unterhalb der gesamtstädtischen Ebenen mit Art. 28 GG vereinbar wäre.

Diese Neuregelungen ändern aber nichts daran, dass über die Finanzmittel, die dem Bezirk zur Verfügung gestellt werden, letztlich der Landesgesetzgeber im Rahmen des Haushaltsgesetzes entscheidet und dass Einnahmen, die bei der Bezirksverwaltung anfallen, der Landeskasse und nicht einem besonderen Bezirksfiskus zufallen.

Dagegen hat das verfassungsändernde Gesetz vom 6. Juli 1994 in Verbindung mit dem Verwaltungsreformgesetz vom 19. Juli 1994 in einem anderen Punkt eine wesentliche Änderung gebracht. Bis dahin standen den Organen der Bezirksverwaltung keine legislativen Befugnisse zu.[107] Nach der neuen Rechtslage werden Bebauungspläne und Landschaftspläne grundsätzlich durch eine Rechtsverordnung in Kraft gesetzt, die das Bezirksamt nach Durchführung des gesetzlich vorgeschriebenen Verfahrens aufgrund eines Beschlusses der Bezirksverordnetenversammlung erlässt (Art. 64 Abs. 2 VvB i. V. m. § 4 AGBauBG).

Es handelt sich allerdings um eine Verordnungsermächtigung und nicht um ein Satzungsrecht, wie es einer Gemeinde oder einem Kommunalverband zusteht; trotzdem sind den Bezirksorganen jetzt zum ersten Mal echte legislative Befugnisse übertragen und ihre Rechtsstellung damit einer echten Kommunalverwaltung angenähert worden.

Auch sonst bestehen bei der Wahrnehmung der Verwaltungsaufgaben viele Aspekte, unter denen die Bezirke den Gemeinden in einem Flächenstaat ähneln. Dazu gehört vor allem die bereits erwähnte Zuständigkeitsvermutung zugunsten der Bezirksorgane (Art. 67 Abs. 2 VvB, § 4 AZG), die praktisch – wenigstens für den Bereich der örtlichen Verwaltung – einer universellen Zuständigkeit der Bezirksorgane nahekommt. Die Aufsicht über die Bezirke ist – abgesehen von dem Eingriffsrecht der Hauptverwaltung – auf die Rechtmäßigkeit des Verwaltungshandelns und die Einhaltung von Verwaltungsvorschriften beschränkt. Schließlich verfügt die Verwaltung der Bezirke – trotz fehlender Dienstherrenfähigkeit – über eine weitgehende Personalhoheit.

Da die Bezirke selbst keine Körperschaften oder sonstigen juristischen Personen des öffentlichen oder des privaten Rechts sind, kann ihnen – anders als den Gemeinden – kein subjektives Verfassungsrecht auf Selbstverwaltung zustehen. Die

---

107   Die Mitwirkungsbefugnisse der BVV bei dem Erlass von Bebauungsplänen nach altem Recht und die Geschäftsordnungshoheit der Bezirksorgane konnten allenfalls als Rudimente eines Verordnungs- oder Satzungsrechts angesehen werden.

Konstruktion Berlins als einer Einheitsgemeinde (vor allem Art. 3 Abs. 2 VvB) schließt dies aus; die Verfassungsvorschriften, die „den Bezirken" Selbstverwaltungsaufgaben zuweisen, müssen als objektive Rechtsnormen ausgelegt werden.[108] Zweifelhaft kann aber sein, ob und in welchem Umfang die Organe des Bezirks diese Normen gegenüber der Hauptverwaltung oder anderen zentralen Organen geltend machen und in einem öffentlich-rechtlichen Prozess durchsetzen können.

Für den Verfassungsgerichtshof ist diese Frage durch Art. 84 Abs. 2 Nr. 3 VvB geklärt. Den Organen der Bezirke wird eine – allerdings stark begrenzte – Klagebefugnis eingeräumt, nämlich wenn Meinungsverschiedenheiten oder Zweifel bestehen, ob die Regelung der Zuständigkeitsbereiche zwischen der Hauptverwaltung und den Bezirken durch ein Gesetz mit der Verfassung vereinbar ist. Dies reicht aber nicht aus, um die Bezirke vor einer Aushöhlung ihrer Befugnisse durch den Gesetzgeber in allen denkbaren Fällen zu schützen – etwa, wenn Aufgaben der Bezirke auf Einrichtungen der mittelbaren Landesverwaltung oder private Rechtsträger übertragen werden.

Angesichts der bewusst engen Formulierung des Art. 84 Abs. 2 Nr. 3 VvB ist es zweifelhaft, ob eine weitergehende Klagebefugnis der Bezirksorgane aus den Verfassungsvorschriften über die bezirkliche Selbstverwaltung hergeleitet werden kann.[109] Eine Kommunalverfassungsbeschwerde der Bezirksorgane (wie sie den Gemeinden nach Art. 93 Abs. 1 Nr. 4b GG zusteht) dürfte nicht in Betracht kommen. Gegen die Zulassung einer Organklage nach Art. 84 Abs. 2 Nr. 1 VvB spricht, dass es sich bei den Bezirksorganen – auch wenn „die Bezirke" durch die Verfassung mit eigenen Kompetenzen ausgestattet sind – nicht um Verfassungs- sondern um Verwaltungsorgane handelt. Allerdings spricht viel dafür, eine Organklage in analoger Anwendung des Art. 84 Abs. 2 Nr. 3 VvB (oder in extensiver Interpretation dieser Vorschrift) zuzulassen, wenn geltend gemacht wird, dass auf andere Weise die in der Verfassung (insbes. Art. 66, 67 VvB) vorgegebene Funktion der Bezirke beeinträchtigt wird.

---

108   Dies betonen *Musil/Kirchner*, Fn. 101, Rn. 31 ff. unter Hinweis auf die Entscheidungen des Berliner Verfassungsgerichtshofs in BerlVerfGH 1 S. 33 ff. und BerlVerfGH 6 S. 32 ff. Die bei Musil-Kirchner verwendete Unterüberschrift „Keine Garantie der kommunalen Selbstverwaltung" könnte allerdings irreführen, weil auch eine objektive Rechtsnorm eine (institutionelle) Rechtsgarantie begründen kann.

109   Unter diesem Gesichtspunkt hat sich der neue Verfassungstext gegenüber dem alten – der die Frage der Klagebefugnis überhaupt nicht berührte – eher zuungunsten der Bezirke ausgewirkt.

Vor den Verwaltungsgerichten kommt eine Klagebefugnis nach § 61 Nr. 1 und 2 VwGO nicht in Betracht, weil die Bezirke weder juristische Personen noch Vereinigungen sind. Eine landesrechtliche Vorschrift, durch die das Bezirksamt oder die Bezirksverordnetenversammlung generell für parteifähig erklärt wird, besteht nicht. In Betracht kommt daher nur eine Organklage; ihre Zulässigkeit hängt davon ab, ob die betreffenden Teilorgane rechtliche Interessen gegenüber der Gesamtorganisation wahrzunehmen haben.

Im Fall der Berliner Bezirke spricht viel für diese Annahme. Sinngemäß gilt hier das gleiche wie bei einem Verfahren vor dem Verfassungsgerichtshof. Der Hinweis auf die Grundsätze der (kommunalen) Selbstverwaltung in Art. 66 Abs. 2 VvB und die verfassungsrechtlich verankerten Organisationsprinzipien (Wahl einer parlamentsartigen Bezirksverordnetenversammlung) deuten darauf hin, dass die Zuweisung von Kompetenzen an die Bezirksverwaltung grundsätzlich nicht nur einer technischen Dekonzentration dienen soll, sondern auch den Zweck hat, dass die örtlichen Belange gegenüber der Zentralverwaltung wirksam wahrgenommen werden.[110] Dies spricht dafür, den Bezirksorganen eine Parteifähigkeit im Verwaltungsstreitverfahren mit der Hauptverwaltung zuzubilligen, wenn ihr Zuständigkeitsbereich betroffen ist.[111] Zur Prozessführung und zu Verfahrenshandlungen ist sowohl vor den Verwaltungsgerichten wie vor dem Verfassungsgericht in erster Linie das Bezirksamt als Behörde und Vertretungsorgan des Bezirks berufen. Eine Klagebefugnis der BVV käme nur ausnahmsweise bei einem Organstreitverfahren innerhalb eines Bezirks in Betracht.

Die Bezirksverordnetenversammlung kann dem Bezirksamt die Durchführung eines Organstreitverfahrens – oder auch eines anderen Gerichtsverfahrens – empfehlen. Wenn die Maßnahmen des Bezirksamts dem angeregten Handeln nicht oder nicht voll entsprechen, kann sie gemäß § 12 Abs. 3 BezVG eine für das Bezirksamt verbindliche Entscheidung fällen. Ersuchen oder Empfehlungen der BVV können zwar auch Einzelfragen der Prozessführung betreffen; ein Auf-

---

110 Sicher gibt es Ausnahmefälle, in denen die bezirkliche Zuständigkeit nicht der Dezentralisierung, sondern nur der Dekonzentration dient, z. B. bei der Mitwirkung bei allgemeinen Wahlen oder bei der Ausstellung von Lohnsteuerkarten. Grundsätzlich spricht die Rechtsvermutung aber dafür, dass es sich (im untechnischen Sinne) um Selbstverwaltungsangelegenheiten handelt. Eine eingehende Prüfung der Frage in jedem Einzelfall, wie sie Musil und Kirchner in ihren Fallbeispielen vornehmen, dürfte sich meistens erübrigen.

111 Ähnlich wie hier *Neumann* in Pfennig/Neumann, Verfassung von Berlin, Art. 50, 51, Rn. 15.

hebungs- oder Entscheidungsrecht der BVV kommt dabei aber schon aus praktischen Gründen nicht in Betracht. Es wäre aber auch mit der Rechtsstellung des Bezirksamts als bezirklicher Verwaltungsbehörde unvereinbar. Andererseits ist das Bezirksamt gehalten, einen Rechtsstreit, zu dem es von der BVV verpflichtet worden ist, loyal durchzuführen. Da die (partielle) Parteifähigkeit den Bezirksorganen und nicht „dem Bezirk" zusteht, wäre es auch vertretbar, zusätzlich zu dem Vertreter des Bezirksamts einen Vertreter der Bezirksverordnetenversammlung bei einem Verfahren zuzulassen.

§79 Die Mitwirkung der Einwohnerschaft

Durch Gesetz vom 7. Juli 2005[112] ist ein neuer sechster Abschnitt (§§ 40–44 BezVG) in das Bezirksverwaltungsgesetz eingefügt worden, der die Mitwirkung der Einwohnerschaft an der Bezirksverwaltung betrifft.[113]

Dabei legt die grundsätzliche Regelung des § 40 BezVG fest, dass die Mitwirkung der Einwohner ein Prinzip der Selbstverwaltung der Bezirke ist und dass die Bezirksverordnetenversammlung und das Bezirksamt die Mitwirkung der Einwohnerschaft an der Wahrnehmung der bezirklichen Aufgaben zu fördern haben. Um eine entsprechende Mitwirkung zu ermöglichen und zu fördern, enthält § 41 Abs. 1 BezVG eine generalklauselartig und sehr weit gefasste Verpflichtung der Bezirksverordnetenversammlung und des Bezirksamtes, die Einwohner über die allgemein bedeutsamen Angelegenheiten des Bezirks sowie über städtische Angelegenheiten, soweit sie den Bezirk betreffen, zu unterrichten und über ihre Mitwirkungsrechte aufzuklären. Darüber hinaus ist die Einwohnerschaft vom Bezirksamt rechtzeitig und in geeigneter Form zu unterrichten, wenn wichtige Planungen und Vorhaben des Bezirks das wirtschaftliche, soziale und kulturelle Wohl der Einwohner nachhaltig berühren (§ 41 Abs. 2 BezVG), wobei den Einwohnern auch eine Gelegenheit zur Stellungnahme gegeben werden soll. Die Vorschriften über förmliche Beteiligung oder Anhörung, beispielsweise nach dem Baugesetzbuch, bleiben unberührt.

In § 42 BezVG sind Einwohnerversammlungen vorgesehen, die von dem Bezirksverordnetenvorsteher einzuberufen sind, wenn die BVV es verlangt oder wenn ein

---

112 7. Gesetz zur Änderung des Bezirksverwaltungsgesetzes vom 7. Juli 2005 (GVBl. S. 390).
113 Vgl. hierzu auch die Darstellungen in Ottenberg/Wolf, BezVG, Vorbemerkungen zu §§ 40 ff. BezVG.

entsprechender Antrag eines Einwohners von einem Drittel der Bezirksverordneten unterstützt wird. Das Bezirksamt kann ebenfalls Einwohnerversammlungen einberufen. Auch in diesem Fall dürfte dem BVV-Vorsteher – als dem Organ mit der größeren demokratischen Legitimation – der Vorsitz der Versammlung zustehen. Beschlussbefugnisse der Einwohnerversammlung sieht das Gesetz nicht vor.

Schließlich kann die BVV gemäß § 43 BezVG Einwohnerfragestunden einrichten, in denen das Bezirksamt zu den Fragen der Einwohner Stellung nehmen muss. Die Fragestunde ist Bestandteil der öffentlichen Sitzung der BVV. Das Nähere regelt die Geschäftsordnung der BVV.

Ein zentrales Element der Einwohnerbeteiligung stellt schließlich der in § 44 BezVG verankerte „Einwohnerantrag" dar, bei dem es sich um das Recht der Einwohner des Bezirks handelt, in Angelegenheiten, zu denen die Bezirksverordnetenversammlung Beschlüsse fassen kann, Empfehlungen an die Bezirksverordnetenversammlung zu richten (§ 44 Abs. 1 BezVG). Wird ein entsprechender Antrag gestellt und erfüllt dieser die in den § 44 Abs. 2 bis 6 BezVG enthaltenen Voraussetzungen, hat hierüber die Bezirksverordnetenversammlung unverzüglich, spätestens jedoch innerhalb von zwei Monaten nach Eintrag des Antrags zu entscheiden (§ 44 Abs. 7 BezVG).

§ 80 Die Bezirksverordnetenversammlung (BVV)

I. Rechtsstellung und Bildung

Die Bezirksverordnetenversammlung (Art. 69 ff. VvB, §§ 5 ff. BezVG) ist das quasi-parlamentarische Organ des Bezirks und zugleich das oberste Beschlussorgan. Nach Art. 72 VvB übt sie die Kontrolle über die Verwaltung des Bezirks aus und beschließt den Bezirkshaushaltsplan. Allerdings steht ihr ein unbeschränktes Beschlussfassungsrecht in bezirklichen Angelegenheiten nicht zu. Gegenüber Dritten tritt die BVV nicht als Behörde auf, auch nicht in Fällen, in denen das Bezirksamt an ihre Entscheidung gebunden ist.

Zweifelhaft ist, ob die Bezirksverordnetenversammlung als örtliche Volksvertretung im Sinne von Art. 28 Abs. 1 S. 2 GG angesehen werden kann. Unmittelbar dürfte diese Vorschrift für die Bezirksverordnetenversammlung nicht gelten, weil die Bezirke weder Gemeinden noch Kreise und auch keine Gemeindeverbände im Sinne von Art. 28 Abs. 2 S. 2 GG sind.[114] Wegen der Verweisung auf die Grundsätze der kommunalen Selbstverwaltung in Art. 66 Abs. 2 VvB sind aber praktisch alle für die kommunalen Vertretungsorgane geltenden Prinzipien und Rechtssätze auch auf die Bezirksverordnetenversammlung anwendbar. Dies betrifft sowohl ihre Funktion, soweit sich aus der Rechtsnatur der Bezirke nichts anderes ergibt, als auch ihre Bildung. Insbesondere gelten für die Wahl der Bezirksverordnetenversammlungen die in Art. 28 GG aufgezählten Grundsätze der demokratischen Wahl, und zwar nicht nur für den eigentlichen Wahlakt, sondern auch für die Wahlvorbereitungen und die Aufstellung der Wahlvorschläge.[115] Gemäß § 5 Abs. 1 BezVG besteht die Bezirksverordnetenversammlung aus 55 Mitgliedern (§ 5 Abs. 1 BezVG), wobei sie zur gleichen Zeit und für die gleiche Wahlperiode wie das Abgeordnetenhaus von den Wahlberechtigten des Bezirks gewählt wird.

Die Wahl der Bezirksverordnetenversammlung selbst ist nicht im Bezirksverwaltungsgesetz, sondern im Landeswahlgesetz[116] geregelt, das in seinem Dritten Abschnitt (§§ 22 ff. LWahlG) die Wahlen zur Bezirksverordnetenversammlung regelt. Anders als bei den Wahlen zum Abgeordnetenhaus handelt es sich bei den Wahlen zur Bezirksverordnetenversammlung gemäß § 22 Abs. 1 LWahlG um ein reines (nicht personalisiertes) Verhältniswahlsystem, wobei die Zahl der Sitze, die auf jede Wahlliste entfallen, den Grundsätzen der Verhältniswahl im Höchstzahlverfahren (d'Hondt) ermittelt werden.

Die 5 %-Sperrklausel, die bisher auch für die Bezirksverordnetenversammlungen galt, musste aufgrund von zwei Entscheidungen des Berliner Verfassungsgerichtshofs mit dem Beginn der 14. Wahlperiode entfallen.[117] Sie ist durch das Gesetz zur Änderung wahlrechtlicher und bezirksverwaltungsrechtlicher Vorschriften durch eine 3 %-Sperrklausel ersetzt worden (§ 22 Abs. 2 LWahlG).

Um einer Stimmenzersplitterung entgegenzuwirken und die Arbeitsfähigkeit der Bezirksverordnetenversammlungen zu gewährleisten, hat der Gesetzgeber außerdem die Mindeststärke der BVV-Fraktionen auf 3 Mitglieder festgesetzt und das

---

114 Vgl. hierzu *Neumann* in Pfennig/Neumann, Verfassung von Berlin, Art. 54, Rn. 2. Art. 56, Rn. 1.

115 BVerfG, Beschluss vom 15. Februar 1978 – 2 BvR 134, 268/7660 – BVerfGE 47 S. 253 (273); BVerfG, Urteil vom 31. Oktober 1990 – 2 BvF 3/89 – BVerfGE 83 S. 60.

116 Landeswahlgesetz (LWahlG) vom 25. September 1987 (GVBl. S. 2370), zuletzt geändert durch Gesetz vom 4. Mai 2021 (GVBl. S. 414).

117 Urteile vom 17. März 1997, BerlVerfGH 87/95 und 90/95.

Berechnungssystem Hare-Niemeyer wieder durch das System d'Hondt ersetzt, das für kleinere Parteien tendenziell ungünstiger ist. Die Zahl der Unterstützungsunterschriften für einen Bezirkswahlvorschlag beträgt, seitdem die Zahl der Bezirke auf 12 herabgesetzt worden ist, 185 (§ 23 Abs. 4 LWahlG).

Das Wahlalter für die Wahlen zur Bezirksverordnetenversammlung ist durch verfassungsänderndes Gesetz vom 27. September 2005 und durch Änderung des Wahlgesetzes vom 11. Oktober 2005 von 18 auf 16 Jahre herabgesetzt worden (§ 1 Abs. 1 LWahlG).[118] Aktiv wahlberechtigt zu den Bezirksverordnetenversammlungen sind alle Deutschen und Unionsbürger[119], die dieses Erfordernis erfüllen, die allgemeinen Wahlrechtsvoraussetzungen erfüllen und in dem Bezirk ihre melderechtliche Wohnung – bei mehreren Wohnungen die Hauptwohnung – haben. Mindestalter für das passive Wahlrecht zur Bezirksverordnetenversammlung ist weiterhin das vollendete 18. Lebensjahr (§ 4 LWahlG). Eine Ausdehnung des BVV-Wahlrechts auf andere ortsansässige Ausländer (ohne EU-Zugehörigkeit), wie sie in der 11. Wahlperiode und in der Ostberliner Verfassung vom 11. Juli 1990 vorgesehen war, ist nach der gegenwärtigen Verfassungslage (Wortlaut Art. 28 GG) nicht möglich.

Die Wählbarkeit setzt dagegen – jedenfalls nach derzeit geltendem Recht – keine Wohnung in dem betreffenden Bezirk voraus. Es genügt, dass der Bewerber – Deutscher oder Unionsbürger – die allgemeinen Wählbarkeitsvoraussetzungen erfüllt und seit 3 Monaten seine Wohnung – ggf. die Hauptwohnung – in Berlin hat.

Über die Aufstellung der Wahlvorschläge hat eine Mitglieder- oder Delegiertenversammlung der Partei oder Wählergemeinschaft „im Bezirk" geheim abzustimmen. Die Mitglieder oder Delegierten, die sich unmittelbar an der Aufstellung der Bezirkswahlvorschläge beteiligen, müssen zu diesem Zeitpunkt in Berlin wahlberechtigt sein.

Wahlvorschläge für die Bezirksverordnetenversammlungen können gemäß § 23 Abs. 1 LWahlG nicht nur von politischen Parteien, sondern auch von Wähler-

---

118 Verfassungsänderung: GVBl. S. 494; Änderung des Wahlgesetzes: GVBl. S. 534. Diese Änderungen wirken sich indirekt auch auf das Recht zur Teilnahme an einem Bürgerbegehren und einem Bürgerentscheid aus.

119 Ausländer, die die Staatsangehörigkeit eines Mitgliedstaates der Europäischen Union besitzen.

vereinigungen eingereicht werden,[120] deren Wirkungskreis sich auf einen Bezirk beschränkt (sogenannte „Rathausparteien"). Auch die Wählervereinigungen unterliegen bei der Aufstellung ihrer Wahlvorschläge den im Art. 28 GG verankerten allgemeinen Wahlrechtsgrundsätzen, den Bestimmungen des Landeswahlgesetzes und der Landeswahlordnung.[121] Nach Art. 70 VvB endet mit der Wahlperiode des Abgeordnetenhauses auch die der Bezirksverordnetenversammlungen.

§ 5 BezVG bestimmt außerdem, dass die Bezirksverordnetenversammlungen zur gleichen Zeit und für die gleiche Wahlperiode gewählt werden wie das Abgeordnetenhaus. Die Identität gilt also nicht nur für das Ende, sondern auch für den Beginn der Wahlperiode. In Verbindung mit Art. 54 S. 2 VvB bedeutet dies, dass die neugewählten Bezirksverordnetenversammlungen vor Zusammentritt des neugewählten Abgeordnetenhauses keine Amtshandlungen vornehmen können.

Die Identität der Wahlperioden gilt auch für den Fall, dass die Wahlperiode des Abgeordnetenhauses gemäß Art. 54 Abs. 2 oder 3 VvB durch Parlamentsbeschluss oder durch Volksentscheid vorzeitig beendet wird. Dagegen kann die Bezirksverordnetenversammlung selbst nach § 5 Abs. 2 BezVG weder durch eigenen Beschluss noch durch Volksentscheid (zu ergänzen ist: auf Bezirksebene) aufgelöst werden.[122]

II. Organe der Bezirksverordnetenversammlung

Als Organe der Bezirksverordnetenversammlung sind vorgesehen:

- Der Bezirksverordnetenvorsteher, sein Stellvertreter und die übrigen Mitglieder des Vorstands (§ 7 BezVG),

---

120 Im Bereich der kommunalen Selbstverwaltung kann das Wahlvorschlagsrecht nicht auf politische Parteien im Sinne des Parteiengesetzes beschränkt werden (BVerfG, Beschluss vom 12. Juli 1960 – 2 BvR 373, 442/60 – BVerfGE 11 S. 266). Dieser Grundsatz gilt mindestens wegen der in Artikel 67 Abs. 2 VvB enthaltenen Verweisung auf die Grundsätze der Selbstverwaltung auch für die Berliner Bezirke. In früheren Fassungen des Landeswahlgesetzes (bis zum ÄnderungsG vom 19. November 1974 (GVBl. S. 2729)) war allerdings auch auf Bezirksebene ein Nominierungsmonopol der politischen Parteien vorgesehen.

121 § 23 Abs. 2 LWahlG; zur Notwendigkeit einer demokratischen Kandidatennominierung auch bei Vertretungsorganen unterhalb der Gemeindeebene: BVerwGE a. a. O.

122 Eine abweichende Regelung galt für die Bezirksverordnetenversammlungen, die zum Zeitpunkt der Wiedervereinigung im Amt waren. Ihre Wahlperiode endete nicht mit der Wahlperiode des am 29. Januar gewählten Abgeordnetenhauses (also am 11. Januar 1991) sondern am 30. Juni 1992. Vgl. Teil I.

- der Ältestenrat (§ 9 Abs. 1 BezVG),

- die Ausschüsse (§ 9 Abs. 1 BezVG),

- der Ausschuss für Partizipation und Integration (§ 32 BezVG),

- der Jugendhilfeausschuss (§ 33 BezVG i. V. m. § 2 des Berliner Gesetzes zur Ausführung des Kinder- und Jugendhilfegesetzes – AGJWG),

- die Fraktionen (§ 5a Abs. 3 BezVG)[123],

- Bezirksverordnete, wenn sie Anträge stellen, Anfragen an das Bezirksamt richten oder von ihrem Akteneinsichtsrecht nach § 11 Abs. 2 BezVG Gebrauch machen.

1) Der Bezirksverordnetenvorsteher

Der Bezirksverordnetenvorsteher, sein Stellvertreter und die übrigen Mitglieder des Vorstandes werden nach § 7 Abs. 1 BezVG von der Bezirksverordnetenversammlung aus ihrer Mitte für die Dauer der Wahlperiode gewählt. Eine Abwahl ist im Gesetz nicht vorgesehen. Die Bezirksverordnetenversammlung kann die Amtszeit des Vorsitzenden vorzeitig beenden, indem sie einen neuen Vorsitzenden wählt;[124] dies gilt sinngemäß auch für andere Mitglieder des Vorstands, wie beispielsweise den stellvertretenden Vorsitzenden.

Die Amtszeit eines Vorstandsmitglieds endet auch, wenn es aus der Bezirksverordnetenversammlung ausscheidet oder – unter Aufrechterhaltung seines BVV-Mandats – als Vorstandsmitglied zurücktritt.

Nach Ablauf der Wahlperiode für die alte Bezirksverordnetenversammlung führt der Vorsteher die Geschäfte bis zum Zusammentritt der neugewählten Bezirksverordnetenversammlung weiter (§ 7 Abs. 3 BezVG). Den Vorsitz in der ersten Sitzung führt bis zur Wahl des Vorsitzenden das älteste Mitglied.

Der Bezirksverordnetenvorsteher vertritt die Bezirksverordnetenversammlung nach § 7 Abs. 2 BezVG in allen Angelegenheiten. Das heißt, dass er ihre Rechte insbesondere gegenüber den anderen Organen des Bezirks – praktisch also gegenüber dem Bezirksamt – geltend zu machen hat. Nach außen, also gegenüber

---

123 In der Fassung des Änderungsgesetzes vom 7. Juli 2005 (GVBl. S. 390).
124 *Machalet*, Die Berliner Bezirksverwaltung, S. 119 Fn. 127; a.A. *Neumann* in Pfennig/Neumann, Verfassung von Berlin, Art. 56, Rn. 2.

Bürgern und gegenüber Landesorganen, die nicht zur Bezirksverwaltung gehören (insbesondere der Hauptverwaltung), werden die Entscheidungen der Bezirksverordnetenversammlung im allgemeinen vom Bezirksamt vertreten. Etwas anderes gilt nur bei Entscheidungen, die ausschließlich der Bezirksverordnetenversammlung obliegen, insbesondere bei Wahlen (§ 16 BezVG) sowie bei Konflikten zwischen der Bezirksverordnetenversammlung und Bezirksamt, zum Beispiel bei Beanstandungsfällen.

Das BezVG enthält – ebenso wie die Verfassung von Berlin für das Abgeordnetenhaus – keine ausdrückliche Bestimmung über die Zahl der Vorstandsmitglieder, allerdings lässt sich aus dem Wortlaut des § 7 Abs. 1 BezVG und dem hier verwendeten Plural ablesen, dass mindestens 4 Personen dem Vorstand angehören sollen.[125] In der Regel wird sich die Zahl der Vorstandsmitglieder aus der Geschäftsordnung ergeben, die sich die Bezirksverordnetenversammlung selbst gibt; wobei neben dem Vorsitzenden ein stellvertretender Vorsitzender im BezVG vorgesehen ist. Die Geschäftsordnungen der Bezirksverordnetenversammlungen sehen zumeist einen oder mehrere Schriftführer bzw. einen Schriftführer und einen oder mehrere stellvertretende Schriftführer als Mitglieder des Vorstandes vor; zum Teil auch „weitere Vorstandsmitglieder".

Auch wenn das Gesetz keinen konkreten Hinweis zum Vorsitz in den Plenarsitzungen enthält, wird diese Position grundsätzlich von dem Bezirksverordnetenvorsteher und im Falle seiner Verhinderung von seinem Stellvertreter ausgeübt. Die Geschäftsordnungen der Bezirksverordnetenversammlungen enthalten nähere Regelungen über seine Aufgaben und seine Vertretung. In einigen Fällen ist vorgesehen, dass bei Abwesenheit des Vorstehers und seines Stellvertreters auch der Schriftführer oder sein Vertreter den Vorsitz führen können.

2) Der Ältestenrat

Der Ältestenrat (§ 9 Abs. 1 BezVG) ist kein Ausschuss der Bezirksverordnetenversammlung; er unterliegt daher auch nicht den Vorschriften des BezVG, die die Zusammensetzung der Ausschüsse regeln.[126] Die Mitgliederzahl, die Wahl der Mitglieder und die Funktionen des Ältestenrats sind weitgehend der Geschäftsordnung der Bezirksverordnetenversammlung überlassen. Im allgemeinen setzt er sich aus dem Bezirksverordnetenvorsteher und seinem Stellvertreter sowie aus

---

125 *Ottenberg/Wolf*, Praxiskommentar zum Berliner Bezirksverwaltungsrecht, § 5 Rn. 1.
126 *Ottenberg/Wolf*, Praxiskommentar zum Berliner Bezirksverwaltungsrecht, § 9 Rn. 2.

einer von der Bezirksverordnetenversammlung zu bestimmenden Anzahl von Mitgliedern zusammen, die von den Fraktionen entsprechend ihrer Stärke (nach dem System d'Hondt oder Hare-Niemeyer) entsandt werden.[127] Er unterstützt nach übereinstimmenden Regelungen in allen Geschäftsordnungen den Vorsteher bei der Führung seiner Geschäfte, tritt im allgemeinen vor jeder Sitzung zusammen, dient der Verständigung zwischen den Fraktionen, insbesondere soweit es den Arbeitsplan der Bezirksverordnetenversammlung betrifft, und schlägt den Verteilungsschlüssel für die Besetzung der Ausschüsse und der Ausschussvorsitzenden vor.

3) Die Ausschüsse der Bezirksverordnetenversammlung

Die Ausschüsse – mit Ausnahme des Jugendhilfeausschusses – sind im Gegensatz zu den Deputationen, die in früheren Fassungen der VvB und des BezVG vorgesehen waren, keine Beschlussorgane mit eigener Zuständigkeit. Sie wirken bei der Erfüllung der Aufgaben der Bezirksverordnetenversammlung mit, was bedeutet, dass sie Beschlüsse der Bezirksverordnetenversammlung vorbereiten und die BVV bei der Kontrolle der Bezirksverwaltung unterstützen (§ 17 BezVG).

Bei der Bildung der Ausschüsse und der Abgrenzung ihrer Zuständigkeiten ist die Bezirksverordnetenversammlung weitgehend selbständig. Die früher vorgesehene Beschränkung der ständigen Ausschüsse auf 9 im Gesetz vorgeschriebene Geschäftsbereiche und die Unterscheidung von ständigen und nicht ständigen Ausschüssen sind entfallen. Auch die Beteiligung von Bürgerdeputierten an den Ausschüssen ist nicht mehr zwingend vorgeschrieben, sondern der Bezirksverordnetenversammlung freigestellt.

Untersuchungsausschüsse sind nicht vorgesehen, jedoch können Sonderausschüsse zur Untersuchung bestimmter Vorgänge gebildet werden; diesen stehen aber die Rechte eines parlamentarischen Untersuchungsausschusses (z. B. Vorladung und Vernehmung von Zeugen) nicht zu.[128] Die Bildung von Unterausschüssen ist nach dem BezVG nicht vorgesehen.

---

127 Einige Geschäftsordnungen sehen vor, dass Fraktionen, die nach dem Stärkeverhältnis keinen Sitz erhalten, jeweils durch ein Mitglied im Ältestenrat vertreten werden. Es ist nicht vorgeschrieben, wird aber weitgehend als zweckmäßig angesehen, dass die Fraktionen ihre Vorsitzenden in den Ältestenrat entsenden.

128 *Neumann* in Pfennig/Neumann, Verfassung von Berlin, Art. 56, Rn. 8, und Art. 57, Rn. 6.

Nach Art. 73 Abs. 2 VvB i. V. m. § 9 Abs. 1 BezVG können den Ausschüssen neben Bezirksverordneten auch Bürgerdeputierte angehören. Dafür sieht § 9 Abs. 1 BezVG vor, dass zusätzlich zu den Bezirksverordneten bis zu sechs Bürgerdeputierte gewählt werden können, wobei jedoch die Bezirksverordneten die Mehrheit bilden müssen. Bis zur Änderung des Bezirksverwaltungsgesetzes von 1989 war die Beteiligung von Bürgerdeputierten zwingend vorgeschrieben. Nach § 20 BezVG handelt es sich um sachkundige Bürger, die stimmberechtigt an der Arbeit der Ausschüsse der Bezirksverordnetenversammlung teilnehmen. In der Praxis spielen allerdings zumeist politische Gesichtspunkte eine größere Rolle als die Sachkunde; oft handelt es sich um BVV-Kandidaten, die nicht bzw. noch nicht in die Bezirksverordnetenversammlung nachgerückt sind und von den Fraktionen als Bürgerdeputierte benannt werden.

Das Wahlverfahren ist in § 21 BezVG geregelt. Die Fraktionen benennen nicht nur Bürgerdeputierte, sondern auch Nachrücker, die die Funktion übernehmen, wenn der bisherige Bürgerdeputierte seine Funktion verliert – zumeist, weil er als Bezirksverordneter in die Bezirksverordnetenversammlung nachrückt. Im Gegensatz zu Bezirksverordneten brauchen die Bürgerdeputierten nicht in Berlin wahlberechtigt zu sein; es ist daher auch möglich, dass Personen, die nicht die deutsche Staatsangehörigkeit haben, diese Funktion übernehmen. Dies ist seit der Neufassung des Bezirksverwaltungsgesetzes 1989 ausdrücklich klargestellt (§ 20 S. 2 BezVG).

Die Zusammensetzung der BVV-Ausschüsse ergibt sich aus § 9 Abs. 1 und 2 BezVG. Die Größe der Ausschüsse soll regelmäßig auf höchstens 17 Bezirksverordnete begrenzt werden, vorbehaltlich der Ausnahmen, die für den Ausschuss für Partizipation und Integration (§ 32 BezVG) sowie den Jugendhilfeausschuss (§ 33 BezVG) bestehen. In den Ausschüssen erhält jede Fraktion mindestens einen Sitz („Grundmandat"). Die Verteilung der Ausschusssitze einschließlich der Sitze der Bürgerdeputierten wird insgesamt zwischen den Fraktionen nach den Mehrheits- und Stärkeverhältnissen in der Bezirksverordnetenversammlung vereinbart; kommt eine Vereinbarung nicht zustande, so entscheidet die Bezirksverordnetenversammlung nach den vorstehenden Grundsätzen. Das heißt, dass die oben genannten Höchstzahlen nicht überschritten werden und die Zusammensetzung der Ausschüsse den Mehrheits- und Stärkeverhältnissen in der Bezirksverordnetenversammlung entsprechen sollen.

Vor der Novellierung des Bezirksverwaltungsgesetzes im Jahre 1989 war vorgesehen, dass nach Zuteilung der Grundmandate so viele Mitglieder (Bezirksverordnete und Deputierte) in die Ausschüsse zu entsenden waren, bis die Mehrheitsverhältnisse in den Ausschüssen denen in der Bezirksverordnetenversammlung entsprachen. Dies hatte sich als unpraktisch erwiesen, weil unter Umständen Mammutausschüsse gebildet werden mussten; Zudem blieb unklar, ob und mit welcher Genauigkeit die rechnerischen Mehrheitsverhältnisse oder die politischen Stärkeverhältnisse zu Grunde zu legen waren.

Auch die derzeitige Formulierung der Vorschrift schafft allerdings keine vollständige Klarheit. Fest steht, dass die Entscheidung über die Verteilung der Ausschusssitze der Bezirksverordnetenversammlung zusteht, wenn zwischen den Fraktionen keine Vereinbarung zustande kommt, wobei die Bezirksverordnetenversammlung aber an die in § 9 Abs. 1 und 2 BezVG verankerten Grundsätze gebunden ist. Zweifel können aber dahingehend bestehen, welcher Grundsatz den Vorrang genießt (Begrenzung der Mitgliederzahl, Mehrheitsverhältnisse oder Stärkeverhältnisse) und in welchem Umfang die Entscheidung der Bezirksverordnetenversammlung im Wege der Bezirksaufsicht oder durch die Verwaltungsgerichte überprüft werden kann.

Im Konfliktfall ist nach dem – insoweit eindeutigen – Gesetzeswortlaut zunächst jeder Fraktion ein Grundmandat zu gewähren. An die Mehrheits- und Stärkeverhältnisse der Bezirksverordnetenversammlung ist im Rahmen der in § 9 Abs. 1 S. 3 BezVG vorgesehenen Begrenzung der Mitgliederzahl u. U. nur eine Annäherung möglich, wobei dem Gesichtspunkt der Mehrheit das größere Gewicht zukommen dürfte.[129] Obgleich Sollvorschriften im öffentlichen Recht weitgehend wie zwingende Vorschriften behandelt werden, dürften es der Wortlaut („soll regelmäßig") und der Sinn des Gesetzes es auch zulassen, die Höchstzahl von 17 Mitgliedern in Ausnahmefällen geringfügig – etwa um ein oder zwei Mitglieder – zu überschreiten, wenn dadurch eine wesentlich bessere Annäherung an die genannten Zielgrößen erreicht wird.[130] Die Ausschussmitglieder werden nicht von der Bezirksverordne-

---

129 So auch die von der Senatsverwaltung für Inneres herausgegebenen „Rechtlichen Hinweise für die Tätigkeit von Bezirksverordnetenversammlung und Bezirksamt".

130 Fraktionslosen Bezirksverordneten steht seit der Verwaltungsreform von 1998 eine Teilnahme mit Rede- und Antragsrecht – ohne Stimmrecht – in mindestens einem Ausschuss ihrer Wahl zu. Dies gilt nicht für den Jugendhilfeausschuss. Das Nähere regelt die Geschäftsordnung (§ 9 Abs. 6 BezVG).

tenversammlung gewählt, sondern von den Fraktionen in die Ausschüsse entsandt. Sie können von den Fraktionen ausgetauscht werden; ändern sich die Mehrheitsverhältnisse durch Parteiaustritt oder Parteiwechsel während der Wahlperiode, so muss auch die Zusammensetzung der Ausschüsse neu berechnet werden.

Für die Ausschüsse und den Ältestenrat gilt die Geschäftsordnung der Bezirksverordnetenversammlung sinngemäß. Die Ausschüsse, nicht aber der Ältestenrat, tagen grundsätzlich öffentlich, soweit nicht die Geschäftsordnung für bestimmte Ausschüsse wegen der Besonderheit ihrer Aufgaben etwas Abweichendes bestimmt oder die Öffentlichkeit vom Ausschuss selbst ausgeschlossen wird.

Nach § 9 Abs. 4 BezVG können die Ausschüsse sachkundige Personen hinzuziehen; das Anhören von Sachverständigen ist nur durch Beschluss des Ausschusses mit Zustimmung des Bezirksverordnetenvorstehers zulässig.

Jeder Bezirksverordnete ist berechtigt, an den Sitzungen aller Ausschüsse als Gast teilzunehmen. Mit Zustimmung des Ausschusses kann ihm das Wort erteilt werden (§ 9 Abs. 5 BezVG). Ihm steht jedoch in diesem Fall kein Antrags- oder Stimmrecht und kein Anspruch auf Sitzungsgeld zu.

4) Der Ausschuss für Partizipation und Integration

Der Ausschuss für Partizipation und Integration (§ 32 BezVG – ehemals „Integrationsausschuss") ist zuständig für Angelegenheiten, die nicht nur unerhebliche Auswirkungen auf die Partizipation, Integration und gleichberechtigte Teilhabe von Personen mit Migrationsgeschichte i. S. d. § 3 Abs. 1 des Partizipationsgesetzes[131] haben. Gemäß § 32 Abs. 2 BezVG gehören dem Ausschuss für Partizipation und Integration neun Bezirksverordnete sowie sechs Bürgerdeputierte i. S. d. § 20 BezVG als Mitglieder an und steht ihm ein Anhörungsrecht zu, wenn in der Bezirksverordnetenversammlung über eine Angelegenheit entschieden wird, die den Aufgabenbereich des Ausschusses betrifft.

Ergänzt wird die Tätigkeit des Ausschusses für Partizipation und Integration durch Bezirksbeiräte für Partizipation und Integration, die auf der Grundlage des § 19 Partizipationsgesetz in jedem Bezirk gebildet werden und die das Bezirksamt in allen Fragen der Partizipation, der Integration und gleichberechtigten Teilhabe von Menschen mit Migrationsgeschichte beraten und unterstützen (§ 19 Abs. 1 PartMiG).

---

131   Gesetz zur Förderung der Partizipation in der Migrationsgesellschaft des Landes Berlin (Partizipationsgesetz) vom 5. Juli 2021 (GVBl. S. 842).

5) Der Kinder- und Jugendhilfeausschuss

Der auf § 33 BezVG beruhende Kinder- und Jugendhilfeausschuss (früher Jugendwohlfahrtsausschuss) ist zugleich der Ausschuss der Bezirksverordnetenversammlung für den „Geschäftsbereich Jugend" des Bezirksamts. Im Gegensatz zu den anderen Ausschüssen der Bezirksverordnetenversammlung stehen ihm aber eigene Beschlusskompetenzen nach dem 8. Buch Sozialgesetzbuch (SGB VIII) zu. Er ähnelt in seinen Befugnissen und seiner Zusammensetzung den Deputationen des früheren Bezirksverwaltungsrechts. Trotzdem ist er der Bezirksverordnetenversammlung insoweit untergeordnet, als er Entscheidungen nur im Rahmen der von ihr gefassten Beschlüsse treffen kann. Seine Zusammensetzung ist in § 35 des Berliner Ausführungsgesetzes zum Kinder- und Jugendhilfegesetz (AG KJHG)[132] geregelt. Als stimmberechtigte Mitglieder gehören ihm an:

1. neun Bezirksverordnete,

2. sechs Bürgerdeputierte, davon mindestens drei Personen aus dem Bereich freien Träger der Jugendarbeit.

Außerdem gehören ihm als beratende Mitglieder an:

1. das für den Geschäftsbereich Jugend zuständige Mitglied des Bezirksamtes,

2. der leitende Fachbeamte der Verwaltung des Jugendamtes,

3. eine in der Mädchenarbeit erfahrene Frau,

4. eine in der Arbeit mit behinderten Kindern und Jugendlichen erfahrene Person,

5. eine Person zur Vertretung des Bezirkselternausschusses der Kindertagesstätten,

6. je eine Person zur Vertretung der Evangelischen Kirche, der Katholischen Kirche, der Jüdischen Gemeinde und der freigeistigen Verbände und

7. bis zu drei weitere Personen aus der Jugendhilfe und sachverwandten Bereichen.

132 Gesetz zur Ausführung des Kinder- und Jugendhilfegesetzes, zur Unterstützung von Familien und zur Förderung der Beteiligung und Demokratiebildung junger Menschen und Familien (Jugendhilfe-, Familien- und Jugendfördergesetz – AG KJHG) In der Fassung vom 27. April 2001 (GVBl. S. 134), zuletzt geändert durch Gesetz vom 27. August 2021 (GVBl. S. 995).

Eine Vergrößerung des Ausschusses über diese Mitgliederzahl hinaus ist nicht zulässig, trotzdem gilt auch bei seiner Zusammensetzung der Anspruch der Fraktionen auf ein Grundmandat und die gesetzliche Zielvorgabe, dass die Mehrheits- und Stärkeverhältnisse denen der Bezirksverordnetenversammlung entsprechen sollen. Im Konfliktfall kommt dabei einer Gleichheit der Mehrheitsverhältnisse der Vorrang zu.

Der Jugendhilfeausschuss ist Bestandteil des Jugendamtes. Abgesehen von der Erörterung aktueller Problemlagen, der Jugendhilfeplanung und der Förderung der freien Jugendhilfe hat er Beschlussrecht in Angelegenheiten der Jugendhilfe im Rahmen der von der Vertretungskörperschaft bereitgestellten Mittel und der von ihr gefassten Beschlüsse. Er soll vor jeder Beschlussfassung der Vertretungskörperschaft in Fragen der Jugendhilfe und vor der Berufung eines Leiters des Jugendamtes gehört werden und hat das Recht, an die Vertretungskörperschaft Anträge zu stellen. Die Bewilligung von Mitteln und der Erlass von Rechtsvorschriften („Satzungen") ist in Berlin nicht Sache der Bezirksverordnetenversammlungen, sondern des Abgeordnetenhauses bzw. des Senats als Verordnungsgeber. Innerhalb des dadurch geschaffenen Rahmens kann aber auch die Bezirksverordnetenversammlung verbindlich Beschlüsse im Bereich der Jugendwohlfahrtspflege fassen, wobei der Jugendhilfeausschuss entsprechend den Vorschriften des Gesetzes einzuschalten ist. § 37 des AG KJHG sieht außerdem die Bildung eines Landesjugendausschusses vor.

„Verwaltung des Jugendamtes" im Sinne des Kinder- und Jugendhilfegesetzes ist die für den Geschäftsbereich Jugend zuständige Abteilung des Bezirksamtes. Sie bildet zusammen mit dem Jugendhilfeausschuss „das Jugendamt". Die Verwaltung des Jugendamtes wird in Ämter gegliedert. Die Einzelheiten werden nach Maßgabe des § 34 AG KJHG durch Organisationsrichtlinien der für Jugend und Familie zuständigen Senatsverwaltung geregelt.

6) Die Fraktionen der Bezirksverordnetenversammlung

Die Bildung von Fraktionen der Bezirksverordnetenversammlung ist in § 5a BezVG geregelt. Eine Fraktion besteht aus mindestens drei Mitgliedern der Bezirksverordnetenversammlung, die derselben Partei oder Wählergemeinschaft angehören oder auf demselben Wahlvorschlag gewählt worden sind. Hierdurch ist klargestellt, dass die Parteien und die Wählergemeinschaften auch Kandidaten in ihre Wahlvorschläge aufnehmen können, die der betreffenden Organisation nicht angehören und dass diese Kandidaten, wenn sie gewählt sind, als vollwertige Mitglieder an der Fraktionsarbeit teilnehmen können. Dabei dürfte als ungeschriebene Voraussetzung für den Fraktionsstatus zu fordern sein, dass die Bezirksverordneten, die die Voraussetzungen erfüllen, ihren Willen, eine Fraktion zu bilden bzw. sich der Fraktion anzuschließen, in irgendeiner Weise zu erkennen geben. Eine besondere Rechtsform ist dafür aber nicht vorgeschrieben.[133] Die beiden Voraussetzungen – Zugehörigkeit zu derselben Partei oder Wählergemeinschaft und Wahl auf demselben Wahlvorschlag – können alternativ erfüllt werden. Scheidet ein Bezirksverordneter aus seiner politischen Organisation aus,[134] so kann er theoretisch weiter Mitglied der Fraktion bleiben, weil er auf demselben Wahlvorschlag gewählt wurde. Will er die Fraktion wechseln, so kann er dagegen die volle Mitgliedschaft in der neuen Fraktion erst erwerben, wenn er der anderen Partei beigetreten ist. Bis zu diesem Zeitpunkt kann er dort nur „hospitieren". Spaltet sich eine Fraktion, so können zwei oder mehrere neue Fraktionen gebildet werden, wenn ihnen jeweils mindestens drei Bezirksverordnete angehören, die auf demselben Wahlvorschlag gewählt wurden oder derselben (ggf. neu gegründeten) Partei oder Wählergemeinschaft angehören.[135] Lösen sich eine Partei oder Wählergemeinschaft auf, so kann die Fraktion bis zum Ende der Wahlperiode fortbestehen.[136] Die Fraktionen sind entsprechend ihrer Stärke nicht nur an der Besetzung der Ausschüsse und an der Besetzung des Bezirksamtes zu beteiligen. Sie erhalten auch einen ihrer Stärke entsprechenden Anteil an den Stellen des BVV-Vorstandes und der Ausschussvorsitzenden (§ 9 Abs. 2 und 3 BezVG). Diese Vorschrift begründet aber nur einen Anspruch auf eine bestimmte quantitative Beteiligung und nicht auf den Vorsitz in bestimmten Ausschüssen.

Einzelne Bezirksverordnete können ebenfalls als Organe der Bezirksverordnetenversammlung fungieren, und zwar in inneren Angelegenheiten des Gremiums, wenn sie Anträge stellen (§ 11 Abs. 1 BezVG), vor allem aber gegenüber dem Bezirksamt. Ihre Befugnisse sind insoweit durch die Neufassung des § 11 Abs. 1 und

---

133 Sie kann aber in der Geschäftsordnung der Bezirksverordnetenversammlung verankert werden.
134 Etwa infolge eines Parteiordnungsverfahrens oder auch auf Grund einer eigenen Entscheidung.
135 Dies gilt auch, wenn Angehörige mehrerer bestehender Fraktionen eine neue gründen wollen. Voraussetzung ist in diesem Fall aber, dass sie einer – bestehenden oder neuen – Partei oder Wählergemeinschaft beitreten, die die gesetzlichen Erfordernisse (Parteiengesetz, Wahlgesetz) erfüllt.
136 Etwas anderes kann sich bei der Auflösung einer Partei durch das Bundesverfassungsgericht aus dem Urteil ergeben.

2 BezVG im Gesetz vom 7. Juli 2005[137] erweitert worden. § 11 Abs. 1 BezVG enthält jetzt in Satz 2 die – an sich selbstverständliche – Feststellung, dass das Bezirksamt verpflichtet ist, die Anfragen von Bezirksverordneten zu beantworten.[138] In § 11 Abs. Abs. 2 BezVG wird den Bezirksverordneten gegenüber dem Bezirksamt ein Recht auf Akteneinsicht eingeräumt. Diese darf nur verweigert werden, wenn ein dringendes öffentliches Interesse oder schutzwürdige Belange ihr entgegenstehen sowie bei Angelegenheiten, bei denen der betreffende Bezirksverordnete von der Mitwirkung ausgeschlossen ist. Sowohl die Anfrage wie die Akteneinsicht dient – ähnlich wie bei einem Mitglied des Abgeordnetenhauses – der Information der Bezirksverordnetenversammlung und nicht dem individuellen Informationsbedürfnis des Bezirksverordneten.[139]

III. Das Verfahren der Bezirksverordnetenversammlung – Geschäftsordnung

Das Verfahren der Bezirksverordnetenversammlung ist vor allem in § 8 BezVG sowie auch in § 6 BezVG in seinen Grundzügen geregelt. Die Einzelheiten sind den Geschäftsordnungen überlassen, die sich jede Bezirksverordnetenversammlung selbst gibt. Sie kann mit der Mehrheit von zwei Dritteln ihrer Mitglieder beschließen, dass über die Geschäftsordnung und Änderungen der Geschäftsordnung ebenfalls nur mit Zweidrittelmehrheit entschieden werden kann.[140] Nach der Neufassung des § 8 Abs. 1 BezVG vom 7. Juli 2005 sind auch die Mitglieder des Bezirksamts hinsichtlich ihrer Teilnahme an den Sitzungen und der Beantwortung von Anfragen an die Geschäftsordnung der Bezirksverordnetenversammlung gebunden.[141] Die Bezirksverordnetenversammlung tagt grundsätzlich öffentlich; die Öffentlichkeit kann auf Antrag eines Fünftels der Mitglieder durch Mehrheitsbeschluss ausgeschlossen werden (§ 8 Abs. 6 BzVwG). Die Sitzungen

---

137 GVBl. S. 390.

138 Zu ergänzen wäre „wahrheitsgemäß".

139 Dies bedeutet allerdings nicht, dass der Bezirksverordnete in jedem Fall verpflichtet ist, dem Plenum, einem Ausschuss oder auch nur seiner Fraktion unaufgefordert über die Akteneinsicht zu berichten. Wenn daran ein Interesse besteht, kann das betreffende Organ der Bezirksverordnetenversammlung ein Mitglied oder mehrere Mitglieder mit einer Akteneinsicht und Berichterstattung beauftragen.

140 § 8 Abs. 1 BezVG i. d. F. des Änderungsgesetzes vom 7. Juli 2005 (GVBl. S. 390).

141 Damit geht die Befugnis der Bezirksverordnetenversammlung über eine reine Geschäftsordnungsautonomie hinaus und entfaltet eine Außenwirkung, die einem Satzungsrecht nahekommt.

werden vom Bezirksverordnetenvorsteher nach Bedarf, mindestens aber in jedem zweiten Monat einberufen; sie sind unverzüglich einzuberufen, wenn ein Fünftel der Bezirksverordneten oder das Bezirksamt es fordert (§ 6 Abs. 2 und 3 BzVwG). Die Bezirksverordnetenversammlung ist beschlussfähig, wenn mehr als die Hälfte der Mitglieder anwesend ist. Die Beschlussfähigkeit gilt als gegeben, bis das Gegenteil auf Antrag festgestellt wird. Ist eine Angelegenheit wegen Beschlussunfähigkeit zurückgestellt worden, so ist die Bezirksverordnetenversammlung in der nächsten Sitzung in dieser Angelegenheit ohne Rücksicht auf die Zahl der Erschienenen beschlussfähig. In der Einladung zur zweiten Sitzung muss darauf ausdrücklich hingewiesen werden (§ 8 Abs. 2 und 3 BezVG). Die Beschlussfassung erfolgt mit einfacher Mehrheit, soweit Verfassung oder Gesetz nichts anderes vorschreiben. Stimmenthaltungen werden bei der Feststellung der Beschlussfähigkeit, nicht aber bei der Ermittlung der Stimmenmehrheit berücksichtigt (§ 8 Abs. 4 und 5 BezVG).

Bis zur Wahl des Bezirksverordnetenvorstehers führt in der ersten Sitzung das älteste Mitglied den Vorsitz (§ 6 Abs. 1 BezVG).

IV. Aufgaben und Zuständigkeiten der Bezirksverordneten-versammlung

Die Zuständigkeiten der Bezirksverordnetenversammlung ergeben sich im wesentlichen aus der Verfassung von Berlin (Art. 69, 72, 73, 74, 76 VvB) und aus dem Bezirksverwaltungsgesetz (§§ 12 bis 17 BezVG). Sie lassen sich einteilen in die Grundlinienkompetenz, Entscheidungsbefugnisse, Initiativrechte, Kontrollrechte und Wahlbefugnisse.[142] Außer den in der Verfassung von Berlin und dem Bezirksverwaltungsgesetz aufgezählten Kompetenzen können ihr durch andere Gesetze, unter Umständen auch durch staatliche Organisationsakte weitere Befugnisse übertragen werden.

1) Allgemeine Aufgaben und Kompetenzen

Nach § 12 Abs. 1 BezVG bestimmt die Bezirksverordnetenversammlung die Grundlinien der Verwaltungspolitik des Bezirkes im Rahmen der Rechtsvorschriften und der vom Senat oder seinen Mitgliedern erlassenen Verwaltungsvor-

---

142 Vgl. auch die Aufzählung bei *Machalet,* Fn. 84., S. 124 ff.

schriften (Grundlinienkompetenz).[143] Der Umfang dieser Befugnis ist im Gesetz nicht näher bestimmt, wobei sich aus dieser Festlegung keine Befugnis der Bezirksverordnetenversammlung zum Erlass verbindlicher Verwaltungsvorschriften für die Bezirksverwaltung herleiten lässt. Im wesentlichen konkretisiert sich die Grundlinienkompetenz daher in dem Recht, Verwaltungshandeln durch Empfehlungen und Ersuchen an das Bezirksamt anzuregen und diese nach § 13 Abs. 2 BezVG in Verbindung mit § 12 Abs. 3 BezVG durchzusetzen sowie die Geschäfte des Bezirksamts zu kontrollieren.

Die Bezirksverordnetenversammlung kann – außer in Personalangelegenheiten (§ 13 Abs. 1 S. 3 BezVG) – Empfehlungen und Ersuchen an das Bezirksamt richten (Initiativrecht). Der Unterschied zwischen Empfehlungen und Ersuchen wird im Gesetz nicht näher definiert. Bei Ersuchen kommt der Anordnungscharakter stärker zum Ausdruck. Die Mittel zur Durchsetzung sind in beiden Fällen die gleichen.

Für Empfehlungen und Ersuchen ist es nicht erforderlich, dass sie sich auf eine Verwaltungsaufgabe des Bezirks beziehen. Auch in Angelegenheiten, die für den Bezirk von Bedeutung sind, deren Erledigung aber nicht in die bezirkliche Zuständigkeit fällt, ist eine Initiative der Bezirksverordnetenversammlung möglich, wobei in diesem Fall nach dem Gesetzestext nur in Form einer Empfehlung. Das Bezirksamt setzt sich bei den zuständigen Stellen für die Verwirklichung der Empfehlung ein und unterrichtet die Bezirksverordnetenversammlung über das Ergebnis (§ 13 Abs. 3 BezVG). Diese Möglichkeit darf aber nicht benutzt werden, um die verfassungsmäßige Kompetenzordnung des Bundes und des Landes zu umgehen. Ein allgemeines politisches Mandat kann die Bezirksverordnetenversammlung auch aus dem Initiativrecht nicht herleiten.[144] Zweifelhaft ist, ob und inwieweit durch das Initiativrecht der Bezirksverordnetenversammlung eine

---

143 Vgl. hierzu *Machalet*, Fn. 84, S. 124 ff., *Neumann* in Pfennig-Neumann, Verfassung von Berlin, 1987, Art. 56, Rn. 5

144 *Vgl. Neumann* in Pfennig-Neumann, Fn. 143, Art. 56, Rn. 6. Dass den Gemeinden und Gemeindeverbänden ein allgemein-politisches Mandat nicht zusteht, ist inzwischen durch höchstrichterliche Rechtsprechung geklärt; die dort entwickelten Grundsätze gelten auch für das Selbstverwaltungsrecht der Bezirke. Ein Recht der kommunalen Vertretungsorgane, z. B. zu Fragen der Außenpolitik oder der Verteidigungspolitik Stellung zu nehmen, besteht nur, wenn es sich um Maßnahmen handelt, durch die die betreffende Körperschaft unmittelbar betroffen wird, z. B. also bei militärischen Aktivitäten und Einrichtungen auf dem Gebiet der Gemeinde.

Kooperationspflicht von Behörden außerhalb der Bezirksverwaltung begründet wird. Soweit es sich um Berliner Behörden handelt, ist dies anzunehmen;

§ 13 Abs. 3 BezVG bindet als Berliner Gesetz nicht nur die Bezirksverwaltung, sondern die gesamte Berliner Landesverwaltung. Dies bedeutet nicht, dass die Empfehlungen der Bezirksverordnetenversammlung gegenüber Behörden außerhalb der Bezirksverwaltung verbindlich wären, jedoch sind diese Behörden verpflichtet, soweit keine schwerwiegenden Belange entgegenstehen, den Bezirksorganen Auskünfte zu erteilen und negative Entscheidungen zu begründen.

Gegenüber dem Bezirksamt können Ersuchen und Empfehlungen der Bezirksverordnetenversammlung dagegen im Rahmen des § 12 Abs. 3 BezVG durchgesetzt werden.

Nach Art. 72 VvB in Verbindung mit § 12 Abs. 1 S. 2 BezVG kontrolliert die Bezirksverordnetenversammlung die Führung der Geschäfte des Bezirksamtes und hat insoweit eine Kontrollkompetenz. Die Einzelheiten sind in § 17 BezVG geregelt. Nach § 17 Abs. 1 BezVG kann die Bezirksverordnetenversammlung feststellen, ob gegen die Führung der Geschäfte Einwendungen zu erheben sind.[145] Das Bezirksamt muss einem mit der Kontrolle befassten Ausschuss Auskünfte erteilen und Einsicht in Akten gewähren. Eine Ausnahme gilt nur, wenn das Bezirksamt durch Beschluss feststellt, dass das Bekanntwerden dem Wohle des Bundes oder eines deutschen Landes Nachteile bereiten würde. Für die Einsichtnahme in Personalakten gelten die dienstrechtlichen Vorschriften.[146]

2) Entscheidungsbefugnisse der Bezirksverordnetenversammlung

Die Entscheidungsbefugnisse der Bezirksverordnetenversammlung ergeben sich im Wesentlichen aus § 12 Abs. 2 BezVG. Man kann zwischen speziellen und allge-

---

145 Das Erfordernis, dass eine Behandlung in einem Ausschuss der Bezirksverordnetenversammlung vorangegangen sein musste, ist durch die Novellierung des Gesetzes von 1989 entfallen.
146 Nach *Machalet*, Die Berliner Bezirksverwaltung, S. 130 sind die Kontrollmittel der Bezirksverordnetenversammlung in § 17 Abs. 2 BezVG abschließend aufgezählt. Dies ist sicher insoweit richtig, als den Ausschüssen der Bezirksverordnetenversammlung kein weitergehendes Recht zur Beweiserhebung (z.B. Ortsbesichtigungen in geschlossenen Räumen der Bezirksverwaltung oder Befragung von Dienstkräften des Bezirksamtes ohne dessen Einwilligung) zusteht. Dagegen dürfte es der BVV und ihren Ausschüssen freistehen, sich im Rahmen der Kontrolle allgemein zugängliches Material (z.B. durch Ortsbesichtigung an allgemein zugänglichen Orten oder durch freiwillige Auskünfte von Bürgern) zu beschaffen.

meinen Entscheidungsbefugnissen unterscheiden. Als spezielle Entscheidungsbefugnisse sind vorgesehen:

– Zustimmung zum Bezirkshaushaltsplan und die Genehmigung über- und
   außerplanmäßiger Ausgaben:
   Der Bezirkshaushaltsplan wird im Rahmen der Globalsumme, die dem Bezirk gemäß Art. 85 VvB, § 4 BezVG, § 26a LHO zugewiesen wird, von der
   Bezirksverordnetenversammlung beschlossen (§§ 12 Abs. 2 Nr. 1 BezVG,
   § 26a, 37 LHO). Er wird vom Senat ungeändert an das Abgeordnetenhaus
   weitergeleitet (§ 30 S. 2 LHO) und tritt in Kraft, sobald er vom Abgeordnetenhaus als Teil des (Landes-) Haushaltsplans verabschiedet worden ist.[147]
   In diesen Zusammenhang gehört auch die Entscheidung zur bezirklichen
   Anmeldung zur Investitionsplanung (§ 12 Abs. 4 Nr. 8 BezVG).

– Zustimmung zu Rechtsverordnungen zur Festsetzung von Bebauungsplänen, Landschaftsplänen sowie anderen baurechtlichen und naturschutzrechtlichen Akten (§ 12 Abs. 2 Nr. 4 BezVG i. V. m. den Vorschriften des
   AGBauBG und des Berliner Naturschutzgesetzes). Die betreffenden Rechtsakte, die in den Flächenstaaten in Form von Satzungen ergehen, werden vom
   Bezirksamt nach Zustimmung der Bezirksverordnetenversammlung durch
   Rechtsverordnung festgesetzt.[148] In diesen Zusammenhang gehören auch
   die Entscheidung über eine Bereichsentwicklungsplanung nach dem AG-
   BauGB und über Anträge des Bezirks zur Änderung des Flächennutzungs-
   plans (§ 12 Abs. 2 Nr. 11 BezVG).

– Die Zustimmung über Betriebssatzungen der Eigenbetriebe (§ 12 Abs. 2 Nr. 6
   BezVG i. V. m. § 2 Abs. 1 S. 2 EigenbetriebsG), zum Erwerb und zur Veräußerung
   von Beteiligungen an privatrechtlichen Unternehmen (§ 12 Abs. 2 Nr. 7 i.V.m.
   § 65 Abs. 7 LHO) zur Errichtung, Übernahme und Auflösung bezirklicher Einrichtungen oder ihre Übertragung an andere Träger (§ 12 Abs. 2 Nr. 12 BezVG).

147 Bis zur Verwaltungsreform 1994 ermittelte die Bezirksverordnetenversammlung nur den
     jährlichen Finanzbedarf des Bezirks als Unterlage für den Haushaltsplan. Der von der Bezirks-
     verordnetenversammlung verabschiedete Entwurf diente dem Senat (Senatsverwaltung für
     Finanzen) als Grundlage für den Entwurf des Haushaltsplans, der dem Abgeordnetenhaus
     zugeleitet wurde.

148 Vor der Verwaltungsreform 1994 wurde der Bebauungsplan nach Zustimmung der BVV vom
     zuständigen Senatsmitglied erlassen. In Streitfällen konnte die Zustimmung der BVV durch
     eine Zustimmung des Abgeordnetenhauses ersetzt werden.

- Die Zustimmung zu Grenzberichtigungen.

  Kleinere Grenzberichtigungen sind nach § 1 Abs. 2 BezVG in Verbindung mit Art. 4 Abs. 2 S. 3 VvB durch eine Rechtsverordnung des Senats möglich, der die Bezirksverordnetenversammlungen der betroffenen Bezirke ihre Zustimmung erteilen müssen.

- Die Verwendung von Sondermitteln.

- Sonstige Entscheidungsbefugnisse. Nach § 12 Abs. 2 Nr. 13 BezVG entscheidet die BVV schließlich über Angelegenheiten, die ihr durch besondere Rechtsvorschrift zugewiesen sind.

Außer den speziellen Entscheidungsbefugnissen sieht § 12 BezVG in Abs. 3 ein allgemeines Entscheidungsrecht der Bezirksverordnetenversammlung vor, das allerdings nur unter zwei alternativen Voraussetzungen besteht:

Entweder muss die Behandlung der betreffenden Angelegenheit Gegenstand einer Kontrolle (§ 17 BezVG) durch die Bezirksverordnetenversammlung gewesen sein oder es muss eine Maßnahme des Bezirksamts vorliegen (bzw. geplant sein), die einem Ersuchen oder einer Empfehlung der Bezirksverordnetenversammlung nicht voll entspricht (§ 13 Abs. 2 BezVG).

In diesen Fällen kann die Bezirksverordnetenversammlung Entscheidungen des Bezirksamts aufheben und selbst entscheiden. Ausgenommen von dieser Möglichkeit sind nach § 12 Abs. 3 S. 3 BezVG:

- Einzelpersonalangelegenheiten,

- der Erwerb und die Veräußerung von Grundstücken,

- die ärztlich, zahnärztlich und tierärztlich bestimmten Tätigkeiten,

- Die Durchführung und Sicherung der Erfüllung der Schulpflicht, sowie

- Ordnungsangelegenheiten.[149]

---

149 Ergänzungsvorschläge, die darauf gerichtet waren, das Entscheidungsrecht der BVV nicht nur bei Ordnungsangelegenheiten, sondern bei allen Bezirksaufgaben unter Fachaufsicht auszuschließen, sind mit Fortfall der Fachaufsicht über die Bezirke gegenstandslos geworden.

3) Wahlbefugnisse der Bezirksverordnetenversammlung

Die Wahlbefugnisse der Bezirksverordnetenversammlung sind in § 16 BezVG zusammengefasst. Zu den wichtigsten Aufgaben der Bezirksverordnetenversammlung gehört die Wahl der Mitglieder des Bezirksamtes sowie der Bürgerdeputierten im Sinne des § 21 BezVG. Darüber hinaus obliegt der Bezirksverordnetenversammlung die Wahl aller ehrenamtlich tätigen Bürger, soweit ihre Wahl den Bezirken zusteht und keine abweichenden Regelungen bestehen (§ 16 Abs. 1 lit. c BezVG), der Vertreter und Stellvertreter im Verwaltungsrat von Eigenbetrieben (§ 16 Abs. 1 lit. d BezVG i.V.m. § 6 Abs. 2 S. 1, Abs. 5 S. 2 Eigenbetriebsgesetz Berlin) sowie der Patientenfürsprecher im Sinne des § 30 Abs. 1 Landeskrankenhausgesetz).

Durch Spezialgesetze können der Bezirksverordnetenversammlung weitere Wahlbefugnisse übertragen werden, z. B. zum Beirat in Sozialhilfeangelegenheiten (§ 34 AZG). Im übrigen ist in § 16 Abs. 2 BezVG unter weitgehender Verweisung auf andere Rechtsvorschriften auch aufgezählt, welche von der Bezirksverordnetenversammlung zu wählenden Amtsträger vorzeitig abberufen werden können.

Die Wahl des BVV-Vorstandes und des Ältestenrates sowie die Bildung der Ausschüsse ist nicht in § 16 BezVG, sondern in den §§ 7 und 9 BezVG geregelt.

4) Sonstige Befugnisse der Bezirksverordnetenversammlung

Wie andere Staatsorgane kann auch die Bezirksverordnetenversammlung zu Fragen, in denen ihr keine gesetzliche Kompetenz zusteht, durch *Meinungsäußerungen* oder *Resolutionen* Stellung nehmen. Dieses Recht wird aber dadurch begrenzt, dass der Bezirksverwaltung insgesamt – ebenso wie der Gemeindeverwaltung in den Flächenstaaten – kein allgemeinpolitisches Mandat zusteht. Die Bezirksverordnetenversammlung darf auch durch Meinungsäußerungen und Resolutionen nicht in den verfassungsmäßigen Zuständigkeitsbereich anderer Staatsorgane des Bundes oder des Landes eingreifen. Dies gilt insbesondere für Resolutionen mit außenpolitischem oder verteidigungspolitischem Inhalt.

Umstritten ist – wie auch bei Gemeinderäten und ähnlichen Vertretungskörperschaften – die Frage, ob Anträge, deren Annahme eindeutig gegen die verfassungsmäßige Kompetenzverteilung verstoßen würde, nicht auf die Tagesordnung zu setzen sind oder ob die rechtswidrige Resolution erst nach ihrer Annahme im Wege der Beanstandung oder der Bezirksaufsicht aufzuheben ist.

V. Anwesenheit der Bezirksamtsmitglieder; Beanstandungsrecht

Nach § 14 BezVG ist das Bezirksamt zu den Sitzungen der Bezirksverordneten-versammlung und ihrer Ausschüsse einzuladen, die Bezirksverordnetenversamm-lung und ihre Ausschüsse können die Anwesenheit von Bezirksamtsmitgliedern fordern. Nach § 8 Abs. 1 BezVG[150] sind die Mitglieder des Bezirksamts hinsicht-lich ihrer Anwesenheit an die Geschäftsordnung der Bezirksverordnetenver-sammlung gebunden. Die Bezirksamtsmitglieder unterstehen in den Sitzungen der Ordnungsgewalt des BVV-Vorstehers. Der Bezirksbürgermeister oder sein Vertreter können vor Eintritt in die Tagesordnung, unabhängig von den Gegen-ständen der Beratung, das Wort ergreifen. Den Mitgliedern des Bezirksamtes ist auf Verlangen jederzeit zu den Punkten der Tagesordnung das Wort zu erteilen.

Verstößt ein Beschluss der Bezirksverordnetenversammlung gegen Rechtsvor-schriften, Verwaltungsvorschriften oder eine Eingriffsentscheidung, so ist das Bezirksamt verpflichtet, den Beschluss innerhalb von zwei Wochen unter Angabe der Gründe zu beanstanden. Die Beanstandung hat aufschiebende Wirkung, die Bezirksverordnetenversammlung kann binnen eines Monats die Entscheidung der Aufsichtsbehörde beantragen.[151] Der Antrag ist dem zuständigen Senatsmit-glied über das Bezirksamt zuzuleiten. Die Entscheidung ergeht nach Anhörung beider Seiten (§ 18 BezVG).

Das für die Bezirksaufsicht zuständige Senatsmitglied kann das Bezirksamt darauf hinweisen, dass rechtswidrige Beschlüsse der Bezirksverordnetenversammlung vorliegen und auf diese Weise auf eine Beanstandung hinwirken. Ein Weisungs-recht der Aufsichtsbehörde, durch das das Bezirksamt zur Beanstandung ver-pflichtet werden könnte, besteht nicht. Die Befugnisse, die der Aufsichtsbehörde im Rahmen der Bezirksaufsicht zustehen, sind im Bezirksverwaltungsgesetz ab-schließend aufgezählt. Damit hat die Aufsichtsbehörde ausreichende Möglichkei-ten, rechtswidrige Beschlüsse der Bezirksverordnetenversammlung außer Kraft zu setzen (Aufhebungsrecht, Weisungsrecht, Ersatzbeschlussfassungsrecht), ohne dass das Verfahren nach § 18 BezVG durchgeführt zu werden braucht.

---

150 I. d. F. des Änderungsgesetzes vom 7. Juli 2005 (GVBl. S. 390).
151 Auch wenn die Beanstandung damit begründet wird, dass eine Entscheidung der Bezirksver-ordnetenversammlung gegen einen Eingriffsakt der Hauptverwaltung verstößt, entscheidet also die Bezirksaufsicht und nicht die fachlich zuständige Senatsverwaltung.

§ 81 Das Bezirksamt, Organisation der Bezirksverwaltung

I. Die Rechtsstellung des Bezirksamtes

Das Bezirksamt ist die Verwaltungsbehörde des Bezirks (§ 36 BezVG), die das Land Berlin in Angelegenheiten des Bezirks vertritt. Dabei bestehen zwei wesentliche strukturelle Unterschiede zwischen Hauptverwaltung und Bezirksverwaltung:

So ist das Bezirksamt zunächst eine kollegiale Verwaltungsbehörde. Die Bezirksamtsmitglieder, die Abteilungen und die Ämter des Bezirksamts sind keine selbständigen Behörden.[152] Gleichwohl leitet nach Art. 75 Abs. 2 S. 3 VvB jedes Bezirksamtsmitglied seinen Geschäftsbereich in eigener Verantwortung, wobei diese Regelung im Grunde nur für das Innenverhältnis der Bezirksamtsmitglieder zum Bezirksamtskollegium von Bedeutung ist und nicht im Gegensatz zu den Bestimmungen des Art. 74 Abs. 2 VvB und der §§ 34 ff. BezVG ändert. Nach § 38 Abs. 2 BezVG führen die Bezirksamtsmitglieder die Geschäfte in ihrem Geschäftsbereich im Namen des Bezirksamts. Das Bezirksamtskollegium kann sich die Erledigung einzelner Geschäfte und einzelner Gruppen von Geschäften vorbehalten.

Darüber hinaus ist das Bezirksamt grundsätzlich die einzige allzuständige Behörde für die Bezirksverwaltung. Unterhalb des Bezirksamts bestehen auf Bezirksebene lediglich zwei Arten von Einrichtungen mit eigenen Zuständigkeiten, nämlich die auf Bezirksebene errichteten Eigenbetriebe und die nicht rechtsfähigen Anstalten. Zu den nicht rechtsfähigen Anstalten gehören die Schulen, für die allerdings nur noch eine Restzuständigkeit der Bezirke besteht. Die bezirkliche Zuständigkeit im Krankenhausbereich ist mit der Privatisierung der früheren staatlichen Krankenhäuser entfallen.

II. Zusammensetzung des Bezirksamts

Das Bezirksamt besteht aus dem Bezirksbürgermeister und 5 Bezirksstadträten, von denen einer zugleich zum stellvertretenden Bezirksbürgermeister gewählt wird. Die Mitglieder werden von der Bezirksverordnetenversammlung für die Dauer der Wahlperiode gewählt.

---

152 Dies gilt allerdings nicht für den Bereich des Datenschutzrechts, weil dort ein funktionaler und nicht ein organisatorischer Behördenbegriff zugrunde gelegt wird.

Nach § 34 Abs. 1 S. 2 BezVG beginnt die Amtszeit – und damit die rechtliche Handlungsfähigkeit – des neugebildeten Bezirksamts, sobald der Bezirksbürgermeister und 4 weitere Mitglieder gewählt sind.[153] Die Mitglieder sind von diesem Zeitpunkt an zu Beamten auf Zeit zu ernennen. Das fehlende Mitglied ist unverzüglich nachzuwählen.

Nach § 35 Abs. 2 BezVG soll das Bezirksamt auf Grund von Wahlvorschlägen der Fraktionen entsprechend ihrem nach dem Höchstzahlverhältnis (d'Hondt) berechneten Stärkeverhältnis in der Bezirksverordnetenversammlung gebildet werden. Diese Sollvorschrift ist nach der Intention der bei ihrer Verabschiedung beteiligten politischen Parteien und nach der verwaltungsgerichtlichen Rechtsprechung praktisch als Mussvorschrift zu interpretieren.

Bei der Wahl des Bezirksbürgermeisters sind gemeinsame Wahlvorschläge mehrerer Fraktionen zulässig, die dann als Wahlvorschlag einer Fraktion gelten. Auf diese Weise kann die stärkste Fraktion von der Besetzung dieses Amtes ausgeschlossen werden; der gemeinsame Wahlvorschlag ist auf die Wahlvorschlagsrechte der beteiligten Fraktion anzurechnen. Der Bezirksbürgermeister und sein Stellvertreter sind nach der verwaltungsgerichtlichen Rechtsprechung in einem einheitlichen Wahlgang zu wählen.

Obgleich allen Parteien und Wählergemeinschaften, die in der Bezirksverordnetenversammlung mit genügender Stärke vertreten sind, eine entsprechende Anzahl von Sitzen im Bezirksamt zusteht, werden die Bezirksmitglieder nicht (wie die Mitglieder der BVV-Ausschüsse) von den Fraktionen entsandt, sondern von der Bezirksverordnetenversammlung gewählt. Andererseits ist ein Wahlvorschlag der betreffenden Fraktion Voraussetzung für die Wahl.[154] Eine Aufstellung von

---

153 Vor der Verwaltungsreform 1994 war das Bezirksamt erst gebildet und rechtlich handlungsfähig, wenn alle Mitglieder (nach damaligem Recht der Bezirksbürgermeister und sechs weitere Mitglieder) gewählt waren.

154 Die Zulässigkeit dieser Regelung ist inzwischen nicht mehr umstritten; die Gemeindeordnung von Schleswig-Holstein sieht in den §§ 64, 65 ein ähnliches Verfahren für die Wahl der Magistratsmitglieder vor. Zweifelhaft ist dagegen, ob die bestehende Regelung zweckmäßig ist. Wenn die Fraktionen einen Anspruch haben sollen, entsprechend ihrer Stärke an dem Bezirksamt beteiligt zu werden, so wäre es zweckmäßiger, dass die Bezirksamtsmitglieder direkt von den Fraktionen entsandt oder – wie die Ausschussvorsitzenden – nach den Grundsätzen der Verhältniswahl gewählt werden. Eine Verhältniswahl sieht z. B. die niedersächsische Gemeindeordnung (§ 56 i. V. m. § 51 für den Verwaltungsausschuss) und die hessische Gemeindeordnung (§ 55 für die ehrenamtlichen Mitglieder der Gemeindevorstände) vor.

Gegenkandidaten durch nicht vorschlagsberechtigte Fraktionen ist unzulässig. Das kann dazu führen, dass die von einer Fraktion vorgeschlagenen Kandidaten von der BVV-Mehrheit abgelehnt werden. Weigert sich die betreffende Fraktion, andere Kandidaten zu präsentieren, so kann dies – obgleich hierüber keine ausdrückliche Bestimmung besteht – dazu führen, dass sie ihr Recht auf Beteiligung am Bezirksamt verwirkt. Die dadurch freigewordene Bezirksstadtratsstelle ist dann von einer anderen Fraktion zu besetzen, die nach dem d'Hondtschen Höchstzahlverfahren zu ermitteln ist. Präsentiert die betreffende Fraktion dagegen weitere Kandidaten und weigern sich die Mehrheitsfraktionen beharrlich, einen von ihnen zu wählen, so kann dies als ein Versuch gewertet werden, die Bestimmung des § 35 Abs. 2 BezVG zu umgehen. Dagegen müsste unter Umständen mit den Mitteln der Bezirksaufsicht vorgegangen werden. Es brauchte bisher noch nicht entschieden zu werden, ob in diesem Fall der Senat befugt wäre, das betreffende Bezirksamtsmitglied im Wege der Ersatzbeschlussfassung (§ 13 AZG) zu ernennen.

Eine Verletzung der Bestimmungen über die Bildung des Bezirksamts kann von den dadurch benachteiligten Fraktionen im Wege der kommunalen Organklage vor den Verwaltungsgerichten angefochten werden.[155]

III. Aufgaben des Bezirksamts

Dem Bezirksamt obliegt insbesondere die Vertretung des Landes Berlin in Angelegenheiten des Bezirks (§ 36 Abs. 2 lit. a) BezVG) und die Wahrnehmung der Angelegenheiten, für die nicht die Zuständigkeit der Bezirksverordnetenversammlung begründet ist (§ 36 Abs. 2 lit. g) BezVG); es ist Dienstbehörde für die Beamten, Angestellten und Arbeiter des Bezirks (§ 36 Abs. 2 lit. h) BezVG). Soweit keine Zuständigkeit der Hauptverwaltung besteht, erlässt es – nach Zustimmung der Bezirksverordnetenversammlung – die Rechtsverordnungen zur Festsetzung von Landschaftsplänen, naturschutzrechtlichen Veränderungssperren, Bebauungsplänen und anderen baurechtlichen Akten, für die in Flächenstaaten eine Satzung notwendig ist (§ 36 Abs. 2 lit. c) BezVG). Wenn die Voraussetzungen des § 18 BezVG vorliegen, ist es verpflichtet, Beschlüsse der Bezirksverordnetenversammlung zu beanstanden (§ 36 Abs. 2 lit. f) BezVG). Weitere Aufgaben sind in § 36 Abs. 2 BezVG aufgezählt.

---

155   *Srocke*, Bezirksverwaltungsgesetz von Berlin, 1975, zu § 35 BezVG.

IV. Rechtsstellung der Bezirksamtsmitglieder

Nach dem Gesetz über die Rechtsverhältnisse der Bezirksamtsmitglieder[156] werden diese unverzüglich nach ihrer Wahl zu Beamten auf Zeit ernannt. Sie werden außerhalb einer regelmäßigen Dienstlaufbahn berufen; die Geltung beamtenrechtlicher Vorschriften ist für sie eingeschränkt (§ 1 Abs. 2 BAMG). Zum Bezirksamtsmitglied darf nur gewählt werden, wer die erforderliche Sachkunde und allgemeine Berufserfahrung vorweist (§ 1 Abs. 3 BAMG); dieses Erfordernis ist jedoch nicht näher definiert. Das Bezirksamtsmitglied muss das 27. Lebensjahr vollendet und darf bei seiner Wahl das 57. Lebensjahr noch nicht vollendet haben; dies gilt nicht für Personen, die unmittelbar vorher Mitglieder eines Bezirksamts waren.

Die Amtszeit läuft bis zum Ende des 55. Monats nach dem ersten Zusammentritt des Abgeordnetenhauses. Hat zu diesem Zeitpunkt die Amtszeit des neuen Bezirksamts noch nicht begonnen – z. B., weil die Neuwahl noch nicht abgeschlossen ist, so nehmen die bisherigen Bezirksamtsmitglieder ihre Aufgaben mit vollen Rechten und Pflichten bis zur Neubildung wahr.[157] Bei vorzeitiger Beendigung der Wahlperiode endet die Amtszeit mit dem vierten Monat nach dem Beschluss des Abgeordnetenhauses oder der Bekanntgabe des Volksentscheides.

Bezirksamtsmitglieder können während der Wahlperiode von der Bezirksverordnetenversammlung mit Zweidrittelmehrheit abgewählt werden (§ 35 Abs. 3 BezVG). Die Vereinbarkeit dieser Regelung mit den hergebrachten Grundsätzen des Berufsbeamtentums und dem Beamtenrechtsrahmengesetz des Bundes ist heute nicht mehr umstritten.[158] Da die Bezirksamtsmitglieder Beamte mit Dienst-

---

156 Gesetz über die Rechtsverhältnisse der Bezirksamtsmitglieder (Bezirksamtsmitgliedergesetz – BAMG) in der Fassung vom 1. April 1985 (GVBl. S. 958), zuletzt geändert durch Gesetz vom 13. Oktober 2010 (GVBl. S. 464).

157 Nach früheren Fassungen des Gesetzes wurden die Bezirksamtsmitglieder für die Zeit bis zum Ende der zwei Monate nach dem Monat ernannt, in dem die normale (vierjährige) Wahlperiode endete. (Fassung des Gesetzes bis zum Änderungsgesetz vom 17. April 1984, GVBl. S. 600.) Damit war zwar praktisch sichergestellt, dass sie ihre Aufgaben bis zum Amtsantritt des neuen Bezirksamtes wahrnehmen konnten, die Regelung hatte aber die Konsequenz, dass in erheblichem Umfang zusätzliche Gehälter an Mitglieder des alten Bezirksamts gezahlt werden mussten, nachdem das neue Bezirksamt bereits gebildet war.

158 Vgl. hierzu auch *Machalet*, (Fn. 84), S. 144 ff. Landesrechtliche Regelungen, nach denen kommunale Wahlbeamte (also auch die Berliner Bezirksamtsmitglieder) abgewählt werden können, sind mit dem Beamtenrechtsrahmengesetz des Bundes und den in Art. 33 GG verankerten hergebrachten Grundsätzen des Berufsbeamtentums vereinbar.

bezügen in der Bezirksverwaltung sind, können sie grundsätzlich nicht gleichzeitig Mitglieder der Bezirksverordnetenversammlung sein. Eine Ausnahmeregelung gilt für die Übergangszeit zwischen dem Beginn der Wahlperiode und ihrer bisherigen Amtszeit, längstens bis zur Ernennung nach ihrer Wiederwahl in das Bezirksamt desselben Bezirks. Auf diese Weise können sie an der ersten BVV-Sitzung und damit an der Neuwahl des Bezirksamts teilnehmen und, wenn sie nicht wieder in das Bezirksamt gewählt werden, in der Bezirksverordnetenversammlung weiterarbeiten.

Mit einem Mandat im Abgeordnetenhaus ist die Funktion eines Bezirksamtsmitglieds unvereinbar.

V. Geschäftsordnung des Bezirksamts; Bezirksamtskollegium und Bezirksamtsmitglieder

§ 36 Abs. 3 BezVG bestimmt, in welchen Fällen das Bezirksamt als Kollegium tätig werden muss. Dies ist der Fall bei Vorlagen an die Bezirksverordnetenversammlung, der Beanstandung von Beschlüssen der Bezirksverordnetenversammlung, der Verteilung der Geschäftsbereiche unter den Mitgliedern des Bezirksamts und der Entscheidung über Meinungsverschiedenheiten zwischen Mitgliedern des Bezirksamts. Bei Widerspruchsentscheidungen gegen Verwaltungsakte der Bezirksverwaltung entscheidet es grundsätzlich als Kollegium, jedoch kann die Entscheidung auf das zuständige Mitglied übertragen werden. In Sozialhilfeangelegenheiten ist nach § 34 AZG bei einem ablehnenden Widerspruchsbescheid die Mitwirkung des Beirats für Sozialhilfeangelegenheiten erforderlich.[159] Für einige Aufgaben der Bezirksverwaltung ist die Entscheidung über den Widerspruch der zuständigen Senatsverwaltung vorbehalten. Das Bezirksamt kann sich im Übrigen die Erledigung einzelner Geschäfte oder einzelner Gruppen von Geschäften vorbehalten (§ 38 Abs. 2 S. 2 BezVG). In allen übrigen Fällen führen die Bezirksamtsmitglieder in ihrem Geschäftsbereich die Geschäfte im Namen des Bezirksamts (§ 38 Abs. 1 S. 2 BezVG. Die Bediensteten der Bezirksverwaltung werden im Rahmen ihrer Zeichnungsbefugnis für die Behörde „Bezirksamt" tätig.

Das Bezirksamt gibt sich eine Geschäftsordnung (§ 36 Abs. 1 S. 2 BezVG).

---

159 Der Beirat für Sozialhilfeangelegenheiten übt die in § 116 SGB XII vorgesehenen beratenden Funktionen aus. Er besteht aus drei Bezirksverordneten, einem Vertreter der Gewerkschaften und drei Vertretern von Vereinigungen, die Hilfsbedürftige betreuen. Die Mitglieder werden von der Bezirksverordnetenversammlung für die Dauer von zwei Jahren gewählt (§ 34 AZG).

Der Bezirksbürgermeister führt den Vorsitz im Bezirksamt; bei Stimmengleichheit gibt seine Stimme den Ausschlag. An den Sitzungen des Bezirksamts nimmt der Leiter des Rechtsamts oder sein Vertreter mit beratender Stimme teil. Er muss die Befähigung zum Richteramt nach dem Gerichtsverfassungsgesetz besitzen (§ 34 Abs. 3 BezVG). Der Bezirksbürgermeister übt die Dienstaufsicht über die Bezirksstadträte aus; die Aufsicht über den Bezirksbürgermeister steht dem Regierenden Bürgermeister zu.

Verstößt ein Beschluss des Bezirksamts gegen Rechtsvorschriften, Verwaltungsvorschriften oder gegen eine Eingriffsentscheidung der Hauptverwaltung, so ist der Bezirksbürgermeister vergleichbar dem Bezirksamt gegenüber der Bezirksverordnetenversammlung verpflichtet, den Beschluss binnen zwei Wochen unter Angabe der Gründe zu beanstanden. Das Bezirksamt kann binnen zwei Wochen eine Entscheidung der Bezirksaufsicht[160] beantragen (§ 39 Abs. 4 BezVG).

Für die Pflicht des Bezirksbürgermeisters, rechtswidrige Beschlüsse des Bezirksamts zu beanstanden und für die Einflussmöglichkeiten, die der Hauptverwaltung in diesem Zusammenhang zustehen, gilt sinngemäß das gleiche wie bei dem Beanstandungsrecht des Bezirksamts gegenüber rechtswidrigen Beschlüssen der Bezirksverordnetenversammlung (§ 18 BezVG).

VI. Die Organisation und Zuständigkeiten der Bezirksverwaltung

Die Bezirksverwaltung – mit Ausnahme der Schulen und etwaiger anderer nicht rechtsfähiger Anstalten sowie bezirklicher Eigenbetriebe – ist eine einheitliche Behörde.[161] Ihre innere Gliederung ist in § 37 BezVG und der hierzu ergangenen Anlage 1 geregelt, die – anders als bei der Hauptverwaltung – eine detaillierte Struktur der Bezirksverwaltung und der von den einzelnen Bereichen zu erledigenden Aufgaben vorgibt.

Nach § 37 Abs. 1 BezVG in Verbindung mit der Anlage 1 gliedert sich „das Bezirksamt" und damit die Bezirksverwaltung zunächst in insgesamt 6 „Geschäftsbereiche", denen jeweils bestimmte Aufgabenstellungen zugewiesen sind, die von

---

160 Wie bei der Beanstandung eines BVV-Beschlusses entscheidet die Bezirksaufsicht also auch, wenn die Beanstandung damit begründet wird, dass gegen die Eingriffsverwaltung eines anderen Fachsenators verstoßen worden sei.

161 Allerdings nicht im Sinne des Datenschutzrechts, weil dort ein funktionaler und nicht ein organisatorischer Behördenbegriff zugrunde gelegt wird.

den einzelnen Geschäftsbereichen wahrgenommen werden, wobei hierfür ggf. „Serviceeinheiten" gebildet werden. So umfasst beispielsweise der Geschäftsbereich I („Bürgermeisterin/Bürgermeister") die Serviceeinheit „Finanzen" mit den Aufgabenstellungen Haushalts- und Stellenplanung sowie Wirtschafts- und Kassenwesen sowie die Serviceeinheit „Personal" mit den Aufgabenstellungen Personalverwaltungsservice und Personalentwicklungsservice. Zusätzliche Aufgabenbereiche des Geschäftsbereichs I sind die „Wirtschaftsförderung", die „Sozialraumorientierte Planungskoordination", der „Steuerungsdienst", die „Pressestelle", das „Rechtsamt" sowie die zentrale „Vergabestelle".

Weitere Geschäftsbereiche des Bezirksamtes bilden das „Schul- und Sportamt" (Geschäftsbereich II), das „Ordnungsamt" (Geschäftsbereich III), das „Stadtentwicklungsamt" (Geschäftsbereich IV), das „Amt für Soziales" (Geschäftsbereich V) sowie das „Jugendamt" (Geschäftsbereich VI) mit jeweils konkret zugewiesenen Aufgabenstellungen, die von den einzelnen Geschäftsbereichen wahrzunehmen sind.

Neben den genannten Geschäftsbereichen sieht die Anlage 1 zu § 37 BezVG eine Reihe von weiteren Gliederungseinheiten des Bezirksamtes vor, bei denen es sich um das „Amt für Weiterbildung und Kultur", das „Straßen- und Grünflächenamt", das „Umwelt und Naturschutzamt", die Serviceeinheit „Facility Management", das „Amt für Bürgerdienste" sowie das „Gesundheitsamt" handelt, die ebenfalls mit fest umrissenen Aufgaben betraut sind.

Schließlich umfasst das Bezirksamt auch noch eine Reihe von Beauftragten, bei denen es sich um den „Datenschutzbeauftragten", den „Beauftragten für Menschen mit Behinderung", den „Beauftragten für Integration", den „Frauen und Gleichstellungsbeauftragten", den „EU-Beauftragten", den „Beauftragten für Partnerschaften" sowie den „Klimaschutzbeauftragten" handelt, die – soweit keine besonderen gesetzlichen Regelung bestehen, dem Geschäftsbereich I zugeordnet sind.

Für die Geschäftsverteilung unter den Bezirksamtsmitgliedern bestimmt § 38 BezVG, dass jedem Bezirksamtsmitglied ein Geschäftsbereich zu übertragen ist. Das Rechtsamt und der Steuerungsdienst sind dem Geschäftsbereich des Bezirksbürgermeisters zuzuordnen.

§ 82 Die nachgeordneten Einrichtungen der Bezirksverwaltung: Eigenbetriebe und Schulen

I. Allgemeines

Die Bezirksverwaltung ist grundsätzlich einstufig: Verwaltungsbehörde für den Bezirk ist das Bezirksamt. Es leitet unmittelbar auch solche bezirklichen Einrichtungen, die als Regiebetriebe geführt werden oder theoretisch als selbständige Behörden oder Anstalten geführt werden könnten, beispielsweise Volkshochschulen, Bibliotheken, Jugendheime, Krematorien oder bezirkliche Galerien.

Zu diesem Grundsatz bestanden über lange Zeit hinweg zwei Ausnahmen, von denen eine seit der Privatisierung der früher staatlichen Krankenhausbetriebe entfallen ist. So sind die staatlichen Krankenhäuser, die nach dem Landeskrankenhausgesetz vom 13. September 1974 i. d. F. vom 1. September 1986 als nicht rechtsfähige Betriebe der Bezirksverwaltungen – selbständig und mit eigenen Organen – zu führen waren,[162] mit dem Inkrafttreten des Krankenhausunternehmens-Gesetzes vom 30. November 2000[163] organisatorisch privatisiert worden und gehören jetzt als „Profit-Center" mit Budget- und Personalverantwortung zu einer Gesellschaft mit beschränkter Haftung (der Vivantes-GmbH), deren Anteile sich zu 100 % im Eigentum des Landes Berlin befinden.

Übriggeblieben sind als nachgeordnete Einrichtungen der Bezirksverwaltung damit die nicht rechtsfähigen Anstalten (vor allem Schulen); hinzugetreten ist die Möglichkeit, Eigenbetriebe auch auf Bezirksebene zu bilden.

Die Unterscheidung nicht rechtsfähiger Anstalten von Regiebetrieben und auch von Behörden ist nicht einfach. Ein wichtiges Merkmal dürfte – abgesehen von der Zusammenfassung von Sach- und Personalmitteln für einen zumeist benutzerorientierten Zweck – darin bestehen, dass die Anstalt – auch wenn sie nicht rechtsfähig ist – Organe mit fest umschriebener Zusammensetzung und Zustän-

---

162   Alle staatlichen Krankenhäuser eines Bezirks bildeten einen Krankenhausbetrieb, wobei die traditionellen Namen der einzelnen „örtlichen Bereiche" weitgehend beibehalten wurden. Die Verwaltung der Krankenhausbetriebe durch eigene Organe war im Landeskrankenhausgesetz allerdings so eingehend geregelt, dass sich die Befugnisse der Bezirksorgane praktisch auf ein Beanstandungsrecht des Bezirksamts gegen Beschlüsse der Krankenhauskonferenz beschränkte.
163   Gesetz zur Schaffung der rechtlichen Voraussetzungen für die Errichtung eines Unternehmens der städtischen Krankenhäuser (Krankenhausunternehmens-Gesetz) vom 30. November 2000 (GVBl. S. 503).

digkeit hat. Eine Rechtsgrundlage für ihre Errichtung dürfte jedenfalls dann erforderlich sein, wenn ihr Befugnisse im Bereich der Eingriffsverwaltung übertragen sind.

In der Praxis kommen als nicht rechtsfähige Anstalten der Bezirksverwaltung vor allem die Schulen in Betracht. Allerdings sind die Zuständigkeiten der Bezirke gerade in diesem Bereich durch die Errichtung des Landesschulamtes im Jahre 1995 erheblich eingeschränkt worden. Im übrigen stand den Bezirken auch schon vorher bei den Schulen – ähnlich wie früher bei den Krankenhäusern – keine allzu große Organisationsgewalt zu. Im einzelnen wird dazu auf den Abschnitt über das Schulrecht verwiesen.

II. Eigenbetriebe

Durch das Eigenbetriebsgesetz des Landes Berlin[164] ist die gesetzliche Möglichkeit geschaffen worden, auch auf Bezirksebene Eigenbetriebe zu errichten. Es ist auch ausdrücklich vorgesehen, dass Eigenbetriebe, die einem Bezirk unterstehen, Aufgaben für mehrere Bezirke wahrnehmen (§ 2 Abs. 1 und 2 EigG). Da die Eigenbetriebe im Interesse der Übersichtlichkeit im Zusammenhang mit der Hauptverwaltung behandelt werden, wird wegen ihrer Rechtsform und Organisation auf diesen Abschnitt verwiesen.

III. Die Berliner Schulen

Tätigkeit und Aufbau der Berliner Schulen sind eingehend durch das Schulgesetz geregelt.[165] Dieses sieht besondere Entscheidungsgremien vor, an denen die Bezirksverwaltung zum Teil beteiligt ist, ohne sie jedoch entscheidend zu beherrschen. Es bestehen weitgehende Aufsichts- und Weisungsbefugnisse der zuständigen Senatsverwaltung (Schulaufsichtsbehörde). Schließlich bestehen Sondereinrichtungen, die nicht den Bezirken, sondern der Hauptverwaltung oder besonderen Rechtsträgern unterstehen (z. B. die berufsbildenden Schulen).

Die Zuständigkeitsverteilung im Bereich des Berliner Schulrechts ist dadurch gekennzeichnet, dass – wie auch in den anderen Ländern – die inneren Schulan-

---

164 Gesetz über die Eigenbetriebe des Landes Berlin (Eigenbetriebsgesetz – EigG) vom 13. Juli 1999 (GVBl. S. 374).

165 Schulgesetz für das Land Berlin (Schulgesetz – SchulG) vom 26. Januar 2004 (GVBl. S. 26), zuletzt geändert durch Gesetz vom 5. Juli 2022 (GVBl. S. 452).

gelegenheiten und die Schulaufsicht von der Hauptverwaltung wahrgenommen werden. Dazu gehören alle Fragen, die den eigentlichen Lehrbetrieb umfassen, also insbesondere das Ziel, den Inhalt und die Methoden des Schulunterrichts.

Zu den äußeren Schulangelegenheiten, die in den Flächenstaaten zumeist in den Kompetenzbereich der Gemeinden oder Kreise fallen, gehört der organisatorische Bereich, insbesondere also die Einrichtung sowie die sachliche Ausstattung der Schulen.

Obgleich sich an der Rechtsstellung der Schulen als nicht rechtsfähiger Anstalt der Bezirksverwaltung im Zuge der Gesetzesnovellen im Grundsatz nichts geändert hat, kann man unter praktischen Gesichtspunkten nur noch von einer Restzuständigkeit der Bezirke sprechen.[166] Ihr Umfang ergibt sich hauptsächlich aus § 109 SchulG. Danach obliegt den Bezirken die Verwaltung und Unterhaltung der äußeren Angelegenheiten der allgemeinbildenden Schulen, soweit es sich bei Ihnen nicht um zentral verwaltete Schulen handelt (§ 109 Abs. 1 SchulG). Zu diesen Aufgaben zählen vor allem die Beschaffung und Sicherung der äußeren Voraussetzungen für den Schulbetrieb und dabei insbesondere den Bau, die Ausstattung und die Unterhaltung der Schule.

Gemäß § 109 Abs. 2 SchulG überwachen die Bezirke die Einhaltung der allgemeinen Schulpflicht, legen die Einschulungsbereiche für die Grundschulen fest und sind im Rahmen ihrer Befugnisse insbesondere für die Festsetzung der Aufnahmekapazitäten der von Ihnen verwalteten Schulen verantwortlich. Weitere Zuständigkeiten der Bezirke betreffen die Gründung, die Zusammenlegung, die Umwandlung und die Aufhebung der von Ihnen verwalteten Schulen sowie die Aufstellung der bezirklichen Schulentwicklungspläne im Rahmen der Schulentwicklungsplanung für Berlin (§ 109 Abs. 2 und 3 SchulG).

Neben den Zuständigkeiten der Bezirke für den Bereich der Schulen enthält § 110 SchulG die Vorgabe, dass in jedem Bezirk ein Bezirksausschuss des pädagogischen Personals, ein Bezirksschülerausschuss sowie ein Bezirkselternausschuss gebildet wird, die der Wahrnehmung der Interessen der jeweiligen Gruppe in Angelegenheiten der allgemeinbildenden Schulen im Bezirk sowie der Vorbereitung und Koordinierung der Arbeit im Bezirksschulbeirat dienen (§ 110 Abs. 1 SchulG). Besetzt werden die Bezirksausschüsse jeweils von den Lehrkräften und

---

166 Dies gilt um so mehr, wenn man die gesetzlichen Beschränkungen und Weisungsbefugnisse berücksichtigt, denen die Bezirke in diesem Bereich schon vorher unterlagen.

pädagogischen Mitarbeitern, den Schülern sowie den Eltern, die von den entsprechenden Gremien gewählt werden – die innere Organisation ergibt sich dann aus den Vorgaben des § 110 Abs. 3 SchulG.

Schließlich bestimmt § 111 SchulG, dass in jedem Bezirk ein Bezirksschulbeirat gebildet wird, der aus den von den Bezirksausschüssen gewählten Vertretern sowie einem Vertreter des bezirklichen Jugendhilfeausschusses besteht. Aufgabe des Bezirksschulbeirats ist gemäß § 111 Abs. 2 SchulG die Beratung des Bezirksamtes in Fragen des bezirklichen Schulwesens sowie die Unterbreitung von Vorschlägen, die das von dem jeweiligen Bezirk verantwortete Schulwesen betreffen – daneben dient der Bezirksschulbeirat dem Austausch von Informationen und Erfahrungen zwischen den teilnehmenden Mitgliedern und er ist vom Bezirksamt in bestimmten schulischen Angelegenheiten zu hören (§ 111 Abs. 3 SchulG).

5. Die Berliner Betriebe und Anstalten

§ 83 Öffentliche Verkehrs- und Versorgungseinrichtungen – Regiebetriebe – Berliner Bäder-Betrieb und die IBB-Unternehmensverwaltung (AöR)

I. Die Berliner Betriebe

Bis zum Inkrafttreten des Eigenbetriebsreformgesetzes wurden wichtige öffentliche Aufgaben in Berlin – vor allem im Bereich des Verkehrs und der Versorgung – von sogenannten Eigenbetrieben wahrgenommen. Dabei handelte es sich zuletzt um:

- die Berliner Verkehrsbetriebe (BVG),

- die Berliner Wasser-Betriebe (BWB),

- die Berliner Gaswerke (Gasag),

- die Berliner Hafen- und Lagerhaus-Betriebe (BEHALA) und

- die Berliner Stadtreinigungsbetriebe (BSR).

Die Eigenbetriebe waren Bestandteil der Hauptverwaltung, gehörten also zur unmittelbaren Landesverwaltung.[167] Trotz ihrer fehlenden Rechtsfähigkeit waren sie in ihrer Organisation, Geschäftsführung und Vermögensverwaltung weitgehend selbständig und hatten eigene Organe (Geschäftsführung und Verwaltungsrat). Die Aufsicht, die sich weder eindeutig als Rechtsaufsicht noch als Fachaufsicht definieren ließ, war in § 2 Abs. 3 Eigenbetriebsgesetz geregelt.

Durch das Eigenbetriebsreformgesetz vom 9. Juli 1993 wurden die früheren Eigenbetriebe aus der unmittelbaren Landesverwaltung ausgegliedert und – mit Ausnahme der Gasag[168] – in rechtlich selbständige Anstalten des öffentlichen Rechts umgewandelt. Die Sondervermögen der Eigenbetriebe wurden auf die jeweils entsprechenden Anstalten übertragen (§ 1 Abs. 2 Berliner Betriebegesetz).[169]

---

167 Eigenbetriebsgesetz i. d. F. vom 1. Oktober 1973 (GVBl. S. 1742), aufgehoben durch das Eigenbetriebsreformgesetz.
168 Die Gasag wurde in eine Aktiengesellschaft umgewandelt, deren Aktien sich (zur Zeit noch) im Eigentum des Landes befinden.
169 Verkündet als Art. I des Eigenbetriebsreformgesetzes.

Nach Inkrafttreten des Eigenbetriebs-Reformgesetzes war offen, inwieweit die Reorganisation der ehemaligen Eigenbetriebe als juristische Personen des öffentlichen Rechts als Dauerlösung oder als erster Schritt für weitere Privatisierungen konzipiert war. Nach der Gasag wurden auch die Berliner Hafen- und Lagerhaus-Betriebe (BEHALA) organisatorisch privatisiert.[170]

Mit dem Inkrafttreten des Berliner Betriebe-Gesetz (BerlBG) vom 14. Juli 2006[171] sind folgende rechtsfähige Anstalten des öffentlichen Rechts vorgesehen:

- Berliner Stadtreinigungsbetriebe (BSR),

- die Berliner Verkehrsbetriebe
  und

- die Berliner Wasserbetriebe.

Sie haben nach § 3 Abs. 1 S. 1 BerlBG ihre Aufgaben im Rahmen ihrer Geschäftstätigkeit unter Berücksichtigung sozial-, umwelt- und strukturpolitischer Grundsätze zu erfüllen. Anderseits können nach § 2 BerlBG jedenfalls die Berliner Wasserbetriebe die schon bestehenden Verflechtungen mit kommerziellen Unternehmen aufrechterhalten und weiterentwickeln („Teilprivatisierung").[172] Nach § 2 Abs. 2 S. 1 BerlBG kann die BWB Unternehmensverträge im Sinne des Aktienrechts abschließen, jedoch wird in Satz 2 klargestellt, dass die Leitung der Anstalt im Rahmen eines solchen Vertrages einer juristischen Person des privaten Rechts nur unterstellt werden darf, wenn das Land mehrheitlich an dieser beteiligt und der Einfluss des Landes bei der Erteilung von Weisungen gewährleistet ist.[173]

---

170   D. h. sie wurden in eine GmbH umgewandelt, deren Anteile sich (noch) im Eigentum des Landes Berlin befinden.

171   Berliner Betriebe-Gesetz (BerlBG) vom 14. Juli 2006 (GVBl. S. 827), zuletzt geändert durch Gesetz vom 2. Dezember 2020 (GVBl. S. 1444).

172   Auf Grund eines Gesetzes vom 17. Mai 1999 (GVBl. S. 183), geändert durch Gesetz vom 11. Dezember 2003, GVBl. S. 591, wurden einer Holding-Gesellschaft, der Anteile zu 51 % verbleiben, während 49 % von einem Konsortium kommerzieller Gesellschaften gehalten werden, Rechte als stiller Gesellschafter eingeräumt. Für den Bereich der Abwasserentsorgung ist die Holding-Gesellschaft „typischer" stiller Gesellschafter, d. h. mit finanzieller Beteiligung ohne starkes Mitbestimmungsrecht, für den Bereich der Wasserversorgung „atypischer" stiller Gesellschafter mit einem gesellschafterähnlichen Mitbestimmungsrecht.

173   Dies entspricht einem Erfordernis, das der Berliner Verfassungsgerichtshof in einer Grundsatzentscheidung aus dem Demokratieprinzip hergeleitet hat; VerfGHE 42/99, NVwZ 2000, S. 794.

Die Aufgaben der einzelnen Betriebe sind in § 3 BerlBG näher umschrieben; so ist in Abs. 6 unter anderem vorgesehen, dass die Anstalten auch außerhalb Berlins tätig werden, sich an anderen Unternehmen, Einrichtungen und Organisationen beteiligen, Tochterunternehmen gründen, erwerben oder betreiben und Kapital bilden oder aufnehmen können. Für die Stadtreinigungsbetriebe und die Wasserbetriebe ist in § 4 BerlBG eine Monopolstellung und ein Anschluss- und Benutzungszwang vorgesehen.

Das Land Berlin haftet als Gewährleistungsträger für die Verbindlichkeiten der Anstalten, soweit nicht Befriedigung aus dem Anstaltsvermögen zu erlangen ist (§ 5 S. 2 BerlBG). Nach § 5 S. 3 BerlBG gewährt das Land einen Ausgleich, soweit die Anstalten zur Erfüllung ihrer Aufgaben aus eigener Kraft nicht in der Lage sind, wobei es sich – jedenfalls nach der Intention des Gesetzgebers – um einen finanziellen Ausgleichsanspruch der Anstalten gegenüber dem Land handelt.

Organe der Anstalten sind nach § 6 BerlBG

– der Vorstand,

– der Aufsichtsrat,

– die Gewährträgerversammlung.

Außerdem kann ein Beirat gebildet werden.

Der Vorstand besteht nach Maßgabe der jeweiligen Satzung aus drei bis fünf Mitgliedern, die für höchstens fünf Jahre vom Aufsichtsrat bestellt werden (§ 7 BerlBG). Er leitet und vertritt die Anstalt; die Vertretungsmacht kann für die laufenden Geschäfte auf Arbeitnehmer der Anstalt übertragen werden.

Der Aufsichtsrat wird für die Dauer von fünf Jahren gebildet (§ 10 Abs. 4 BerlBG). Er besteht aus einem vom Senat zu bestellenden Mitglied als Vorsitzendem, sieben Mitgliedern, die von der Gewährträgerversammlung auf Vorschlag des Senats bestellt werden und acht vom Gesamtpersonalrat oder vom Personalrat bestellten Mitgliedern.

Wichtigste Aufgaben des Aufsichtsrats sind nach § 11 BerlBG die Bestellung und Abberufung der Vorstandsmitglieder, Festlegung des Wirtschaftsplans und – nach § 11 Abs. 3 Nr. 3 BerlBG i. V. m. § 17 BerlBG – die Festlegung allgemein geltender Tarife und (privatrechtlicher) Entgelte für die Leistungsnehmenden. Außerdem regelt die Satzung der Anstalt, zu welchen Geschäften und Maßnahmen der Vorstand der Zustimmung des Aufsichtsrats bedarf.

Der Vorsitzende kann Beschlüsse des Aufsichtsrats beanstanden. Der beanstandete Beschluss ist der Gewährträgerversammlung vorzulegen; ihre Entscheidung ersetzt den beanstandeten Beschluss (§ 12 BerlBG).

Der Aufsichtsrat kann einen Beirat bestellen, der den Vorstand und den Aufsichtsrat berät. Ihm gehören bis zu zehn Sachverständige an, die auf fünf Jahre bestellt werden (§ 13 BerlBG).

Die Gewährträgerversammlung wird vom Senat bestellt. Ihr gehören die Senatsmitglieder oder Staatssekretäre der Senatsverwaltungen an, die für die Rechtsaufsicht, die Finanzen und für den jeweiligen Betrieb fachlich zuständig sind (§ 14 Abs. 1 BerlBG).

Zu den Aufgaben der Gewährträgerversammlung gehören nach § 14 Abs. 2 BerlBG die Berufung der Mitglieder des Aufsichtsrats auf Vorschlag des Senats, die Abberufung der Mitglieder des Aufsichtsrats, Beschlüsse über die Vergütung der Mitglieder des Aufsichtsrats und – auf Vorschlag des Aufsichtsrats – über die Satzung und ihre Änderungen. Nach § 2 Abs. 2 BerlBG ist für den Abschluss von Beteiligungs- und Unternehmensverträgen ebenfalls die Zustimmung der Gewährträgerversammlung notwendig. Für jeden Betrieb besteht eine Satzung, die nach Maßgabe des Gesetzes erlassen und geändert werden kann. Nach § 27 BerlBG beschließen Vorstand und Aufsichtsrat einen Corporate Governance Kodex, der sich an den Bestimmungen der „Berliner Fassung des Deutschen Corporate Governance Kodex über eine gute Unternehmensführung in der jeweils geltenden Fassung" orientiert.

Die vier genannten Anstalten unterstehen der Staatsaufsicht (im Gesetzestext als Rechtsaufsicht bezeichnet) der zuständigen Senatsverwaltung. Umfang und Mittel der Aufsicht richten sich nach § 21 BerlBG i. V. m. §§ 10 bis 13 AZG. Die für die Aufsicht zuständige Senatsverwaltung ist auch Aufsichtsbehörde für die Tarife, Entgelte und Beförderungsbedingungen.

II. Eigenbetriebe auf Landes- und Bezirksebene

Mit der Umwandlung der klassischen kommunalen Versorgungseinrichtungen in Anstalten des öffentlichen Rechts war die Institution der Eigenbetriebe in Berlin vorübergehend entfallen. Mit dem Inkrafttreten des Eigenbetriebsgesetzes des

Landes Berlin[174] im Jahre 1999 wurden sie aber erneut ins Leben gerufen. Es handelt sich wieder um Dienststellen der unmittelbaren Landesverwaltung, die zwar nicht rechtsfähig, aber in ihrer Organisation, Geschäftsführung und Vermögensverwaltung weitgehend selbständig sind und ihre Aufgaben durch eigene Organe – aber mit unmittelbarer Wirkung für und gegen Berlin – erfüllen.

Der wesentliche Unterschied zur früheren gesetzlichen Regelung besteht darin, dass Eigenbetriebe – je nach der Art der Aufgaben, die ihnen übertragen werden – auf der Ebene der Hauptverwaltung und auf Bezirksebene errichtet werden können.[175] „Trägerorgan" ist demnach entweder der Senat oder das Bezirksamt.

Der Eigenbetrieb ist errichtet, wenn das jeweils zuständige Trägerorgan (Senat oder Bezirksamt) eine Betriebssatzung erlassen hat, der das Abgeordnetenhaus auf Vorlage des Senats zustimmt (§ 2 Abs. 1 EigG). Bei der parlamentarischen Zustimmung handelt es sich nicht um einen Akt der Gesetzgebung, sondern um einen administrativen Mitwirkungsakt.[176] Die Betriebssatzung ist im Amtsblatt (nicht im Gesetz- und Verordnungblatt) zu veröffentlichen. Sie ist, da die Eigenbetriebe Teil der unmittelbaren Landesverwaltung sind, nicht als Rechtsnorm, sondern als Verwaltungsvorschrift anzusehen.[177]

Bei Eigenbetrieben, die auf Bezirksebene tätig werden sollen, müssen vor der Vorlage an das Abgeordnetenhaus die Bezirksverordnetenversammlungen der beteiligten Bezirke der Satzung zustimmen. Mehrere Bezirke können gemeinsam einen Eigenbetrieb errichten; in diesem Fall muss die Betriebssatzung bestimmen, welcher Bezirk für den Eigenbetrieb zuständig ist (§ 2 Abs. 2 EigG).

Die Aufsicht wird von dem zuständigen Mitglied des Trägerorgans (Senat oder Bezirksamt) ausgeübt (§ 2 Abs. 4 EigG). Sie umfasst das Recht, der Geschäfts-

---

174 Gesetz über die Eigenbetriebe des Landes Berlin (Eigenbetriebsgesetz – EigG) vom 13. Juli 1999 (GVBl. S. 374).

175 Aus Gründen der Übersichtlichkeit werden sie hier umfassend im Abschnitt über die Hauptverwaltung behandelt.

176 Dagegen dürften – jedenfalls in einem Stadtstaat wie Berlin – keine Bedenken unter dem Gesichtspunkt der Gewaltenteilung bestehen.

177 Allerdings muss die Errichtung des Eigenbetriebes, die mit dem Erlass der Betriebssatzung wirksam wird, und die damit verbundene Zuweisung bestimmter öffentlicher Aufgaben als staatlicher Organisationsakt mit Außenwirkung angesehen werden. Rechtsgrundlage dafür ist das Eigenbetriebsgesetz. Dagegen ist der Inhalt der Betriebssatzung als Verwaltungsvorschrift grundsätzlich nur verwaltungsintern verbindlich.

leitung Weisungen zu erteilen, wenn diese wichtigen Pflichten nicht nachkommt. Werden Weisungen nicht erfüllt, so kann das Trägerorgan einen Beauftragten bestellen, der einzelne oder alle Aufgaben wahrnimmt (§ 3 Abs. 4 EigG). Außerdem steht dem Aufsichtsführenden ein Beanstandungsrecht gegenüber dem Verwaltungsrat zu. Im übrigen erstreckt sich die Aufsicht auf die Einhaltung von Rechtsvorschriften und anderer Bestimmungen, die für den Betrieb verbindlich sind.[178] Der Aufsichtsführende stimmt Entscheidungen von finanzieller Bedeutung mit dem für Finanzen zuständigen Mitglied des Trägerorgans ab.

Als Organe des Eigenbetriebs sind die Geschäftsleitung und der Verwaltungsrat vorgesehen (§§ 3, 6 EigG).

Der Verwaltungsrat setzt sich aus dem Aufsichtsführenden und – im Normalfall je zwei – Vertretern des Trägers und der Dienstkräfte zusammen (§ 6 Abs. 1 EigG). Die Verteter des Trägers werden je zur Hälfte vom Trägerorgan (Senat oder Bezirksamt) aus dem Kreis geeigneter Dienstkräfte und zur Hälfte vom Abgeordnetenhaus bzw. der Bezirksverordnetenversammlung aus ihrer Mitte bestellt.

Gemäß § 7 EigG entscheidet der Verwaltungsrat über die Berufung und Abberufung des Geschäftsleiters (ggf. eines ersten Geschäftsleiters), seinen Anstellungsvertrag, sowie über Wirtschaftsplan, Jahresabschluss, Übernahme neuer und Wegfall bisheriger Aufgaben im Rahmen der Betriebssatzung sowie allgemein geltende Leistungsbedingungen und Entgelte. Für die Gesamtplanung und die Grundzüge der Betriebspolitik, bestimmte Rechtsgeschäfte (z. B. den Erwerb und die Veräußerung von Beteiligungen, die Einleitung besonders bedeutsamer Rechtsstreitigkeiten und den Abschluss besonders bedeutsamer Verträge) bedarf die Geschäftsleitung der vorherigen Zustimmung des Verwaltungsrats.

Die Geschäftsleitung besteht nach § 3 EigG im Regelfall aus einem Geschäftsleiter. Wenn die Aufgaben und die Größe des Betriebes es erfordern, kann, die Anzahl durch die Betriebssatzung bis auf drei erhöht werden; in diesem Fall bestimmt die Betriebssatzung die Abgrenzung der Zuständigkeiten. Von mehreren Geschäftsleitern kann einer zum ersten Geschäftsleiter bestellt werden.

Die Geschäftsleitung nimmt an den Sitzungen des Verwaltungsrates teil. Sie leitet den Betrieb selbständig und in eigener Verantwortung und vertritt Berlin in

---

178 Dies wird im Text des EigG nicht ausdrücklich erwähnt, ergibt sich aber – gewissermaßen als Minimalinhalt – aus dem Wort „Aufsicht" im Zusammenhang mit dem Sinn der Regelung.

Angelegenheiten des Eigenbetriebs (§§ 4, 5 EigG). Die Vertretungsbefugnis wird durch einen Geschäftsleiter gemeinsam mit einem Bediensteten des Betriebs ausgeübt. Für laufende Geschäfte kann die Ausübung der Vertretungsbefugnis auf Dienstkräfte übertragen und insoweit auf bestimmte Sachbereiche, bestimmte Beträge oder in anderer Weise beschränkt werden.

III. Regiebetriebe – Sondervermögen – Immobilien des Landes

Von den „Betrieben Berlins", die als rechtsfähige Anstalten des öffentlichen Rechts organisiert sind, und auch den „Eigenbetrieben" sind die sogenannten „Regiebetriebe" zu unterscheiden. Dabei handelt es sich um wirtschaftliche Unternehmen, die von der allgemeinen Verwaltung ohne besondere rechtliche Abgrenzung geführt werden. Sie können allenfalls haushaltsrechtlich eine Sonderstellung einnehmen. Die Landeshaushaltsordnung sieht in § 26 LHO für die Betriebe Berlins einen Wirtschaftsplan vor, wenn ein Wirtschaften nach Einnahmen und Ausgaben des Haushaltsplans (kameralistische Wirtschaftsführung) nicht zweckmäßig ist. Auch in diesem Fall werden die vertretungsbefugten Bediensteten für das Land Berlin tätig. Der innere Aufbau unterliegt dem Recht der Exekutive zur Selbstorganisation; er weicht fast immer von dem Aufbau der Verwaltungsbehörden ab.

Über sogenannte *Sondervermögen* des Landes bestimmt § 26 Abs. 2 LHO, dass nur die Zuführungen und Ablieferungen im Haushaltsplan zu veranschlagen sind.

Als ein derartiges nicht rechtsfähiges Sondervermögen wird auf Grund eines Gesetzes vom 4. Dezember 2002[179] das „*Sondervermögen Immobilien* des Landes Berlin (SILB)" geführt. Seine Aufgaben sind die Verwaltung der ihm zugewiesenen Grundstücke des Landes und ihre Vermietung an Dienststellen des Landes oder an Dritte. Das Sondervermögen nimmt nicht am Rechtsverkehr teil und hat kein eigenes Personal. Seine Verwaltung ist der eigens zu diesem Zweck gegründeten „Berliner Immobilienmanagement GmbH" („BIM GmbH") übertragen. In § 3 Abs. 3 des Gesetzes ist klargestellt, dass das Land unbeschränkt für gegebenenfalls bestehende Verbindlichkeiten des Sondervermögens haftet.[180]

---

179 Gesetz über die Errichtung eines Sondervermögens Immobilien des Landes Berlin (SILB-ErrichtungsG) vom 4. Dezember 2002 (GVBl. 357), zuletzt geändert im Rahmen der Veröffentlichung zum Gesamtbestand des Sondervermögens vom 24. Mai 2022 (GVBl. S. 398).

180 Diese Bestimmung hat nur klarstellenden Charakter, da die Haftung des Landes für etwaige Verbindlichkeiten, die im Normalfall auf Bundesrecht beruhen, nicht durch Landesrecht ausgeschlossen werden kann.

IV. Rechtsfähige Gesellschaften im Einflussbereich des Landes Berlin

Neben den Anstalten des öffentlichen Rechts und den Eigenbetrieben finden sich im Einflussbereich des Landes Berlin noch weitere privatrechtlich organisierte Unternehmen, denen bestimmte Aufgaben – zumeist im Zusammenhang mit der Daseinsvorsorge – übertragen sind.

Hierzu zählt seit der 2003 erfolgten Umwandlung in eine GmbH die „Berliner Hafen- und Lagerhausgesellschaft mbH" („BEHALA"), deren Nominalkapitel zu 100 % vom Land Berlin gehalten wird und die in Berlin mehrere Binnenhäfen mit der dazugehörigen Infrastruktur betreibt. In diesem Geschäftsbereich hält die BE-HALA auch eine Reihe von Beteiligungen an weiteren Unternehmen, die damit ebenfalls – zumindest mittelbar – im Einflussbereich des Landes Berlin liegen.

Für den Bereich der Elektrizitätsversorgung und der Förderung der Energiewende im Land Berlin wurde im Jahr 2014 die „Berliner Stadtwerke GmbH" gegründet, deren Anteile zu 100 % von den Berliner Wasserbetrieben und damit von einer rechtsfähigen Anstalt des Landes Berlin gehalten werden. Die Gründung der Berliner Stadtwerke GmbH erfolgte im Zusammenhang mit einer Initiative zur Rekommunalisierung der Energieversorgung, die zuvor durch die vollständige Privatisierung der „Berliner Städtische Elektrizitätswerke AG" („BEWAG") aus dem Einflussbereich des Landes Berlin herausgelöst worden war. Zweck der Berliner Stadtwerke GmbH ist neben der Versorgung von Kunden mit Wärme und Energie die Förderung des regenerativen Umbaus der Berliner Energiewirtschaft, wobei die Berliner Stadtwerke GmbH zu diesem Zweck eine Reihe von Beteiligungen an weiteren Unternehmen hält und an Pilotprojekten teilnimmt, die der Erforschung neuer Technologien dienen.

Im Zuge der Bemühungen um eine Rückführung der Energieversorgung in die öffentliche Hand erfolgte auch die Rekommunalisierung der Energienetze, die im Rahmen der Privatisierung der BEWAG ebenfalls auf private Unternehmen übertragen worden sind. Hierfür wurde im Jahr 2021 die „Stromnetz Berlin GmbH", die sich bis dahin im Eigentum der Vattenfall GmbH befand, zu 100 % von der zu diesem Zweck gegründeten „BEN Berlin Energie und Netzholding GmbH" übernommen, deren Anteile wiederum zu 100 % vom Land Berlin – vertreten durch die Senatsverwaltung für Finanzen – gehalten werden.

V. Die Berliner Bäder-Betriebe

Die landeseigenen Badeanstalten, die bis dahin zur Bezirksverwaltung gehörten, wurden durch Gesetz vom 25. September 1995[181] administrativ zusammengefasst und in eine rechtsfähige Anstalt des öffentlichen Rechts umgewandelt. Die in dem Gesetz vorgesehenen Organe der Anstalt (Vorstand, Aufsichtsrat, Gewährträgerversammlung) ähneln in ihrer Zusammensetzung und Aufgabenverteilung denen der Berliner Betriebe. An die Stelle des einheitlichen Beirats treten mehrere regionale Beiräte, die unter Mitwirkung der jeweils beteiligten Bezirke gebildet werden.

VI. Investitionsbank (IBB) Berlin

Durch Gesetz vom 7. Juni 2021[182] wurde schließlich die Investitionsbank Berlin als Anstalt des öffentlichen Rechts errichtet, bei der es sich um die Struktur- und Förderbank des Landes Berlin handelt. Dabei wird die IBB gemäß § 3 Abs. 1 IBBG in Verbindung mit § 1 des IBB-Trägergesetzes[183] von der IBB Unternehmensverwaltung getragen, bei der es sich ebenfalls um eine Anstalt des öffentlichen Rechts mit Sitz in Berlin handelt – Trägerin der IBB Unternehmensverwaltung ist das Land Berlin (§ 2 IBB-Trägergesetz).

Gemäß § 4 hat die IBB als Struktur- und Förderbank des Landes Berlin die Aufgabe, das Land Berlin bei der Erfüllung seiner öffentlichen Aufgaben zu unterstützen. Insbesondere hat die IBB die Aufgabe, die in § 4 Abs. 2 im einzelnen beschriebenen Fördermaßnahmen durchzuführen, Darlehen und andere Finanzierungsformen an deutsche Gebietskörperschaften und öffentlich-rechtliche Zweckverbände zu gewähren, Maßnahmen mit ausschließlich sozialer Zielsetzung zu finanzieren, sich an Projekten im Gemeinschaftsinteresse zu beteiligen, die von der europäischen Investitionsbank mitfinanziert werden oder auch Exportfinanzierungen zu übernehmen. Darüber hinaus sind der IBB auch vielfältige Aufgaben im Zusammenhang mit der Wohnungsbauförderung zugewiesen, die sich aus § 4 Abs. 3 f. IBBG ergeben.

---

181 Gesetz über die Anstalt öffentlichen Rechts Berliner Bäder-Betriebe (Bäder-Anstaltsgesetz – BBBG) vom 25. September 1995 (GVBl. S. 617), zuletzt geändert durch Gesetz vom 14. September 2021 (GVBl. S. 1072).

182 Gesetz über die Errichtung der Investitionsbank Berlin als rechtsfähige Anstalt des öffentlichen Rechts (Investitionsbankgesetz – IBBG) vom 7. Juni 2021 (GVBl. 624).

183 Gesetz über die Errichtung der IBB-Unternehmensverwaltung als rechtsfähige Anstalt des öffentlichen Rechts (IBB-Trägergesetz) vom 7. Juni 2021 (GVBl. S. 624).

Gemäß § 8 IBBG sind Organe der IBB der Vorstand, der Verwaltungsrat und die Trägerversammlung, wobei in den nachfolgenden Regelungen die einzelnen Aufgaben und Zuständigkeiten normiert sind.

Als Anstalt öffentlichen Rechts untersteht die IBB der Aufsicht des Landes Berlin, wobei die Staatsaufsicht von der für das Kreditwesen zuständigen Senatsverwaltung ausgeübt wird (§ 15 Abs. 1 IBBG). Die Fachaufsicht über die Durchführung von Förderprogrammen sowie der weiteren Aufgaben, die der IBB durch Gesetze zu gewiesen sind, übt demgegenüber die für die jeweilige Aufgabe fachlich zuständige Senatsverwaltung aus (§ 15 Abs. 2 IBBG). Im übrigen findet auf die IBB die Landeshaushaltsordnung Anwendung (§ 16 IBBG).

ABKÜRZUNGSVERZEICHNIS

a. A.	anderer Ansicht
a. a. O.	am angegebenen Ort
AGBauBG	Ausführungsgesetz Baugesetzbuch
ABl.	Amtsblatt für Berlin
Abghs	Abgeordnetenhaus von Berlin
AbstG	Gesetz über Volksinitiative, Volksbegehren und Volksentscheid (Abstimmungsgesetz)
AbstO	Verordnung zur Durchführung des Gesetzes über Volksinitiative, Volksbegehren und Volksentscheid (Abstimmungsordnung)
aF	alte Fassung
ÄndVO	Änderungsverordnung
Art.	Artikel
ASOG	Allgemeines Sicherheits- und Ordnungsgesetz
AufenthG	Gesetz über den Aufenthalt, die Erwerbstätigkeit und die Integration von Ausländern im Bundesgebiet (Aufenthaltsgesetz)
AusfG	Ausführungsgesetz
AZG	Allgemeines Zuständigkeitsgesetz
BAMG	Bezirksamtmitgliedergesetz
BauGB	Baugesetzbuch
BayVerfGH	Bayerischer Verfassungsgerichtshof
BDSG	Bundesdatenschutzgesetz
BerlBG	Berliner Betriebegesetz
BezVG	Bezirksverwaltungsgesetz
BGBl.	Bundesgesetzblatt
BlnDSG	Berliner Datenschutzgesetz
BMG	Bundesmeldegesetz
BR	Bundesrat
BRRG	Beamtenrechtsrahmengesetz
BVerfGE	Bundesverfassungsgericht/Entscheidung
BVerfGG	Bundesverfassungsgerichtsgesetz
BVV	Bezirksverordnetenversammlung
CDU	Christlich-Demokratische Union
DDP	Deutsche Demokratische Partei

DDR	Deutsche Demokratische Republik
Drs.	Drucksache
DRiG	Deutsches Richtergesetz
DÖV	Die Öffentliche Verwaltung
DSGVO	Datenschutzgrundverordnung
EG	Europäische Gemeinschaft
EGMR	Europäischer Gerichtshof für Menschenrechte
EMRK	Europäische Menschenrechtskonvention
f.	folgend
FES	Friedrich Ebert Stiftung
ff.	fortfolgend
Fn.	Fußnote
FraktG	Fraktionsgesetz
FS	Festschrift
GG	Grundgesetz
GS	Gesammelte Schriften
GVBl.	Gesetz- und Verordnungsblatt Berlin
GVG	Gerichtsverfassungsgesetz
HB	Handbuch
HohZG	Hoheitszeichengesetz
HPM	Historisch-politische Mitteilungen (Zeitschrift der KAS)
idF	in der Fassung
IFG	Berliner Informationsfreiheitsgesetz
JBdD	Jahrbuch für direkte Demokratie
JJZG	Jahrbuch Juristische Zeitgeschichte
JuWissBlog	Junge Wissenschaft im Öffentlichen Recht (Blog)
JZ	JuristenZeitung
KAS	Konrad Adenauer Stiftung
LAbgG	Landesabgeordnetengesetz
LDP	Liberal-demokratische Partei Deutschlands
LKV	Landes- und Kommunalverwaltung, Verwaltungsrechtszeitschrift für die Länder B, BB, S, SA, Th
LTO	Legal Tribune Online
LWahlG	Landeswahlgesetz
nF	neue Fassung
nwN	mit weiteren Nachweisen
NSDAP	Nationalsozialistische Deutsche Arbeiterpartei

NVwZ	Neue Zeitschrift für Verwaltungsrecht
OVG	Oberverwaltungsgericht
OWiG	Ordnungswidrigkeitengesetz
PartG	Parteiengesetz
PartMigG	Gesetz zur Förderung der Partizipation in der Migrationsgesellschaft des Landes Berlin
PetG	Petitionsgesetz
Pr.GS	Preußische Gesetzessammlung
RGBl.	Reichsgesetzblatt
Rn.	Randnummer
RHG	Rechnungshofgesetz
RiWO	Wahlordnung zum Berliner Richtergesetz
RuP	Recht und Politik
S.	Seite
SED	Sozialistische Einheitspartei Deutschlands
SPD	Sozialdemokratische Partei Deutschlands
StGB	Strafgesetzbuch
StPO	Strafprozessordnung
StVV	Stadtverordnetenversammlung
UntAG	Untersuchungsausschussgesetz Berlin
USPD	Unabhängige Sozialdemokratische Partei Deutschlands
VerfBbg	Verfassung Brandenburg
VerfGH	Verfassungsgerichtshof
VerfGH/E	Verfassungsgerichtshof Entscheidung
VerfGHG	Verfassungsgerichtshofsgesetz
VerfGHGO	Verfassungsgerichtshof Geschäftsordnung
VersFG	Versammlungsfreiheitsgesetz Berlin
VG	Verwaltungsgericht
VOBl.	Verordnungsblatt
VSG Bln	Verfassungsschutzgesetz Berlin
VvB	Verfassung von Berlin
WahlG	Wahlgesetz Berlin
WiMi	Wissenschaftliche(r) Mitarbeiter/in
ZParl	Zeitschrift für Parlamentsfragen
ZfP	Zeitschrift für Politik
ZPO	Zivilprozessordnung
ZRP	Zeitschrift für Rechtspolitik

AUSGEWÄHLTE LITERATUR

Achterberg	Allgemeines Verwaltungsrecht, Heidelberg 1982
Bethge	1237–1987: Berlins Geschichte im Überblick, Berlin 1987
Bleckmann	Staatsrecht I – Staatsorganisationsrecht, Köln 1993
Driehaus	Verfassung von Berlin, Taschenkommentar, 4. Aufl., Baden-Baden 2020
Dürig / Herzog / Scholz	Grundgesetz, Kommentar, 99. Lieferung, München 2022
Finkelnburg	Anmerkungen zu dem gemeinsamen Oberverwaltungsgericht für die Länder Berlin und Brandenburg, in: Birk / Kunig / Sailer (Hg.), Zwischen Abgabenrecht und Verfassungsrecht, FS Driehaus, 2005, S. 452 ff.
Flemming	Berlin im Kalten Krieg, Berlin 1998
Husein	Finanzregelungen im Volksgesetzgebungsverfahren, Berlin 2020
Jung	Dreimal Fehlschlag. Die schwierigen Anfänge der direkten Demokratie in Berlin, ZParl 1/2001, S. 33 ff.
Jung	Direkte Demokratie in Berlin. Der Fall „Pro Reli" 2007–2009, Berlin 2011
Karl / Bayreuth u. a.	Bonner Kommentar zum Grundgesetz, Heidelberg 2021
Klein	Die Berliner Wahlpannen – eine Feldstudie für Wahlprüfverfahren, JuWissBlog 91/2021 vom 19.10.2021, https://www.juwiss.de/91-2021/
Krebsbach	Die Preußische Städteordnung von 1808, 2., neu bearb. u. erg. Aufl., Stuttgart / Köln, 1970
Kunze	Grenzerfahrungen. Kontakte und Verhandlungen zwischen dem Land Berlin und der DDR 1949–1989, Berlin 2005 (Reprint).
Künzel / Rellecke	Geschichte der deutschen Länder, 2. Aufl., Münster 2008

Loewenstein	Verfassungslehre, Nachdruck der 2. Aufl., Tübingen 2000
Machalet	Die Berliner Bezirksverwaltung, Stuttgart / Berlin 1973
Mampel	Der Sowjetsektor von Berlin, Frankfurt a. M. / Berlin 1963
Meyer	Stellungnahme „Olympia-Anhörung" im Ausschuss für Verfassungs- und Rechtsangelegenheiten im Abgeordnetenhaus von Berlin am 11. Februar 2015, https://www.parlament-berlin.de/ados/17/Recht/protokoll/r17-053-wp.pdf
von Münch / Kunig	Grundgesetz-Kommentar, 7. Aufl., München 2021
Musil / Kirchner	Das Recht der Berliner Verwaltung, 5. Aufl., Berlin 2022
van Ooyen / Möllers	Handbuch Bundesverfassungsgericht im politischen System, 2. Aufl., Wiesbaden 2015
Ottenberg / Wolf	Bezirksverwaltungsrecht, Praxiskommentar für Kommunalpolitik und Verwaltung, 20. Aufl., Berlin 2022
Paetow	Rechtsgutachten zum Umgang des Senats von Berlin mit dem Ergebnis des Volksentscheids „Berlin braucht Tegel", erstattet im Auftrag des Senats, 2018
Parashu	25 Jahre Berliner Verfassungsgerichtsbarkeit, RuP 2017, S. 83 ff.
Pautsch	Der Volksentscheid „Berlin braucht Tegel" – Direkte Demokratie ohne rechtliche Bindungskraft?, in: JBdD 2017, S. 183 ff.
Pfennig / Neumann	Verfassung von Berlin, 2. Aufl., Berlin 1987
Reutter	Landesverfassungsgerichte, Wiesbaden 2017
Reutter	Richter und Richterinnen am Berliner Verfassungsgerichtshof, LKV 11/2018, S. 489 ff.
Schiedermair	Der völkerrechtliche Status Berlins nach dem Viermächte-Abkommen vom 3. September 1971, Berlin / Heidelberg / New York 1975
Schmidt-Bleibtreu / Hofmann / Hopfauf	GG-Kommentar, 12. Aufl., Köln 2017

Siegel / Waldhoff	Öffentliches Recht in Berlin, 3. Aufl., München 2020
Solar	Regieren im Schatten der Volksrechte. Direkte Demokratie in Berlin und Hamburg, Wiesbaden 2016
Splanemann	Wie vor 70 Jahren Groß-Berlin entstand. Berliner Forum, Berlin 1990
Srocke	Bezirksverwaltungsgesetz von Berlin, Berlin 1975
Starck	Zusammenarbeit der Gliedstaaten im Bundesstaat, Baden-Baden 1988
Starck	Der Honecker-Beschluss des Berliner VerfGH. Anwendung von Bundesprozeßrecht durch Landgerichte unter der Kontrolle der Landesverfassungsgerichte?, JZ 5/1993, S. 231 ff.
Uhlitz	Kleine Verfassungsgeschichte Berlins. Berliner Forum, Berlin 1969
Vössing	Volksbegehren und Volksentscheid zur Einführung eines Wahlpflichtbereichs Religion / Ethik in Berlin, HPM 21/2009, S. 85 ff.
Wetzlaugk	Berliner Blockade und Luftbrücke 1948/49, Berlin 1998
Wildt / Kreuzmüller	Berlin 1933–1945. Stadt und Gesellschaft im Nationalsozialismus, Berlin 2013
Wille	Der Berliner Verfassungsgerichtshof, Berlin 1993
Wolff / Bachof / Stober / Kluth	Verwaltungsrecht II, 7. Aufl., München 2010
Wyssozki	West-Berlin, Moskau 1974; Deutsche Übersetzung: Moskau 1975
Zivier	Der Rechtsstatus des Landes Berlin, 4. Aufl., Berlin 1987
Zivier	Verfassung und Verwaltung von Berlin, 4. Aufl., Berlin 2008

ANHANG

Übersicht über die zwischen den Ländern Berlin und Brandenburg geschlossenen Staatsverträge*

Staatsvertrag über die Zusammenarbeit im Bereich des Rundfunks vom 29. Februar 1992 (1. Mai 1992), zuletzt geändert durch Staatsvertrag vom 30. August/ 11. September 2013 (1. Januar 2014)

Staatsvertrag über die Errichtung einer Berlin-Brandenburgischen Akademie der Wissenschaften vom 21. Mai 1992 (1. August 1992), zuletzt geändert durch Staatsvertrag vom 6./15. April 2011 (1. Dezember 2011)

Staatsvertrag über die Feuersozietät Berlin-Brandenburg und die Öffentliche Lebensversicherung Berlin-Brandenburg (einschl. Verwaltungsvereinbarung) vom 2. April 1993 (1. Dezember 1993), zuletzt geändert durch den Zweiten Staatsvertrag zur Änderung des Staatsvertrages über die Feuersozietät Berlin-Brandenburg und die Öffentliche Lebensversicherung Berlin-Brandenburg vom 2. April 1993 und zur Umwandlung der Feuersozietät Berlin-Brandenburg und der Öffentliche Lebensversicherung Berlin-Brandenburg in Aktiengesellschaften vom 24./26. Februar 2003 (14. Mai 2003), außer Kraft gesetzt durch den Staatsvertrag zwischen dem Land Berlin und dem Land Brandenburg zur Abwicklung der Feuersozietät Berlin-Brandenburg und zur Haftungsregelung für die Öffentliche Lebensversicherung Berlin-Brandenburg vom 20./28. März 2006 (10. August 2006)

Staatsvertrag über die von Berlin und Brandenburg getragene Akademie der Künste vom 20. April 1993 (1. Oktober 1993), außer Kraft gesetzt durch den Staatsvertrag über die Auflösung der von Berlin und Brandenburg getragenen Akademie der Künste vom 26. Juni/15. Juli 2005 (1. Januar 2006)

Staatsvertrag über die Errichtung der Zentralen Adoptionsstelle Berlin-Brandenburg (ZABB) vom 13. Januar 1994 (1. Dezember 1994)

---

*   Datum des In-Kraft-Tretens in der Klammer.

Staatsvertrag über die Errichtung einer „Stiftung Preußische Schlösser und Gärten Berlin-Brandenburg" (einschl. Finanzierungsabkommen) vom 23. August 1994 (1. Januar 1995)

Staatsvertrag über die Aufgaben und Trägerschaft sowie Grundlagen und Verfahren der gemeinsamen Landesplanung vom 6. April 1995 (1. August 1995), zuletzt geändert durch Staatsvertrag vom 16. Februar 2011 (1. November 2011)

Staatsvertrag zur Regelung der Volksabstimmungen über den Neugliederungs-Vertrag vom 27. April 1995 (29. Juli 1995); hierzu: Staatsvertrag über die Bildung eines gemeinsamen Bundeslandes (Neugliederungs-Vertrag) vom 27. April 1996 (nicht in Kraft getreten)

Staatsvertrag über die Zuständigkeit des Landgerichts Berlin für Rechtsstreitigkeiten über technische Schutzrechte vom 20. November 1995 (1. Januar 1996), geändert durch Staatsvertrag über die Errichtung des Zentralen Mahngerichts Berlin-Brandenburg sowie zur Änderung des Staatsvertrages vom 20. November 1995 über die Zuständigkeit des Landgerichts Berlin für Rechtsstreitigkeiten über technische Schutzrechte – Mahngerichtsvertrag – vom 13. Dezember 2005 (1. Juni 2006)

Abkommen über die Durchführung der Wirtschaftsprüferordnung in Berlin und Brandenburg (Staatsvertrag) vom 18. März 1996 (1. Juli 1996)

Staatsvertrag über die Bergbehörden vom 13./17. August 1996 (1. Januar 1997), geändert durch Staatsvertrag vom 15. November 2000 (1. Juni 2001), ersetzt durch Staatsvertrag zwischen dem Land Berlin und dem Land Brandenburg über die Bergbehörde und energieaufsichtliche Zuständigkeiten vom 17./23. März 2006 (1. November 2006)

Staatsvertrag über ein Gemeinsames Landesentwicklungsprogramm der Länder Berlin und Brandenburg (Landesentwicklungsprogramm) und über die Änderung des Landesplanungsvertrages vom 7. August 1997 (1. März 1998), geändert durch Staatsvertrag vom 5. Mai 2003 (1. November 2003); weitestgehend ersetzt durch Staatsvertrag der Länder Berlin und Brandenburg über das Landesentwicklungsprogramm 2007 (LEPro 2007) und die Änderung des Landesplanungsvertrages vom 10. Oktober 2007 (1. Februar 2008)

Staatsvertrag über die gegenseitige Nutzung von Plätzen in Einrichtungen der Kindertagesbetreuung vom 7. Dezember 2001 (1. September 2002)

Staatsvertrag über die Errichtung einer gemeinsamen Rundfunkanstalt der Länder Berlin und Brandenburg vom 25. Juni 2002 (1. Dezember 2002), geändert durch Staatsvertrag vom 30. August/11. September 2013 (1. Januar 2014)

Staatsvertrag zwischen dem Land Brandenburg und dem Land Berlin über die Zusammenarbeit in der Notfallrettung vom 24. Februar 2003 (29. Juli 2004)

Staatsvertrag der Länder Berlin und Brandenburg auf dem Gebiet der Landwirtschaft (Landwirtschaftsstaatsvertrag) vom 17. Dezember 2003 (16. Oktober 2004)

Staatsvertrag über die Errichtung eines Gemeinsamen Juristischen Prüfungsamtes der Länder Berlin und Brandenburg vom 2. April 2004 (1. September 2004)

Staatsvertrag über die Errichtung gemeinsamer Fachobergerichte der Länder Berlin und Brandenburg vom 26. April 2004 (1. Januar 2005), geändert durch Staatsvertrag vom 7. Februar 2011 (1. September 2011)

Staatsvertrag der Länder Berlin und Brandenburg über die Errichtung des Landesamtes für Mess- und Eichwesen Berlin-Brandenburg (Mess- und Eichwesen-Staatsvertrag) vom 11. März 2004 (1. Mai 2005)

Staatsvertrag über die Bestimmung der Aufsicht über die Deutsche Rentenversicherung Berlin-Brandenburg vom 13. Dezember 2005 (1. April 2006)

Staatsvertrag der Länder Berlin und Brandenburg über die Errichtung eines Amtes für Statistik Berlin-Brandenburg vom 13. Dezember 2005 (1. Januar 2007)

Staatsvertrag über die Errichtung des Zentralen Mahngerichtes Berlin-Brandenburg sowie zur Änderung des Staatsvertrages vom 20. November 1995 über die Zuständigkeit des Landgerichts Berlin für Rechtsstreitigkeiten über technische Schutzrechte – Mahngerichtsvertrag – vom 13. Dezember 2005 (1. Juni 2006)

Staatsvertrag zwischen dem Land Berlin und dem Land Brandenburg über die Zusammenarbeit auf dem Gebiet der Luftfahrtverwaltung vom 3./4. Mai 2006 (1. August 2006)

Staatsvertrag über die Errichtung eines gemeinsamen Landesinstituts für Schule und Medien Berlin-Brandenburg (LISUM) vom 22. Mai 2006 (1. Januar 2007, von Berlin gekündigt mit Wirkung zum 1. Januar 2025))

Staatsvertrag über die Errichtung eines gemeinsamen Sozialpädagogischen Fortbildungsinstituts Berlin-Brandenburg (SFBB) vom 22. Mai 2006 (1. Januar 2007)

Staatsvertrag zwischen dem Land Berlin und dem Land Brandenburg über die Errichtung eines Landeslabors Berlin-Brandenburg vom 30. September 2008 (1. Januar 2009)

Staatsvertrag zwischen den Ländern Berlin und Brandenburg über die Errichtung und den Betrieb der Justizvollzugsanstalt Heidering vom 25. August 2011 (1. Februar 2012)

Staatsvertrag der Länder Berlin und Brandenburg über die Errichtung und den Betrieb einer gemeinsamen Jugendarrestanstalt vom 10. September/21. Oktober 2015 (1. März 2016)

Staatsvertrag zwischen dem Land Berlin und dem Land Brandenburg über die Einrichtung und den Betrieb eines klinischen Krebsregisters nach § 65c des Fünften Buches Sozialgesetzbuch vom 12. April 2016 (1. Juli 2016)

Staatsvertrag der Länder Berlin und Brandenburg über die Errichtung und den Betrieb einer gemeinsamen Jugendarrestanstalt vom 21. Oktober 2015

Staatsvertrag zwischen dem Land Berlin und dem Land Brandenburg über die Einrichtung und den Betrieb eines klinischen Krebsregisters nach § 65c des Fünften Buches Sozialgesetzbuch vom 12. April 2016

Staatsvertrag zwischen dem Land Berlin und dem Land Brandenburg über die Freistellung von ehrenamtlich Engagierten in den Freiwilligen Feuerwehren und im Katastrophenschutz vom 4. April 2019

Staatsvertrag über die Zusammenarbeit zwischen Berlin und Brandenburg im Bereich der Medien vom 29. Februar 1992 in der Fassung des Sechsten Staatsvertrages zur Änderung des Staatsvertrages über die Zusammenarbeit zwischen Berlin und Brandenburg im Bereich der Medien vom 4. April 2019